普通高等教育高级应用型人才培养规划教材

管理会计

Guan li kuai ji

主　编　王家兰
副主编　朱宝安 张志红
委　员　李美珍 张　钢 李立新

暨南大學出版社
JINAN UNIVERSITY PRESS
中国·广州

图书在版编目（CIP）数据

管理会计/王家兰主编．—广州：暨南大学出版社，2009.2
（普通高等教育高级应用型人才培养规划教材）
ISBN 978－7－81135－120－0

Ⅰ．管…　Ⅱ．王…　Ⅲ．管理会计—高等学校—教材　Ⅳ．F234.3

中国版本图书馆 CIP 数据核字（2008）第 209349 号

出版发行：暨南大学出版社

地　址：中国广州暨南大学
电　话：总编室（8620）85221601
营销部（8620）85225284　85228291　85220693（邮购）
传　真：（8620）85221583（办公室）　85223774（营销部）
邮　编：510630
网　址：http：//www.jnupress.com　http：//press.jun.edu.cn

排　版：暨南大学出版社照排中心
印　刷：广州市怡升印刷有限公司

开　本：787mm×1092mm　1/16
印　张：23.25
字　数：537 千
版　次：2009 年 2 月第 1 版
印　次：2009 年 2 月第 1 次
印　数：1—5000 册

定　价：39.50 元

（暨大版图书如有印装质量问题，请与出版社总编室联系调换）

总 序

我国社会经济发展的新阶段，亟须具有一定实践能力和创新精神的高级应用型人才。培养满足社会经济发展需要的人才，是高等院校的崇高职责。

在备课、授课、练习、考评几个教学环节中，教材是基本的依据，它对教学方式、教学质量有着十分重要的影响。不同的教学类型和人才培养目标，需要不同的教材。我们根据教学型院校经济管理专业人才培养目标的要求，组织优秀作者队伍，编写了这套普通高等教育高级应用型人才培养规划教材。

传统的经管类本科教材具有明显的优点，理论系统性强，层次结构清晰，但也存在明显的缺陷。传统经管类教材编写的特点是从理论开始，如概念、特征、功能、公式等，再用例子说明、证明，复习题往往是书中小标题后面加“?”，形成“理论＋例证”的编写模式。这种模式的教材介绍的理论知识缺乏从感性到理性的认识过程，而且复习题主要是为了让学生记住介绍的理论知识，缺乏实际操作的训练。因此，在教学中使用这样的教材，往往会形成“老师讲，学生听”的“授受型讲课，接受型学习”的教学特征，学生难以真正理解和掌握所学理论知识，更难以运用。

编写普通高等教育高级应用型人才培养规划教材，不能重复传统的编写模式，应在新的教学理论、教学模式的指导下，采用新的编写方式。

辩证唯物主义的认识论告诉我们：“通过实践而发现真理，又通过实践而证实真理和发展真理。”我们尝试采取“实例—理论—实训”的模式编写本规划教材。

遵照普通高等教育高级应用型人才培养目标，本规划教材除了要求框架结构新、汇集的相关研究成果新、资料数据新之外，还力求将职业道德、实践训练、创新精神贯穿全书。在写作方式上，每章开头撰写一个案例，在介绍有关理论时，由案例中包含的“知识点”引申出相关理论，或将相关理论与案例糅合在一起，并在重点、难点、有争议点、理论前沿等地方，插入小案例、讨论题等，以便在教学中让学生感受到理论在实际中是如何呈现，又是如何从感性认识上升到理性认识的，并通过课程实训（实验）

和专业实训（实验）去解决实际问题，从而使学生的实践能力和创新能力得到培养和提高。

练习题是教材十分重要的组成部分，它不仅起着复习所学课程理论知识的作用，还是提高教学质量，实现人才培养目标的重要手段和途径。题目也要体现职业道德、实践训练和创新精神。复习题不搞对号入座，要前后对照、联系实际、综合地复习所学知识。横向可将几个概念、几种方法进行对比，如几种决策方法比较；纵向可将前后知识联系起来，将历史知识和知识的历史相联系，如产品的整体概念与营销观念的变化，与营销策略的关系等。思考题要联系实际，有探索性，有利于创新精神的训练，如针对不同收入、年龄等人群中需求层次的不同表现，如何激励或如何营销等。讨论题和辩论题要针对实际中存在的不同观念，容易引起争论和讨论的问题出题，如房价猛涨是暴利还是市场供求反映等。实践性练习题，学生必须通过调查、实践才能完成。案例分析题要能训练学生发现问题、分析问题、解决问题的能力等。

通过以上的尝试和努力，我们力求编写出有如下特点的教材：

1. 紧扣人才培养目标，贯穿职业道德、实践训练、创新精神等素质教育的主线；
2. 突出实践性知识的介绍和实践能力的训练；
3. 汇集新的研究成果，形成新的专业知识结构；
4. 各门课程既参照撰写模式，又体现自身特点及个性。

本规划教材适合于普通高校经管专业本科、独立学院本科、高职高专以及企业管理干部培训使用。我们希望通过对传统经管教材的改革，为经管课程的教学改革及教学质量的提高作出贡献。

邓志阳
广东外语外贸大学教授
2008 年 1 月

前言

管理会计是从传统会计中分离出来的与财务会计并列的一门独立的学科，它是为适应企业内部管理的需要而产生的。管理会计巧妙地把“管理”与“会计”结合起来，已成为现代管理科学的一个组成部分，它为企业实现现代化的管理提供了科学依据和手段。

管理会计是高等学校经济学、管理学类各专业的一门重要专业课程，通过这门课程的学习，可使学生全面系统地了解现代管理会计的基本理论和方法，掌握各种预测、决策、全面预算、成本控制、责任考核评价的技术方法及相关知识，具备一定的分析和解决企业内部经营管理问题的能力，为将来走上工作岗位后，在加强企业管理、改善生产经营、提高企业经济效益等方面发挥积极作用并打下扎实的基础。

本书是为了满足我国迅速发展的独立学院经济管理类本科教学的需要而编写的，基于独立学院培养应用型人才的教学目标，本教材遵循夯实理论基础、侧重原理应用的原则，在基本原理的表述上深入浅出、通俗易懂，采用了大量的实例来说明各种技术方法的使用，突出了教材的实用性。

在本书的编写过程中，我们参考了大量国内外管理会计学的著作，承袭了国内学者编著管理会计教材的体系结构，强调章节之间的逻辑关系，吸收了众多教材的优点，力争使本教材更加适用和实用。

参加本书编写的都是在独立学院从事管理会计教学工作的教师，具有丰富的独立学院管理会计教学经验，他们对独立学院的学生状况和专业培养目标有深入的了解，因而本教材更加适合独立学院教学使用。

本书由华南农业大学珠江学院财政会计系主任王家兰副教授担任主编，负责总体框架的设计、编写大纲的审定、全书的统稿与定稿。参加编写人员的具体分工是：第一章、第四章、第七章由王家兰执笔；第二章、第五章、第十章、第十一章由朱宝安执笔；第三章、第六章、第八章、第九章由张钢执笔。第十二章由广东技术师范学院天河学院张志红副教授、李美珍、朱宝安执笔。

本书的内容参考了不少国内外学者编著的相关著作，在此，向原作者深表谢意。由于编写人员水平有限，书中不足之处在所难免，敬请同行及读者不吝赐教。

王家兰

2008年11月

目　录

第一章

管理会计概述

【学习目标】

管理会计是高等学校经济学、管理学类各专业的一门重要专业课程。它包括管理会计学的基本理论、基本概念和基本方法。通过本章的学习，学生应掌握管理会计的基本概念，了解其产生和发展的根本原因，理解管理会计的基本内容和方法，掌握管理会计与财务会计的关系，理解管理会计的基本职能。

引导案例

在企业的管理和经营过程中，企业的经营者和管理者往往会遇到一些问题。请看光华出版社张经理遇到的问题：

光华出版社准备出版《管理会计》一书，经过成本估算，每本书的单位变动成本为 24 元，出版该书应分摊固定成本总额为 60 000 元。如果每本书售价定为 30 元，张经理需要知道这本书销售多少册才能不亏本；如果预计可售出 80 000 册，想实现 450 000元的利润，张经理还需要知道该书的售价应定为多少才能实现这一目标。

光华出版社现有一套印刷设备系四年前购入，原购置成本为 200 000 元，估计尚可使用六年，期满无残值，已提折旧 80 000 元（按直线法计提），账面折余价值为 120 000元。若继续使用旧机器每年可获销售收入净额 298 000 元，每年付现的直接材料、直接人工和变动制造费用等营业成本为 226 000 元。现出版社为了提高产品的产量和质量，准备更换一台装有电脑自动控制的新机器，约需价款 300 000 元，估计可使用六年，期满估计有残值 15 000 元。购入新机器时，旧机器可作价 70 000 元。使用新机器后，每年可增加销售收入 50 000 元，同时每年可节约付现的营业成本 10 000 元。若该公司的资金成本为 12%，张经理还要作出该出版社是继续使用旧机器还是更换新机器的决策。

以上这些问题，需要企业的经营者和管理者作出决策，他们如何作出决策呢？决策时应该考虑哪些因素呢？管理会计这门课程将讲述相关的思路和方法。

第一节　管理会计的产生与发展

一、管理会计的产生与发展

管理会计（management accounting）是从传统会计中逐渐派生出来的，前后经历了萌芽和正式形成与发展两个阶段。

（一）萌芽阶段（20 世纪 20 ~ 50 年代）

19 世纪末，西方主要资本主义国家完成了工业革命，机械化的大生产取代了作坊式的小生产，企业主以经理人的身份直接从事经营，并凭自己的经验管理企业，导致企业经营粗放、资源浪费严重、生产效率和管理水平低下，尤其是 20 世纪 20 ~ 30 年代世界范围的经济危机，使许多企业破产倒闭。显然，传统的经验管理越来越不适应资本主义经济的发展和企业抵御经济危机、提高竞争能力的要求，以科学管理代替经验管理的呼声越来越高，这样一来集中体现科学管理精神的“泰罗制”应运而生。1911 年，科学管理之父——美国的泰罗（Taylor）出版了《科学管理原理》一书，对生产工人的操作过程进行了具体和细致的时间和动作研究，在此基础上制定出各种定额和标准，并按事先确定的定额和标准对生产过程进行管理和控制，大大强化了管理的计划和控制职能，使企业管理向标准化、制度化的方向发展。为配合“泰罗制”的实施和推广，要求传统的会计由单一的事后核算向事前规划和事中控制转变，在会计实务中出现了“标准成本计算”（standard costing）和“预算控制”（budget control）。它们的共同特点是：事先制定标准数或预算数，随后按此执行和加以控制，到一定时期将实际数与标准数或预算数进行比较并计算差异，通过差异分析，揭示产生差异的原因和提出消除差异的建议和措施。这标志着管理会计的萌芽和雏形的形成。

这一时期管理会计的代表作是美国学者麦金西（J. O. Mckinsey）于 1922 年完成的《预算管理》一书。1924 年，麦金西又撰写了《管理的会计》专著，被认为是世界上第一本系统论述管理会计的著作。

（二）正式形成和发展阶段（20 世纪 50 年代 ~ 现在）

第二次世界大战后，世界各国的经济进入了恢复和高速增长的新时期，科学技术日新月异，企业经营规模不断扩大，出现了许多规模庞大的跨国公司。随之而来的是企业经营环境日趋复杂，企业不但要面临激烈的国内市场竞争，而且要面对瞬息万变的国际市场竞争，由此要求企业经营管理者由生产型管理向经营决策型管理转变，以应对日益激烈的市场竞争和挑战。为适应企业管理模式的转变，管理会计在完善其规划和控制职能的同时，增加了预测和经营决策的内容。同时，随着生产的社会化和集约化程度的提高，企业内部各部门和职工个人之间的联系普遍增强，企业管理的重点由对生产过程的研究和管理，转向对人及其行为的研究和管理，提出了“行为科学”的管理理论。管理会计及时吸收了行为科学理论，建立了责任会计，至此管理会计形成了规划与控制、预测与决策和责任会计完整的理论和方法体系。1952 年在英国伦敦举行的世界会计师联合会上首次正式提出了“管理会计”这一专门术语。管理会计正式形成以后，传统的那部分会计工作就被称为“财务会计”（financial accounting）。

20 世纪 70 年代以来，系统论、信息论、控制论、决策论、预测技术、运筹学、概率统计、风险分析、行为科学和计算机技术被大量运用于管理会计中，极大地提高了管理会计方法的科学性和准确性。从 20 世纪 80 年代开始，管理会计的研究重点已从方法转向理论。美国会计学会所属的管理会计委员会自 1980 年以来有步骤地颁布了《管理会计公告》，提出了一系列理论问题及解决问题的指导原则。到 1988 年 2 月，该委员会总共颁布了 14 个《管理会计公告》。80 年代后期，国际会计准则委员会（IASC）和国际会计师联合会（IFAC）成立了专门机构，制定出有关的国际管理会计标准，并颁布了管理会计师的职业道德规范等有关文件，这表明对管理会计的理论研究已具有国际化的发展趋势。

此外，世界各国相继成立了管理会计专门机构或专业团体，如美国会计学会早在 20 世界 50 年代就设立了管理会计委员会。1972 年，美国全国会计师联合会也设立了“管理会计协会”，后改称“执业管理会计协会”。英国成立了“成本和管理会计师协会”，并由这些专门机构主持执业管理会计师资格考试。在欧美国家，取得注册会计师（CPA）资格者要经过严格的考试才能获得执业管理会计师（CMA）资格。执业管理会计师资格考试科目一般有以下五门：经济学和企业财务，组织与行为科学，企业对内和对外的定期报告及分析，对外报表的编报准则、审计学和税务，决策分析（包括决策模型的建立与信息系统）。

从 20 世纪 50 年代起，西方国家均将管理会计学列为大学会计专业及相关专业的一门独立课程。80 年代初期，我国才在高等财经院校和某些综合性大学将管理会计学设为专业基础课程，并培养出管理会计研究方向的硕士生和博士生。

有的教科书认为 20 世纪 50 年代应成为划分传统管理会计和现代管理会计的时间标志。20 世纪 50 年代前为传统管理会计阶段，20 世纪 50 年代后为现代管理会计阶段。传统管理会计阶段的特征是“以规划控制会计为核心”；现代管理会计阶段的特征是“以预测决策会计为主、以规划控制会计和责任会计为辅”。

（三）管理会计的新发展

进入 20 世纪 80 年代，以计算机为主导的生产自动化、智能化程度日益提高，直接人工费用普遍减少，间接成本相对增加，明显突破了制造成本法中“直接成本比例较大”的假定。制造成本法中按照人工工时、工作量等分配间接成本的思路，严重扭曲了产品成本信息。另外，传统管理会计的分析的主要立足点是建立在传统成本核算的基础上的，因而其得出的信息对实践的反映和指导意义不大，相关性大大减弱。为此，1987 年，美国哈佛大学的卡普兰（Kaplan）与约翰逊（Johnson）合作出版了轰动西方会计学界的专著《相关性消失：管理会计的兴衰》。他们认为，目前的管理会计体系是几十年前的框架，20 世纪初的美国企业实践已经包括了今天管理会计教材中的大部分内容，这种过时的管理会计体系难以适应新的环境下企业管理的要求。由于成本计算方法的僵化，使得企业的产品成本计算发生了扭曲，成本信息失真，管理会计信息失去了决策的相关性。他们认为，现行的管理会计体系必须进行根本性的变革，才能适应当今科学技术与管理科学发展的新环境。

1991 年，英国曼彻斯特大学斯卡彭斯（Scapens）认为，探讨管理会计理论与实践之间的差距应该从管理会计理论本身找原因。就管理会计理论方面而言，存在两个比较严重的问题：其一是管理会计的知识体系不能满足决策者的需要；其二是管理会计理论所依据的某些假设与现实不符。为了解决这两个问题，管理会计研究人员需要重新研究管理会计的理论基础，并深入了解企业的实际情况。这是探讨管理会计理论与实践相脱节的原因并寻求缩短两者差距的正确方法。

基于管理会计信息的失真性，卡普兰等人致力于管理会计信息相关性的研究，迎来了一个以“作业”（activity）为核心的“作业成本会计”（activity - based management accounting）时代，“作业成本会计”和“作业管理”成为西方管理会计教材的“新秀”。与波特提出的“价值链”（value chain）观念相呼应，管理会计既借助于“作业管理”，又致力于如何为企业“价值链”优化服务。管理会计在 20 世纪 80 年代取得许多引人注目的新进展，都是围绕管理会计如何为企业“价值链”优化的价值增值提供相关信息而展开的。

随后，管理会计学者对企业经营环境进行了新的探索，管理会计再一次向前飞跃，各种创新的管理会计方法层出不穷，产生了一批新的管理会计方法，主要包括如下几个方面。

1. 全面质量管理（total quality management，TQM）

TQM 是 20 世纪 60 年代从传统质量管理发展起来的，随着国际国内市场环境的变化，TQM 已经发展成为一种企业竞争的战略武器，一种由顾客的需要和期望驱动的、持续的改进产品质量的管理哲学。TQM 的目标就是公司在生产的各个环节追求产品“零缺陷”，并由顾客最终界定质量。TQM 对计量和报告员工业绩的会计来讲，则产生了质量会计这一新学科。但由于提高质量所产生的收益难以计量，质量会计发展的重点就放在质量成本的确认、计量和报告上。一般认为，质量成本由五大类构成：①预防成本；②检验成本；③内部失败成本；④外部失败成本；⑤ 外部质量保证成本。另外，在 TQM 情况下，会计人员绩效衡量标准包括了产品的可靠度、服务的及时性等促使管理人员努力提高产品质量的非货币性指标。

2. 战略管理（strategic management）

所谓战略管理，就是着眼于对企业发展有长期性、根本性影响的问题进行决策和制定政策，以便在市场中取得竞争优势，确保有效完成公司目标。战略管理思想对成本会计系统的影响主要体现在战略成本管理（strategic cost management）的提出。战略成本管理就是运用成本数据和信息、确认与建立能促进公司竞争优势的最优战略。战略成本管理所包括的范围一般包括三个方面：①价值链分析；②市场定位；③成本动因分析。

3. 基准管理（benchmarking management）和持续改进（continuous improvement）

管理方法的新趋势就是基准管理与持续改进的结合。所谓基准，就是以公司外部或内部最优的业绩标准来衡量自身的生产活动；持续改进意味着管理人员不是一次性地确定基准，而是持续改进提高的过程。日本丰田公司是贯彻基准管理与持续改进的典型。基准和持续改进被称为“永无终点”的比赛。基准管理与持续改进对成本会计系统的影响主要表现在管理人员和会计师们认识到降低成本要向本行业最好的公司学习，以同质产品的最低成本作为基准，了解自身与最优者的差距并分析其原因，进而实行企业再造工程（reengineering the corporation），以增强竞争力。

4. 限制理论（theory of constraints，TOC）

根据TOC，每个公司至少有一个瓶颈制约着自身的发展，否则无论公司定下什么目标都会实现（如利润最大化）。企业限制因素通常可分为资源、市场、政策、原材料和后勤五类。限制理论把企业看成一系列链状相连的过程，如果薄弱的联结处得到了加强，那么整个链也就得到了加强，但是如果加强了其他非薄弱的联结处，整个链就不会得到加强。限制理论对成本会计系统的影响是，管理人员和会计人员认识到，在有些情况下，不能一味强调降低成本和费用，要有逆向思维，在企业的薄弱环节加大投入量，“为了省钱而花钱”。如果企业待解决的瓶颈是更新设备，引进新设备就会产生一笔较大的支出，但在今后设备使用期间，因设备利用效率的提高而增加的产出加上设备维护费用降低的综合效益，可能抵补支出而有余。总体而言，效益将有所增加，这也是“成本—效益”原则的另一种诠释。

5. 目标管理（objective management）

按目标进行管理，要求一个企业在一定时期内应当确定总的奋斗目标，如利润总额、资金利润率等，并据以指导、组织、动员员工为完成企业总目标而努力。围绕这个总目标，企业各部门、各环节乃至每个人都应当制定自己的奋斗目标，如销售量目标、成本目标、技术目标等，并制定实现目标的措施，以保证总目标的完成。实行目标管理可以提高企业管理工作的主动性和积极性，克服盲目性，提高企业的经营管理水平。目标管理对成本会计系统的影响就是目标成本的制定、分解、控制和分析。

6. 平衡计分卡（balance score）

平衡计分卡是卡普兰和诺顿在总结了12家大型企业的业绩评价体系成功经验的基础上提出的适应信息时代的新兴的绩效评价方法。它突破了传统的以财务为核心的评价体系，把组织的战略目标与实现的过程联系起来，把企业当前的业绩与未来的获利能力联系起来，通过评价体系使企业的组织行为与企业的战略目标保持一致。平衡计分卡将企业战略、过程、行为与结果一体化，通过财务维度、顾客维度、内部业务流程维度和学习与成长维度四个方面评价企业的经营业绩。

综上所述，管理会计是从传统会计中逐渐派生出来的一门独立的学科，是社会生产力进步和管理水平不断提高的必然结果。管理会计与现代管理科学的关系十分密切，后者的形成和发展，对前者在理论上起着奠基和指导的作用。同时管理会计又充分吸收了现代管理科学的各种专门方法和技术，从而具有更加广泛的实际应用价值和灵活的适应能力。

管理会计的形成和发展，大大丰富了会计的内涵，扩充了会计的传统职能，从而使会计的作用不再局限于对生产过程作如实的反映（单纯地提供信息），而是进一步利用这些信息来预测前景、参与决策、规划未来，并对日常经济活动进行有效的控制、评价和考核，保证以较少的劳动消耗和资金占用取得最佳的经济效益和社会效益。

二、管理会计的定义

西方会计学术界的两个权威机构曾对管理会计的定义作过如下描述：

美国会计学会（AAA）下属的管理会计委员会于1958年对管理会计所下的定义是："管理会计是运用适当的技术和概念来处理某个主体历史和预期的经济数据，以便协助管理当局制订能达到适当经营目标的计划，并作出能实现上述目标的明智的决策。"

国际会计师联合会所属的常设分会财务和管理委员会于1988年对管理会计所下的定义是："管理会计是指在一个组织内部，对管理当局用于规划、评价和控制的信息（财务的和经营的）进行确认、计量、积累、分析、处理、解释和传输的过程，以确保其资源的利用并承担相应的责任。"

综合上述两种定义，可对管理会计的定义概述如下：

管理会计是以现代管理科学为理论基础，采用一系列的专门方法，对财务会计、统计及其他有关资料进行整理、计算、对比和分析，使企业内部各级管理人员据以对各个责任单位和整个企业日常的和预期的经济活动进行规划、控制、评价和考核，并帮助企业管理当局对其资源的合理配置和使用作出最优决策的一整套信息系统。

通过上述管理会计的定义，可归纳出管理会计的三个特征：

（1）管理会计的理论基础是现代管理科学。从管理会计的产生和发展来看，管理科学为管理会计的产生和发展起到了推动作用。随着现代管理科学理论的发展，管理会计也在不断地向前发展。

（2）管理会计的最终目的是在有限的资源上尽可能地提高经济效益。经济效益的提高不应是以利润最大化为唯一的目标，企业在重视利润的同时，应抓好其标准化管理、目标管理，落实好责任制。

（3）管理会计是一个以提供经济管理信息为主的会计信息系统。管理会计所提供的信息不仅能对一个企业过去的经济活动进行反映与监督，而且能对其现在及未来的经营活动进行预测、决策、规划，以及对其经营过程进行控制和考核。

第二节　管理会计的基本内容

管理会计是为企业管理服务的，而企业管理诸职能中最关键的是"规划"和"控制"，管理会计作为为企业最高决策层提供信息服务的管理决策支持系统，其基本内容也可相应地分为"规划"和"控制"两大部分。而与规划密不可分的是预测和决策，与控制紧密相关的是业绩评价，因此，"预测与决策会计"（forecasting & decision accounting）和"规划与控制会计"（planning & control accounting）是管理会计的两大基本内容。

管理会计为了更好地发挥规划未来、参与决策和执行控制的作用，必须有基本理论和基本方法作指导；同时，为配合企业内部经济责任制和岗位责任制的实行，要求管理会计对企业内部划分的责任单位（责任中心）进行业绩评价和考核，即要建立起完善的责任会计制度。因此，管理会计的基本内容应包括以下四个方面。

一、管理会计基础

管理会计基础阐明管理会计的基本理论和基本方法。它为规划与决策会计、控制与业绩评价会计和责任会计提供了理论基础和具体实施的基本方法。主要内容包括管理会计概述、成本性态分析、变动成本法、盈亏平衡分析等。

二、预测与决策会计

预测与决策会计是在预测企业前景的基础上，规划未来并参与决策。它首先是利用企业财务会计信息系统和其他管理信息系统提供的信息和数据，在对这些信息和数据进行加工整理的基础上，运用特定的科学预测方法对企业未来的经营活动和各项经济指标（销售、成本、利润和资金等）进行预测分析，并利用专门的决策方法对与企业经营和投资（包括风险投资）有关的问题进行决策分析。预测与决策会计主要包括预测、短期经营决策、长期投资决策、风险投资决策等内容。

三、规划与控制会计

规划会计是将预测和决策所确定的各项目标和任务，用数量化的形式加以汇总与平衡，编制企业的全面预算，以便对企业未来经营活动的各个方面进行全面的规划，使企业的各种生产要素和经济资源得到最优配置和合理、有效的运用，从而取得最佳的经济效益和社会效益，其主要内容是预算及其管理。

控制会计是运用预防性控制、前馈控制和反馈控制的手段，对企业正在发生或即将发生的经营活动施加影响和监控，使之能达到或符合预定的目标或标准。在具体实施过程中，要及时将实际结果与预算数或标准数进行比较、计算和分析差异，并对有关部门或人员的经营业绩和工作质量进行考核和评价，以保证企业各种预算目标或标准的顺利实施和实现。控制会计的内容主要包括存货控制、标准成本控制、质量成本控制等。

四、责任会计

企业要按照内部经济责任制的要求建立和健全完善的责任会计制度。即要在企业内部按职责范围划分责任单位（责任中心），将预算确定的各项目标指标或预算数，按各责任单位的责任范围和责任层次层层分解，在此基础上为每个责任单位编制相应的责任预算；在责任预算执行过程中，要及时对实际脱离预算的差异进行计算和分析，以便对责任预算的执行情况实施跟踪控制；每个责任单位要定期编制责任报告（绩效报告），企业管理当局要根据责任报告对各责任单位的工作业绩进行考核和评价，明确各责任单位的经济责任，并采取一定形式的经济奖惩制度促使其不断提高工作绩效。

管理会计基本内容构成如图 1－1 所示。

- 管理会计
  - 管理会计基础
  - 预测与决策会计
    - 预测分析
    - 决策分析：短期经营决策、长期投资决策等
  - 规划与控制会计
    - 规划：全面预算
    - 控制：存货控制、标准成本控制、质量成本控制等
  - 责任会计

图 1－1　管理会计基本内容构成

第三节　管理会计与财务会计的关系

管理会计是从财务会计中分离出来的，它与财务会计共同构成了现代企业会计的两大分支。因此，管理会计与财务会计既有紧密的联系，又存在明显的区别。

一、管理会计与财务会计的联系

（一）管理会计与财务会计的工作对象相同

管理会计与财务会计的工作对象都是企业的经营资金运动。但财务会计在时间上侧重于企业过去的（已发生的）经营资金运动，在空间上侧重于企业全局性的经济活动；而管理会计在时间上侧重于企业现在的（正在进行的）和未来的经营资金运动，在空间上侧重于企业局部的或特定的经济活动。

（二）管理会计所需的主要信息来源于财务会计

管理会计经常直接引用财务会计的“证”、“财”、“表”的资料进行分析研究，对它们进行加工、处理、改制或延伸，编成各种内部报表，为企业改进经营管理、提高经济效益服务。

（三）管理会计与财务会计的最终目标一致

管理会计与财务会计的最终目标都是为提高企业经营管理水平和经济效益服务，只是采取的形式不同。财务会计通过定期向企业外部的投资者、债权人和政府有关部门报送财务报表，使他们能够及时了解企业的经营成果和财务状况，并通过法律、经济或行政的手段来促使企业不断提高经营管理水平和经济效益；管理会计为企业经营管理者提供有用的信息，直接参与企业的经营管理决策，并为提高企业的经营管理水平和经济效益服务。

二、管理会计与财务会计的区别

（一）服务对象不同

财务会计主要为企业外部关系人提供信息服务，而管理会计主要为企业内部经营管理者提供信息服务。

财务会计通过对企业日常经营活动进行计量、记录、分类、汇总和定期编制财务报告，向企业外部的投资者、债权人和政府有关部门等与企业有利益关系的关系人提供财务信息，使企业外部的这些关系人能够及时、准确地了解企业的经营成果和财务状况，以便切实保障他们的利益，所以财务会计也被称为“外部会计”。而管理会计则以专门的理论和方法作指导，对企业的各种经济信息（主要是财务信息）进行加工、整理、分析和评价，为企业内部经营管理者的经营决策提供科学和充分的依据，为企业加强内部经营管理和提高经济效益服务，所以管理会计也被称为“内部会计”。

虽然财务会计侧重于对外提供信息服务，管理会计侧重于对内提供信息服务，但这一区分并不是绝对的。财务会计所提供的报表信息和一系列有关的财务指标，对企业经营管理者进行计划、控制、分析、评价乃至决策都是必不可少的，财务会计在对外提供服务的同时也对内提供服务。同样道理，管理会计所提供的有关信息与企业外部各方关系人也息息相关，管理会计在对内提供服务的同时也对外提供服务。

（二）工作重点不同

财务会计属于面向过去的“报告型会计”，管理会计属于面向未来的“经营型会计”。财务会计采用一定的核算程序和核算方法对企业已经发生的（至多是正在发生的）经济活动进行核算，并归纳、汇总反映在其所编制的财务报告中，即单纯地提供历史信息和解释信息，属于事后的“报告型会计”。而管理会计虽然也有事后的分析与评价等职能，但工作的着眼点在事前，即对企业各项经营活动和经营前景预先进行科学的预测和筹划、参与企业的经营管理决策、控制与评价企业的经营活动，属于事前的“经营型会计”。

（三）约束依据不一致

财务会计必须严格遵守会计基本假设和公认的会计原则（GAAP）（目前在我国为企业会计准则和行业会计制度）以及政府有关法规（如会计法、税法等）的约束。而管理会计则不受公认会计准则或统一会计制度的约束，只服从管理者的需要及企业内部控制制度、系统理论和成本效益分析原理的约束。

（四）时间跨度不同

财务会计对外编制财务报告的时间跨度基本固定，很少有弹性，通常是一月、一季或一年。而管理会计编制内部报告的时间跨度有较大的弹性，短到每小时、半天、一天，长到十年、十五年，完全根据管理者的需要。

（五）会计主体不同

财务会计主要以整个企业为会计主体，提供集中、概括的财务成本信息，用来对企业的财务状况和经营成果作出综合的评价与考核。而管理会计主要以企业内部各个责任单位为会计主体，对它们的日常经济活动的实绩和成果进行控制、评价与考核。

（六）核算程序不同

财务会计的业务处理程序比较固定，并具有强制性，凭证、账簿和报表有规定格式，报表定期编制（月、季、年）。而管理会计的业务处理程序一般不固定，有较大的选择自由，通常也不涉及填制凭证和复式记账的问题，报表不定期编制，也无固定格式。

（七）采用的会计方法不同

财务会计在一定期间内只能采用同一种专门方法，并只需应用最简单的算术方法和原始的计算工具。而管理会计在预测、决策、规划和控制中大量运用了高等数学和运筹学（如微积分、线性代数、概率统计、线性规划、动态规划、排队论、投入产出等）的知识，并针对企业管理中的典型和具体问题建立有关数学模型，管理会计在一定期间内采用的专门方法可灵活多样。

（八）对信息和数据的精确程度要求不同

财务会计由于主要反映的是已经发生的确定事项，对其提供的信息和数据要准确可靠。而管理会计的工作重点着眼于未来，不确定性因素较多，对其所提供的数据不要求绝对准确，一般能算出近似值即可。

（九）所提供的信息特征不同

财务会计通过编制基本财务报表来提供系统的、连续的、综合的财务成本信息，上市公司的基本财务报表需要对外公开发表，负有法律责任。而管理会计一般通过编制内部报告来提供有选择的、部分的和特定的管理信息，内部报告不对外公开发表，不负有法律责任。

第四节 管理会计的职能

会计的基本职能是“反映”和“监督”，随着生产规模的扩大和社会经济发展的需要，逐步形成了财务会计和管理会计两个子系统。这时的会计实践已远远超过单纯的事后反映和定期监督的范围，在这种情况下，财务会计仍保持“反映”和“监督”两项基本职能，而新派生出来的管理会计则把传统的职能扩展到以下几个方面。

一、预测

企业在作出每一项决策之前，都必须考虑大量的相关信息，这些资料一部分来自经验数据，更多的则来自预测。而管理会计能够收集数据资料，对经济前景进行合理预测。管理会计能够按照企业未来的总体目标和经营方针，充分考虑经济规律的作用和经济条件的约束，选择合理的量化模型，有目的地预计和推测未来企业销售、利润、成本以及资金的变动趋势和水平，为企业经营决策提供第一手信息，这就是管理会计的预测职能。

二、决策

预测是决策的前提，决策是预测的目的。企业是否采取某项措施、如何具体实施等等，都离不开方案的选择，而这些选择大多建立在对各种备选方案进行数据预测的基础之上。管理会计能够根据企业决策目标收集、整理有关信息资料，选择科学的方法计算有关长短期决策方案的评价指标，作出正确的财务评价，并最终筛选出最优的行动方案，从而具备参与经济决策的职能。

三、规划和预算

预算是企业管理的核心，它既是决策方案的具体化，又是控制与考核的直接依据。而管理会计能够在最终决策方案的基础上通过编制各种规划和预算，将事先确定的有关经济目标分解到各有关的预算中去，保证决策目标落实到位，从而实现规划的职能。

四、控制

控制是确保各项经营活动达到预算目标的重要举措。管理会计将经济过程的事前控制和事中控制有机结合，通过事前确定的各种科学标准，对执行过程中的实际情况与计划进行比较，对发生的偏差进行原因分析，并将这一信息反馈给相关人员，及时采取措施进行调整，从而实现控制职能。

五、考核

考核是对过去的执行结果进行评价，这既是对员工业绩的合理评价，也是对员工激励的有效工具。管理会计通过建立责任会计制度，在明确各部门及员工各自责任的前提下，逐级考核责任指标的执行情况，从而为改进未来工作措施提供依据，实现考核职能。

本章小结

管理会计（management accounting）是与传统的财务会计相对的概念，又称内部经营管理会计。

管理会计与现代管理科学的关系十分密切，后者的形成和发展，在理论上对前者起着奠基和指导的作用，同时管理会计又充分吸收了现代管理科学的各种专门方法和技术，从而具有更加广泛的实际应用价值和灵活的适应能力。

管理会计是从传统会计中逐渐派生出来的，前后经历了萌芽（20 世纪 20 ~ 50 年代）和正式形成与发展（20 世纪 50 年代 ~ 现在）两个阶段。萌芽阶段又称为传统管理会计阶段，发展阶段又称为现代管理会计阶段。

管理会计的基本内容包括管理会计基础、预测与决策会计、规划与控制会计、责任会计四大部分。

管理会计与财务会计的联系：工作对象相同、信息同源、最终目标一致。

管理会计与财务会计的区别：服务对象不同、工作重点不同、约束依据不同、时间跨度不同、会计主体不同、核算程序不同、采用的会计方法不同、对信息和数据的精确程度要求不同、所提供的信息特征不同。

管理会计具有预测、决策、规划和预算、控制、考核五大职能。

练 习 题

一、单项选择题

1. （　　）是企业现代会计的两个重要领域。

A. 决策与预测　　B. 资产负债表与损益表

C. 财务会计与管理会计　　D. 对外报表与对内报表

2. 管理会计的服务对象侧重于（　　）。

A. 投资人　　B. 债权人　　C. 内部管理人员　　D. 政府机关

3. 财务会计的服务对象侧重于（　　）。

A. 内部管理人员　　B. 外部信息使用者

C. 企业董事会　　D. 企业总经理

4. 财务会计主要是通过（　　）为企业外部的各种社会集团服务。

A. 原始凭证　　B. 记账凭证

C. 会计凭证　　D. 定期编制财务会计报表

5. 管理会计为了有效地服务于企业内部经营管理，必须（　　）。

A. 反映过去　　B. 反映现在　　C. 历史描述　　D. 面向未来

6. 下列子系统中，能够履行管理会计考核职能的是（　　）。

A. 预测决策会计　　B. 规划控制会计
C. 对外报告会计　　D. 责任会计

7. 下列各项中，属于划分传统管理会计和现代管理会计两个阶段的时间标志是（　　）。
A. 19世纪90年代　　B. 20世纪20年代
C. 20世纪50年代　　D. 20世纪70年代

8. 下列各项中，能够作为管理会计原始雏形的标志之一，并于20世纪初在美国出现的是（　　）。
A. 责任会计　　B. 预测决策会计
C. 科学管理理论　　D. 标准成本制度

9. 下列子系统中，体现管理会计规划职能的是（　　）。
A. 预测决策会计　　B. 全面预算
C. 对外报告会计　　D. 责任会计

10. （　　）是新发展起来的企业综合业绩评价工具。
A. 工时卡　　B. 工资卡　　C. 平衡计分卡　　D. TQM

二、多项选择题

1. 管理会计的职能有（　　）。
A. 预测经济前景　　B. 参与经济决策　　C. 规划经营目标
D. 控制经济过程　　E. 考核评价经营业绩

2. 现代管理会计的基本内容有（　　）。
A. 预测决策会计　　B. 规划控制会计　　C. 责任会计
D. 预算会计　　E. 非营利组织会计

3. 下列各项中，可以作为管理会计主体的有（　　）。
A. 企业整体　　B. 分厂　　C. 车间
D. 班组　　E. 个人

4. 下列各项中，属于在现代管理会计阶段产生和发展起来的有（　　）。
A. 规划控制会计　　B. 预测决策会计　　C. 责任会计
D. 管理会计师职业　　E. 管理会计专业团体

5. 管理会计和财务会计在下述（　　）方面是相同的。
A. 工作对象　　B. 最终目标　　C. 核算程序
D. 时间跨度　　E. 会计主体

6. 现代管理会计的特点为（　　）。
A. 侧重为企业内部的经营管理服务　　B. 方式、方法更为灵活多样
C. 兼顾全局和局部　　D. 面向未来
E. 现代数学方法的广泛应用

三、判断题

1. 预测决策会计、规划控制会计和责任会计是管理会计的基本组成部分。（　　）
2. 管理会计工作形成的各种报告一般不具有法律效力。（　　）

3. 管理会计面向未来，所以管理会计信息的形成不以过去的资料为基础。（　　）
4. 管理会计工作可以不受公认的会计准则的约束。（　　）
5. 管理会计信息可用于预测未来前景，但财务会计信息却做不到这点。（　　）
6. 企业会计分为财务会计和管理会计两个分支，所以《企业会计准则》既适用于财务会计，也适用于管理会计。（　　）
7. 一般来说，由于企业管理会计工作需要复合型高级人才来承担，因此导致管理会计对会计人员素质的要求起点要比财务会计对会计人员的要求高。（　　）
8. 管理会计十分重视定期报告企业的财务状况和经营成果的质量，相对不大关心管理过程及其结果对企业内部各方面人员心理和行为的影响。（　　）
9. 因为管理会计只为企业内部管理服务，所以与对外服务的财务会计有着本质的区别。（　　）
10. 管理会计的报告时间与财务会计的报告时间完全相同。（　　）

第二章

成本性态分析与变动成本法

【学习目标】

了解变动成本与固定成本的特点；理解成本性态分析的目的和前提条件；掌握混合成本分解的主要方法。在此基础上理解变动成本法与完全成本法的区别；掌握变动成本法下的利润表编制；理解完全成本法与变动成本法的优点及局限性。

引导案例

一家化工厂为了保持其所有产品的市场方向，雇用了一些产品经理。这些经理在销售及生产的决策上都扮演着很重要的角色。以下是其中一种大量生产的化学品的资料：

原材料及其他变动成本	60 元/千克
固定制造费用	900 000 元/每月
售价	100 元/千克

10 月份报告的销售量比 9 月份多出 14 000 千克。因此，产品经理预料 10 月份的利润会比 9 月份的多，他估计会增长 560 000 元。但将 9 月份和 10 月份的财务结果相互比较，却发现该产品 10 月份的利润竟然比 9 月份的 340 000 元下降了 100 000 元，只有 240 000 元。

产品经理被这些差别困扰着，那么，是什么原因造成了这种差别（销量增加，利润反而下降）呢？

第一节　成本性态分析

成本性态（cost behavior）是指成本总额与特定业务量之间的依存关系。按成本性态对成本进行分类，是从管理会计的角度对成本进行新的划分，它突破了传统财务会计的成本分类，为企业着重管理好变动成本，从而降低总成本提供了可能性。成本性态的确立，为两种成本计算方法的出现奠定了理论基础。

一、成本的分类

在实际工作中，为了适应经营管理上的不同需要，成本可以从不同的角度按不同的标准进行分类。

（一）按成本经济用途分类

按成本经济用途分类，成本分为制造成本和非制造成本。

（二）按成本与特定产品的关系分类

按成本与特定产品的关系分类，成本分为直接成本和间接成本。

（三）按成本与收入配合的时间不同分类

按成本与收入配合的时间不同分类，成本分为产品成本和期间成本。

（四）按成本性态分类

按成本性态分类，成本分为固定成本、变动成本和混合成本。

由于篇幅所限，这里我们只对成本按经济用途分类和性态分类的结果作详细的解释。

1. 制造成本

制造成本指产品在制造过程中发生的各项成本，具体包括：

（1）直接材料。直接材料指直接用于产品生产、构成产品实体的原料、主要材料以及有助于产品形成的辅助材料等。如食品厂生产的饼干、所用的面粉就是构成其实体的原料；所用的白糖、鸡蛋、奶油等就是有助于产品形成的辅助材料。

（2）直接人工。直接人工指在生产过程中直接参加产品生产的工人的工资、奖金和各种津贴以及按规定提取的职工福利费。

（3）制造费用。制造费用指在车间范围内为组织和管理生产而发生的各项间接费用。制造成本包括的各个项目也称成本项目。成本项目由会计制度统一规定，但企业也可在此基础上，根据本企业的生产特点适当增减。例如，工艺用燃料和动力，耗用额不大时，可将工艺用燃料费并入“直接材料”，将工艺用动力费并入“制造费用”，但数额较大时，应增设“燃料及动力”成本项目并单独反映。再如，废品损失，其在成本中比重较大时，也可增设“废品损失”成本项目，以便于重点核算和管理。

将制造成本的三个成本项目组合后又可得出“主要成本”和“加工成本”的概念，如图 2-1 所示。

制造成本：直接材料、直接人工 → 主要成本；直接人工、制造费用 → 加工成本

制造成本	项目	归类
	直接材料	主要成本
	直接人工	主要成本、加工成本
	制造费用	加工成本

图 2－1

2. 非制造成本

非制造成本指不能计入产品成本的费用，是直接计入当期损益的费用，具体包括：

（1）销售费用。销售费用指企业在销售产品过程中发生的各项费用以及专设销售机构人员的工资和其他费用。

（2）管理费用。管理费用指企业行政管理部门为组织和管理生产经营而发生的各项费用。

（3）财务费用。财务费用指企业筹资等财务活动中发生的费用。

成本按经济用途分类是最基本的分类。此分类的意义在于分清哪些费用可以计入制造成本，哪些费用不应计入制造成本而应直接计入当期损益。这对正确地进行产品成本核算和确定损益具有重要意义。分类结果如表 2－1 所示。

表 2－1　**成本按经济用途分类**

<table>
<tr><td rowspan="5">总成本</td><td rowspan="3">制造成本</td><td colspan="3">生产成本</td></tr>
<tr><td rowspan="2">直接材料</td><td>直接人工</td><td>制造费用
（间接材料、间接人工、其他制造费用）</td></tr>
<tr><td colspan="2">加工成本</td></tr>
<tr><td rowspan="2">非制造成本</td><td colspan="3">推销成本即行销费用</td></tr>
<tr><td colspan="3">管理成本即管理费用</td></tr>
</table>

3. 固定成本

固定成本（fixed cost）是指在一定时期的相关业务量范围内，其总额保持不变的成本，如厂房、建筑物按直线法计提的折旧，机器设备租金、管理人员工资等，其主要特点是：①在一定时期的相关业务量范围内，固定成本总额不受产量变动影响，固定不变。②在一定时期的相关业务量范围内，随着产量的变动，单位固定成本按反比例变动。

例如，某企业生产过程中所用的 A 设备是租用的，其月租金为 1 000 元，该设备最大生产能力为 500 件。所以，当该企业每月的产量在 500 件以内时，其租金总成本不随产量的变动而变动，固定为 1 000 元。但当企业每月的产量分别为 100 件、200 件、500 件时，其单位固定成本将随产量的增加而成反比例下降，分别为 10 元、5 元、2 元。

固定成本的特性如图 2－2 所示。

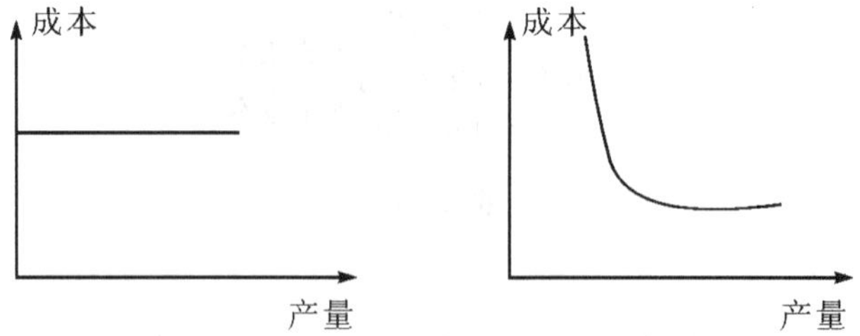

（a）固定成本总额的变化　　（b）单位产品固定成本变化

图 2－2　固定成本的特性

固定成本还可进一步划分为约束性固定成本和酌量性固定成本。

① 约束性固定成本（committed fixed cost），也称经营能力成本，是企业根据生产能力确定的一定期间的固定成本总额，它一般不受管理当局短期决策的影响。由于企业的经营能力一旦形成，短期内一般不轻易改变，因此确定的固定成本就具有很大的约束性。在管理中往往不能采取降低这部分成本总额的措施，因为降低这类固定成本总额等于降低生产能力，所以对这类固定成本只能通过充分利用生产能力来提高产品的产量，降低其单位固定成本。例如，厂房、机器设备的折旧费、不动产税、财产保险费、管理人员工资等都属于约束性固定成本。

② 酌量性固定成本（discretionary fixed cost），也称可调整固定成本，是指受管理者短期决策行为影响，可以在不同时期改变其数额的那部分固定成本。这类固定成本是企业管理者根据经营方针确定的固定成本预算额，在编制预算额时可根据实际需要和财务负担能力对其进行调整。这类固定成本在不影响生产经营的前提下，可以尽量减少它们的预算总额。例如，广告费、职工培训费、新产品开发费和经营性租赁费等就属于酌量性固定成本。

4. 变动成本

变动成本（variable cost）是指在一定时期的相关业务量范围内，其总额随业务量的变动而成正比例变动的成本，如直接材料、直接人工等成本。其主要特点是：

（1）在一定时期的相关业务量范围内，变动成本总额随产量变动而成正比例变动。

（2）在一定时期的相关业务量范围内，单位变动成本不受产量变动的影响，固定不变。

变动成本的特性如图 2－3 所示。

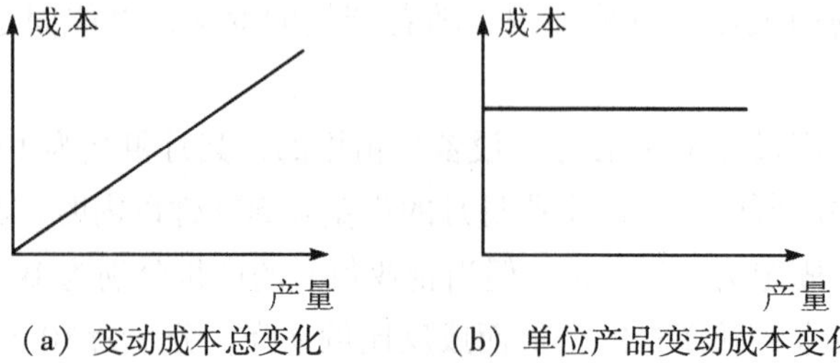

（a）变动成本总变化　　（b）单位产品变动成本变化

图 2－3　变动成本的特性

例如，某企业生产甲产品，单位产品直接材料费为 10 元，当产量为 100 件、200 件、500 件时，直接材料费总成本分别为 1 000 元、2 000 元、5 000 元，与产量成正比例变动。而单位变动成本保持 10 元不变。

变动成本还可进一步划分为技术性变动成本和酌量性变动成本。

① 技术性变动成本是指单位成本受客观因素决定，数额由技术因素决定的那部分变动成本。例如，生产某种数控机床必须配套用外购的某种自动控制系统，在外购价格一定的情况下，其成本就是由设计技术决定的、与机床产量成正比例变动的技术性变动成本。这类变动成本只能通过技术革新或提高劳动生产率等来降低其单位产品成本。

② 酌量性变动成本是指单位成本不受客观因素决定，企业管理者可以改变其数额的那部分变动成本。例如，在达到质量要求的情况下，企业可以采购价格水平不同的原材料，其原材料成本就属于酌量性变动成本。降低这类成本可以通过合理决策、控制开支、降低材料采购成本、优化劳动组合来实现。

5. 混合成本

混合成本（mixed cost）是指其总额随业务量的变动而变动，但又不成正比例变动的那部分成本。混合成本的特点是：区别于固定成本和变动成本，其成本总额随业务量的变动而变动，但又不成正比例变动，如设备维修费、机械动力费、检验人员工资、行政管理费等。

混合成本可以进一步划分为半固定成本、半变动成本、延期变动成本和曲线式变动变动成本四类。

（1）半固定成本。

半固定成本（也称阶梯式成本）是指在一定业务量范围内，其发生额是固定的，当业务量增长到一定程度时，其发生额跳跃式增加，并在新的业务量范围内保持不变的成本，如设备修理费，化验员、检验人员的工资等。其成本性态如图 2－4 所示。

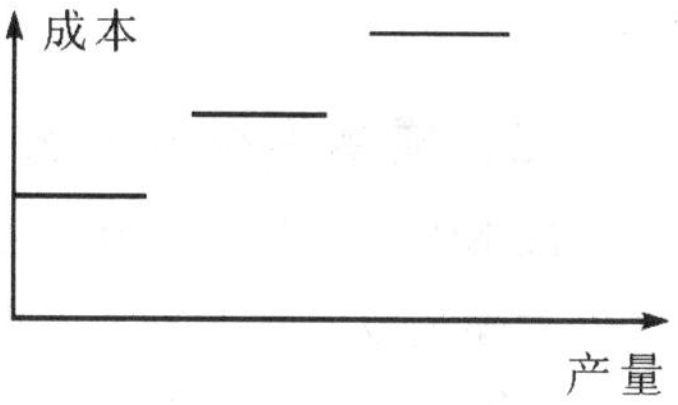

图 2－4　半固定成本性态

（2）半变动成本。

半变动成本是指在没有业务量的情况下仍发生一定的初始量，当有业务量发生时，其发生额随业务量成正比例变化的成本，如电费、水费、煤气费、电话费等公共事业费用。其成本性态如图 2－5 所示。

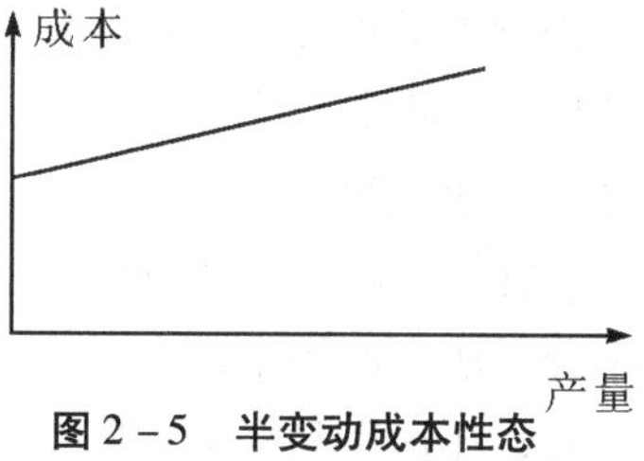

图 2－5　半变动成本性态

（3）延期变动成本。

延期变动成本是指在一定业务量范围内，其总额保持固定不变，但若突破该业务量限度，其超额部分则随业务量的增加按正比例增长的成本。例如，在超定额计件的工资制度下，职工在完成正常工作定额之前，只能取得基础工资。若超过工作定额，职工则除领取基础工资之外，还可取得按超产数额计算的超额工资。其成本性态如图 2－6 所示。

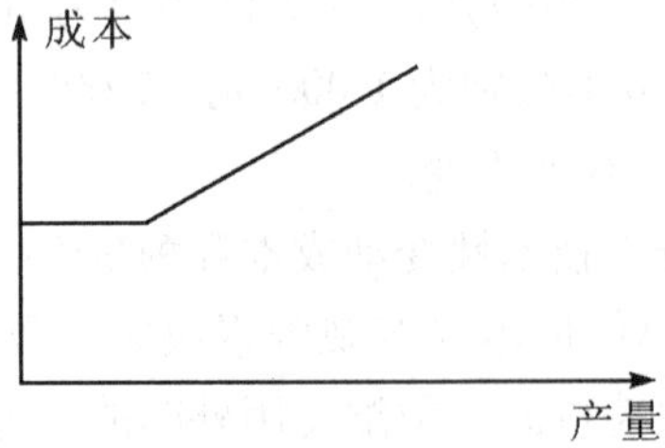

图 2－6　延期变动成本性态

（4）曲线式变动成本。

曲线式变动成本是指在没有业务量的情况下有一个初始量，当有业务量发生时，成本总额随业务量的变化而变化，但变化不成直线关系，而成曲线关系。例如，热处理用的电炉设备，一般需要预热，因预热而耗用的成本（初始量）属于固定成本性质，而预热后进行热处理的耗电成本，则随业务量的增加呈现出抛物线上升的趋势。其成本性态如图 2－7 所示。

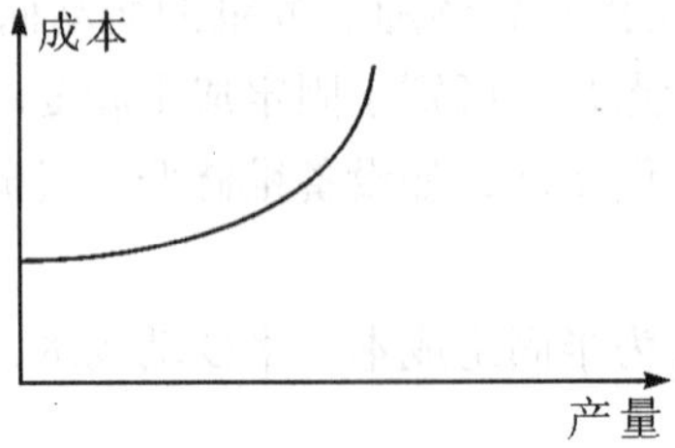

图 2－7　曲线式变动成本性态

二、成本性态分析方法

成本性态分析是指在成本性态分类的基础上，按照一定的程序和方法，将全部成本区分为固定成本和变动成本两大类，并建立成本函数模型的过程。成本函数模型通常用 $y = a + bx$ 来表示。其中：y 为成本总额，a 为固定成本总额，b 为单位变动成本，x 为业务量。

通过成本性态分析，可以揭示成本与业务量之间的依存关系，从而为应用变动成本法进行本量利分析、预测分析、决策分析、全面预算等奠定基础。也可以说，成本性态分析就是将混合成本采用适当的方法进行分解，将其转化为固定成本和变动成本两部分，并建立起成本函数模型。

常用的混合成本分解方法有四种：账户分析法、合同确认法、技术测定法和历史成本分析法，而历史成本分析法又包括高低点法、散布图法和直线回归法三种。由于篇幅所限，在这里只介绍高低点法、散布图法和直线回归法。

（一）高低点法

高低点法（high-low method）是混合成本分解较常用的一种方法。因为混合成本可分解为固定成本和变动成本两种，也适合公式 $y = a + bx$。

高低点法是根据过去一定期间的混合成本与相应业务量资料，通过最高点业务量和最低点业务量及其对应的混合成本，推算出混合成本中固定成本和变动成本数额的一种简便方法。由于成本性态可用直线 $y=a+bx$ 来模拟总成本，因此通过业务量最高点、最低点及其对应的混合成本两组资料就可以求出直线方程，从而将混合成本分解成固定成本部分和变动成本部分。这种方法主要适用于生产经营活动比较正常、混合成本增减变动趋势平缓的企业。

高低点法的具体步骤如下：

（1）在各期业务量与相关成本坐标中，以业务量为准找出最高点和最低点，即（x_h，y_h）和（x_l，y_l）。

（2）计算单位平均变动成本 b：

$$b=\frac{y_h-y_l}{x_h-x_l}$$

（3）将高点或低点坐标和 b 值代入直线方程 $y=a+bx$，计算固定成本 a，得：

$$a=y_h-bx_h$$

或

$$a=y_l-bx_l$$

例 2－1 某企业去年某项混合成本资料如表 2－2 所示，要求用高低点法进行成本性态分析。

表 2－2 某企业某项混合成本资料

月 份	产量（x）（件）	混合成本（y）（元）
1	800	216
2	840	220.8
3	750	210
4	900	228
5	950	234
6	820	218.4
7	1 020	242.4
8	1 000	240
9	800	216
10	1 300	276
11	950	234
12	1 200	264

解：首先从表中找出产量最高和最低的两点，分别是 10 月的 1 300 件和 3 月的 750 件。这两个月的生产成本分别是 276 元和 210 元。由此计算单位产量的变动成本为

$$b=\frac{y_h-y_l}{x_h-x_l}=\frac{276-210}{1\ 300-750}=0.12\ （元）$$

利用高点或者低点的总成本减去相应的变动成本，即为固定成本总额。计算为

$$a=y_h-bx_h=276-0.12\times 1\ 300=120\ （元）$$

由此得到该企业混合成本性态模型为

$$y = 120 + 0.12x$$

（二）散布图法

散布图法（scatter diagram method）是指在坐标图上标出一定期间内业务量（x）与之相应的混合成本（y）的坐标点，通过目测画出一条尽可能反映其成本变化的直线，据此推算出固定成本和单位变动成本的一种方法。用该种方法分析所提供的全部资料比较形象直观。但由于靠目测决定直线容易造成误差，运用时可根据需要与其他方法结合使用。

散布图法的具体步骤如下：

（1）将各期业务量与相应成本的历史资料对应的坐标点标注在平面直角坐标图上。

（2）通过目测，画一条直线，使其尽可能通过或接近所有坐标点。

（3）在纵坐标上读出该直线的截距值，即固定成本总额 a。

（4）在直线上任取一点 P，假设其坐标值为（x_P，y_P）。将它们代入下式，计算单位变动成本 b，即

$$b = (y_P - a) / x_P$$

（5）将 a，b 值代入标准公式，写出一般成本性态分析模型，即

$$y = a + bx$$

例 2－2 某企业上半年某项混合成本资料如表 2－3 所示，要求用散布图法进行成本性态分析。

表 2－3 某企业某项混合成本资料

月 份	产量（x）（件）	混合成本（y）（元）
1	6	110
2	8	115
3	4	85
4	7	105
5	9	120
6	5	100

解：（1）以各期业务量与相对应的成本为坐标点标注在平面直角坐标图上。

（2）通过目测，画一条直线，尽可能反映各坐标点。形成散布图，如图 2－8 所示。

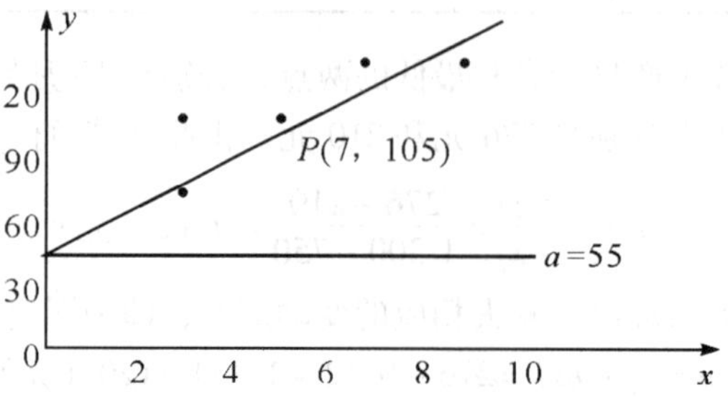

图 2－8 成本性态分析模型散布图

（3）读出直线截距资料 $a=55$（元）。

（4）在直线上任取一点（7，105），则

$$b=\frac{105-55}{7}=7.14\text{（元/件）}$$

（5）该项混合成本性态分析模型为

$$y=55+7.14x$$

（三）直线回归法

直线回归法，又称回归分析法（regression analysis method），是根据一定期间业务量与相应成本之间的历史资料，利用微分极值原理计算出最能反映业务量与成本之间关系的直线回归方程，从而确定成本性态的一种方法。它在反映业务量与成本之间关系的直线中确定一条直线，使所有已知观测值点到该直线的距离误差平方和最小，故又称最小平方法（最小二乘法）。直线回归法较为精确，适用于成本增减变动趋势较大的企业。

直线回归法的具体步骤如下：

（1）对已知资料进行加工，计算 $\sum x$，$\sum y$，$\sum xy$，$\sum x^2$，$\sum y^2$。

（2）计算相关系数 r，判断业务量 x 与成本 y 之间的线性关系，即

$$r=\frac{n\sum xy-\sum x\cdot\sum y}{\sqrt{[n\sum x^2-(\sum x)^2][n\sum y^2-(\sum y)^2]}}$$

相关系数 r 的取值范围一般在［-1，1］区间。当 $r=-1$ 时，说明 x 与 y 之间完全负相关；当 $r=0$ 时，说明 x 与 y 之间不存在线性关系；当 $r=1$ 时，说明 x 与 y 之间完全正相关。一般来说，只要当 r 接近 1，就说明 x 与 y 基本正相关，可以运用直线回归法。

（3）通过微分极值法（过程略），得出直线回归方程中求 a，b 值的公式

$$a=\frac{\sum y-b\sum x}{n}$$

$$b=\frac{n\sum xy-\sum x\cdot\sum y}{n\sum x^2-(\sum x)^2}$$

（4）将 a，b 值代入标准公式，得成本性态分析模型公式

$$y=a+bx$$

例 2－3　以例 2－2 的资料为已知，要求用直线回归法进行成本性态分析。

解：（1）对已知资料进行加工，计算列表如表 2－4 所示。

（2）求相关系数得

$$r=\frac{n\sum xy-\sum x\cdot\sum y}{\sqrt{[n\sum x^2-(\sum x)^2][n\sum y^2-(\sum y)^2]}}$$

$$=\frac{6\times4\ 235-39\times635}{\sqrt{(6\times271-39^2)(6\times67\ 975-635^2)}}$$

$$=0.93$$

r 接近于 1，故 x、y 具有线性关系。

表2-4 加工计算表

月份	x	y	xy	xx	yy
1	6	110	660	36	12 100
2	8	115	920	64	13 225
3	4	85	340	16	7 225
4	7	105	735	49	11 025
5	9	120	1 080	81	14 400
6	5	100	500	25	10 000
$n=6$	$\sum x=39$	$\sum y=635$	$\sum xy=4\ 235$	$\sum xx=271$	$\sum yy=67\ 975$

（3）将加工的资料代入公式得

$$b=\frac{n\sum xy-\sum x\cdot\sum y}{n\sum x^2-\left(\sum x\right)^2}$$

$$=\frac{6\times4\ 235-39\times635}{6\times271-39^2}=6.14$$

$$a=\frac{\sum y-b\sum x}{n}$$

$$=\frac{635-6.14\times39}{6}=65.92$$

（4）得成本性态分析模型为

$$y=65.92+6.14x$$

三、成本性态分析应用

（一）成本性态分析的程序

成本性态分析的程序就是指进行成本性态分析的步骤，通常有两种程序：一是单步骤分析程序；二是多步骤分析程序。前面介绍成本性态分析的方法分别适用于单步骤分析程序和多步骤分析程序。

1. 单步骤分析程序

单步骤分析程序是指在进行成本性态分析时，将总成本一次直接分解为固定成本部分和变动成本部分，建立成本模型。

在此程序下，无须将总成本按成本性态分为固定成本、变动成本和混合成本，而是将总成本视作混合成本，直接进行分解。另外在实际工作中，如果企业某项混合成本数额较少，可以将其视为固定成本，这样就简化了成本性态分析的程序。上一节成本性态分析方法的举例都是采用单步骤分析程序。

2. 多步骤分析程序

多步骤分析程序是指将总成本按成本性态分为固定成本、变动成本和混合成本，然后再将混合成本分解为固定成本、变动成本，分别汇集于原固定成本和变动成本，建立总成本性态模型。

多步骤分析程序大致经过以下三个步骤：

（1）将总成本分为固定成本、变动成本和混合成本三类，分别用 a，bx，y_1 表示。

（2）对总成本中的混合成本进行分解，建立混合成本性态模型，即

$$y_1 = a_1 + b_1 x$$

（3）将混合成本分解出来的固定成本、变动成本汇集于原固定成本部分和变动成本部分，建立总成本性态模型，即

$$y = (a + a_1) + (b + b_1) x$$

例 2-4 某企业去年 12 个月中最高产量与最低产量的生产总成本如表 2-5 所示。

表 2-5 某企业去年最高产量与最低产量生产总成本

项 目	最高点（10 月）	最低点（3 月）
产量（件）	75 000	50 000
生产总成本（元）	176 250	142 500

生产总成本包括变动成本、固定成本和混合成本三类，该企业会计部门对最低点产量为 50 000 件（3 月）的生产总成本作了分析，其各类成本组成情况如下：

变动成本总额	50 000 元
固定成本总额	60 000 元
混合成本总额	32 500 元
生产总成本	142 500 元

要求：采用高低点法对该企业的生产总成本进行性态分析。

解：采用多步骤分析程序进行成本性态分析：

（1）根据 3 月份生产总成本的构成，计算 10 月份生产总成本构成。依据固定成本、变动成本的性质，计算如下：

$$10\text{月份变动成本总额} = \frac{3\text{月份变动成本总额}}{3\text{月份产量}} \times 10\text{月份产量}$$

$$= \frac{50\ 000}{50\ 000} \times 75\ 000 = 75\ 000\text{（元）}$$

$$10\text{月份固定成本总额} = 3\text{月份固定成本总额}$$

$$= 60\ 000\text{（元）}$$

则

$$10\text{月份混合成本总额} = 176\ 250 - 75\ 000 - 60\ 000$$

$$= 41\ 250\text{（元）}$$

由此得表 2-6：

表 2-6　某企业 10 月份生产总成本的构成

项　目	最高点（10 月）	最低点（3 月）
产量（件）	75 000	50 000
生产总成本（元）	176 250	142 500
其中：变动成本总额（元）	75 000	50 000
固定成本总额（元）	60 000	60 000
混合成本总额（元）	41 250	32 500

（2）运用高低点法对生产总成本中的混合成本进行性态分析，得

$$b_1 = \frac{41\ 250 - 32\ 500}{75\ 000 - 50\ 000} = 0.35\text{（元/件）}$$

代入低点，得

$$a_1 = 32\ 500 - 0.35 \times 50\ 000 = 15\ 000\text{（元）}$$

则

$$y_1 = 15\ 000 + 0.35x$$

（3）由计算可知 $b = 1$，建立生产总成本性态模型。求得

$$a + a_1 = 60\ 000 + 15\ 000 = 75\ 000\text{（元）}$$

$$b + b_1 = 1 + 0.35 = 1.35\text{（元/件）}$$

则

$$y = 75\ 000 + 1.35x$$

成本性态分析的其他方法同样适用于多步骤分析程序，即按单步骤程序将总成本中的混合成本分解，将其中的固定成本和变动成本再分别归于原固定成本和变动成本，建立总成本性态模型。总之，在实际进行成本性态分析时根据总体需要，可采用单步骤分析程序或多步骤分析程序。

（二）成本性态分析应用的范围

成本性态分析是管理会计实现预测、决策、规划和控制职能的一个基础，在许多方面得到广泛的运用。

1. 成本性态分析可对计划期总成本进行预测

例 2-5　依例 2-4，若该企业今年 3 月份的产量要达到 65 000 件，预测其混合成本及生产总成本各是多少。

解：根据例 2-4 计算所得的混合成本及生产总成本性态分析模型，将 $x = 65\ 000$（件）代入得

$$\begin{aligned}\text{混合成本 } y_1 &= a_1 + b_1 x \\ &= 15\ 000 + 0.35 \times 65\ 000 \\ &= 37\ 750\text{（元）}\end{aligned}$$

生产总成本 $y = a + bx$

$= 75\,000 + 1.35 \times 65\,000$

$= 162\,750$（元）

2. 成本性态分析是运用变动成本法的基础

变动成本法是区别于传统会计中全部成本法的一种成本计算方法，在此方法下，产品成本只包含变动生产成本。所以，运用变动成本法必须对成本进行性态分析。有关变动成本法的内容将在本章第二节中介绍。

3. 成本性态分析是本量利分析的前提

本量利分析即总成本、业务量、利润三者之间的关系分析。它的基本公式是：

利润 = 总收入 - 总成本

= 总收入 - 变动成本总额 - 固定成本总额

= 业务量 × 单价 - 业务量 × 单位变动成本 - 固定成本总额

4. 成本性态分析可简化预算编制

管理会计的规划职能主要是通过全面预算来完成的。实施预算的方法如弹性预算法，是以成本性态分类列示，按照预算期内可能发生的各种业务量水平编制预算系列。尽管是对预算期可能发生的多种业务量水平编制预算，但按成本性态，固定成本固定不变，变动成本与业务量成正比例变动，这样使弹性预算的简化成为可能。有关预算内容将在第九章介绍。

5. 成本性态分析便于成本控制

成本性态分析可用于对某项成本预算的实际情况进行考核分析。

例 2-6　根据某企业一项混合成本的历史资料确定出该项混合成本中的固定成本 $a = 500$（元），单位变动成本 $b = 0.6$（元/人工小时），则计划期预计耗用 5 000 人工小时，该项混合成本预算数应为 $y = 500 + 0.6 \times 5\,000 = 3\,500$（元）。

若实际该项成本耗用了 4 000 元，实际人工小时为 5 200 小时，计算实际固定成本、实际变动成本的数额及超支额。

解： 实际固定成本 = 实际混合成本 × 预计固定成本/预计混合成本 = 4 000 × 500/（500 + 0.6 × 5 000） = 571（元）

实际变动成本 = 实际混合成本 × 预计变动成本/预计混合成本 = 4 000 × 0.6 × 5 000/（500 + 0.6 × 5 000） = 3 429（元）

该项混合成本中固定成本超支 71（571 - 500）元；变动成本超支 429（3 429 - 0.6 × 5 000）元。

从而得知该项混合成本中固定成本超支 71（571 - 500）元，变动成本超支 429（3 429 - 0.6 × 5 000）元，实际数比预算数共超支 500（71 + 429）元。

进行混合成本分解便于落实成本控制的责任。一般来说，固定成本应由管理部门负责，变动成本应由生产部门负责。在此基础上可进一步进行差异分析。

第二节 变动成本法

传统的产品成本计算，是按照经济用途将各种费用归集、分配于产品之间，以确定各种产品的实际成本，进而计算企业的期间损益，根本没有考虑决策的需要。

按成本性态将总成本分解为变动成本和固定成本两部分，固然可以满足需要，但充其量不过是对财务会计资料进行二次加工和改制，因而，其效率和精度不能不受到一些限制。如果改变传统的成本计算方法，使日常的会计核算资料既满足财务会计的需要，又满足决策的需要，将会取得事半功倍的效果。

基于这种想法，1936 年美国会计学者哈里斯首先提出了变动成本计算方案。第二次世界大战以后，随着资本主义经济矛盾的日趋尖锐，市场竞争的日益激化，企业管理当局要求会计能提供更广泛、更有用的会计信息。如何按成本性态来控制成本，如何将占成本比重日益增大的固定成本恰当地在产品之间进行分配，是成本会计学研究的重点问题。变动成本法不但解决了上述问题，也为企业决策提供了不少方便，因而被美、日、西欧诸国广泛应用，成为管理会计的一项重要内容。

以下我们就从贡献毛益着手，通过变动成本法与全部成本法的比较分析，系统介绍变动成本法的内容。

一、贡献毛益

前面我们系统地研究了成本性态（成本习性），并把企业的全部成本划分为变动成本和固定成本两大类，这是现代管理会计研究的基础。在研究变动成本法之前，我们必须弄清楚管理会计的另一个基本概念——贡献毛益。

（一）贡献毛益的基本概念

贡献毛益（contribution margin）是管理会计学中研究变动成本法常用的一个概念，通常称为边际贡献、边际利润或创利额。它是指产品销售收入超过变动成本的金额。

贡献毛益可有如下两种表现形式：

1. 贡献毛益总额（Total Contribution Margin，简记为 Tcm）

贡献毛益总额（Tcm）是从产品的销售收入总额中减去各种产品的变动成本总额后的余额，也即

$$Tcm = \text{销售收入总额} - \text{变动成本总额} = px - bx = (p-b)x$$

其中 p 为价格，x 为销售量。其经济含义为销售量 x 所能产生的毛利润。

2. 单位贡献毛益（Cm）

单位贡献毛益（Cm）是一种产品的销售单价减去该种产品的单位变动成本，也即

$$Cm = \text{销售价格} - \text{单位变动成本} = p - b$$

其经济含义为单位销售量所能产生的毛利润。

单位贡献毛益反映产品的盈利能力，由以上两式可知

$$Tcm = 单位贡献毛益 \times 销售量 = Cm \times x$$

注意：这里所讲的贡献毛益，与财务会计中的毛利含义不一致。

销售收入（px）、贡献毛益总额（Tcm）、固定成本（a）、利润之间的关系如图2－9所示：

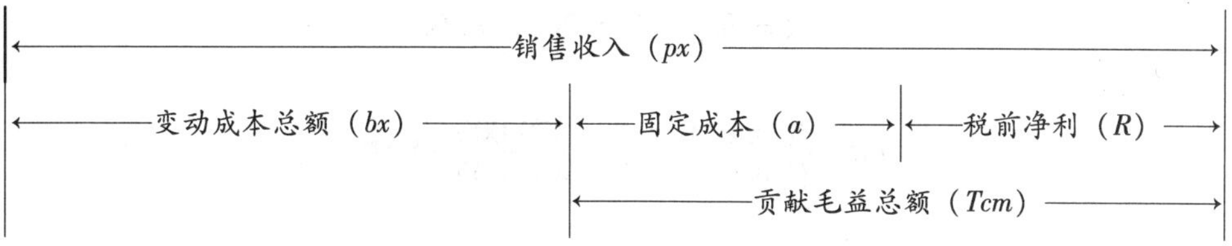

图2－9　px，bx，Tcm，a，R 的关系示意图

（二）贡献毛益的计算

现根据上述公式，举例说明贡献毛益的具体计算。

例2－7　某出版社编辑出版一本辞典，定价20元，固定成本为4 000元，单位变动成本为16元，今年已销售20 000册，可算得贡献毛益总额

$$Tcm = px - bx = 20 \times 20\,000 - 16 \times 20\,000 = 80\,000（元）$$

单位贡献毛益

$$Cm = p - b = 20 - 16 = 4（元）$$

或

$$Cm = Tcm/x = 80\,000/20\,000 = 4（元）$$

从以上计算中可以看出，贡献毛益不等于企业的营业净利。企业得到的贡献毛益，首先得弥补固定成本总额，剩余部分才为企业提供利润。如果贡献毛益总额小于固定成本，则表现为亏损。

营业净利为

$$R = Tcm - a = 80\,000 - 40\,000 = 40\,000（元）$$

从贡献毛益概念可进一步引申出“生产贡献毛益”的概念，即从销售收入中扣除变动生产成本后的余额，计算公式为

$$生产贡献毛益总额 = 销售收入 - 变动生产成本总额$$

（三）贡献毛益的派生指标

把贡献毛益这一绝对数指标化为相对数指标，可以有如下两个相对指标。

1. 贡献毛益率（cmR）

贡献毛益率（cmR），又称边际贡献率、边际利润率或创利率，是反映产品盈利能力的相对数指标，是指单位贡献毛益占销售单价的百分比，也即贡献毛益占销售收入的百分比。其计算公式，以及根据前例的计算结果如下：

$$cmR = Tcm/(px) = 80\,000/400\,000 = 20\%$$

或

$$cmR = 1 - b/p = Cm/p = 4/20 = 20\%$$

2. 变动成本率（bR）

变动成本率（bR），是指单位变动成本占销售单价的百分比，也即变动成本总额占销售收入总额的百分比。它说明了单位销售额中变动成本所占的金额。

变动成本率的计算公式，以及根据前例的计算结果如下：

$$bR = b/p = 16/20 = 80\%$$

或

$$bR = \frac{\text{变动成本总额}}{\text{销售收入总额}} = \frac{320\ 000}{400\ 000} = 80\%$$

或

$$bR = 1 - \text{贡献毛益率} = 1 - cmR = 1 - 20\% = 80\%$$

运用以上公式，我们可以根据具体的资料条件灵活运用有关公式，并从已知数据推导有关未知指标。例如，单位贡献毛益

$$Cm = \text{价格} \times \text{贡献毛益率} = p \times cmR = 20 \times 20\% = 4\text{（元）}$$

而且，从公式里还可以看出，贡献毛益率 cmR 与变动成本率 bR 的关系

$$bR + cmR = 1$$

呈此消彼长的变化。变动成本率是一个越小越好的指标。由公式可见，当企业变动成本率高时，贡献毛益率则低，创利能力小；当企业变动成本率低时，贡献毛益率则高，创利能力大。

二、变动成本法概述

1. 变动成本法的含义

变动成本法是指在组织常规的产品成本计算过程中，以成本性态分析为前提，在计算产品成本时只包括产品生产过程中所消耗的直接材料、直接人工和变动制造费用即变动生产成本，而把固定制造费用即固定生产成本及非生产成本全部作为期间成本处理的产品成本计算方法。

2. 变动成本法的理论依据

变动成本法在计算产品成本时仅将变动生产成本包括进去，而将固定生产成本作为期间成本处理，主要基于以下理由：

（1）产品成本只应该包括变动生产成本。在管理会计中，产品成本是指那些随产品实体的流动而流动，只有当产品实现销售时才能与相关收入实现配比、得以补偿的成本。显然，只有与产量有关的变动生产成本才能随产品实体流动而流动，因此只有变动生产成本才能构成产品成本的内容。

（2）固定制造费用应当作为期间成本处理。在管理会计中，期间成本是指那些不随产品实体的流动而流动，而是随企业生产经营持续时间长短而增减，其效益随期间的推移而消逝，不能递延到下期，只能于发生的当期计入利润表且由当期收入补偿的成本。这类成本的归属期只有一个，即于发生的当期直接转作本期费用，因而与产品实体流动情况无关，不能计入期末存货。

显然，并非在生产领域内发生的所有成本都是产品成本。如生产成本中的固定制造费用，在相关范围内，它的发生与各期实际产量的多少无关，它只是定期地创造了可供利用的生产能量，因而与期间的关系更为密切。在这一点上，它与销售费用、管理费用和财务费用等非生产成本只是定期地创造了维持企业经营的必要条件一样，具有时效性。不管这些能量和条件能否在当期被利用，利用得是否有效，这种成本的发生额都不会受到丝毫影响，其效益随着时间的推移而逐渐丧失，不能递延到下期。因此，固定制造费用应当与非生产成本一样作为期间成本处理。

三、变动成本法与完全成本法的区别

变动成本法是与传统成本计算法相对立的概念，当变动成本法产生后，传统成本法便被称为全部成本法（或完全成本法）。

全部成本法是指在组织常规的产品成本计算过程中，以成本按照经济用途分类为前提，将全部生产成本作为产品成本的构成内容，而将非生产成本作为期间成本的一种成本计算方法。

变动成本法与全部成本法的主要区别可以概括为以下几个方面。

（一）应用的前提条件不同

应用变动成本法要求首先进行成本性态分析，把全部成本分为变动成本和固定成本两大部分。其中，对于生产成本要按生产量分解为变动生产成本和固定生产成本；对于销售及管理费用要按销售量分解为变动销售及管理费用和固定销售及管理费用。

应用全部成本法要求首先把全部成本按其发生的领域或经济用途分为生产成本和非生产成本。凡在生产领域中为生产产品发生的成本就归于生产成本，发生在流通领域和服务领域，由于组织日常销售或进行日常行政管理而发生的成本则归属于非生产成本。

（二）产品成本和期间成本的构成内容不同

在变动成本法下，产品成本只包括变动生产成本，固定生产成本和非生产成本则全部作为期间成本处理。

在全部成本法下，产品成本则包括全部生产成本，只有非生产成本作为期间成本处理。

上述两点区别可通过表 2－7 来反映。

表 2－7　变动成本法与全部成本法在应用前提和成本构成内容方面的区别

项　目	变动成本法	全部成本法
应用的前提条件	以成本性态分析为基础	以成本按经济用途分类为基础
成本划分的类别	变动成本 固定成本	生产成本 非生产成本

（续上表）

项　目	变动成本法	全部成本法
产品成本包含的内容	直接材料 直接人工 变动制造费用	基本生产成本 辅助生产成本 制造费用
期间成本包含的内容	变动非生产成本： 　　变动销售费用 　　变动管理费用 固定成本： 　　固定销售费用 　　固定制造费用 　　固定管理费用	销售费用 管理费用

例 2－8　某公司只产销一种产品，其 2007 年的业务量、售价与成本资料如表 2－8 所示。

表 2－8　某公司 2007 年的业务量、售价与成本资料

期初存货量	0 件	直接材料	10 000 元
本年产量	5 000 件	直接人工	5 000 元
本年销售量	4 000 件	变动制造费用	5 000 元
期末存货量	1 000 件	固定制造费用	10 000 元
销售单价	10 元/件	变动销售费用	3 000 元
		固定销售费用	1 000 元
		变动管理费用	1 000 元
		固定管理费用	1 000 元

要求：分别用变动成本法和全部成本法计算该公司的产品成本和期间成本（单位产品成本和单位成本）。

解：根据上述资料分别按变动成本法和全部成本法计算的产品成本和期间成本如表 2－9 所示。

表 2－9　产品成本和期间成本计算　　单位：元

项　目		变动成本法		全部成本法	
		总成本	单位成本	总成本	单位成本
产品成本	直接材料	10 000	2	10 000	2
	直接人工	5 000	1	5 000	1
	变动制造费用	5 000	1	5 000	1
	固定制造费用			10 000	2
	合　计	20 000	4	30 000	6

（续上表）

项　目		变动成本法		全部成本法	
		总成本	单位成本	总成本	单位成本
期间成本	固定制造费用 销售费用 管理费用	10 000 4 000 2 000	2 1 2	 4 000 2 000	 1 2
	合　计	16 000	5	6 000	3

（三）销货成本和存货成本的水平不同

在期末存货和本期销货均不为零的条件下，本期发生的产品成本最终要表现为销货成本（产品销售成本）和存货成本。

在变动成本法下固定生产成本被作为期间成本处理，直接计入当期利润表，不会转化为销货成本和存货成本。

在全部成本法下固定生产成本被计入产品成本，并要在存货和销货之间进行分配，使一部分固定生产成本被期末存货吸收递延至下期，另一部分固定生产成本作为销货成本计入当期利润表。

显然，这必将导致两种成本计算法确定的期末存货成本和当期销货成本水平的不同。

例 2－9　以上例中表 2－8 的资料为例，要求分别按变动成本法和全部成本法计算确定期末存货成本和本期销货成本。

解：计算结果如表 2－10 所示。

表 2－10　期末存货成本和本期销货成本计算　　单位：元

项　目	变动成本法	全部成本法
期初存货成本	0	0
本期产品成本	20 000	30 000
可供销售产品成本	20 000	30 000
单位产品成本	4	6
期末存货量（件）	1 000	1 000
期末存货成本	4 000	6 000
本期销货成本	160 00	24 000

由表 2－10 可见，按变动成本法计算的期末存货成本比按全部成本法计算的期末存货成本少 2 000 元，而按变动成本法计算的本期销货成本则比按全部成本法计算的本期销货成本少 8 000 元。之所以产生这个差异，是因为变动成本法下的本期产品成本不含固定生产成本 10 000 元，而全部成本法下的本期产品成本则包含固定生产成本10 000元

（每单位产品分摊2元）。这样，按变动成本法计算的期末存货成本就比按全部成本法计算的期末存货成本少1 000×（6－4）＝2 000（元）；按变动成本法计算的本期销货成本就比按全部成本法计算的本期销货成本少4 000 ×（6－4）＝8 000（元）。

（四）税前净利的计算程序不同

1. 变动成本法下税前净利的计算

在变动成本法下，税前净利应按下列两步计算：

销售收入－变动成本 ＝ 边际贡献　　(2－1)

边际贡献－固定成本 ＝ 税前净利　　(2－2)

这里

变动成本 ＝ 变动生产成本＋变动非生产成本

其中

变动生产成本＝按变动成本法计算的本期销货成本
＝期初存货成本＋本期变动生产成本－期末存货成本
＝期初存货量×上期单位产品变动生产成本＋本期产量×本期单位产品变动生产成本－期末存货量×本期单位产品变动生产成本

假定前后各期单位产品的变动生产成本不变，则

变动生产成本＝单位变动生产成本×销售量

变动非生产成本＝单位变动非生产成本×销售量

固定成本＝固定生产成本＋固定管理费用＋固定销售费用

2. 全部成本法下税前净利的计算

在全部成本法下，税前净利则按下列两步计算：

销售收入－销货成本 ＝ 销售毛利　　(2－3)

销售毛利－期间成本 ＝ 税前净利　　(2－4)

这里

销货成本＝按全部成本法计算的本期销货成本
＝期初存货成本＋本期生产成本－期末存货成本

期间成本＝非生产成本
＝销售费用＋管理费用

（五）利润表的编制不同

在变动成本法下，要按照上述式（2－1）和式（2－2）两步编制“贡献式”的利润表；而在全部成本法下，只能按上述式（2－3）和式（2－4）两步编制“职能式”利润表。

例2－10　仍以表2－8的资料为例，要求分别按变动成本法编制贡献式的利润表和按全部成本法编制职能式的利润表，并比较它们的不同。

解：按两种成本法编制的贡献式和职能式利润表如表 2－11 所示。

表 2－11　按两种成本法编制的利润表　　单位：元

贡献式利润表		职能式利润表	
销售收入	10 ×4 000	销售收入	10 ×4 000
减：变动成本		减：销货成本	
变动生产成本	16 000	期初存货成本	0
变动销售费用	3 000	本期生产成本	30 000
变动管理费用	1 000	期末存货成本	6 000
变动成本合计	20 000	本期销货成本合计	24 000
边际贡献	20 000	销货毛利	16 000
减：固定成本		减：期间费用	
固定制造费用	10 000	销售费用	4 000
固定销售费用	1 000	管理费用	2 000
固定管理费用	1 000	期间成本合计	6 000
固定成本合计	12 000		
税前净利	8 000	税前净利	10 000

比较表 2－11 所示的两张利润表，可以看出两种成本计算法在编制利润表方面有三个显著的差别。

1. 成本项目的排列方式不同

按全部成本法编制的职能式利润表把所有成本项目按生产、销售、管理等经济用途进行排列，主要是为适应企业外界有经济利害关系的团体和个人的需要。

而按变动成本法编制的贡献式利润表则把所有成本项目按成本性态排列，主要是为了便于获得边际贡献信息，适应企业内部管理当局规划与控制经营活动的需要。

2. 对固定生产成本的处理不同

全部成本法把固定生产成本即固定制造费用视作产品成本的一部分，因而，每销售一批产品（本例是 4 000 件），其固定制造费用就构成销货成本；至于尚未售出的期末存货（本例是 1 000 件），与产品成本一样，每件存货成本内也包含有固定制造费用（本例是 2 元），它们必须结转至下一个会计年度。本例结转至下一个会计年度的是 2000（2 ×1 000）元。

而变动成本法把本期发生的全部固定生产成本，均作为期间成本在边际贡献总额中减除。这样，它的销货成本就包括已出售产品的变动成本，只要用单位变动生产成本乘以本期实际销售量即可求得，再另上变动的销售及管理费用，即构成变动成本总额。这里必须注意，固定生产成本与期末存货的有无或多少毫无关系，因而也就无须转入下一个会计年度。

3. 计算出来的税前净利可能不同

由于两种方法对本期发生的固定生产成本处理不同，可能导致计算出来的税前净利不同。本例中，按全部成本法计算的税前净利比按变动成本法计算的结果多2 000元，就是因为按全部成本法计算时，本期发生的固定制造费用10 000元要计入本期产品成本，其中有2 000元计入期末存货成本，随期末存货结转至下一个会计年度，故按全部成本法计算，从本期收入扣减的固定制造费用仅为8 000元。而按照变动成本法计算，本期发生的全部固定制造费用10 000元均作为期间成本处理，完全由本期收入补偿。

这里必须指出，两种方法对固定生产成本的处理不同仅有可能导致计算的税前净利不同，而并非在任何条件下都必然导致计算的税前净利不同。

（六）适用性不同

全部成本法是传统的成本计算方法，它主要遵循企业财务会计准则，汇总和分配企业一定期间所发生的生产费用，计算和确定产品成本和存货成本，因而，全部成本法主要适用于财务会计系统，用来编制对外的财务报表。

而变动成本法是为适应企业加强内部经营管理的需要，对成本进行规划和日常控制，以及改善经营决策而产生的，故变动成本法主要适用于管理会计系统，用来编制企业的内部管理报表，为内部管理提供有用的信息。

四、两种方法计算的税前净利产生差异的原因及互换

（一）两种方法对税前净利影响的举例说明

我们知道，变动成本法和全部成本法计算的税前净利可能不同。下面我们根据不同的产销量关系举例来详细考察分析两种成本法对各期税前净利的影响。

1. 各期产量稳定，销量变动

在分析不同产销量关系下两种方法对各期税前净利之间的影响时，我们首先假定各期成本消耗水平不变。这样，在产量稳定的条件下，就意味着各期产品单位成本不变，而销售量变动表明各期期初期末的产成品存货不同。

例2－11　表2－12是大华公司过去连续三年的产销业务量、成本以及售价等资料。要求根据资料，分别按两种方法计算确定各期税前净利。

表2－12　大华公司产品资料

业务量	第一年	第二年	第三年	合　计
期初存货量	0件	0件	1 000件	1 000件
当年生产量	4 000件	4 000件	4 000件	12 000件
当年销售量	4 000件	3 000件	5 000件	12 000件
期末存货量	0件	1 000件	1 000件	1 000件

（续上表）

售价、成本资料	单位产品成本	
	全部成本法	变动成本法
每件售价 15 元 生产成本： 单位变动成本 5 元/件 固定成本总额 12 000 元 销售及管理费用： 单位变动成本 3 元/件 固定成本总额 8 000 元	变动生产成本 5 元/件 固定生产成本 3 元/件 单位产品成本 8 元/件	变动生产成本 5 元/件 单位产品成本 5 元/件
几项假定： ①每年产量指当年投产且全部完工产量（即无期初期末在产品）； ②每年销售量中不存在销售退回、折让和折扣问题； ③各期成本水平（单位变动成本和固定成本总额）、售价不变； ④存货计价采用先进先出法。		

解：按两种方法计算确定的税前净利如表 2－13 所示。

表 2－13 大华公司利润表

单位：元

项 目	第一年	第二年	第三年	合 计
职能式利润表				
销售收入	60 000	45 000	75 000	180 000
销货成本：				
期初存货	0	0	8 000	8 000
本期生产成本	32 000	32 000	32 000	96 000
可供销售的产品成本	32 000	32 000	40 000	104 000
减：期末存货	0	8 000	0	8 000
销货成本总额	32 000	24 000	40 000	96 000
销售毛利	28 000	21 000	35 000	84 000
减：销售及管理费用	20 000	17 000	23 000	60 000
税前净利	8 000	4 000	12 000	24 000
贡献式利润表				
销售收入	60 000	45 000	75 000	180 00
减：变动成本				
变动生产成本	20 000	15 000	25 000	60 000
变动销售及管理费用	12 000	9 000	15 000	36 000
变动成本合计	32 000	24 000	40 000	96 000
边际贡献	28 000	21 000	35 000	84 000
减：固定成本				
固定生产成本	12 000	12 000	12 000	36 000
固定销售及管理费用	8 000	8 000	8 000	24 000
固定成本合计	20 000	20 000	20 000	60 000
税前净利	8 000	1 000	15 000	24 000

比较两种方法编制的利润表及税前净利数据，可以发现：

（1）第一年，两种方法所得税前净利是相等的。这是由于当年期初存货量与期末存货量相等，也就是本期产量等于销售量。本例中期初期末存货量都是零，即产销绝对平衡，在这种情况下，采用全部成本法时，随期初存货转入当期或随期末存货转至下期的固定性制造费用都为零。所以从结果来看，两种方法计算的税前净利相等。

（2）第二年，按全部成本法计算的税前净利比变动成本法计算的结果多 3 000 元。这是由于该年期末存货量增加了 1 000 件，也即产大于销 1 000 件，而按全部成本法计算的每件存货成本较变动成本法高 3 元，也即全部成本法下单位产品负担的固定性制造费用。因此，按全部成本法就要把期末存货 1 000 件中包含的固定性制造费用 3 000 元转入下一年度，本期已销产品 3 000 件只负担了 9 000 元的固定性制造费用。而变动成本法无论产销量如何变化，总是将该期的固定性制造费用 12 000 元全部计入当期损益。所以，全部成本法计算的税前净利就会比变动成本法计算的结果多 3 000 元。

（3）第三年，按全部成本法计算的税前净利比变动成本法计算的结果少 3 000 元。这是由于该年的期末存货量为零，而期初存货量为 1 000 件，即产量小于销量 1 000 件。采用全部成本法把上年转来的期初存货 1 000 件所释放的固定制造费用 3 000 元（3 × 1 000）转为本期的销货成本，而本期期末存货为 0，也即期末未吸收固定制造费用至下期。由此，按全部成本法计入本期销货成本的固定制造费用为 15 000 元（3 × 5 000），较按变动成本法计入本期损益的 12 000 元多 3 000 元。所以造成全部成本法计算的税前净利较变动成本法少 3 000 元。

（4）从较长时间来看，两种方法所确定的税前净利应该趋于一致。本例中，三年的产量和与销量和均为 12 000 件，因此，两种方法三年的税前净利之和相等，均为 24 000 元。从长期看，企业的产销应该趋于一致，各年税前净利的差异相互抵消。所以，无论是按全部成本法计入销货成本的固定制造费用，还是按变动成本法直接计入各期损益的固定制造费用，总额均趋于一致。其结果对长期的税前净利之和影响甚微，甚至没有影响。

2. 各期销量稳定，产量变动

销售量稳定意味着各年的销售收入相同，而产量变动则表明在全部成本法下各期的单位产品成本不同。因为，即使各期的固定制造费用不变，但产量变动的话，单位产品分摊的固定制造费用也不同。

例 2－12 表 2－14 是大华公司连续三年的产销业务量、成本以及售价等资料，并沿用例 2－11 的各项假定。要求根据表中资料，分别按两种方法确定各年的税前净利。

表 2－14 大华公司连续三年的产销业务量、成本以及售价等资料

业务量	第一年	第二年	第三年	合 计
期初存货量（件）	0	1 000	1 000	2 000
当年生产量（件）	6 000	5 000	4 000	15 000

（续上表）

<table>
<tr><td>业务量</td><td colspan="2">第一年</td><td colspan="2">第二年</td><td colspan="2">第三年</td><td colspan="2">合　计</td></tr>
<tr><td>当年销售量（件）</td><td colspan="2">5 000</td><td colspan="2">5 000</td><td colspan="2">5 000</td><td colspan="2">15 000</td></tr>
<tr><td>期末存货量（件）</td><td colspan="2">1 000</td><td colspan="2">1 000</td><td colspan="2">0</td><td colspan="2">2 000</td></tr>
<tr><td>售价、成本资料</td><td colspan="8">单位产品成本</td></tr>
<tr><td rowspan="5">每件售价　15
生产成本
　单位变动成本　5
　固定成本总额　12 000
销售及管理费用
　单位变动成本　2
　固定成本总额　10 000</td><td colspan="4">全部成本法</td><td colspan="4">变动成本法</td></tr>
<tr><td>年度</td><td>第一年</td><td>第二年</td><td>第三年</td><td>年度</td><td>第一年</td><td>第二年</td><td>第三年</td></tr>
<tr><td>变动生产成本</td><td>5</td><td>5</td><td>5</td><td rowspan="2">变动生产成本</td><td>5</td><td>5</td><td>5</td></tr>
<tr><td>固定生产成本</td><td>2</td><td>2.4</td><td>3</td><td></td><td></td><td></td></tr>
<tr><td>单位产品成本</td><td>7</td><td>7.4</td><td>8</td><td>单位产品成本</td><td>5</td><td>5</td><td>5</td></tr>
</table>

解： 分别按两种方法确定的税前净利如表 2－15 所示。

表 2－15　大华公司利润表　　单位：元

项　目	第一年	第二年	第三年	合　计
职能式利润表				
销售收入	75 000	75 000	75 000	225 000
销货成本：				
期初存货	0	7 000	7 400	14 400
本期生产成本	42 000	37 000	32 000	111 000
可供销售的产品成本	42 000	44 000	39 400	111 000
减：期末存货	7 000	7 400	0	14 400
销货成本总额	35 000	36 600	39 400	111 000
销售毛利	40 000	38 400	35 600	114 000
减：销售及管理费用	20 000	20 000	20 000	60 000
税前净利	20 000	18 400	15 600	54 000

（续上表）

项　目	第一年	第二年	第三年	合　计
贡献式利润表				
销售收入	75 000	75 000	75 000	225 000
减：变动成本				
变动生产成本	25 000	25 000	25 000	750 00
变动销售及管理费用	10 000	10 000	10 000	30 000
变动成本合计	35 000	35 000	35 000	105 000
边际贡献	40 000	40 000	40 000	120 000
减：固定成本				
固定生产成本	12 000	12 000	12 000	36 000
固定销售及管理费用	10 000	10 000	10 000	30 000
固定成本合计	22 000	22 000	22 000	66 000
税前净利	18 000	18 000	18 000	54 000

比较按两种方法编制的利润表。从表中提供的税前净利等数据可以看出，在销量稳定而产量变动的情况下：

（1）采用变动成本法，各年的税前净利均相等。这是因为每年的销量相同，而且每年的成本和费用水平不变，所以各年税前净利的计算也相同。这里各年产量的变化对税前净利没有影响。

（2）由于三年产量不同，各年单位产品所分摊的固定制造费用也不相同。这样，在全部成本法下，各年的单位产品成本就会有差异。即使在各年销量相同的情况下，销货成本也不会相同，从而导致按全部成本法确定的各年税前净利不相等。

（3）即使各年的销量相同，两种方法下的税前净利也会出现差异。在例 2－12 中，第一年产大于销 1 000 件，按全部成本法确定的税前净利较变动成本法计算的结果多 2 000元，这是由于全部成本法下有一部分固定制造费用随期末存货 1 000 件转移至下年，其金额为 2 000（2×1 000）元，而在变动成本法下，不论产销关系如何，固定制造费用均在当年损益计算中一次扣减。

第二年虽然产销平衡，均为 5 000 件，但由于有期初期末存货，所以全部成本法计算的税前净利则比变动成本法计算的结果多 400 元。原因是期初存货 1 000 件释放了上年的部分固定制造费用 2 000（2×1 000）元而转入本年，期末存货 1 000 件吸收了本年的部分固定制造费用 2 400（2.4×1 000）元而转入下年，因此按全部成本法计入本年损益的固定制造费用较变动成本法少 400（2 000－2 400）元，税前净利则多出 400 元。

第三年产小于销 1 000 件，按全部成本法计算的税前净利比变动成本法少 2 400 元，原因在于按全部成本法，期初存货释放了第二年的部分固定制造费用 2 400（2.4×1 000）元转入本年，由本年损益承担，而期末没有存货，因而没有转入下年的固定制造费用，故按全部成本法计算的税前净利较变动成本法少 2 400 元。

（二）两种成本法计算的税前净利产生差异的原因及相互转换

1. 两种成本法计算的税前净利产生差异的原因

从上述举例中可见，即使前后各期成本水平、价格和存货计价方法等都不变，两种成本法计算的税前净利可能相同，也可能不同。对此，有人将其原因归结为产销是否平衡，产销平衡，则相等，反之，则不相等。此外，也有人认为，两种成本法计算的税前净利不同是由于对固定制造费用的处理方式不同。其实，导致两种成本法计算的税前净利之间是否存在差异以及差异大小的原因在于：两种成本法计入当期的固定制造费用水平是否存在差异以及差异的大小。

在变动成本法下，计入当期利润表、由当期损益承担的是当期发生的全部固定制造费用；而在全部成本法下，计入当期利润表、由当期损益承担的固定制造费用数额，不仅受到当期发生的固定制造费用水平的影响，而且受到期末存货和期初存货水平的影响。

因此，在其他条件不变的前提下，只要某期全部成本法下期末存货吸收的固定制造费用与期初存货释放的固定制造费用水平不同，就意味着两种成本法计入当期利润表的固定制造费用的数额不同，则一定会使两种成本法计算的当期税前净利出现差异。差异的大小等于期末存货吸收的固定制造费用数额与期初存货释放的固定制造费用数额之差。

如果某期全部成本法下期末存货吸收的固定制造费用与期初存货释放的固定制造费用水平相同，就意味着两成本法计入当期利润表的固定制造费用的数额相同，两种成本法计算的当期税前净利必然相等。

上述关系可用以下公式证明：

全部成本法计入当期利润表的固定制造费用
= 期初存货释放的固定制造费用 + 本期发生的固定制造费用 − 期末存货吸收的固定制造费用　(2－5)

变动成本法计入当期利润表的固定制造费用 = 本期发生的固定制造费用　(2－6)

两种成本法计入当期利润表的固定制造费用的差额
= (2－5) 式 − (2－6) 式
= 全部成本法期末存货吸收的固定制造费用 − 全部成本法期初存货释放的固定制造费用
= 全部成本法期末存货的单位固定制造费用 × 期末存货量 − 全部成本法期初存货的单位固定制造费用 × 期初存货量　(2－7)

(2－7) 式的正确性可以用例 2－11 中的表 2－13 和例 2－12 中的表 2－14 所反映的两种成本法计算的各项税前净利之间的差额与全部成本法下期末期初存货吸收释放的固定制造费用的差额之间的关系来验证。

2. 两种成本法计算的税前净利的相互转换

由 (2－7) 式，可以得出下列用全部成本法与变动成本法计算的税前净利之间相互转换的公式：

全部成本法的税前净利 = 变动成本法的税前净利 + (全部成本法期末存货吸收的固定制造费用 − 全部成本法期初存货释放的固定制造费用)　(2－8)

变动成本法的税前净利 = 全部成本法的税前净利 − (全部成本法期末存货吸收的固定制造费用 − 全部成本法期初存货释放的固定制造费用)　(2－9)

五、两种成本法的优缺点及结合运用

（一）全部成本法的优点和局限性

1. 全部成本法的优点

全部成本法是将全部的生产成本包括变动的和固定的生产成本均计入产品成本的一种产品成本计算方法。作为一种传统的方法，其优点主要有以下两点。

（1）有利于调动企业生产的积极性。

在全部成本法下，由于固定生产成本计入产品成本，因而单位产品成本就由单位变动生产成本和单位固定生产成本构成，而单位固定生产成本则等于固定生产成本总额除以当期产量。由此可见，在单位变动生产成本和固定生产成本总额不变的条件下，单位产品成本的高低完全由当期产量决定。故提高产量可以降低单位产品成本，从而可以降低从当期收入扣减销货成本，增加营业利润。因此，采用全部成本法有利于调动企业生产的积极性。

例 2－13 假定某公司本年度生产某种产品的有关成本数据如下：

单位变动生产成本	2 元
固定生产成本总额	12 000 元

如果今年该公司的产量分别为 3 000 件、6 000 件、12 000 件，那么它们的单位产品成本就会发生如表 2－16 所示差异。

表 2－16 某公司某产品单位产品成本变动情况

产量（件）	3 000	6 000	12 000
单位变动生产成本（元/件）	2	2	2
单位固定生产成本（元/件）	4	2	1
单位产品成本（元/件）	6	4	3

由此例可见，按全部成本法计算时，单位产品成本受产量的直接影响，产量越大，单位产品成本越低，从而有利于调动企业的生产积极性。

（2）符合传统的成本概念。

产品成本是指企业为生产一定种类、一定数量的产品而发生的各项生产费用的总和。产品成本也称为产品生产成本或产品制造成本。

2. 全部成本法的局限性

（1）掩盖或夸大生产业绩。

采用全部成本法计算出来的单位产品成本不仅不能反映生产部门的真实成果，反而掩盖或夸大了它们的生产业绩。就以例 2－13 而论，假定当生产量为 3 000 件时，生产部门千方百计地采取了种种节约能源、降低消耗等措施，使单位变动生产成本降低了 50%，这时它的单位产品成本就成为 1 元＋4 元＝5 元。而产量在 6 000 件或 12 000 件时，尽管生产部门并未采取任何降低变动生产成本的措施，但它们的单位产品成本仍旧比产量 3 000 件时低（分别为 4 元和 3 元）。这个例子充分证明了采用全部成本法计算出来的单位产品成本并不代表生产部门的真实成果。

（2）计算的税前净利结果令人费解，易使企业片面追求高产量、高产值。

采用全部成本法来确定各期税前净利，会促使企业片面追求高产量、高产值，盲目生产社会不需要的产品，造成仓库积压，财政虚收。现举三个不同类型的例子予以说明：

① 有时尽管每年的销售量相同，销售单价与成本水平（包括单位变动成本和固定成本总额）均无变动，但只要产量不同，各年的单位产品成本和税前净利就有很大差别，这是令人费解的。例 2－12 的具体数据就可以充分说明这个问题。

② 有时尽管当年的销售量超过往年，销售单价、变动成本和固定成本总额均无变动，但只要期末存货比往年减少，就会出现税前净利比往年减少的情况，这更令人费解。现举例说明如下：

例 2－14　假定某公司过去连续两年的有关资料如表 2－17 所示，现据以编制按全部成本法计算的利润表（见表 2－18）。

表 2－17　某公司产品资料

基本资料	第一年	第二年
期初存货量（件）	0	3 000
本期生产量（件）	8 000	5 000
本期销售量（件）	5 000	8 000
期末存货量（件）	3 000	0
销售单价（元/件）	15	15
单位变动生产成本(元/件)	6	6
固定生产成本总额（元）	40 000	40 000

注：假定该公司没有非生产成本。

表 2－18　某公司职能式利润表　　单位：元

摘　要	第一年	第二年
销售收入	15 × 5 000 = 75 000	15 × 8 000 = 120 000
销货成本：		
期初存货成本	0	33 000
本期生产成本	11 × 8 000 = 88 000	14 × 5 000 = 70 000
可供销售的产品成本	88 000	103 000
减：期末存货	11 × 3 000 = 33 000	0
销货成本合计	55 000	103 000
税前净利	20 000	17 000

从上面利润表的数据可见，虽然该公司第二年的销售量比第一年增长了60%，销售单价、单位变动成本与固定成本总额均无变动，但是第二年的税前净利反而比第一年下降15%，这显然非常令人费解。

③ 有时甚至在销售量下降的情况下，假定销售单价、单位变动成本与固定成本总额均无变动，但由于大量增产，反而会使税前净利增加。这不但令人费解，而且可能在产品并无销路的情况下，促使企业管理当局为粉饰业绩，故意通过大量增产来提高账面利润，从而造成产品积压和资源浪费。

例2－15 假定某公司过去连续两年的有关资料如表2－19所示，现据以编制按全部成本法计算的利润表（见表2－20）。

表2－19 某公司产品资料

基本资料	第一年	第二年
期初存货量（件）	0	0
本期生产量（件）	5 000	12 000
本期销售量（件）	5 000	4 000
期末存货量（件）	0	8 000
销售单价（元/件）	8	8
单位变动生产成本（元/件）	2	2
固定生产成本（元）	12 000	12 000

注：假定该公司无非生产成本。

表2－20 某公司职能式利润表 单位：元

摘 要	第一年	第二年
销售收入	8×5 000=40 000	8×4 000=320 000
销货成本：		
期初存货成本	0	0
本期生产成本	4.40×5 000=22 000	3×12 000=36 000
可供销售的产品成本	22 000	36 000
减：期末存货	0	3×8 000=24 000
销货成本合计	22 000	12 000
税前净利	18 000	20 000

从上面的利润表可见，虽然该公司第二年的销售量比第一年下降了20%，销售单价、单位变动成本与固定成本总额均不变，但由于增产60%，结果税前净利提高了2 000元。

（3）不便于进行预测、短期经营决策和编制弹性预算。

（4）成本计算烦琐。

（二）变动成本法的优点和局限性

1. 变动成本法的优点

（1）符合“费用与收益相配合”原则的要求。

（2）便于分清责任，有利于成本控制与业绩评价。

（3）有利于防止盲目生产。

（4）可以降低产品成本计算的工作量，便于加强管理。

（5）采用变动成本法，可以为企业改善经营管理、提高经济效益提供有用的管理信息。

2. 变动成本法的局限性

（1）成本计算不精确。

（2）不符合传统成本概念要求。

（3）不适应长期决策需要。

（三）变动成本法与全部成本法的结合应用

全部成本法虽有诸多缺点，但符合传统的成本概念，企业还必须按全部成本法对外编报财务报表。变动成本法虽有很多优点，但仅适用于企业内部，满足内部管理的需要。而企业的会计核算必须提供两方面的信息：一方面必须为企业内部管理部门进行日常经营管理决策提供有用的资料；另一方面必须定期编制财务报表，将会计核算的结果定期提供给投资者、债权人以及其他有关各方。

企业成本核算该如何既满足内部管理需要，又兼顾对外报告的要求呢？

对此，有两种方案：一是设置两套账，分别按全部成本法和变动成本法进行成本核算，即实行所谓的“双轨制”；二是将两种方法有机地结合起来，在一套账上进行成本核算，同时满足内外两方面的要求，即实行所谓的“单轨制”。

比较而言，第一种方案技术上简单，但工作量大，会计成本高。故从成本效益的角度考虑，应采用第二种方案，实行单轨制核算。

单轨制成本核算体系的基本特征：把日常核算工作建立在变动成本法的基础上，按变动成本法设置账户，记录和归集生产费用，计算产品的变动成本。期末时，作适当的调整和变通，以适应编制对外财务报表的需要，具体做法是：

（1）日常核算以变动成本法为基础，“生产成本”和“产成品”账户均登记变动生产成本，即成本登记中只包括直接材料、直接人工和变动制造费用。

（2）设置“变动制造费用”账户，归集日常生产制造过程中发生的各种变动制造费用，期末转入“生产成本”账户，以计算产成品和在产品成本。

（3）设置“存货中的固定制造费用”账户，将本期所发生的固定性制造费用计入本账户。期末，把其中应归属于本期已销售产品负担的部分转入“主营业务成本”账户，并列入利润表内，作为本期销售收入的减除项目，其余额仍留在该账户内，在编制

“资产负债表”时，将其列入“存货”项目内，使它们仍按全部成本列示。

采用这种成本核算体系，其主要理由是：提供企业内部管理需要的成本数据是主要的、经常的，而对外财务报表则是期终的、一时的。这样既可以避免平时搞两套成本资料，避免核算人员的重复劳动，减少工作量，又为内部管理提供诸如变动成本和固定成本等有用信息，同时可以满足对外财务报表的要求，达到兼顾企业内外经营管理和贯彻我国现行会计制度的需要，因而是一种理想的方案。

例 2－16 假设某企业生产单一产品，本期有关产销量资料如下（假定无期初存货）：

生产量 4 000 件

销售量 3 000 件

存　货 1 000 件

单位变动生产成本 30 元：
- 直接材料 20 元
- 直接人工 7 元
- 变动制造费用 3 元

每期发生固定制造费用 40 000 元。

依本例，该企业本期按单轨制核算成本，其成本核算和结转到本期损益所涉及的主要账户以及账户处理程序如图 2－10 所示。

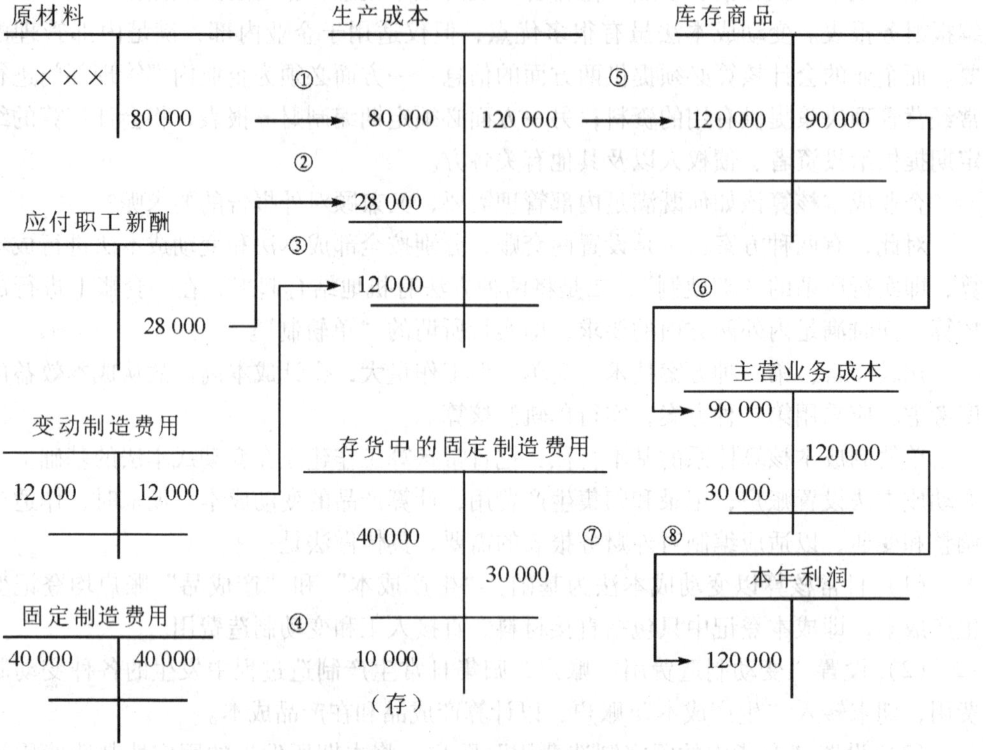

图 2－10　本期主要账户以及账户处理程序示意图

本期主要经济业务说明如下：

① 本期投产 4 000 件产品，领用材料的成本 80 000 元；

② 本期生产人员的工资（即直接工资）28 000 元，计入产品成本；

③ 本期发生的变动制造费用 12 000 元，计入产品成本；

④ 本期发生的固定制造费用 40 000 元，转入存货；

⑤ 结转本期完工产品 4 000 件的生产成本（变动生产成本）；

⑥ 结转本期已售产品 3 000 件的生产成本（变动生产成本）；

⑦ 结转本期已售产品应负担的固定制造费用：

$$\text{固定制造费用分配率} = \frac{40\ 000}{(3\ 000 + 1\ 000)} = 10\ (\text{元/件})$$

$$\text{本期已售产品应负担的固定制造费用} = 3\ 000 \times 10 = 30\ 000\ (\text{元})$$

⑧ 将本期产品的销售成本（全部产品成本）120 000 元结转至“本年利润”账户。

建立以变动成本法为基础的统一的成本计算系统，必须注意以下两个问题（这些问题在例 2－16 中被简化了）：

（1）企业如果为多品种生产，对于某些变动性费用，如服装厂联合裁剪的布料费，仍需要首先在各种产品之间进行划分，而且在以这种成本信息进行决策时，还应考虑到关联产品。

（2）企业如果期末又有在产品，则需要对在产品的成本进行计算，基本的做法仍如完全成本法下一样（如采用约当产量法），只是“在产品”账户只是核算变动生产成本。

此外，在以变动成本法为基础设置账户时，并一定完全如图 2－10 那样。企业应结合自己的经营特点设置账户。

在结束本章之前还要特别强调的是，如前所述，成本按性态划分具有一定的假设性，当然不能十分精确。事实上十分精确对于企业决策而言，往往是不划算的，因为这样做不仅效率低，而且成本大。尽管如此，做好划分工作仍十分重要，这直接关系到以变动成本法为基础的成本核算系统下的成本信息是否真正对企业的决策行为有所帮助和便利。

本章小结

成本性态又称成本习性，是指成本总额与业务量之间的依存关系，也可以理解为投入与产出之间的关系。按照成本的性态划分，成本可以分为：①固定成本。相关范围内，不直接受业务量变动的影响而能保持不变的成本。②变动成本。在相关范围内，其总额随着产量（业务量）的增减变动而成正比例变动的成本。③混合成本。在相关范围内，随着产量（业务量）的增减变动而不成比例变动的成本。

固定成本和变动成本的划分是针对相关范围而言的，所谓相关范围是指在一定的时期和一定的生产规模范围内。

固定成本按照管理层控制程度的高低又可分成酌量性固定成本和约束性固定成本。

酌量性固定成本是指企业根据经营方针由高级管理层确定一定期间的预算额而形成的固定成本，其发生额取决于管理层的经营决策。约束性固定成本是指经营能力成本，是为了维持企业正常的生产经营所必须支付的成本，短期内不受管理层决策的控制。

为了简便起见，通常将混合成本与业务量之间近似地看作线性关系。通过线性化处理，混合成本可以分解为固定成本和变动成本两部分。这样，总成本分为固定成本、变动成本和混合成本，其中混合成本又可以分解为变动成本和固定成本两部分。因此，企业的总成本就可以表示为：

总成本 = 固定成本总额 + 变动成本总额

　　　= 固定成本总额 + 单位变动成本 × 业务量

常用的混合成本分解方法包括账户分析法、高低点法、散布图法和回归直线法。

变动成本法是以变动制造成本作为产品成本的一种成本核算方法。在变动成本法下，将制造费用中的变动制造费用计入产品成本，随着产品的流动而流动。而非制造成本和固定制造费用则作为期间费用直接计入当期利润表。

变动成本法与完全成本法的区别主要体现在对产品成本的界定上，具体表现为三个方面：产品成本的组成与流程不同、期末存货的计价方法不同、损益计算与利润表的格式不同。

完全成本法下的利润变化不仅取决于销售量、价格和成本的变化，同时会受到生产量和期末存货变化的影响，因此可能会出现一些管理人员难以理解的现象。

变动成本法提供了产品的变动成本信息，为企业的短期经营决策提供了数据基础，以变动成本法为基础提供的利润会随着销售量的变化而正向变化，从而更易于被管理人员所理解。

变动成本法可以促使企业管理当局重视销售环节，防止盲目生产，有利于科学地进行成本控制与业绩评价，简化成本核算，便于加强日常管理。

适时制生产（JIT）、现代化的技术变革等先进的生产方式和技术手段，使变动成本法的实施前提受到了挑战。在 JIT 制条件下，完全成本法和变动成本下呈报的利润是一致的。从未来的发展方向来看，变动成本法会随着未来生产方式的转变和技术的不断发展而最终可能会退出历史舞台，但是我们也应该看到，变动成本法在传统的成本结构和生产方式下，仍然是一种重要的管理会计方法。

练习题

一、单项选择题

1. 将全部成本分为固定成本、变动成本和混合成本所采用的分类标志是（　　）。

A. 成本的目标　　B. 成本的可辨认性

C. 成本的经济用途　　D. 成本的性态

2. 在不改变企业生产经营能力的前提下，采取降低固定成本总额的措施通常是指降低（　　）。

A. 约束性固定成本　　B. 酌量性固定成本

C. 半固定成本　　D. 单位固定成本

3. 下列目标中，只能在发生当期予以补偿，不可能递延到下期的成本是（　　）。

A. 直接成本　　B. 间接成本　　C. 产品成本　　D. 期间成本

4. 将全部成本分为制造成本和非制造成本所采用的分类标志是（　　）。

A. 成本的目标　　B. 成本的可辨认性

C. 成本的经济用途　　D. 成本的性态

5. 下列成本项目中不属于酌量性固定成本的是（　　）。

A. 广告费　　B. 经营性租赁费

C. 管理人员工资　　D. 新产品开发费

6. 当业务量增加时，单位变动成本将（　　）。

A. 随业务量变动而成正比例变动　　B. 不随业务量的变动而变动

C. 随业务量变动而成反比例变动　　D. 上述说法都不对

7. 成本性态分析的对象与成本按性态分类的对象相同，都是（　　）。

A. 总成本　　B. 固定成本　　C. 变动成本　　D. 资金运动

8. 在应用高低法进行成本性态分析时，选择高点坐标的依据是（　　）。

A. 最高的业务量　　B. 最高的成本

C. 最高的业务量和最高的成本　　D. 最高的业务量或最高的成本

9. 当相关系数 r 等于 +1 时，表明成本与业务量之间的关系是（　　）。

A. 基本正相关　　B. 完全正相关　　C. 完全无关　　D. 基本无关

10. 在历史资料分析法的具体应用方法中，计算结果最为精确的方法是（　　）。

A. 高低点法　　B. 散布图法　　C. 一元直线回归法　　D. 直接分析法

11. 在前后期产量和成本水平均不变的条件下，若本期完全成本法计算下的利润小于变动成本法计算下的利润，则意味着（　　）。

A. 本期生产量大于本期销售量　　B. 本期生产量等于本期销售量

C. 期末存货量大于期初存货量　　D. 期末存货量小于期初存货量

12. 在其他条件相同的情况下，变动成本法计算下的单位产品成本比完全成本法计算下的单位产品成本（　　）。

A. 相同　　B. 大　　C. 小　　D. 无法确定

13. 如果本期销售量比上期增加，则可断定按变动成本法计算的本期营业利润（　　）。

A. 一定等于上期　　B. 应当大于上期

C. 应当小于上期　　D. 可能等于上期

14. 在下列各项中，能构成变动成本法产品成本内容的是（　　）。

A. 变动成本　　B. 固定成本　　C. 生产成本　　D. 变动生产成本

15. 在变动成本法下，销售收入与变动成本之差等于（　　）。

A. 净利润　　B. 营业利润　　C. 销售毛利　　D. 贡献边际

16. 在一般情况下，产品成本计算应当属于程序相对稳定、规范性较强，可纳入日常核算体系的成本计算，即（　　）。

A. 常规成本计算　　B. 特殊成本计算
C. 责任成本计算　　D. 质量成本计算

17. 在变动成本法下，其利润表所提供的中间指标是（　　）。
A. 营业毛利　B. 边际贡献　C. 营业利润　D. 期间成本

18. 下列项目中，不能列入变动成本法产品成本中的是（　　）。
A. 直接材料　　B. 直接人工
C. 固定性制造费用　　D. 变动性制造费用

19. 如果完全成本法期末存货吸收的固定性制造费用大于期初存货释放的固定性制造费用，则两种方法计算的营业利润的差额（　　）。
A. 一定等于零　B. 可能等于零　C. 一定大于零　D. 一定小于零

20. 如果某期按变动成本法计算的营业利润为5 000元，该期产量为2 000件，销售量为1 000件，期初存货为零，固定性制造费用总额为2 000元，则按完全成本法计算的营业利润为（　　）。
A. 0　B. 1 000元　C. 5 000元　D. 6 000元

21. 如果完全成本法的期末存货成本比期初存货成本多20 000元，而变动成本法的期末存货成本比期初存货成本多8 000元，则可断定两种成本法的广义营业利润之差为（　　）。
A. 8 000元　B. 12 000元　C. 28 000元　D. 20 000元

22. 在管理会计的发展过程中，变动成本法最初被称为（　　）。
A. 吸收成本法　B. 归纳成本法　C. 直接成本法　D. 边际成本法

23. 若某企业连续三年按变动成本法计算的营业利润分别为10 000元、12 000元和11 000元，则下列表述正确的是（　　）。
A. 第三年的销量最小　　B. 第二年的销量最大
C. 第一年的产量比第二年少　　D. 第二年的产量比第三年多

24. 单位产品售价减去单位变动差额称为（　　）。
A. 单位收入　　B. 单位利润
C. 单位边际贡献　　D. 单位边际贡献率

25. 下列各项中，不属于变动成本法与完全成本法本质区别的是（　　）。
A. 应用的前提条件不同　　B. 损益确定程序不同
C. 计算出的营业利润不同　　D. 销货成本水平不同

26. 当产品的销售价格、成本水平均不变时，按变动成本法计算的营业利润与当期实现的销售量之间的关系是（　　）。
A. 正比例关系　　B. 同方向变动关系
C. 反比例关系　　D. 反方向变动关系

27. 在变动成本法下，固定性制造费用最终应当在利润表中列作（　　）。
A. 非生产成本　B. 期间成本　C. 产品成本　D. 直接成本

28. 已知2005年某企业按变动成本法计算的营业利润为13 500元，假定2006年的销量与2005年相同，产品单价及成本水平都不变，但产量有所提高，则该年按变动成本法计算的营业利润（　　）。

A. 必然等于13 500元　　B. 必然大于13 500元

C. 必然小于13 500元　　D. 可能等于13 500元

29. 下列各项中，能够揭示变动成本法局限性的表述是（　　）。

A. 数据不正确　　B. 不符合传统的成本观念

C. 不便于记账　　D. 不为管理部门所理解

30. 在应用变动成本法的多种设想中，能最大限度发挥变动成本法优点的方法称为（　　）。

A. 单轨制　　B. 双轨制　　C. 结合制　　D. 混合制

二、多项选择题

1. 下列各项中，属于未来成本的有（　　）。

A. 标准成本　　B. 变动成本　　C. 固定成本

D. 混合成本　　E. 预算成本

2. 下列各项中，属于成本按其可辨影像性为标准进行分类结果的有（　　）。

A. 间接成本　　B. 主要成本　　C. 直接成本

D. 加工成本　　E. 可控成本

3. 按经济用途对成本进行分类，其结果应包括的成本类型有（　　）。

A. 未来成本　　B. 生产成本　　C. 非生产成本

D. 责任成本　　E. 可控成本

4. 下列项目中，属于固定成本的有（　　）。

A. 定期支付的广告费　　B. 计件工资

C. 企业管理人员的工资　　D. 按直线法计提的折旧费

E. 按产量法计提的折旧费

5. 下列项目中，属于固定成本特点的有（　　）。

A. 总额的不变性　　B. 总额的正比例变动性

C. 单位额的不变性　　D. 单位额的反比例变动性

E. 单位额的变动性

6. 在不改变企业经营方向的前提下，不宜降低成本总额，而应通过提高产品产量来降低其单位额成本项目的是（　　）。

A. 新产品开发费　　B. 机器设备折旧费　　C. 员工培训费

D. 保险费　　E. 管理人员薪金

7. 下列各项中，一般应纳入变动成本的有（　　）。

A. 办公费　　B. 计件工资　　C. 按生产数量法提取的折旧

D. 直接材料　　E. 车间租赁费

8. 下列项目中，属于技术性变动成本的有（　　）。

A. 计件工资　　B. 消耗相对稳定的外购零部件成本

C. 单耗相对稳定的外购燃料成本　　D. 可调换购买单位的外购材料成本

E. 计时工资

9. 在相关范围内，变动成本应当具备的特征有（　　）。
A. 总额的不变性　B. 总额的正比例变动性
C. 单位额的不变性　D. 单位额的变动性
E. 单位额的反比例变动性
10. 下列项目中，属于广义相关范围的有（　　）。
A. 成本范围　B. 收入范围　C. 费用范围
D. 业务量范围　E. 期间范围
11. 由明显的变动和固定两部分成本组成的混合成本包括（　　）。
A. 半固定成本　B. 标准式混合成本　C. 低坡式混合成本
D. 曲线式混合成本　E. 阶递式混合成本
12. 由于相关范围的存在，导致固定成本和变动的性态均具有以下特点，即（　　）。
A. 相对性　B. 暂时性　C. 可转化性
D. 不变性　E. 正比例变动性
13. 下列各项中，能够提示成本性态分析与成本按其性态分类关系的表述有（　　）。
A. 两者既有联系又有区别　B. 两者的性质不同
C. 两者的最终结果不同　D. 两者的对象不同
E. 前者以后者为前提
14. 成本性态分析中的历史资料分析法包括（　　）。
A. 高低点法　B. 散布图法　C. 技术测定法
D. 直接分析法　E. 一元直线回归法
15. 在应用一元直线回归法进行成本形态分析时，相关系数 r 应满足的条件有（　　）。
A. r 等于 -1　B. r 等于 0　C. r 等于 $+1$
D. r 趋近于 $+1$　E. r 为任意值
16. 在变动成本下，产品成本包括（　　）。
A. 变动管理费用　B. 变动销售费用　C. 变动制造费用
D. 直接材料　E. 直接人工
17. 在变动成本法下，期间成本通常包括（　　）。
A. 固定性制造费用　B. 间接材料费　C. 间接人工费
D. 管理费用　E. 销售费用
18. 在完全成本法下，期间费用应当包括（　　）。
A. 制造费用　B. 变动性制造费用　C. 固定性制造费用
D. 销售费用　E. 管理费用
19. 在现代管理会计的常规成本计算分类中，划分变动成本法与完全成本法的分类标志包括（　　）。
A. 成本计算流程和计算的规范性　B. 划分产品成本期间成本的口径
C. 成本计算手段　D. 成本计算时态

E. 损益确定程序

20. 在下列各项中，能够揭示完全成本法与变动成本法区别的有（　　）。

A. 损益计算程序不同　　B. 应用的前提条件不同

C. 产品成本构成内容不同　　D. 常用的销货成本计算公式不同

E. 对固定成本的认识与处理方法不同

21. 下列项目中，与可能导致完全成本法和变动成本法确定的分期损益出现差异完全无关的因素有（　　）。

A. 直接材料　　B. 管理费用　　C. 财务费用

D. 销售费用　　E. 固定性制造费用

22. 下列与变动成本法贡献式利润表三种格式有关的说法正确的有(　　)。

A. 在不同的利润表格中，非生产成本没有改变其原有的性质

B. 三种格式都能反映"边际贡献"这个中间指标

C. 对销售费用、管理费用补偿的顺序不同

D. 三种格式计算出来的营业利润数额相同

E. 非生产成本在各表中的扣除位置不同

23. 在期初存货不为零的情况下，完全成本法下应用"单位生产成本×本期销售量"计算当期销货成本的前提条件有（　　）。

A. 前后期固定成本总额不变　　B. 前后期单位变动成本不变

C. 前后期非生产成本不变　　D. 前后期产量不变

E. 前后期销量不变

24. 在下列各项中，属于变动成本法应用前提条件的有（　　）。

A. 要求进行成本性态分析

B. 要求把属于混合成本性质的费用分解

C. 把混合成本性质的制造费用按生产量进行分解

D. 把混合成本性质的销售费用按销售量进行分解

E. 把混合成本性质的管理费用按销售量进行分解

25. 在不考虑其他附加条件的情况下，如果完全成本法下期末存货吸收的固定性制造费用与期初存货释放的固定性制造费用相比（　　）。

A. 当前者等于后者时，则广义营业利润差额等于零

B. 当前者大于后者时，则广义营业利润差额大于零

C. 当前者小于后者时，则广义营业利润差额小于零

D. 当前者大于后者时，则广义营业利润差额小于零

E. 当前者小于后者时，则广义营业利润差额大于零

三、判断题

1. 管理会计中的成本概念不强调成本发生的时态。（　　）

2. 将成本按其可辨认性分为直接成本与间接成本有利于分清各部门责任，考核其工作业绩。（　　）

3. 由于广义产品有销货和存货两种形式，因此产品成本也存在两种表现，即销货

成本和存货成本。（　）

4. 定期支付的广告费用属于酌量性固定成本。（　）
5. 成本性态是成本总额与特定业务量在质量方面的依存关系。（　）
6. 成本按经济用途分类，是财务会计按完全成本法进行成本核算的基础。（　）
7. 固定成本的水平通常以其总额来表示，而变动成本的水平则以其单位额来表示。（　）
8. 无论哪一种混合成本，实质上都可以区分为固定部分和变动部分。（　）
9. 通常我们所讲的降低固定成本总额就是指降低约束性固定成本。（　）
10. 成本性态分析的最终目的就是要把全部成本区分为固定成本、变动成本和混合成本三大类。（　）
11. 成本性态是恒定不变的。（　）
12. 半变动成本即标准式混合成本。（　）
13. 成本性态分析是成本按其性态分类的前提。（　）
14. 成本性态模型 $y=a+bx$ 中的 b，就是指单位变动成本。（　）
15. 无论在什么情况下，都必须进行混合成本分解。（　）
16. 成本性态分析的方法只适用于特定的分析程序。（　）
17. 成本性态分析的直接分析法不适用于规模较大的企业。（　）
18. 在一般情况下，直接成本与变动成本具有相同的内容，间接成本与固定成本具有相同的内容。（　）
19. 高低点法的优点是计算精度高，缺点是计算过程过于复杂。（　）
20. 相关系数 r 的大小对能否采用一元直线回归法有重大影响。（　）
21. 按照变动成本法的解释，期间成本中只包括固定成本。（　）
22. 生产成本中的直接成本就是变动成本，间接成本就是固定成本。（　）
23. 当存货量不为零时，按变动成本法确定的存货成本必然小于完全成本法下的存货成本。（　）
24. 在相关范围内，不论各期产量是否相等，只要销售量相等，其按完全成本法计算的各期营业利润都必然相等。（　）
25. 在确定企业的成本时，完全成本法要考虑所有的成本，而变动成本法只考虑变动成本。（　）
26. 在一般情况下，两种成本法分期营业利润差额的性质受到产销平衡关系的影响。（　）
27. 变动成本法认为期间成本中只包括固定成本。（　）
28. 我国的制造成本法实际上就是西方的完全成本法。（　）
29. 变动成本法和完全成本法计入利润表的期间费用，虽然形式上不同，但实质上相同。（　）
30. 当产销绝对平衡时，按变动成本法确定的存货成本必然等于完全成本法下的存货成本。（　）

四、计算分析题

1. 已知某企业主要经营A产品，该产品连续10期的产量及总成本资料如表2－21所示。

表2－21　某企业A产品的总量及总成本资料

期间 指标	1	2	3	4	5	6	7	8	9	10
产量（件）	25	28	29	30	27	26	28	29	31	26
总成本（元）	71 000	82 000	83 520	84 500	77 750	74 480	81 560	83 230	84 560	75 850

要求：用高低法对A产品进行成本性态分析。

2. 已知某企业只生产一种产品，2006年前10个月该企业发生的制造费用如表2－22所示。

表2－22　某企业某产品的制造费用资料

月份 指标	1	2	3	4	5	6	7	8	9	10
产量（件）	150	200	300	250	300	250	350	300	250	150
制造费用（元）	16 000	20 000	27 000	25 000	26 000	24 000	28 000	25 000	23 000	16 000

要求：用高低点法对该企业的制造费用进行分解。

3. 已知某企业的设备维修费属于混合成本，2006年各月的实际资料如表2－23所示。

表2－23　某企业各月的实际资料

月份 指标	1	2	3	4	5	6	7	8	9	10	11	12
机器工作小时	9	8	9	10	12	14	11	11	13	8	6	12
设备维修费（元）	30 000	25 000	29 000	31 000	34 000	40 000	32 000	33 000	35 000	26 000	20 000	22 000

要求：

（1）用一元直线回归法对该企业的设备维修费用进行分解。

（2）利用EXCEL函数，计算相关系数r，回归系数a和b，并与手工计算结果进行对比。

4. 已知某公司从事单一产品生产，连续三年销售量均为1 000件，而三年的产量分别为1 000件、1 200件和800件。单位产品售价为200元，管理费用与销售费用均为固定成本，两项费用各年总额均为50 000元，单位产品变动生产成本为90元，固定性制造费用为20 000元。第一年的期初存货量为零。

要求：

(1) 分别采用变动成本法和完全成本法计算第一年的营业利润。

(2) 不用计算，直接判断第二年和第三年按变动成本法确定的营业利润。

(3) 按照利润差额简算法分别计算第二年和第三年两种成本法的利润差额。

(4) 不用编制利润表，计算第二年和第三年完全成本法下的营业利润差额。

(5) 根据本题计算结果，验证两种成本法广义利润差额特殊变动规律的合理性。

5. 已知某企业只产销一种产品，其有关资料如下：生产量为 2 000 件，销售量为 1 800件，期初存货为零，边际贡献率为60%，原材料为 6 000 元，计件工资为 4 000 元，其他变动性制造费用每件 0.4 元，固定性制造费用总额为 2 000 元，变动性销售与管理费用每件 0.2 元，固定性销售与管理费用总额为 300 元。

要求：

(1) 根据给定的边际贡献率确定售价。

(2) 按两种方法计算单位产品成本。

(3) 按两种成本法编制利润表。

(4) 说明两种成本法计算的营业利润不同的原因。

6. 已知某企业本期有关资料如下：单位直接材料成本 10 元，单位直接人工成本 5 元，单位变动制造费用 7 元，固定性制造费用总额 4 000 元，单位变动性销售与管理费用 4 元，固定性销售与管理费用 1 000 元。期初存货量为零，本期生产量 1 000 件，销售量 600 件，单位售价 40 元。

要求分别按两种成本法的有关公式计算下列指标：

(1) 单位产品成本。

(2) 期间成本。

(3) 销货成本。

(4) 营业利润。

7. 已知某公司连续两年的产销量、成本和售价等资料如表 2-24 所示。

表 2-24　产销量、成本和售价资料

项　目	第一年	第二年
生产量（件）	8 000	10 000
销售量（件）	8 000	6 000
单位变动生产成本（元/件）	15	15
固定性制造费用（元）	40 000	40 000
固定性销售管理成本（元）	10 000	10 000
单价（元）	40	40

该厂按变动成本法计算的营业利润第一年为 150 000 元，第二年为 100 000 元，存货采用先进先出法计价。

要求：用利润差额简算法计算完全成本法的各年营业利润。

8. 已知某企业生产一种产品，第一年和第二年的生产量分别为 170 000 件和 140 000件，销售量分别为 140 000 件和160 000件，存货的计价采先进先出法。每单位产品的售价为 5 元，生产成本资料如下：每件变动生产成本 3 元，其中包括直接材料 1. 30 元，直接人工 1. 50 元，变动性制造费用 0. 20 元；固定性制造费用每年的发生额为 150 000 元。变动性销售与管理费用为销售收入的 5%，固定性销售与管理费用发生额为 65 000 元，两年均未发生财务费用。

要求：

（1）分别按变动成本法和完全成本法计算并确定第一年和第二年的营业利润。

（2）具体说明第一年和第二年分别按两种成本计算方法确定的营业利润产生差异的原因。

五、案例分析

（一）神华公司的两种成本性态分析程序

神华公司只生产一种产品，每个月的最大生产能力为 200 件，市场容量为 250 件。长期以来该公司在进行成本性态分析时都按以下程序进行，对各期总成本先按性态进行分类，将其分为固定成本、变动成本和混合成本三大类，然后再对混合成本按高低点法进行分解。

已知 2006 年 5 月份的产销量最低，为 100 件，当月总成本为 82 500 万元，按其性态分类的结果为：固定成本为 60 000 万元，变动成本为 10 000 万元，其余为混合成本；10 月份的产销量最高，为 200 件，当月总成本为 95 000 万元。当年企业的产销量始终在相关范围内变动。

该公司的老会计人员王晓明采用的步骤与方法如下：

（1）计算 5 月份的混合成本。5 月份的混合成本等于当月的总成本扣除当月的固定成本（a_1）和变动成本（b_1x）的差，即

5 月份的混全成本 = 82 500 − 10 000 = 72 500（万元）

（2）确定 10 月份的固定成本。根据固定成本所具备的总额不变性的特点，可推断出 10 月份的固定成本等于 5 月份的水平，即 10 月份的固定成本（a_1）为 60 000 万元。

（3）确定 5 月份的单位变动成本，因为 5 月份的单位变动成本 b_1 等于该月的变动成本除以当月的产销量 100 件，5 月份的单位变动成本为：

$$b_1 = 10\,000 \div 100 = 100 \text{（万元/件）}$$

（4）根据变动成本单位额的不变性和总额的正比例变动性的特点，推算出 10 月份的变动成本数额为 b_1 与当月的产销量 x 的乘积，10 月份的变动成本为：

$$b_1x = 100 \times 200 = 20\,000 \text{（万元）}$$

（5）推算出 10 月份的混合成本，即

10 月份的混合成本 = 95 000 − 60 000 − 20 000 = 15 000（万元）

（6）确定高低点坐标。王晓明所确定的高低点坐标分别为（200，15 000）和（100，12 500）。这里的成本指标为混合成本。

（7）计算混合成本中变动部分的单位额 b_2，公式为：

$$b_2=\frac{\text{高低点混合成本之差}}{\text{高低点业务量之差}}=\frac{15\ 000-12\ 500}{200-100}=25\text{（万元/件）}$$

（8）计算混合成本中的固定部分 a_2，公式为：

$$a_2=\text{低点混合成本}-b_2\times\text{低点业务量}=12\ 500-25\times100=10\ 000\text{（万元）}$$

（9）据此建立的该公司每个月的混合成本性态模型为：

$$y=10\ 000+25x$$

（10）王晓明最终建立的总成本性态模型为：

$$\begin{aligned}y&=(a_1+a_2)+(b_1+b_2)x\\&=(60\ 000+10\ 000)+(100+25)x=70\ 000+125x\end{aligned}$$

李维刚是2006年10月底才进入该公司的会计人员。他在评价王晓明采用的方法时，发现不必每次都先进行分类，然后再进行混合成本分解，他建议以总成本为分析对象，直接应用高低点法，同样可以达到成本性态分析的目的。

他采用的程序和方法如下：

（1）确定高低点坐标，此时的成本指标为总成本。仍以10月份和5月份的历史资料来确定高低点的坐标，结果为（200，95 000）和（100，82 500）。

（2）直接套公式计算单位变动成本 b，即

$$b=\frac{\text{高低点总成本之差}}{\text{高低点业务量之差}}=\frac{95\ 000-82\ 500}{200-100}=125\text{（万元/件）}$$

（3）计算固定成本总额 a，即

$$\begin{aligned}\text{固定成本}(a)&=\text{低点总成本}-b\times\text{低点业务量}\\&=82\ 500-125\times100=70\ 000\text{（万元）}\end{aligned}$$

（4）李维刚所建立的总成本性态模型为：

$$y=70\ 000+125x$$

请根据上述资料分别讨论以下问题：

（1）说明王晓明和李维刚在成本性态分析的过程中分别采用了什么程序。

（2）假定神华公司2006年12月份的产销量为198件，总成本达到全年最高值，为95 500万元，如果由你来应用高低点法进行成本性态分析，所建立的总成本性态模型应当是什么？为什么？

（3）$y=70\ 000+125x$ 这个模型的经济含义是什么？它能否真实模拟反映神华公司2006年每个月的成本水平？为什么？

（4）假定神华公司在2007年的成本水平不变，$y=70\ 000+125x$ 这个模型是否能够继续适用？为什么？

（5）假设神华公司决定在2007年将每个月的最大生产能力扩大为250件，预计其总成本性态模型将发生哪些变化。你的根据是什么？

（6）根据本案例，你能得出哪些结论？

（二）华达工艺制品有限公司业绩分析——完全成本法的缺点

华达工艺制品有限公司宣布业绩考核报告后，二车间负责人李杰情绪低落。原来他任职以来积极开展降低成本活动，严格监控成本支出，考核时却没有完成责任任务，严重挫伤了生产人员的工作积极性。财务负责人了解情况后，召集了有关成本核算人员，寻求原因，将采取进一步行动。

华达公司自1997年成立并从事工艺加工销售以来，一直以“重质量、守信用”为原则，在同行中经营效果及管理都较好。近期，公司决定实行全员责任制，寻求更佳的效益。企业根据3年来实际成本资料，制定了较详尽的费用控制方法。

材料消耗实行定额管理，产品耗用优质木材，单件定额6元，人工工资实行计件工资，计件单价3元，在制作过程中需用专用刻刀，每件工艺品限领1把，单价1.30元，劳保手套每生产10件工艺品领用1副，单价1元。当月固定资产折旧费8 200元，摊销办公费800元，保险费500元，租赁仓库费500元，当期计划产量5 000件。

车间实际组织生产时，根据当月订单组织生产2 500件，车间负责人李杰充分调动生产人员的工作积极性，改善加工工艺，严把质量关，杜绝了废品，最终使材料消耗定额由每件6元降到4.5元，领用专用工具刻刀2 400把，价值3 120元。但是，在业绩考核中却没有完成任务，出现了令人困惑的结果。

要求：运用管理会计的相关内容分析出现这一考核结果的原因。

普通高等教育高级应用型人才培养规划教材

第三章

本量利分析

【学习目标】

通过本章的学习，掌握本量利方程、盈亏平衡分析、贡献毛益和安全边际的计算，实现目标利润的销售量测算，有关因素变动对保本点的影响以及利润敏感性分析。

引导案例

光明家具厂生产椅子的固定成本为20 000元，该家具厂将椅子的目标税前利润定为10 000元，经测算，椅子的单位变动成本为20元，预计销售量为600件，家具厂应将椅子的销售单价定在何种水平才能实现目标利润？

上述问题涉及椅子的成本（单位变动成本、固定成本）、业务量（销售量）、利润三者之间的数量关系。

管理会计在成本习性分析的基础上进一步分析成本、业务量、利润三者之间的数量依存关系。通过分析，揭示出贡献毛益、盈亏平衡点、安全边际、经营杠杆等一系列重要概念，为企业预测、决策、规划、控制提供重要的依据。

第一节　本量利分析概述

一、本量利分析的意义及其基本表达式

在成本性态分析中，我们知道成本与业务量之间存在着一定的联系，由于企业是谋求利润的经济组织，在考虑成本、业务量的基础上，其落脚点往往是利润，故将三者结合，研究成本、业务量、利润三者之间的联系就是管理会计的重要任务，本量利分析显然是对成本性态分析的发展和继续。

本量利分析（cost volume profit analysis，CVPA）就是研究企业一定期间内成本、业

务量、利润三者之间变量关系的专门方法，其表达式为：

利润 = 销售收入 －（固定成本 + 变动成本）

若以 E 代表利润，Q 代表销售量，P 代表销售价格，B 代表单位变动成本，A 代表固定成本总额，则上式可写成：

$$E = PQ - (A + QB)$$

即

$$E = (P - B) \cdot Q - A \tag{3-1}$$

式（3－1）中的 E 在管理会计中是指未扣除利息和所得税以前的"营业利润"，相当于财务会计中的"息税前利润"（earnings before interest & tax，EBIT），至于按销售额一定比例计缴的营业税和其他费用均作变动成本处理。

式（3－1）在管理会计中常被称作损益方程式或本量利方程，该等式涉及 5 个因素，因而可得到不同的变形：

$$P = \frac{E + A + QB}{Q} \tag{3-2}$$

利用式（3－2）可测算一定条件下的销售价格。

例 3－1　光明家具厂生产椅子的固定成本为 20 000 元，该家具厂将椅子的目标税前利润定为 10 000 元，经测算，椅子的单位变动成本为 20 元，预计销售量为 600 件，家具厂应将椅子的销售单价定在何种水平才能实现目标利润？

解：将有关数据代入式（3－2），有：

$$P = \frac{E + A + QB}{Q} = \frac{10\ 000 + 20\ 000 + 600 \times 20}{600}$$

$$= 70\ （元/件）$$

$$Q = \frac{E + A}{P - B} \tag{3-3}$$

式（3－3）可用来测算目标销售量。

例 3－2　若例 3－1 中的售价只能定在 60 元，要保证目标利润达到 10 000 元，销售量应为多少？

解：将上述数据代入式（3－3），有：

$$Q = \frac{E + A}{P - B}$$

$$= \frac{20\ 000 + 10\ 000}{60 - 20} = 750\ （件）$$

$$B = P - \frac{E + A}{Q} \tag{3-4}$$

式（3－4）可用来测算单位变动成本的控制目标。

例 3－3　在例 3－1 中，若 Q 为 600 件，价格为 60 元，其他条件不变，B 应控制在何种水平？

解：将上述数据代入式（3－4），有：

$$B = P - \frac{E + A}{Q}$$

$$=60-\frac{20\ 000+10\ 000}{600}$$

$$=10\text{（元）}$$

$$A=PQ-QB-E \tag{3-5}$$

式（3－5）可用来测算固定成本控制目标。

例3－4 若单位变动成本无法下降，例3－1给出的其他条件不变，固定成本应控制在什么范围内？

解：将有关数据代入式（3－5），有：

$$\begin{aligned}A&=PQ-QB-E\\&=60\times600-20\times600-10\ 000\\&=14\ 000\text{（元）}\end{aligned}$$

$$E=\sum P_iQ_i-\sum B_iQ_i-A \tag{3-6}$$

式（3－6）是多品种生产条件下的损益方程，在后面将作具体分析。

本量利分析是管理会计的一项重要的定量分析方法，属于基础性方法，其用途广泛，特别是在规划、决策和控制等领域都有应用。

二、贡献毛益的含义与分析

（一）贡献毛益的含义

贡献毛益（contribution margin）是本量利分析中的一个重要概念，亦称“边际贡献”、“贡献边际”、“贡献毛利”等。它是指产品销售收入超过其变动成本的金额，即产品销售额除补偿变动成本外，还可补偿多少固定成本。很显然，产品销售收入在补偿了变动成本后还有剩余，才可能对企业盈利有所贡献。

（二）贡献毛益的有关概念及其计算

贡献毛益有两种表现形式：一种是绝对数量表示的，其中又包括单位贡献毛益、贡献毛益总额两种具体形式；另一种是相对数量表示的，称为贡献毛益率。

1. 单位贡献毛益与贡献毛益总额的计算

单位贡献毛益是指单位产品的销售价格扣除单位变动成本后的余额，用 cm 表示。它所反映的是该产品的创利能力，或者说是每增加一个单位产品的销售可提供的毛利。其计算公式为：

$$\text{单位贡献毛益}=\text{销售单价}-\text{单位变动成本}$$

或

$$cm=P-B$$

贡献毛益总额是总括的概念，是指销售收入总额扣除变动成本总额后的余额，用 Tcm 表示。它所反映的是产品销售对企业营业利润的贡献水平。其计算公式为：

$$\text{贡献毛益总额}=\text{销售收入总额}-\text{变动成本总额}$$

或

$$\text{贡献毛益总额}=PQ-QB=(P-B)\cdot Q=cm\cdot Q$$

例3－5　C公司拟推出一项新产品，经成本估算，单位产品变动成本约为30元，固定成本总额为150 000元，每件售价定为50元，预计可销售10 000件。试计算单位贡献毛益和贡献毛益总额，并说明贡献毛益、固定成本和利润的关系。

解：（1）$cm = P - B = 50 - 30 = 20$（元）

（2）$Tcm = (P - B) \cdot Q = 20 \times 10\ 000 = 200\ 000$（元）

或　$Tcm = 50 \times 10\ 000 - 30 \times 10\ 000 = 200\ 000$（元）

从上述计算中可以知道，销售10 000件产品可得到贡献毛益200 000元，但这200 000元并非企业营业利润。企业取得的贡献毛益还要用来补偿固定成本，若还有余额，才能形成利润；若贡献毛益不足以补偿固定成本，就会出现亏损。因此，贡献毛益、固定成本和利润之间的关系，可用下式表示：

$$E = Tcm - A$$

本例中，$E = 200\ 000 - 150\ 000 = 50\ 000$（元）。

$$Tcm = A + E$$

本例中，$Tcm = 150\ 000 + 50\ 000 = 200\ 000$（元）。

2. 贡献毛益率

贡献毛益率是指单位销售收入所提供的贡献毛益的比率，以 cmR 表示。贡献毛益率在数量上等于贡献毛益总额除以总销售额，或者单位贡献毛益除以单位售价。

贡献毛益率＝贡献毛益总额/销售收入总额

或　贡献毛益率＝单位贡献毛益/销售单价

或
$$cmR = \frac{Tcm}{PQ} = \frac{cmQ}{PQ} = \frac{cm}{P}$$

与贡献毛益率有关的一个概念是变动成本率。变动成本率是指单位销售收入中变动成本所占的比率，以 BR 表示。数量上等于变动成本总额除以销售收入总额，或者单位变动成本除以销售单价。

变动成本率＝变动成本总额/销售收入总额

＝单位变动成本/销售单价

或
$$BR = \frac{QB}{PQ} = \frac{B}{P}$$

很显然，
$$cmR + BR = \frac{cm}{P} + \frac{B}{P} = \frac{cm}{P} + \frac{B}{P} = \frac{cm + B}{P} = \frac{P}{P} = 1$$

或
$$cmR + bR = \frac{Tcm}{PQ} + \frac{QB}{PQ}$$

$$= \frac{Tcm + QB}{PQ}$$

$$= \frac{PQ}{PQ}$$

$$= 1$$

故有 $cmR = 1 - bR$

$$bR = 1 - cmR$$

说明 cmR 与 bR 是互补性质，凡变动成本率低的企业，其贡献毛益率必然高，创利能力也强，反之亦然。

例 3 –6 沿用例 3 –5 的资料，要求计算贡献毛益率和变动成本率。

解:（1）贡献毛益率 $cmR = \frac{20}{50} = 40\%$

或 $cmR = \frac{200\ 000}{500\ 000} = 40\%$

（2）变动成本率 $bR = \frac{30}{50} = 60\%$

或 $bR = \frac{30 \times 10\ 000}{50 \times 10\ 000} = 60\%$

三、经营杠杆及其量化分析

（一）经营杠杆的含义

经营杠杆（operating leverage）也称营业杠杆、营运杠杆，反映企业在经营成本中固定成本的利用程度。在产销规模一定时，固定成本维持不变，随着销售的增加，单位销售所负担的固定成本就会减少，从而给企业带来额外收益。根据成本习性分析，在一定的业务量相关范围内，业务量增减变动不会改变固定成本总额，但会影响单位产品成本水平和最终利润。由于产品只有在固定成本为零时，其贡献毛益才能等于利润，此时利润增长与业务量增长是同步的。实际上，这种情况是不存在的。因此，只要存在固定成本，利润增长与业务量增长就不可能同步增长。在企业经营实践中，人们发现由于固定成本的存在，只要业务量产生一定幅度的变动，就会导致利润更大幅度的变动。这种现象在管理会计中称为“经营杠杆”。这是本量利分析中另一个极其重要的概念，广泛运用于企业经营风险评估、经营预测和经营决策等领域。

（二）经营杠杆的量化

为了对经营杠杆进行量化分析，管理会计将利润变动率相当于业务量变动率的倍数称为经营杠杆系数（the degree of operating leverage，DOL），也称营业杠杆程度。其计算公式为：

经营杠杆系数 = 利润变动率/销售变动率

$$DOL=\frac{\Delta E/E}{\Delta S/S}$$

式中：E、ΔE 分别表示基期利润和利润增量；S、ΔS 分别代表基期销售量（额）和销售增量（变动额）。

例 3－7　XYZ 公司只生产一种产品，本年度销售产品 120 000 件，销售价格为 160 元/件，单位变动成本为 125 元，固定成本总额为 3 000 000 元。下年度准备销售产品150 000件。若销售价格、成本水平不变，试计算该公司的经营杠杆系数，并解释其经济意义。

解：列表计算如表 3－1 所示。

表 3－1　XYZ 公司经营杠杆程度计算

项　目	基期（当年）	计划期（下年）	变动额（Δ）	变动率（%）
销售收入总额（PQ）	19 200 000	24 000 000	+4 800 000	+25
变动成本总额（QB）	15 000 000	18 750 000	+3 750 000	+25
贡献毛益总额（Tcm）	4 200 000	5 250 000	+1 050 000	+25
固定成本总额（A）	3 000 000	3 000 000	0	0
营业利润（E）	1 200 000	2 250 000	+1 050 000	+87.5

将表中有关数据代入计算公式：

$$\text{经营杠杆系数}（DOL）=\frac{\Delta E/E}{\Delta S/S}=\frac{1\ 050\ 000/1\ 200\ 000}{4\ 800\ 000/19\ 200\ 000}=0.875/0.25=3.5\ （倍）$$

以上计算表明，XYZ 公司的经营杠杆系数为 3.5 倍。其经济意义是，销售增长 1%，利润将增长 3.5%，或者说利润增长率是销售增长率的 3.5 倍。

实际工作中，经营杠杆系数也可按照下列简便公式计算：

$$\text{经营杠标系数}（DOL）=\frac{\text{基期贡献毛益总额}}{\text{基期利润}}$$

或

$$=\frac{Tcm}{E}$$

本例中 $DOL=\frac{Tcm}{E}=\frac{4\ 200\ 000}{1\ 200\ 000}=3.5$（倍），计算结果相同。

（三）经营杠杆系数的应用

在管理会计中，经营杠杆系数主要有下面三个方面的应用。

1. 评估企业经营风险

一般来说，在竞争环境中的企业经营风险的主要来源是生产供需变化以及生产、成本等因素的不确定性，而经营杠杆本身并非企业利润不稳定的根源。但是，从经营杠杆系数计算公式中可以看出，利润变动率 = 销售变动率 × 经营杠杆系数。也就是说，当企业的销售增加时，利润将以 *DOL* 倍数的幅度增加；反之，当销售下降时，利润也将以 *DOL* 倍数的幅度下降。由此可见，经营杠杆的存在实际上是放大了市场、生产和成本等不确定因素对利润的影响程度。经营杠杆系数越大，利润变动就越剧烈，企业经营的不稳定性就越强。因此，经营杠杆系数是衡量企业经营风险大小的指标之一。在市场多变的条件下，保持较低的经营杠杆系数是合理的。

2. 有利于企业进行科学预测

若企业经营杠杆系数一定，则可以结合计划期的销售变动来预测目标利润。

因为：

$$\text{目标利润} = \text{基期利润} \times (1 + \text{利润变动率})$$
$$= \text{基期利润} \times (1 + \text{销售变动率} \times \text{经营杠杆系数})$$

或

$$E' = E \cdot (1 + R \cdot DOL)$$

式中，R 为销售变动率。

同时，我们也可以利用经营杠杆系数来预测保证目标利润实现的预期销售变动率。计算公式如下：

$$\text{预期销售变动率}(R') = \frac{\text{利润变动率}}{DOL} \times 100\%$$

例 3-8 若已知 XYZ 公司的经营杠杆系数为 3.5，本期利润为 1 200 000 元。假定公司下期的销售量从本期的 120 000 件增加到 150 000 件，成本、售价同例 3-7。要求预测下期的目标利润。

解：

$$\text{下期销售变动率}(R) = \frac{150\,000 - 120\,000}{120\,000}$$
$$= 0.25 \text{ 或 } 25\%$$
$$\text{下期目标利润}(E') = E \cdot (1 + R \cdot DOL)$$
$$= 1\,200\,000 \times (1 + 0.25 \times 3.5)$$
$$= 2\,250\,000 \text{（元）}$$

3. 引导企业作出正确的经营决策

在企业经营过程中，经常面临先进技术、新设备替代落后技术和旧设备的选择问题。一般而言，新技术、新设备可提高产品的数量和质量，降低单位消耗，提高贡献毛益水平，同时也会使固定成本总额相应增加，经营杠杆系数上升。因此，为了控制经营风险，此类长期投资要选择适当的时机，如产品正处于成长期或成熟期，销售增长迅速时。更新设备、技术可以明显地发挥固定成本的杠杆效应，使利润迅速增长。而在产品销售疲软甚至呈下滑趋势时，则不宜进行大量的固定资产投入。另外，企业在使用价格策略进行竞争时，也应该注意价格手段对不同类型企业而言，其效果是大相径庭的。对于技术密集型企业来说，由于其固定成本总额高，而变动成本较低，因此经营杠杆的作用大。降低价格虽然使单位产品利润下降，但由于销售量增长，仍可使企业利润有所提高。而劳动密集型企业的单位变动成本偏高，固定成本总额相对较低，经营杠杆的作用也就较小，它降价销售往往不能提高利润水平，有时甚至会降低利润。

第二节　盈亏平衡分析

一、盈亏平衡分析的意义

盈亏平衡是指企业经营所获得的收入同其所发生的成本持平，生产经营活动处于既无盈利也无亏损的特定状态。在这种特定经营状态下，有关产品或劳务的销售收入总额减去其变动成本总额之后的余额（即贡献毛益总额），与固定成本总额保持相等，因而其净利润为零。一旦贡献毛益和固定成本之间出现这种特殊的数量关系，则企业生产经营活动处于盈亏平衡状态。此时：

贡献毛益总额（Tcm）＝固定成本总额（A）

净利润（E）＝0

盈亏平衡分析则是指以成本性态分析为基础，以零利润（亏损）额为基点，揭示业务量、成本和利润之间依存关系的一种经济分析方法。成本性态分析为盈亏平衡分析提供了前提条件，而变动成本计算法又为盈亏平衡分析提供了数量依据。因此，盈亏平衡分析是成本性态、变动成本计算法的合乎逻辑的发展。

二、盈亏平衡分析的基本假定

盈亏平衡分析对企业进行经营预测、经营决策和经营控制具有重要意义，但这种分析是以若干假定作为前提条件的。这些假定包括以下几个方面。

（1）销售收入与业务量之间呈完全线性关系。在本量利分析中，通常假设业务量是一个常数，销售收入与业务量成正比，二者存在线性关系，即销售收入＝业务量×销售单价。这一假设的主要目的是考察业务量对销售收入的影响，因而要求销售单价稳定不变。

（2）变动成本总额与业务量之间呈完全线性关系。这是本量利分析中的主要假设之一，即变动成本总额＝单位变动成本×业务量。这里实际上还要求单位变动成本不变，即在相关范围内，单位变动成本是一个常数，如果超出业务量相关范围，单位变动成本也会发生改变。

（3）在相关范围内，固定成本总额保持不变。

（4）生产品种结构或产品组合不变。即当企业同时生产经营两个以上的产品时，各产品的销售收入比重不变。

（5）产销平衡。即生产量等于销售量，或者不考虑存货水平及其变动对利润的影响。

三、盈亏平衡点的计算

盈亏平衡点（break even point，BEP）也被称为“够本点”、“损益两平点”、“盈亏临界点”、“保本点”等，是指企业经营能够达到不亏不盈状态的销售量（额），此时的销售量（额）就叫盈亏平衡点。一般有两种表达方式：一是用实物量表示的，称为盈亏平衡销售量；二是用货币量表示的，称为盈亏平衡销售额。

计算盈亏平衡点的模型有多种形式，分析讨论如下。

（一）盈亏平衡点测算的基本模型

根据本量利分析的基本公式：

利润 = 销售收入总额 -（固定成本总额 + 单位变动成本 × 销售量）

若设 E 代表利润，Q 代表销售量，P 代表销售单价，B 代表单位变动成本，A 代表固定成本总额，BEP 代表盈亏平衡点，则有：

$$E = QP - QB - A$$

或

$$E = (P - B) \cdot Q - A$$

根据盈亏平衡点的定义，$E=0$，$Q=BEP$，亦即：

$$(P - B) \cdot BEP - A = 0$$

有

$$BEP = \frac{A}{P - B}$$

这就是盈亏平衡点的基本模型。由于盈亏平衡点的测算可以采用实物量和货币量两种具体形式，故有下面两种计算方法。

1. 按实物量测算的盈亏平衡点

因为　　单位产品销售收入 - 单位变动成本 = 单位贡献毛益，即

$$P - B = cm$$

故有

盈亏平衡点销售量 = 固定成本总额/单位贡献毛益

或

$$BEP(Q) = \frac{A}{cm}$$

又因为　　单位贡献毛益 = 销售单价 - 单位变动成本

或

$$cm = P - B$$

故　　盈亏平衡点销售量 = 固定成本总额/（销售单价 - 单位变动成本）

或

$$BEP(Q) = \frac{A}{P - B}$$

$BEP(Q)$ 表示盈亏平衡点销售量。

例 3-9　假定 A 股份公司生产的甲产品单位售价为 200 元/件，单位变动成本为 120 元/件，与该产品有关的固定成本总额为 800 000 元。试计算甲产品的保本点销售量。

解： 依题意，盈亏平衡点　$BEP(Q) = \frac{A}{cm}$

$$= \frac{800\ 000}{200-100}$$

$$= 10\ 000（件）$$

2. 按货币量测算的盈亏平衡点

因为 $BEP(Q) = \frac{A}{P-B}$，等式两边同时乘以销售单价 P，有：

$$BEP(Q) = \frac{A}{1-\frac{B}{P}}$$

即
$$BEP(S') = \frac{A}{1-bR} = \frac{A}{cmR}$$

亦即
$$盈亏平衡销售额 = \frac{固定成本总额}{贡献毛利率}$$

式中，$BEP(S')$ 表示盈亏平衡销售额。

例 3-10　设产品单位售价为 10 元，单位变动成本为 6 元，相关固定成本总额为 40 000 元。则盈亏平衡销售额可测算如下：

$$单位贡献毛益 = 10-6 = 4（元）$$

$$贡献毛利率 = \frac{4}{10} \times 100\% = 40\%$$

$$盈亏平衡销售额 = \frac{40\ 000}{40\%} = 100\ 000（元）$$

或
$$BEP(S') = \frac{40\ 000}{10-6} \times 10$$

$$= 100\ 000（元）$$

即该产品销售量为 10 000 件，销售额达到 100 000 元时，产品实现盈亏平衡。

（二）盈亏平衡图

盈亏平衡图是将影响企业利润的有关因素及其依存关系形象直观地用图示的方法表现出来。图示方法可以清楚地展示业务量、成本变化对利润的影响，具有直观、简明的优点，但由于它是依靠目测绘制而成的，所以不可能十分准确，因此应结合其他方法使用。

盈亏平衡图通常可以采用基本式、贡献毛益式和量利式三种具体形式来描述。

1. 基本式

基本式盈亏平衡图的绘制过程如下：

（1）在直角坐标系中，取横轴表示业务量，取纵轴表示销售收入与成本。

（2）在纵轴上确定固定成本所在位置，并以此为起点，绘制一条平行于横轴的直线，即为固定和成本线。

（3）以坐标原点为起点，并在横轴上取一整数值销售量，计算出销售额，在坐标系中找到与之对应的纵轴交叉点，连接原点与该点，即得销售收入线。

（4）在横轴上取一整数值销售量，计算出总成本，在坐标系中找到该点，并将纵轴上的固定成本点与该点连接，便可得总成本线。

（5）观察销售收入线与总成本线，两线的交点即为盈亏平衡点。该点在横轴上的对应值即为盈亏平衡销售量；在纵轴上的对应值即为盈亏平衡销售额。

基本式盈亏平衡图的格式如图 3－1 所示。

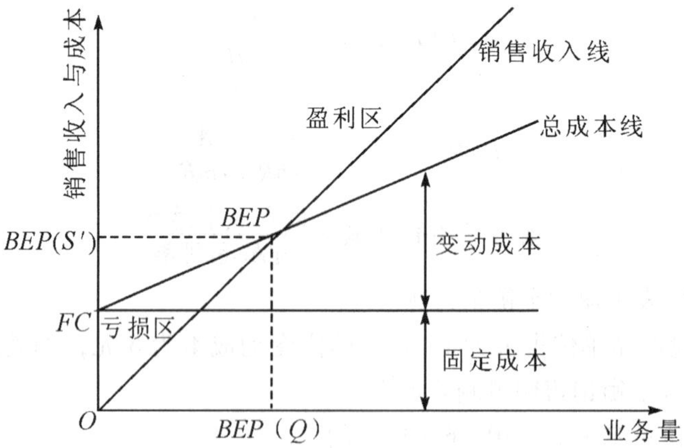

图 3－1　基本式盈亏平衡图

从图 3－1 中可以看出成本、业务量与利润之间的相互关系。

（1）如果盈亏平衡点不变，业务量越大，能够实现的利润就越多或者亏损越少；业务量越小，能够实现的利润就越少或者亏损越多。

（2）业务量不变，盈亏平衡点越低，能够实现的利润就越多或者亏损越少；盈亏平衡点越高，能够实现的利润就越少或者亏损越多。

（3）业务量、总成本水平不变，盈亏平衡点受单位售价的影响。单价上升时，意味着销售收入线的斜率增大，盈亏平衡点下降并沿着总成本线向左下方发生位移；反之，单价下降，销售收入线斜率减小，盈亏平衡点上升并沿着总成本线向右上方位移。

（4）销售收入不变，盈亏平衡点的位置取决于固定成本和单位变动成本水平的高低。固定成本总额越高或者单位变动成本升高，盈亏平衡点就上升并沿着收入线向右上方位移；反之，固定成本或单位变动成本降低，盈亏平衡点则下降并沿着收入线向左下方位移。

2. 贡献毛益式

贡献毛益式盈亏平衡图的绘制方法是先按照前述基本式的步骤确定销售收入线和变动成本线，然后在纵轴上确定固定成本值并以此为起点画一条平行于变动成本线的直线，即为总成本线，它与销售收入线的交叉点就是盈亏平衡点，如图 3－2 所示。

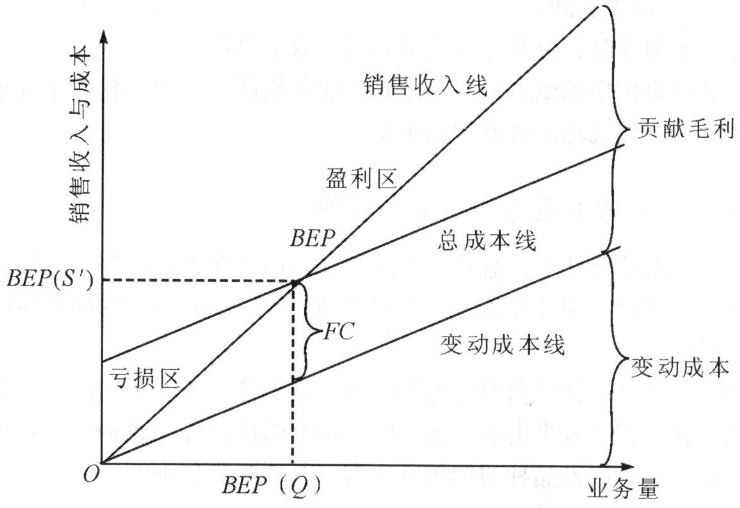

图3－2　贡献毛益式盈亏平衡图

贡献毛益式与基本式的区别在于：贡献毛益式将固定成本置于变动成本线之上，形象地反映出了贡献毛益的形成过程，即产品销售收入减去变动成本后就是贡献毛益，贡献毛益再减去固定成本便是利润。基本式则将固定成本线置于变动成本线之下，以便表明固定成本在相关范围内稳定不变的特性。

3. 量利式

量利式盈亏平衡图也称为“利润图”。由于量利式盈亏平衡图仅仅反映业务量与利润间的依存关系，因此是一种简化的盈亏平衡图。其特点是简明扼要、易于理解，因而受到企业经理人员的青睐。量利式盈亏平衡图的格式如图3－3所示。

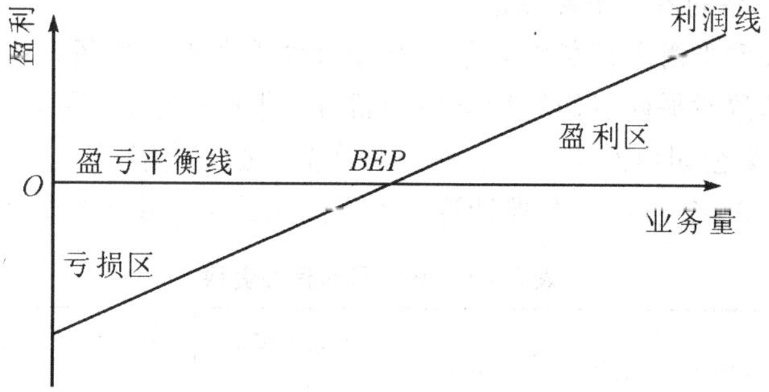

图3－3　量利式盈亏平衡图

该图的绘制方法如下：

（1）在直角坐标系中，以横轴表示业务量，纵轴表示利润或亏损额。

（2）在纵轴上利润为零的点上画一条水平线，代表盈亏平衡线。

（3）在纵轴上标出固定成本点，该点即为业务量为零时的亏损额。

（4）在横轴上任取一整数值业务量，并计算出在该业务量水平下的损益，依此在坐标系中再确定一点，连接该点与纵轴上的固定成本点，便可得利润线。

（5）利润线与盈亏平衡线的交点即为盈亏平衡点。

从图 3 - 3 中可以观察到：

（1）当业务量为零时，企业亏损额即为固定成本总额。

（2）当产品销售价格和成本水平不变时，业务量越大，利润越多或者亏损越少；反之，业务量越小，利润就越少或者亏损越多。

（三）多品种经营的盈亏平衡点分析模型

在多品种生产经营条件下，盈亏平衡点的计算由于实物量的综合没有意义，故只能采用货币量单位来表示，即计算盈亏平衡销售额。此时，有以下两种具体模型。

1. 加权平均模型

一般来说，企业多品种经营时的各种产品的盈利能力不完全相同，贡献毛益水平也有差异，因此，在计算盈亏平衡点中的贡献毛益率时应该采用各种产品贡献毛益率的加权平均数，权数一般采用各品种的销售额比重，具体步骤如下：

（1）计算全部产品的销售总额。

$$销售总额 = \sum（各种产品单位售价 \times 各产品的销售量）$$

（2）计算各产品的销售额比重。

$$各产品的销售额比重 = \frac{该产品的销售额}{销售总额}$$

（3）计算各产品加权平均贡献毛益率。

$$加权平均贡献毛益率 = \sum（各种产品贡献毛益率 \times 各产品销售额比重）$$

（4）计算企业综合盈亏平衡点销售额。

$$综合盈亏平衡点销售额 = \frac{固定成本总额}{加权平均贡献毛利率}$$

（5）计算各产品的盈亏平衡点销售额。

$$各产品盈亏平衡点销售额 = \sum（综合盈亏平衡点销售额 \times 各产品销售比重）$$

据此，各产品盈亏平衡点销售量 = 各产品盈亏平衡点销售额/该产品销售单价。

例 3 - 11　设某公司生产甲、乙、丙三种产品，公司年固定成本总额为 255 000 元。其他有关资料如表 3 - 2 所示。要求计算三种产品的盈亏平衡点销售额和销售量。

表 3 - 2　某公司的有关资料

产品品种	销售量（件）	销售单价（元）	单位变动成本（元）	单位贡献毛益（元）	单位贡献毛益率（%）
甲	20 000	20	10	10	50
乙	10 000	20	12	8	40
丙	10 000	20	14	6	30

计算步骤如下：

第一步，计算全部产品的销售总额。

销售总额 =（20 000 + 10 000 + 10 000）×20 = 800 000（元）

第二步，计算各产品的销售额比重。

$$\text{甲产品的销售额比重} = \frac{20\ 000 \times 20}{800\ 000} = 50\%$$

$$\text{乙产品的销售额比重} = \frac{10\ 000 \times 20}{800\ 000} = 25\%$$

$$\text{丙产品的销售额比重} = \frac{10\ 000 \times 20}{800\ 000} = 25\%$$

第三步，计算各产品加权平均贡献毛益率。

$$\begin{aligned}\text{加权平均贡献毛益率} &= 50\% \times 50\% + 40\% \times 25\% + 30\% \times 25\% \\ &= 25\% + 10\% + 7.5\% \\ &= 42.5\%\end{aligned}$$

第四步，计算综合盈亏平衡销售额。

$$\text{综合盈亏平衡销售额} = \frac{255\ 000}{42.5\%} = 600\ 000\text{（元）}$$

第五步，分算各产品的盈亏平衡点销售额和销售量。

甲产品：　盈亏平衡点销售额 $= 600\ 000 \times 50\% = 300\ 000$（元）

$$\text{盈亏平衡点销售量} = \frac{300\ 000}{20} = 15\ 000\text{（件）}$$

乙产品：　盈亏平衡点销售额 $= 600\ 000 \times 25\% = 150\ 000$（元）

$$\text{盈亏平衡点销售量} = \frac{150\ 000}{20} = 7\ 500\text{（件）}$$

丙产品：　盈亏平衡点销售额 $= 600\ 000 \times 7.5\% = 450\ 000$（元）

$$\text{盈亏平衡点销售量} = \frac{450\ 000}{20} = 2\ 250\text{（件）}$$

2. 联合单位模型

如果多品种生产经营企业所生产的各产品的实物销售量之间存在着比较稳定的数量关系，且产品销路有保障，则可以使用联合单位作为盈亏平衡点估算的计量单位。一个联合单位是指多品种产品按销售实物量比例构成的组合，如在例 3－11 中，产品销售量比为 2:1:1，一个联合单位就包括 2 个甲产品、1 个乙产品和 1 个丙产品。

现结合例 3－11 说明其计算步骤：

首先，计算一个联合单位的贡献毛益，如表 3－3 所示。

表 3－3　联合单位贡献毛益计算表

产品品种	销售比	单位贡献毛益（元）	一个联合单位的贡献毛益（元）
甲	2	10	20
乙	1	8	8
丙	1	6	6
一个联合单位的贡献毛益（元）			34

其次，计算盈亏平衡点的联合单位。

达到盈亏平衡的联合单位 = 固定成本总额/一个联合单位的贡献毛益

$$=\frac{255\ 000}{34}=7\ 500\text{（联合单位）}$$

亦即　　甲产品的销售量 = 7 500 × 2 = 15 000（件）

乙产品的销售量 = 7 500 × 1 = 7 500（件）

丙产品的销售量 = 7 500 × 1 = 7 500（件）

一个联合单位的售价 = 2 × 20 + 1 × 20 + 1 × 20 = 80（元），所以，达到盈亏平衡的销售收入 = 7 500 × 80 = 600 000（元）。计算结果与加权平均模型相同。

联合单位模型的盈亏平衡图是一种仅适用于多品种生产情况的量利式图，其基本方法与单一品种的利润图一致，不同的是需要将各品种的贡献毛益按次序逐步累计、计算，描述固定成本补偿和利润形成的情况，并在图中按各产品不同贡献毛益依次绘制不同的线段。现结合例 3 – 11 中的资料以及联合单位模型计算的结果说明如下。

在例 3 – 11 中如果企业只生产销售甲产品，则销售收入为 400 000（20 000 × 20）元，变动成本总额为 200 000（20 000 × 10）元，贡献毛益总额为 200 000 元，不足以补偿固定成本总额，即亏损 55 000（255 000 – 200 000）元。据此，可确定利润点 E_1，连接纵轴上的固定成本点与 E_1 即为甲产品的利润线（亏损线）。假设企业又生产销售乙产品，这时企业销售收入累计额为 600 000 元（其中甲产品销售 400 000 元），累计贡献毛益额为 280 000（600 000 – 200 000 – 120 000）元，补偿固定成本后实现利润 25 000 元，即利润点 E_2，连接 E_1 和 E_2 两点就得到乙产品的利润线。同理可画出产品的利润线 E_2E_3。最后，以纵轴上的固定成本线为起点，以 E_3（累计贡献毛益额和累计销售收入的坐标点）为终点，绘制一条平滑直线，即为企业的总利润线，它与盈亏平衡线的交点就是盈亏平衡点。应该指出，企业总利润线是唯一的，与绘图时各产品的先后顺序无关，其斜率反映企业加权平均的贡献毛益率，各虚线段则是各产品的个别贡献毛益率，其斜率不同显示了它们盈利能力的差别。联合单位量利式盈亏平衡图如图 3 – 4 所示。

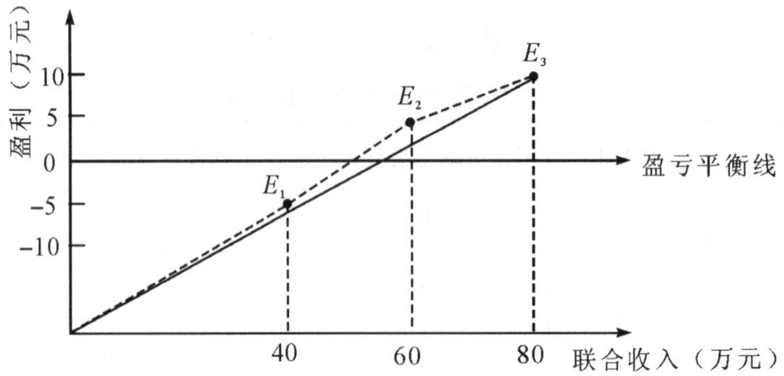

图 3 – 4　联合单位量利式盈亏平衡图

（四）目标利润约束的分析模型

在目标利润约束下，企业的本量利分析实际上就是盈亏平衡分析的拓展，以揭示企业为了实现一定目标利润应该达到的业务量水平，这种模型称为目标利润约束模型。具体而言，可以形成以下三种情况。

1. 实现税前目标利润的分析模型

$$税前目标利润=目标销售量\times（单价-单位变动成本）-固定成本总额$$

故

$$实现税前目标利润的销售量=\frac{税前目标利润+固定成本总额}{单价-单位变动成本}$$

$$=\frac{税前目标利润+固定成本总额}{单位贡献毛利}$$

若用货币量单位表示，则有：

$$实现税前目标利润的销售额=\frac{税前目标利润+固定成本总额}{单位贡献毛利率}$$

例3-12　设某公司固定成本总额为400 000元，单位产品售价为100元/件，单位变动成本为60元。若公司在计划期的税前利润为100 000元，则：

$$实现税前目标利润的销售量=\frac{400\ 000+100\ 000}{100-60}$$

$$=12\ 500（件）$$

$$实现税前目标利润的销售额=12\ 500\times100=1\ 250\ 000（元）$$

或

$$实现税前目标利润的销售额=\frac{400\ 000+100\ 000}{40\%}=1\ 250\ 000（元）$$

2. 实现目标利润率的分析模型

如果企业使用相对数代替绝对数作为利润目标，目标利润模型就可转化为如下模型：

$$目标利润=目标销售利润率\times目标销售额=目标销售利润率\times（目标销售量\times单位变动成本+固定成本总额+目标利润）$$

$$=(目标销售量\times单位变动成本+固定成本总额+目标利润率\times目标销售量\times单价)$$

所以

$$实现目标利润率的销售量=\frac{固定成本}{单价-单位变动成本-单价\times目标销售利润率}$$

例3-13　沿用例3-12的资料，若公司要求的销售目标利润率为20%，则：

$$目标销售量=\frac{400\ 000}{100-60-100\times20\%}=20\ 000（件）$$

$$目标销售额=20\ 000\times100=2\ 000\ 000（元）$$

3. 实现目标税后利润的分析模型

因为

$$税后利润=税前利润\times（1-所得税税率）$$

$$税前利润=\frac{税后利润}{1-所得税税率}$$

所以 $$实现税后目标利润的销售量=\frac{\frac{税后目标利润}{1-所得税税率}+固定成本总额}{单位贡献毛利}$$

$$实现税后目标利润的销售额=\frac{\frac{税后目标利润}{1-所得税税率}+固定成本总额}{单位贡献毛利率}$$

例3－14 沿用例3－12的资料，若所得税税率为33%，其余的条件不变。则：

$$目标税后利润=100\ 000\times(1-33\%)=67\ 000（元）$$

$$实现税后目标利润的销售量=\frac{\frac{67\ 000}{1-33\%}+400\ 000}{100-60}$$

$$=12\ 500（件）$$

$$实现税后目标利润的销售额=12\ 500\times 100=1\ 250\ 000（元）$$

计算结果与税前利润模型相同。

（五）安全边际与盈亏平衡点作业率

1. 安全边际

当企业经营处于盈亏平衡状态时，表明企业当期获得的贡献毛益恰好补偿固定成本。若要实现利润，就必须使业务量超过盈亏平衡点。

所谓安全边际（margin of safety，MS），亦称安全幅度，是指实际或计划业务量超过盈亏平衡点业务量的差额，表明企业销售量（额）对盈利的安全幅度，即下降多少还不致造成亏损的数额。其表现形式有两种：一种是实物量，称“安全边际量”，以*MS*（*Q*）来表示；另一种是货币量，以*MS*（*S*）来表示，称“安全边际额”，其计算公式如下：

$$MS(Q)=Q-BEP(Q),\quad MS(S)=S-BEP(S)$$

很显然，安全边际数额越大，说明企业发生亏损的可能性就越小，企业经营（这里主要看利润）就越安全。在实际工作中，安全边际还可以用相对数形式表示，即“安全边际率”（*MSR*），计算公式为：

$$MSR=\frac{MS(Q)}{Q}=\frac{Q-BEP(Q)}{Q}$$

或 $$MSR=\frac{MS(S')}{S}=\frac{S'-BEP(S')}{S'}=\frac{PQ-P\cdot BEP(Q)}{PQ}$$

安全边际在西方企业评价中得到了广泛应用，其经验标准如表3－4所示。

表3－4 经营安全性检验的经验标准

MSR	10%以下	11%～20%	21%～30%	31%～40%	41%以上
安全性	危险	不安全	较安全	安全	很安全

例 3-15　某公司盈亏平衡点销售额为 240 000 元，由于市场疲软，实际销售额为 300 000 元，试计算其安全边际，并判断其经营安全性。

安全边际额 $MS（S）=300\ 000-240\ 000=60\ 000$（元）

安全边际率 $MSR=\dfrac{60\ 000}{300\ 000}=20\%$　　　属于不安全

安全边际、营业利润（率）和盈亏平衡点的关系如图 3-5 所示。

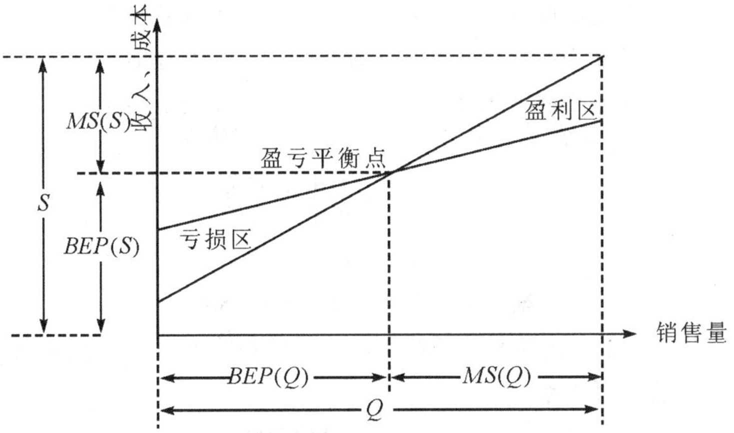

图 3-5　安全边际、盈利与盈亏平衡点的关系

因为　　　税前利润 = 单位贡献毛益 × 安全边际量

或　　　税前利润 = 贡献毛益率 × 安全边际额

即　　　$E=cm\times MS（Q）$

或　　　$E=cmR\times MS（S）$

又因为

$$销售利润率=\frac{税前利润}{销售收入}=\frac{E}{S}$$

$$=\frac{cm\times MS'（Q）}{PQ}$$

$$=\frac{MS'（Q）}{Q}\times\frac{cm}{q}$$

而　　　$MS'R=\dfrac{MS'（Q）}{Q}$

所以　　　销售利润率 $=MSR\times cmR$

例 3-16　沿用例 3-15 的资料，若贡献毛益率为 20%，则：

税前利润 $=60\ 000\times 20\%=12\ 000$（元）

销售利润率 $=20\%\times 20\%=4\%$

2. 盈亏平衡点开工率

盈亏平衡点开工率亦称保本开工率、保本点开工率、达到保本点的开工率。它是指盈亏平衡点销售量（额）与正常或计划销售量（额）的比率。其计算公式如下：

盈亏平衡点开工率 = 盈亏平衡点销售量（额）/正常或计划销售量（额）

这个比率表明盈亏平衡点业务量占正常业务量的比重，其比率越低，对企业越有利。如果将正常开工销售量视为企业生产经营能力，则盈亏平衡点开工率还表明企业在盈亏平衡状态下对生产经营能力的利用程度。

其意义在于：确定企业为实现盈亏平衡应将其生产能力发挥到何种程度，或者说企业的经营能力发挥到多大程度方能保证不亏损。

由于　　安全边际量 = 正常销售量 − 盈亏平衡点销售量

所以　　盈亏平衡点销售量 = 正常销售量 − 安全边际量

$$\frac{盈亏平衡点销售量}{正常销售量}=\frac{正常销售量-安全边际量}{正常销售量}$$

$$=1-\frac{安全边际量}{正常销售量}$$

$$=1-MSR$$

亦即　　盈亏平衡点开工率 $=1-MSR$

例3－17　某企业正常销售额为400 000元，已测算盈亏平衡点销售额为240 000元，试计算盈亏平衡点开工率。

$$盈亏平衡点开工率=\frac{240\ 000}{400\ 000}=60\%$$

说明该公司的开工率必须达到60%以上才能盈利，否则就会亏损。

第三节　有关因素变动对盈亏平衡点的影响

前述盈亏平衡分析，我们都是在假定产品销售价格、变动成本、固定成本以及产品结构等因素不变的条件下进行的。但是，在实际工作中，企业面临的经营环境是千变万化的，一旦某个（些）因素发生变化，就会引起相应的连锁反应，并对上述盈亏平衡分析的结果产生影响。为了借助盈亏平衡分析方法，为企业管理当局提供有用信息，必须对有关因素变动对盈亏平衡点的影响加以说明。

一、销售价格变动的影响

销售价格是经营决策中常见的问题，在竞争环境下，由于提高价格常常会引起销售量下降，不当的价格调整不仅不能提高销售收入，反而会造成亏损。因此，经理人员必须分析、掌握价格、销售量之间的关系及其对利润影响的信息。

例3－18　某公司生产A产品，售价为20元/件，固定成本总额为240 000元，单位产品变动成本为15元/件。则有：

$$盈亏平衡点\ BEP（Q）=\frac{240\ 000}{20-15}=48\ 000（件）$$

$$盈亏平衡点 BEP（S'）=\frac{240\ 000}{1-\frac{15}{20}}=960\ 000（元）$$

若目标税前利润为 100 000 元，则有：

$$实现税前目标的销售量=\frac{240\ 000+100\ 000}{20-15}=68\ 000（件）$$

$$实现税前目标利润的销售额=\frac{240\ 000+100\ 000}{1-\frac{15}{20}}=1\ 360\ 000（元）$$

现假设例 3－18 中产品售价从原来的 20 元提高到 21 元，其他条件不变，那么提高价格后：

$$盈亏平衡点 BEP（Q）=\frac{240\ 000}{21-15}=40\ 000（件）$$

$$实现税前目标利润的销售量=\frac{240\ 000+100\ 000}{21-15}=56\ 667（件）$$

可见，提高价格将使盈亏平衡点从 48 000 件下降至 40 000 件，实现目标税前利润的销售量从 68 000 件下降至 56 667 件。反映在盈亏平衡图上，基于一定的成本水平，则单价越高，销售总收入线的斜率越大，盈亏平衡点就会下降（BEP_1 向左下方移动），同样销售量所获得的利润就越多，或亏损越少；单价越低，销售总收入线的斜率越小，盈亏平衡点就会上升（BEP_2 向右上方移动），同样销售量所获得的利润就越少，或亏损越多，如图 3－6 所示。

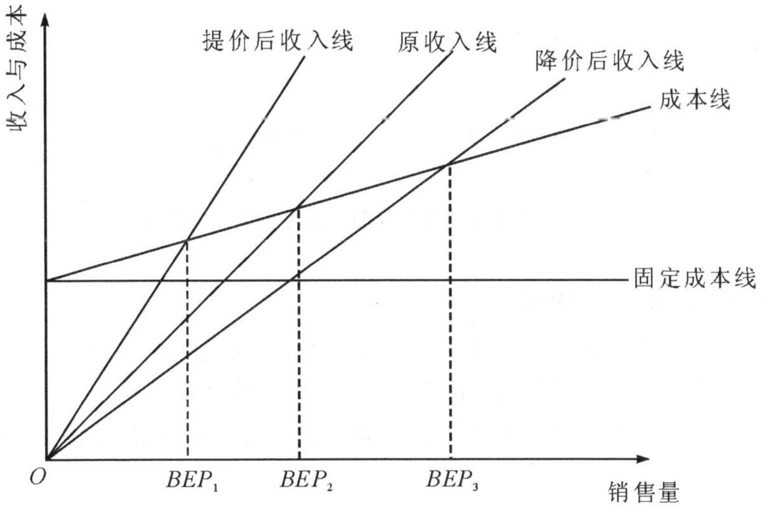

图 3－6 价格变动对盈亏平衡点的影响

二、变动成本变动的影响

激烈竞争驱使企业必须依靠降低成本来保持或增加利润，降低单位变动成本是主要的途径之一。单位变动成本的升降，是影响盈亏平衡点的重要因素，在其他因素不变的条件下，盈亏平衡点与单位变动成本呈同向变化，即单位变动成本上升，盈亏平衡点上升；反之，单位变动成本下降，则盈亏平衡点也下降。

现假设例 3－18 中单位变动成本在原来 15 元/件的基础上降低 10%，其他条件不变，那么变动成本降低后：

$$盈亏平衡点 BEP（Q）=\frac{240\ 000}{20-15\times（1-10\%）}=36\ 923（件）$$

$$实现税前目标利润的销售量=\frac{240\ 000+100\ 000}{20-15\times（1-10\%）}=52\ 308（件）$$

可见，单位变动成本降低后，盈亏平衡点和实现目标税前利润的销售量都相应下降。在盈亏平衡图中则表现为：单位变动成本升降引起总成本线的斜率相应升降，从而使盈亏平衡点沿着总收入线发生位移，如图 3－7 所示。

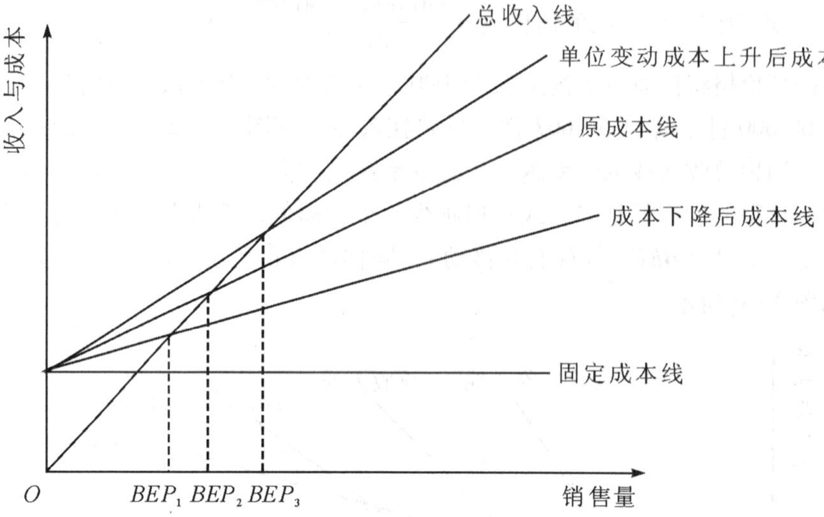

图 3－7　单位变动成本变动对盈亏平衡点的影响

三、固定成本变动的影响

固定成本总额的增减变化，对盈亏平衡点也会产生重要影响。在其他因素不变的情况下，固定成本增加，盈亏平衡点也相应增加；反之，则盈亏平衡点下降。

现假设例 3－18 中固定成本总额在原来 240 000 元的基础上增加 10%，其他条件不变，那么固定成本增加后：

$$盈亏平衡点 BEP（Q）=\frac{240\ 000\times（1+10\%）}{20-15}=52\ 800（件）$$

$$实现税前目标利润的销售量=\frac{240\ 000\times（1+10\%）+100\ 000}{20-15}=72\ 800（件）$$

计算表明，固定成本增加后，盈亏平衡点和实现目标利润的销售量均相应增加。很显然，如果固定成本降低，那么盈亏平衡点也会相应下降。固定成本变动对盈亏平衡点的影响如图 3－8 所示。

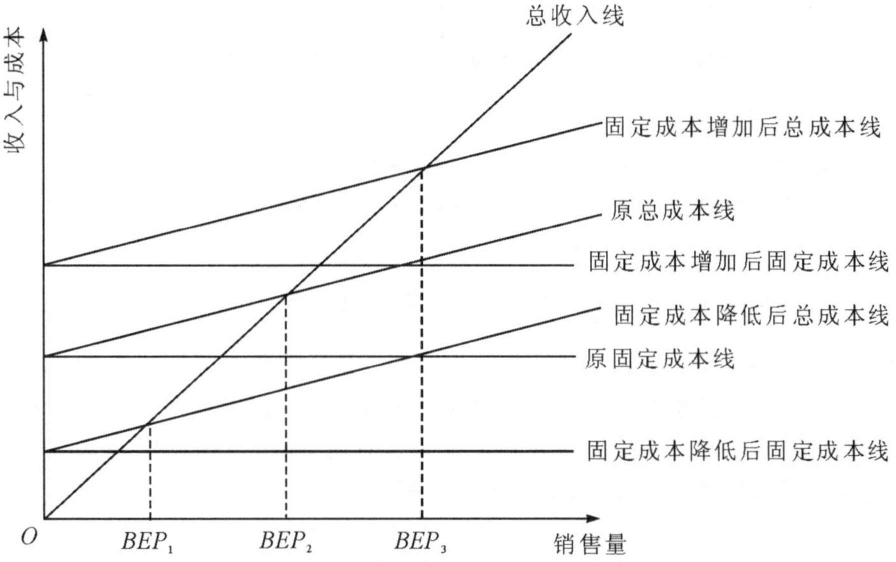

图 3－8　固定成本变动对盈亏平衡点的影响

四、品种产销结构变动的影响

在多品种经营企业，有关产品之间的产销结构直接影响企业的综合盈利水平。如果某个（些）产品的销售比重发生升降变化，就会引起企业综合贡献毛益率的相应变化，整个企业的盈亏平衡点也会随之变动。

例 3－19　若某公司同时生产经营 A、B、C 三种产品，有关资料如表 3－5 所示。

表 3－5　某公司产销结构相关资料

项　目	A 产品	B 产品	C 产品
预期产销量（件）	15 000	15 000	10 000
实际产销量（件）	12 500	12 500	15 000
单位售价（元）	50	60	80
单位变动成本（元）	30	45	50
单位贡献毛益（元）	20	15	30
贡献毛益率（%）	40	25	37.5
固定成本总额（元）	100 000		

如果各产品的售价、成本不变，通过计算预期和实际盈亏平衡点，就可以考察实际产销结构与预期产销结构变化对盈亏平衡点造成的影响。

（1）预期盈亏平衡点。

A、B、C 的预期产销结构是 37.5%、37.5%、25%，所以该企业预期的加权平均贡献毛益率为：

$$37.5\% \times 40\% + 37.5\% \times 25\% + 25\% \times 37.5\% = 33.75\%$$

$$预期盈亏平衡点销售额 = \frac{100\ 000}{33.75\%} = 296\ 296.30（元）$$

（2）实际盈亏平衡点。

三种产品的实际产销结构为 31.25%、31.25%、37.5%，故

$$实际加权平均贡献毛益率 = 31.25\% \times 40\% + 31.25\% \times 25\% + 37.5\% \times 37.5\% = 34.375\%$$

$$实际盈亏平衡点销售额 = \frac{100\ 000}{34.375\%} = 290\ 909.10（元）$$

计算结果表明，由于实际产销结构发生改变，盈亏平衡点降低了 5 387.20 元。主要原因是单位贡献毛益水平最低的 B 产品比重下降，而贡献毛益水平较高的 C 产品比重提高，尽管贡献毛益水平最高的 A 产品比重也有所下降，但综合起来看，企业综合贡献毛益水平略有提高，故盈亏平衡点有所下降。

第四节　利润的敏感性分析

敏感（sensibility）是从生物学借用的名词，表明不同的生物（物体）之间的相互感应及其程度。敏感分析发展成为一种专门技术，可用于分析某一变量相关的因素变动对该变量的影响，它在管理会计的本量利分析和投资决策分析中都有运用。

利润敏感性分析（sensibility analysis）就是分析利润对各项决定因素变化的敏感程度，属于一种“如果……会怎样”（what - if）式的分析方法。由于利润是直接由销售价格、单位变动成本、销售量和固定成本所确定的，因此当这些因素发生变化时，利润也必然随之发生相应的变化。分析这种变化，有利于企业管理者准确预测未来，合理规划目标，有效控制生产经营活动，了解经营风险，考核各部门和单位的经营业绩。

在管理会计中，利润的敏感性分析主要包括影响利润各因素的临界值确定、敏感系数以及应用等方面的内容。

一、利润敏感性分析的基本假设

利润敏感性分析通常是针对企业生产的某种产品而进行的，目的在于揭示该产品的业务量、价格、成本等因素的变动对利润变动所产生的影响，分析各因素变动到何种程度将会导致产品获利或亏损，以便据以采取应对措施，实现预期利润目标。为了保证这一分析过程简化和分析结果明晰，一般应形成若干假设作为敏感性分析的前提条件。这些假设包括以下几个方面。

（一）有限影响因素假设

一种产品的利润形成及变化的影响因素是多方面的，但为了突出主要因素，人们一

般都忽略一些次要的、间接的因素，直接将销售量、销售价格、单位变动成本、固定成本总额四个因素确定为影响利润的基本因素。或者说，在进行利润敏感性分析中，仅从上述四个因素来衡量其敏感程度及其变动对利润变化的影响。

（二）因素独立变动假设

一般地，某种产品的利润增减变化是价格、成本、销售量等多个因素综合变动、交互影响的结果，但是为了分别考察、确定各因素的影响程度，在敏感性分析中常常将各因素视为互不关联、彼此独立的。因而，在计量、测定某一因素变动对利润变动所产生的影响时，总是假定其他因素均保持不变，从而静态、独立地观察、分析各因素对利润变动的影响。

（三）因素等率变动假设

为了准确地确定各因素变动对利润变动所产生的影响，在进行敏感性分析时，一般不考虑由于企业主观、客观条件或内部、外部环境制约而使有关因素发生不同程度或幅度变化的可能性，而是假定各因素均按相同的比率或幅度进行变动，以便比较各因素影响的程度以及揭示每一因素变动对利润产生连锁变动的影响程度。

（四）因素有利变动假设

为了有效、清晰地揭示各种关联因素变动后对利润变动所产生的影响，在进行敏感性分析时通常都假定：任何关联因素的变动只产生有利影响而不产生不利影响，即在有关产品的价格、业务量、成本诸因素中，无论哪个因素发生变动，都只使该产品的利润增加。换言之，在进行利润敏感性分析时，产品的销售价格、销售数量总是假定上升的，单位变动成本、固定成本总额总是下降的。显而易见，这一假定就使各因素变动总是跟利润变动朝着增加的有利方向变化。

二、影响利润的各因素临界值的确定

如前所述，影响利润的主要因素被设定为销售价格、单位变动成本、销售量和固定成本总额。各因素变动而不使产品发生亏损的最大允许范围，我们称之为盈亏临界值。

根据本量利分析模型：　$E=(P-B)\cdot Q-A$

当 $E=0$ 时，即 $(P-B)\cdot Q-A=0$，据此式便可求得盈亏临界值。

（1）销售价格的最小允许值 $P\min$。

$$P\min=\frac{QB+A}{B+\frac{A}{Q}}$$

$$=B+\frac{A}{Q}$$

（2）单位变动成本的最大允许值 $B\max$。

$$B\max=\frac{QP-A}{Q}$$

（3）销售量的最小允许值 $Q\min$。

$$Q\min=\frac{A}{P-B}$$

（4）固定成本的最大允许值 $A\max$。

$$A\max=(P-B)\cdot Q$$

例 3－20 某公司只生产经营一种产品，销售单价为 30 元，单位变动成本为 20 元，固定成本总额预计 500 000 元。若计划期的销售量确定为 100 000 件，要求计算各因素的盈亏临界值。

根据给定的资料，该公司计划期的利润 $E=100\,000\times(30-20)-500\,000$

$=500\,000$（元）

将有关数据分别代入前述各计算式，则有：

（1）销售价格的盈亏临界值。

$$P\min=\frac{100\,000\times 20+500\,000}{100\,000}=25\text{（元）}$$

即销售价格不能低于 25 元，或价格下降幅度不能高于 $16.67\%=\left(\frac{30-25}{30}\right)$，否则企业就会发生亏损。

（2）单位变动成本的盈亏临界值。

$$B\max=\frac{30\times 100\,000-500\,000}{100\,000}=25\text{（元）}$$

即当单位变动成本由 20 元上升到 25 元时，企业由盈利转为盈亏平衡。若单位变动成本超过 25 元，或成本上升率超过 $25\%=\left(\frac{25-20}{20}\right)$时，企业将发生亏损。

（3）销售量的盈亏临界值。

$$Q\min=\frac{500\,000}{30-20}=50\,000\text{（件）}$$

即企业产品销售规模的下限是 50 000 件，允许的最大下降幅度为 $50\%=\left(100\,000-\frac{50\,000}{1\,000\,000}\right)$。也就是说，企业销售计划完成 50% 就能保本，低于此比例就会亏损。

（4）固定成本的盈亏临界值。

$$A\max=(30-20)\times 100\,000=1\,000\,000\text{（元）}$$

即固定成本最大允许值为 1 000 000 元，超过此限额，企业就会转为亏损。此时，固定成本上升幅度为 100%。

三、敏感系数和敏感分析图

单价、单位变动成本、销售量和固定成本等因素的变动都会引起利润的相应变化，但各因素对利润的敏感程度却不相同。一般地，若该因素以较小幅度的变动就会引起利润较大幅度的变动，那么这个因素就是强敏感因素；若该因素以较大幅度的变动只会引起利润较小幅度的变动，那么这个因素就称为弱敏感因素。

测定各因素敏感程度的指标称为敏感系数（index of sensibility），其计算公式为：

$$某因素敏感系数=目标值变动百分比/参量值变动百分比$$

在利润敏感性分析中，目标值应取利润变动率，参量值则取各因素的变动率。

例 3－21　沿用例 3－20 的资料，已知计划期的利润为 500 000 元，若价格、销售量上升 1%，单位变动成本、固定成本下降 1%，则各因素变动对利润的影响程度和敏感系数计算如下：

（1）销售价格的敏感系数。

销售价格提高 1%，则：

$$\begin{aligned}利润 E &= 100\ 000\times[30\times(1+1\%)-20]-500\ 000\\ &=530\ 000（元）\end{aligned}$$

$$目标值变动百分比=\frac{530\ 000-500\ 000}{500\ 000}=6\%$$

$$销售价格的敏感系数=\frac{6\%}{1\%}=6$$

即利润以 6 倍于价格的变化速度随价格变动，说明价格是非常敏感的因素。因此，提高价格一般认为是增加利润的最有效手段，价格下跌也是企业利润的最大威胁。

（2）单位变动成本的敏感系数。

单位变动成本下降 1%，则：

$$\begin{aligned}利润 E &= 100\ 000\times[30-20\times(1-1\%)]-500\ 000\\ &=520\ 000（元）\end{aligned}$$

$$目标值变动百分比=\frac{520\ 000-500\ 000}{500\ 000}=4\%$$

$$单位变动成本敏感系数=\frac{4\%}{-1\%}=-4$$

即利润以 4 倍于单位变动成本的变化速度随单位变动成本反向变化，因而也属于敏感因素。

（3）销售量的敏感系数。

销售量上升 1%，则：

$$\begin{aligned}利润 E &= 100\ 000\times(1+1\%)\times(30-20)-500\ 000\\ &=510\ 000（元）\end{aligned}$$

$$目标值变动百分比=\frac{510\ 000-500\ 000}{500\ 000}=2\%$$

$$销售量敏感系数=\frac{2\%}{1\%}=2$$

即利润以2倍于销售量的变化速度随销售量变动，属于较为敏感的因素。销售量敏感系数也称为“经营杠杆系数”（the degree of operating），是衡量企业生产能力利用程度和经营风险的重要指标。

（4）固定成本的敏感系数。

固定成本下降1%，则：

$$\begin{aligned}利润E&=100\ 000\times(30-20)-500\ 000\times(1-1\%)\\&=505\ 000（元）\end{aligned}$$

$$目标值变动百分比=\frac{505\ 000-500\ 000}{500\ 000}=2\%$$

$$销售量敏感系数=\frac{1\%}{-1\%}=-1$$

即利润以相同于固定成本的变化速度随固定成本反向变化，说明固定成本是非敏感因素。

将上述四个因素按其敏感系数绝对值大小排列，其顺序依次是：销售单价（6）、单位变动成本（-4）、销售量（2）和固定成本（-1），即对利润程度影响最大的是价格，其次是单位变动成本，再次是销售量，最后是固定成本。

敏感系数揭示了各因素变动百分比和利润变动百分比之间的比例关系，但不能直观地显示变化后的利润值。因此，有时需要在计算敏感系数的同时，编制敏感分析表，列示各因素变动百分比和利润值。如表3-6所示。

表3-6 各因素变动的敏感分析表

影响因素	变动程度	变动后利润(元)	利润增加额(元)	利润增加率	敏感系数
销售单价	1%	530 000	30 000	6%	6
单位变动成本	-1%	520 000	20 000	4%	-4
销售量	1%	510 000	10 000	2%	2
固定成本	-1%	505 000	5 000	1%	-1

在实际工作中，还可以借助敏感分析图以及敏感分析表，以便更加醒目、直观地反映各因素的敏感程度。表3-7和图3-9是依据例3-21的有关资料编（绘）制的，可以全面、连续地表示有关变量之间的关系。

表 3－7　各因素变动的敏感分析比较表

变时率 / 利润（元） / 变因素	－20%	－10%	0	+10%	+20%
销售单价	－100 000	200 000	500 000	800 000	1 100 000
单位变动成本	900 000	700 000	500 000	300 000	100 000
销售量	300 000	400 000	500 000	600 000	700 000
固定成本	600 000	550 000	500 000	450 000	400 000

将表 3－7 中的有关数据绘制成图形就称为敏感分析图。以横轴代表价格、单位变动成本、销售量、固定成本各因素的变动百分比，纵轴代表利润。以单位变动成本为例，根据原来的目标利润点即变动率为零时的利润（0，500 000）和变动成本变化后的任一点如（+20%，100 000），连接两点就得到单位变动成本线，该线反映单位变动成本在不同变化水平时所对应的利润值和利润变动百分比。同理，可分别画出价格线、销售量线、固定成本线。这些直线与利润线的夹角越小，表明该因素对利润的敏感程度越高。

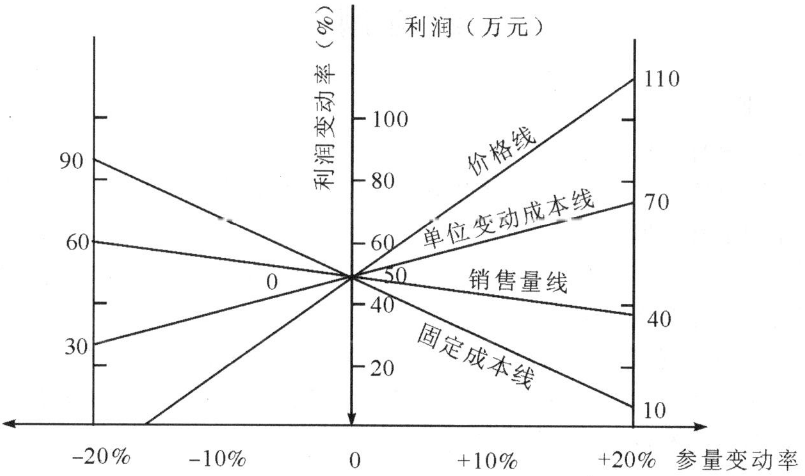

图 3－9　因素敏感分析图

本章小结

本量利分析研究的是成本、业务量、利润三者之间的联系，是对成本性态分析的发展和继续。本量利分析是管理会计的一项重要的定量分析方法，广泛运用于规划、决策和控制等领域。

贡献毛益是本量利分析中的一个重要概念，它是指产品销售收入超过其变动成本的金额，亦即产品销售额除补偿变动成本外，还可补偿多少固定成本。

经营杠杆反映企业在经营成本中固定成本的利用程度，广泛运用于企业经营风险评估、经营预测和经营决策等领域。在产销规模一定时，固定成本维持不变。随着销售量的增加，单位销售所负担的固定成本就会减少，从而给企业带来额外收益。

盈亏平衡分析是指以成本性态分析为基础，以零利润（亏损）额为基点，揭示业务量、成本和利润之间依存关系的一种经济分析方法。成本性态分析为盈亏平衡分析提供了前提条件，而变动成本计算法又为盈亏平衡分析提供了数量依据。盈亏平衡点是指企业经营能够达到不亏不盈状态时的销售量（额），此时的销售量（额）就叫盈亏平衡点，有实物量、货币量两种表达方式。

安全边际是指实际或计划业务量超过盈亏平衡点业务量的差额，表明企业销售量（额）对盈利的安全幅度。安全边际数额愈大，说明企业发生亏损的可能性就越小，企业经营就越安全。

利润敏感性分析就是分析利润对各项决定因素变化的敏感程度。由于利润是直接由销售价格、单位变动成本、销售量和固定成本所确定的，所以当这些因素发生变化时，利润也必然会随之发生相应的变化。分析这种变化，有利于企业管理者准确地预测未来，合理地规划目标，有效地控制生产经营活动，了解经营风险，考核各部门和各单位的经营业绩。

练习题

一、单项选择题

1. 本量利分析的核心是确定（　　）。

A. 目标利润　　B. 目标销售量　　C. 盈亏临界点　　D. 成本总额

2. 本量利分析的基础是（　　）。

A. 业务量　　B. 利润　　C. 盈亏临界点　　D. 成本性态分析

3. 下列结论错误的是（　　）。

A. 贡献毛益率是相对指标　　B. 贡献毛益是绝对指标

C. 单位贡献毛益大的产品盈利能力强　D. 贡献毛益率大的产品盈利能力强

4. 产品销售收入扣除变动成本后的余额叫（　　）。

A. 毛利　　B. 贡献毛益　　C. 税前净利　　D. 净利润

5. 某企业盈亏临界点销售量为 16 000 元，正常开工销售收入为 20 000 元，则该公司要获利，作业率至少必须达到（　　）。

A. 20%　　B. 80%　　C. 125%　　D. 以上均错

6. 某企业甲产品单位售价 40 元，单位产品变动成本 15 元，单位销售费用 3 元，单位管理费用 2 元，则该产品的单位贡献毛益为（　　）。

A. 25 元　　B. 22 元　　C. 23 元　　D. 20 元

7. 已知企业明年目标销售量 4 000 件，产品单价 3 万元，企业该期固定成本为 3 000万元，企业当年目标利润为 5 000 万元，则该企业应将单位变动成本控制在（　　）。

A. 10 000 元　　B. 6 667 元　　C. 7 500 元　　D. 以上都不对

8. 已知企业本年目标利润 2 500 万元，所得税率为 30%，产品变动成本率为 40%，产品固定成本为 700 万元，则要达到目标利润，企业应销售产品（　　）。

A. 8 000 万元　　B. 5 333 万元　　C. 4 167 万元　　D. 6 250 万元

9. 已知企业本年目标净利润 2 800 万元，所得税率为 30%，产品变动成本率为 40%，产品固定成本为 1 400 万元，则为达到目标利润，企业至少应销售产品（　　）。

A. 9 000 件　　B. 5 600 件　　C. 5 333 件　　D. 以上答案都不对

10. 下列叙述错误的是（　　）。

A. 盈亏临界点不变，销量越大，盈利越多

B. 销量不变，盈亏临界点越低，盈利越多

C. 销售收入不变，固定成本越大，盈亏临界点越高

D. 销售收入不变，单位变动成本越大，盈亏临界点越低

11. 下列因素单独变动时，不对保利点产生影响的是（　　）。

A. 价格　　B. 成本水平　　C. 目标利润　　D. 销售量

12. 下列关于盈亏临界图的叙述，错误的是（　　）。

A. 横轴代表产量，纵轴代表成本和销售收入

B. 纵轴代表产量，横轴代表成本和销售收入

C. 销售收入线与总收入线的交点即为盈亏临界点

D. 盈亏临界点左方为亏损区，右方为盈利区

13. 下列关于本量利分析的基本假设，错误的是（　　）。

A. 单位售价不变　　B. 固定成本不变，单位变动成本不变

C. 品种构成可变　　D. 产销量一致

14. 下列叙述错误的是（　　）。

A. 安全边际是盈亏临界点以上的销售量

B. 安全边际可以用绝对数表示，也可以用相对数表示

C. 安全边际 = 现有销售量 − 盈亏临界点销售量

D. 安全边际越大，企业亏损的可能性越大

15. 已知企业只生产一种产品，单位变动成本为 45 元，固定成本总额 60 000 元，产品单价为 120 元，为使安全边际率达到 60%，该企业当期销售量应为（　　）。

A. 800 件　　B. 1 280 件　　C. 1 333 件　　D. 2 000 件

16. 如果某种产品的专属固定成本增加，而单位变动成本和售价不变，那么贡献毛益和保本销售量分别将（　　）。

A. 增加　减少　　B. 减少　增加　　C. 不变　增加　　D. 不变　不变

17. 贡献毛益率与变动成本率二者之间的关系是（　　）。

A. 企业的变动成本率高，则贡献毛益率也高
B. 变动成本率高，则贡献毛益率低
C. 变动成本率与贡献毛益率二者没有关系
D. 变动成本率是贡献毛益率的倒数

18. 下列说法正确的是（　　）。
A. 安全边际量与安全边际率都是正指标，其数值越大，说明企业经营的安全程度越大
B. 安全边际率是保本作业率的倒数
C. 安全边际率是越小越好，保本作业率是越大越好
D. 安全边际率与保本作业率都越大越好

19. 某厂计划年度目标利润为640万元，已知报告年度固定成本为2 000万元，变动成本总额为1 600万元，每台产品的销售单价为1.6万元。该厂计划年度的产量指标为（　　）。
A. 2 650台　B. 2 790台　C. 2 730台　D. 2 795台

20. 当单价上涨，而其他因素不变时，会引起（　　）。
A. 保本点和保利点降低，安全边际降低，利润减少
B. 保本点和保利点上升，安全边际上升，利润增加
C. 保本点和保利点上升，安全边际降低，利润减少
D. 保本点和保利点降低，安全边际上升，利润增加

21. 某公司2003年目标利润为40万元，预计该年固定成本为23万元，单位产品变动成本为21元，预计销售量为20 000台，则公司应将产品价格定为（　　）。
A. 21元　B. 31.50元　C. 52.50元　D. 10.50元

22. 某产品的保本销售量为400台，此时的变动成本总额为400元，固定成本总额为200元。销售第401台产品能增加税前利润（　　）。
A. 0元　B. 0.50元　C. 1元　D. 1.50元

23. 计算综合保本销售量的依据是（　　）。
A. 固定成本总额、各种产品的贡献毛益率
B. 固定成本总额、各种产品的贡献毛益率和各种产品的销售量占总销售量的比重
C. 固定成本总额、各种产品的贡献毛益率和各种产品的销售额占总销售额的比重
D. 固定成本总额、各种产品的贡献毛益率和各种产品的生产量占总生产量的比重

24. 下列各项中反映企业实现目标净利润销售量的是（　　）。
A. （固定成本+目标利润）/（单价-单位变动成本）
B. （固定成本+目标利润）/贡献毛益率
C. ［固定成本+目标净利润/（1-所得税率）］/单位贡献毛益

D. ［固定成本＋目标净利润/（1－所得税率）］/贡献毛益率

25. 影响目标销售量的因素包括（　　）。
A. 固定成本总额、销售单价、单位变动成本和目标利润
B. 固定成本总额、销售单价和安全边际
C. 销售单价、目标利润和生产量
D. 固定成本总额、销售单价、安全边际和目标利润

26. 已知企业本年目标净利润为2 800万元，所得税税率为30%，产品单价为1万元，变动成本率为40%，产品固定成本为1 400万元，则为达到目标利润，企业至少应销售产品（　　）。
A. 9 000件　B. 5 600件　C. 5 333件　D. 以上答案都不对

27. 某公司计划销售A产品20万台，每台售价2元，贡献毛益率为25%，该公司在这个销售额水平上正好保本，则固定成本总额为（　　）。
A. 10万元　B. 16万元　C. 20万元　D. 30万元

28. 若某企业在一定时期内的保本作业率为100%，则可以断定该企业处于（　　）。
A. 盈利　B. 保本　C. 亏损　D. 以上答案都不对

二、多项选择题

1. 本量利分析所需的前提条件包括（　　）。
A. 成本性态分析的假定　B. 相关范围假定及线性假定
C. 产销平衡及品种结构稳定的假定　D. 变动成本法的假定
E. 目标利润的假定

2. 贡献边际即指（　　）。
A. 边际贡献　B. 贡献毛益　C. 边际利润
D. 创利额　E. 毛利

3. 企业经营安全程度的评价指标包括（　　）。
A. 保本点　B. 安全边际量　C. 安全边际额
D. 安全边际率　E. 保本作业率

4. 引起保本点变动的因素有（　　）。
A. 单价　B. 单位变动成本　C. 销售量
D. 目标利润　E. 固定成本

5. 下列哪些因素呈上升趋势变化时，会导致保利点升高（　　）。
A. 销售量　B. 单价　C. 固定成本
D. 单位变动成本　E. 目标利润

6. 影响保本点、保利点及实现目标净利润的销量的共同因素是（　　）。
A. 目标利润　B. 所得税率　C. 固定成本
D. 贡献边际率　E. 贡献边际总额

7. 若企业处于保本状态，则有（　　）。
A. 保本作业率为0%　B. 保本作业率为100%

C. 安全边际率为100%　　D. 安全边际率为0%
E. 贡献边际等于固定成本

8. 下列各项中导致安全边际提高的有（　　）。
A. 单价上涨　　B. 单位变动成本降低
C. 固定成本增加　　D. 预计销售量增加
E. 单价降低

9. 在一定销售量下，企业的销售收入和销售成本相等，不盈不亏，称为（　　）。
A. 盈亏临界点　　B. 损益两平点　　C. 保本点
D. 达到盈亏临界点作业率　　E. 成本平衡点

10. 影响盈亏临界点变动的因素有（　　）。
A. 销售单价　　B. 单位变动成本　　C. 固定成本
D. 目标利润　　E. 安全边际

11. 贡献毛益有两种表现形式，它们是（　　）。
A. 贡献毛益率　　B. 单位贡献毛益　　C. 贡献毛益总额
D. 加权贡献毛益率　　E. 安全边际

12. 某企业生产一种产品，单位变动成本为8元，单价为12元，固定成本为3 000元，销售量为1 000件，欲实现目标利润2 000元，则可采取的措施有（　　）。
A. 固定成本降低到2 500元　　B. 单价提高到13元
C. 单位变动成本降至7元　　D. 销售量增至1 200件
E. 固定成本降至2 000件

13. 贡献毛益即指（　　）。
A. 边际贡献　　B. 贡献损益　　C. 边际利润
D. 创利额　　E. 毛利

14. 贡献毛益率与变动成本率之间的关系为（　　）。
A. 贡献毛益率 < 变动成本率
B. 贡献毛益率 > 变动成本率
C. 贡献毛益率 ≥ 变动成本率 = 1
D. 贡献毛益率 ≥ 0 且变动成本率 ≥ 0
E. 贡献毛益率 ≥ 变动成本率

15. 甲产品的创利率（贡献毛益率）为40%，固定成本为86 000元，亏损6 000元，则甲产品的销售收入和变动成本总额分别是（　　）。
A. 200 000元　　B. 180 000元　　C. 160 000元
D. 120 000元　　E. 140 000元

三、判断题

1. 本量利分析可以应用于考核企业内部责任履行情况。（　　）
2. 保本作业率能够反映保本状态下生产经营能力的利用程度。（　　）
3. 单一品种情况下，保本点销售随着贡献毛益率的上升而上升。（　　）

4. 在利用综合贡献毛益率法进行本量利分析时，各产品的销售额比重必然构成影响多品种本量利关系的要素。（　）
5. 在确定主要品种时，无论选择什么标志，所进行的本量利分析的结果都是一样的。（　）
6. 通过观察本量利关系图，也可以进行本量利分析。（　）
7. 当企业生产经营多种产品时，无法使用本量利分析法。（　）
8. 不论是保本分析还是保利分析，凡计算有关销售量指标时，均以单位贡献毛益为分子，这是它们的共性所在。（　）
9. 在多品种生产的条件下，提高贡献毛益水平较高产品的销售比重，可降低整个企业的综合保本额。（　）
10. 如果变动成本率为60%，固定成本总额为30 000元，则保本销售额为50 000元。（　）

四、计算分析题

1. 资料：某机械厂添置一台机床，现有两个方案可供选择：

（1）向国外购买，需花费购入及安装成本为200 000元，估计可用12年，每年需支付维修保养费5 400元，使用期满估计有残值20 000元；另外，该机床每天的营运成本为60元。

（2）向某租赁公司租用，合同规定每天租金为100元，每天营运成本仍为60元。

要求：根据上述有关资料，请你确定该厂在什么情况下，采用哪个方案较优？

2. 资料：某工厂只生产一种机器设备，全年的最大生产能力为1 000台，正常产量为800台，该设备的销售单价为10 000元，其单位产品成本资料如下：

直接材料3 000元

直接人工2 000元

变动制造费用1 000元

固定制造费用2 000元

单位产品成本合计8 000元

要求：（1）现在外商前来订货200台，只愿出价每台7 000元，试问能否接受订货？

（2）如果外商订货400台，该厂如接受订货就将减少正常的销售量200台，但对方仍出价每台7 000元，试问能否接受订货？

3. 资料：设某企业1995年6月份的损益资料如下：销售收入100 000元，销售成本120 000元（其中固定成本占50%）。设现有的变动成本在销售收入中所占的比重能经常保持不变。

要求：（1）计算在固定成本增加20 000元时的盈亏平衡点销售额。

（2）固定成本增加后，若要实现利润10 000元，销售收入应为多少？

4. 资料：某企业生产中每年需要A零件5 000件，该零件既可以自制也可以外购。

外购每件40元。该企业辅助车间有剩余生产能力可以自制，辅助车间固定成本总额为48 000元，将其设备出租，年租金收入为40 000元。自制A零件的单位变动成本为20元，另还需购一专用设备，价值28 000元。

要求：确定A零件外购还是自制比较合算？

5. 资料：某企业生产一种产品，单位售价60元，单位直接材料费用、单位直接人工费用和单位直接销售费用分别为30元、10元和10元。年销售量40 000件，年固定成本500 000元，生产能力有剩余。要求：回答下列问题（以下各小题均各不相关）

（1）是否该停止生产该产品？

（2）若生产能力无法转移，且有顾客追加订货，单位定价为55元，企业为此需追加固定成本25 000元。请问企业是否该接受该订单？

（3）假设该企业为充分利用剩余生产能力而将该产品进一步加工，需要再租入一台专用设备，该设备每年需支付租金75 000元，并且每单位产品需追加变动成本5元，但售价可上升10%。请问该方案是否可行？

（4）若该企业只生产一种产品，则其盈亏平衡点销售额（量）为多少？

6. 资料：某企业目前生产A产品10 000件，单位售价10元，单位变动成本8元，全年固定成本18 000元。

要求：（1）计算盈亏平衡点的销售量。

（2）该产品的生产能力还有剩余，据调查降价10%可使销售量翻一番，计算降价后可实现的利润是多少？

7. 资料：某企业今年甲产品的销售量为5 000件，单价为25元，生产甲产品的变动成本总额为75 000元，固定成本总额为25 000元。

要求：（1）该企业甲产品保本点及安全边际率为多少？

（2）如果明年计划甲产品的目标利润为40 000元，在固定成本总额保持不变的情况下，分别计算其他每个因素如何单独变动才能实现目标利润？

（3）如果明年影响利润的每项因素都可能单独向减少利润的方向发生变动，变动率均为10%，请问哪一个因素变动对利润影响最大，变动后的预计保本点及保本作业率为多少？

8. 资料：假定某公司本年度生产销售甲产品40 000件，单位售价18元，单位变动成本10元，固定成本总额135 000元，本年度可获税前利润185 000元，现根据该公司的生产能力及市场状况，将计划年度的目标税前利润确定为250 000元。

要求：假定其他因素不变，销售量应增加多少件，才能保证目标利润的实现？

五、案例分析

五个一分钱和一个五分钱

在竞争异常激烈的美国超级市场行业中，发展最快的公司当推狮王食品公司。在过去的20多年里，该公司的年销售额竟以平均20%的速度激增，被称为“不可思议的奇迹”。

狮王食品公司在美国的东南部地区经营着800余家连锁商场，而且每年新开业近100家商场。目前，它拥有3.5万名雇员，年销售额为40亿美元。

狮王食品公司的成功秘诀：品种全、价格低。该公司以略高于成本价，甚至有时以低于成本价的价格令购物者闻风而至。最难能可贵的是，别的公司仅在岁尾节前才降价出售商品，而狮王食品公司却能做到“天天在降价”。这种倾尽血本讨好消费者的做法不但没有使狮王食品公司元气大伤，反而让该公司获取了巨额利润，其特别之处何在？

1. 也曾惨淡经营

狮王食品公司的历史可上溯到1957年12月。当时拉尔夫·凯特纳、布朗·凯特纳和威尔森·史密斯三人合伙在北卡罗来纳州的索尔兹伯里开设了一家名为“都市食品”的超级市场。

这三个伙伴以前就在一起经营食品杂货生意，那时他们都是在凯特纳父亲的商场中工作。可后来父亲的商场被威恩—迪克西公司买下了，三伙伴处处受到新老板的排挤。于是，凯特纳兄弟和史密斯决定另起炉灶，开设自己的超级市场。他们三人找遍了在索尔兹伯里的亲戚和朋友，游说大家投资帮助他们创业。好不容易凑足了必要的资金，“都市食品”超级市场开张了。

然而商场的经营状况与三伙伴的期望相去甚远。开业后的近10年中，商场的生意极为清淡，周围的一些大商场对批发商施加压力，不让他们给都市食品超级市场优惠折扣，这使得三伙伴的利润更加少得可怜。

在这艰难的10年中，他们先后尝试过有奖销售、抽彩票、提供免费的薄煎饼早餐、馈赠代价券、邀请美女在商场门前做表演等多种方法。可是顾客对都市食品公司依旧反应冷淡，到1967年开业十周年，公司名下的商场只有7家。公司的惨淡现状深深地刺痛了拉尔夫·凯特纳，他决意寻找一个从根本上扭转颓势的方法。

2. 大幅降价求生存

1967年，拉尔夫带着公司近半年来的销售记录和一个计算器，只身前往北卡罗来纳州的夏洛特，住进一家僻静的汽车旅馆。他在门上挂起“请勿打扰”的牌子，把自己反锁在这个幽暗的房间中整整三天。当衣衫不整、双眼血红、胡子拉碴的拉尔夫走出房间时，他的手上拿着一张拯救公司的药方：把公司货架上3 000余种商品大幅度削价，只要销售额能上升50%，公司就仍处于盈利状态。拉尔夫对他的合伙人说：“反正我们快不行了，与其等死，不如最后拼一次。”

都市食品公司接受了拉尔夫的提议，把公司的商品大幅度降价。在商品上贴上印有“LFPINC”字样的标签，这是“北卡罗来纳州食品最低价”的英文缩写。这一口号和标志迅速出现在电视、报纸和大街小巷，人们都知道了都市食品公司以全州最低价出售商品。顾客蜂拥而至，他们认为这是都市食品公司在关闭前回收资金的大甩卖。但出乎顾客预料的是在“大甩卖”后的第一年，都市食品公司仍以北卡罗来纳州食品最低价经营着。第二年依然如此。第三年不仅没有倒闭，反而还购入几家中小型商店。

都市食品公司立即被各大零售公司所关注了。1974 年比利时第二大超级市场连锁公司狮王公司买下了都市食品公司的大部分股权，将该公司收入名下，但狮王公司却一反以前由母公司出人经营子公司的做法，邀请拉尔夫继续在都市食品公司任职，为期 10 年。在母公司强大财力的支持下，拉尔夫使都市食品公司踏上了腾飞之路。1977 年，公司成立 20 周年时，名下拥有 55 家商店。而到 1987 年 30 周年时，公司名下商店已多达 475 家。

都市食品公司以低价换取高利的做法大获成功后，不少零售公司纷纷效仿，但只经营几个月就发现支撑不下去了。人们非常奇怪：为什么别的公司亏本的生意却在都市食品公司成了盈利的生意呢?

3. 节俭能生财

都市食品公司能够长期维持低价的诀窍很简单，就是节俭。公司的员工想方设法地从进货、运输、管理、经销等各个环节节省开支，把公司的经营费用压缩到最低点。以下几个例子可使人们窥其一斑。

1982 年，都市食品公司开始打入弗吉尼亚州。但公司很快就受到一家名为食品城公司（Food Town Inc.）的指控，该公司称都市食品公司（Food Town Inc.）侵犯了其名称权。弗吉尼亚州法院判该州的食品城公司胜诉，要求都市食品公司把新建在该州的商店名称更改过来。另外，都市食品公司在打入田纳西州市场时也遇到了类似的起诉。

为了彻底避免今后再卷入这类麻烦中，都市食品公司决定更换名称。为选好新名称，公司上下大费周折。最后才选定用狮王食品公司（Food Lion Inc.）这个名称。这是一个最省钱的方案——使用这个新名称，只需更换两个字母：把 T 换成 L，把 W 改为 I，然后把 I 和 O 的位置作一个对换，新名称就改好了。使用这个新名称的结果是狮王食品公司下属的 300 家商店在更换招牌的过程中省下了 10 万美元。

狮王食品公司在日常经营的点点滴滴中把费用压下来。香蕉包装纸板箱一般是比较结实的，所以在香蕉摆上柜台后，公司的员工又利用这些包装箱去装载化妆品、保健用具。当这些箱子已有些破损时，员工们又用它们去装冷冻鱼虾。最后这些反复使用多次的包装箱被集中起来，出售给回收公司。

细心的顾客还会发现，狮王食品公司的速冻食品柜台是不安装暖气的，冬天雇员就利用冷冻机马达排出的热量取暖。

狮王公司还打破了传统的商品库存与销售的比例，加大进货数量，以便从批发商那里获得更多一些的优惠折扣，使商品成本下降。

根据美国《商业周刊》统计，美国零售业的经营开销一般来说要占销售额的 21% 左右，而狮王食品公司的经营费用只占销售额的 13% 左右。

到 20 世纪 80 年代末期，狮王食品公司已成为美国零售业中屈指可数的巨头，凭借高额纯利和庞大的市场占有率，向其他零售业大公司发动争夺市场的攻势。

1987 年，狮王食品公司向自己的老对头威恩—迪克西公司控制的佛罗里达州渗透。因为该州人口数量一直处于增加之中，顾客购买力极强。而且威恩—迪克西公司一向推行高价高利的经销政策，所以狮王食品公司认为佛罗里达州是理想的扩张场所。

当佛罗里达州的新商店还在装修时，狮王食品公司就在该州的各新闻媒体上推出“我们节俭一些，你就省下许多”的宣传口号。当设在佛罗里达州的三家新商店开业时，蜂拥而至的顾客把商店挤得水泄不通。

1986年1月，已“超期服役”的拉尔夫宣告隐退（他的任期应在1984年期满），汤姆·史密斯接任首席执行官一职。史密斯当年在都市食品公司做包装员，70年代当过进货员，80年代后担任公司的销售主管。他亲身经历了公司从困顿到繁荣的全过程，对公司薄利多销的政策深得其意。史密斯对狮王食品公司的经营宗旨做过一个著名的、一针见血的诠释：“5个周转着的1分钱的价值，大于1个闲置着的5分钱。”

（资料来源：中国创业无忧网 www.007edu.com，发布日期2004-11-20）

分析提示：

（1）拉尔夫“药方”的实质是什么？

（2）为什么一些零售公司无法仿效狮王食品公司以低价换取高利的做法？

（3）如何理解“5个周转着的1分钱的价值，大于1个闲置着的5分钱”？这句话反映了管理会计中的什么观念？

要点：本量利分析是一种价值管理，主要利用资金、成本、收入、利润等价值指标，运用财务预测、财务决策、财务预算、财务分析等手段来组织企业中价值的形成、实现和分配，并处理资金运动中的经济关系，具有很强的综合性。

普通高等教育高级应用型人才培养规划教材

第四章

预测分析

【学习目标】

企业预测是企业编制计划、作出正确决策的重要前提。预测的目的是为企业经营规划和决策提供信息。企业为了规划经营活动，必须对各项重要的经济指标如销售、利润、成本、资金等进行科学的预测，对未来的经营发展趋势作出正确的分析与判断。通过本章的学习，要求学生了解预测分析的基本概念、程序及基本内容，掌握定性和定量两类预测分析方法的特征和关系，理解并熟练运用销售预测、利润预测、成本预测和资金需要量预测的方法和分析技术。

引导案例

大华公司今年生产并销售A产品40 000件，单位售价30元，固定成本全年300 000元，单位变动成本为20元，该产品全年可获利润多少？公司计划明年使该产品的利润提高40%。

(1) 要实现以上目标利润，单位变动成本应控制在什么水平？降低率又是多少？

(2) 若单独控制固定成本，应该减少多少固定成本才能实现目标利润？

(3) 若只是采取提高售价或增加销售量的措施，各应提高多少才能实现目标利润？

上述例子涉及企业对目标利润的预测及对影响目标利润的有关因素的分析（管理会计中称为“利润预测的敏感性分析”），是利润预测分析的典型例题。

在市场经济条件下，企业间的竞争是不可避免的，精明的管理者深深懂得要使企业在竞争中战败群雄，稳操胜券，就必须掌握“鉴往知来”的本领，也就是说，不仅知道市场的过去和现在，而且能根据历史资料和实践经验对未来客观经济的发展趋势作出科学的预计和推测，即“企业经营预测”，它是企业作出最佳规划与决策的基础。

管理会计为了规划企业的经济活动，必须对一些重要的经济指标，如利润、销售量（或销售金额）、成本、资金需要量等进行预测分析，并把目标利润、目标销售量（或销售额）、目标成本和目标资金需要量等确定下来，以便实行全面的目标管理。

第一节　预测分析概述

一、预测分析的概念

预测（forecasting）是根据过去的历史资料和现在所能取得的信息，按照事物的发展规律，运用科学的方法有目的地预计和推测事物发展的必然性和可能性的过程。预测分析，就是要针对不同的预测对象、选择适宜的预测方法，通过对经济资料和其他信息资料的分析，预测未来经济活动的发展趋势，并对预测结果的正确与否及其可靠程度进行科学的分析和判断。

二、预测分析的内容

（一）销售预测分析

销售预测分析是根据历史销售资料以及市场上对产品需求的变化情况，对未来一定时期内有关产品的销售发展变化趋势所进行的科学预计和推测。它是正确编制销售预算的依据。通过销售预测分析，可以对市场需求的变化趋势及竞争情况作出最佳决策。销售预测分析还是其他各项经营预测分析的前提条件，不论成本预测分析、利润预测分析还是资金预测分析，都与其相关。

（二）成本预测分析

成本预测分析是根据历史成本资料以及企业现有的经济、技术条件和今后的发展前景，对未来一定时期内有关产品的成本水平和变动趋势所进行的科学预计和推测。它是正确编制成本计划的依据。通过成本预测分析，能够揭示企业生产经营各个方面与产品成本之间的内在联系，为生产决策、投资决策提供重要的依据。

（三）利润预测分析

利润预测分析是根据企业经营目标的要求，通过对影响利润因素的综合分析，对未来一定时间内可能达到的利润水平进行科学的预计和推测。它是在销售预测分析和成本预测分析的基础上进行的，是正确编制利润计划的重要依据。通过利润预测分析，可以合理地确定目标利润，并保证其顺利实现。

（四）资金预测分析

资金预测分析是根据历史资料，对未来一定时期内的资金需要量所进行的科学预计和推测。影响资金需要量的因素主要是产品成本和销售收入，因而在成本预测分析和销售预测分析的基础上来预测资金量，可以保证资金的合理使用，节约资金成本。

三、预测分析的基本方法

进行预测分析所采用的专门方法，种类繁多，并随分析对象和预测期限的不同而各有差异，但其基本方法大体上可归纳为定量分析法和定性分析法两大类。现分述如下。

（一）定量分析法（quantitative analysis method）

定量分析法亦称数量分析法。它主要是应用现代数学方法（运筹学、概率论和微积分等）和各种现代化计算工具对与预测有关的各种经济信息进行科学的加工处理，建立预测分析的数学模型，充分揭示各有关变量之间的规律性联系，并对计算结果作出结论。定量分析方法按照具体做法的不同，又可分为以下两种类型：

（1）趋势预测分析法：根据预测对象过去的、按时间顺序排列的一系列数据，应用一定的数学方法进行加工、计算，借以预测其未来发展趋势的分析方法，亦称时间序列分析法或趋势外推分析法。如算术平均法、移动加权平均法、指数平滑法、回归分析法、二次曲线法等都属于这种类型。

（2）因果预测分析法：根据预测对象与其他相关指标之间相互依存、相互制约的规律性联系来建立相应的因果数学模型所进行的预测分析方法。如本量利分析法、投入产出法、经济计量法等都属于这种类型。

（二）定性分析法（quanlitative analysis method）

定性分析法亦称非数量分析法。它是一种直观性的预测方法，主要是由有关方面的专业人员根据个人的实践经验和知识，结合预测对象的特点进行综合分析，对事物的未来状况和发展趋势作出推测的一种预测分析方法。

这种分析方法在量的方面不易准确，一般是在企业缺乏完备、准确的历史资料的情况下，首先邀请熟悉该行业经济业务和市场情况的专家，根据他们过去所积累的经验进行分析判断，提出预测的初步意见；然后再通过召开调查会或座谈会的方式，对上述初步意见进行修正、补充，并作为提出预测结论的最终依据。

必须指出，在实际工作中，定量分析法和定性分析法并非相互排斥，而是相辅相成的。预测人员应根据具体情况，把这两类方法结合起来使用，这样才能收到良好的效果。

四、预测分析的一般程序

（1）确定预测目标。首先要弄清楚预测什么？是预测利润，还是预测销售量？是预测成本，还是预测资金量？然后根据预测的具体对象和内容确定预测的范围，并规定时间期限及数量单位等。

（2）搜集、分析、整理资料。系统、准确的相关信息及其他有关的原始资料和数据，是开展预测分析的前提条件。因此，收集的信息既要完整全面又要真实可靠。有些信息还需进行加工、整理、归纳、鉴别，找出各因素之间相互依存、相互制约的关系，并从中发现事物发展的规律，作为预测的依据。

(3) 选择预测方法。对于定量预测，要选择预测分析的专门方法，建立数学模型；对于定性预测，也要选定方法，建立设想的逻辑思维模型，并拟订预测的提纲。

(4) 进行预测。应用选定的预测方法和建立的模型，分别进行定量分析和定性分析，并提出预测结果。

(5) 分析预测误差，评价预测结果。

(6) 改进预测方法、修正预测模型，给定预测结果。

第二节 销售预测分析

一、销售预测概述

销售预测（sales forecasting）是指企业在一定的市场环境和一定的行销计划下，对该企业某产品在未来一定区域和期间内的销售量或销售额期望值的预计和测算。销售预测对企业正确进行经营决策，提高经济效益具有重要意义，它可以为企业生产经营提供可靠的信息和数据，使企业能按社会的需要组织生产，提高企业的竞争能力，防止因信息不灵、盲目生产造成滞销积压和损失浪费。通过销售预测了解国内外市场供求状况和发展趋势，可使企业的生产经营决策更符合实际。

影响销售的因素很多，彼此间的关系也很复杂。其中包括国民经济的发展规律及速度、国家有关的政策法令制度的变化、人口增长的速度、社会的消费水平、相关产品销售量的变化等因素。搞好销售预测要求我们要大量占有市场信息，综合考虑影响因素，并且恰当地运用分析方法。现将一些常用的预测方法介绍如下。

二、定性预测方法

（一）统计调查法

1. 全面调查

全面调查是对涉及同一产品的所有销售对象进行逐个了解，经综合整理后，探明该产品在未来一定期间内销售量的增减变动趋势。

2. 重点调查

重点调查是通过对有关产品在某些重点销售单位历史销售情况的调查，经过综合分析后，基本上掌握未来一定期间内产品销售变动的总体情况。

3. 抽样调查

抽样调查是按照随机原则，从有关产品的总体销售对象中抽出某个组成部分进行调查，经分析推断后，测算出有关产品的需求总量。抽样调查的具体方法一般有随机抽样、机械抽样、分类抽样、整群抽样等。

（二）专业人员评定法

1. 经理评定法

经理评定法是由企业负责产品推销业务的有关经理人员，根据他们所拥有的学识和长期在销售工作中积累起来的丰富经验，对其所掌握的历史销售资料进行分析评价后，对有关产品未来期间内的销售变动趋势作出判断。

这种方法的优点是快捷、实用，缺点是主观因素较多，所作出的估计和判断易受预测者乐观或悲观心理状态的影响。

2. 推销员意见综合法

推销员意见综合法是由专门从事产品日常推销活动的有关人员，根据他们对其所在销售区域里各种产品历史销售情况的了解，提出有关产品在未来一定期间内增减变动的个人意见，然后经归纳汇总，推算出产品的需求总量。

该方法由于推销人员最接近、最了解市场和顾客的情况，能较客观地反映市场的销售现状，但由于推销人员的秉性各异，往往在销售预测过程中会作出过于乐观或过于悲观的估计，有的还会因在最近推销过程中遭受的挫折或成功而影响对计划期的预测。因此，应用这种方法必须防止推销人员高估或低估的倾向，以提高预测值的准确性。

例 4－1 某公司有三名销售人员，一名市场策划人员。每个预测者预计的销售量和概率如表 4－1 所示，计算出每个预测者的期望值，然后用加权平均法加以综合。假设市场策划人员的预测更为准确和重要，将其预测值的权数确定为 2，而将销售人员的预测权数均确定为 1。

表 4－1 销售量预计表 单位：件

预测人员	最大值		可能值		最小值		期望值
	销售量	概率	销售量	概率	销售量	概率	
甲销售员	600	0.2	500	0.5	400	0.3	490
乙销售员	550	0.2	500	0.6	300	0.2	470
丙销售员	500	0.2	400	0.5	350	0.3	405
市场策划员	500	0.3	400	0.5	300	0.2	410

则销售量预测结果为：

$$\text{预测销售量}=\frac{490\times1+470\times1+405\times1+410\times2}{1+1+1+2}=437\ (\text{件})$$

3. 德尔菲法

德尔菲（Delphi）法又称专家意见法。它利用一个专家小组的集体智慧，通过向有关专家逐次寄送调查表，并由专家根据自己的业务专长和对预测对象的深入了解，对表中提出的问题逐个发表个人意见，经多次反馈和整理后，推断出有关产品在未来一定期间内的销售变动趋势。该方法的工作程序大致如下：

（1）选定专家。根据预测对象选定有关专家，人数一般为10~20人。

（2）提出要求，明确预测目标，用书面通知被选定的专家。由预测小组根据预测对象和内容，向各位专家提供有关资料及征询要求。

（3）专家接到通知后，根据自己掌握的资料和数据，对研究对象的未来发展趋势提出自己的预测及其依据和理由，用书面形式答复预测单位。

（4）预测小组将收到的第一轮专家意见加以归纳整理，列出各种不同预测结果和相应的依据与理由，然后再寄给各位专家，作第二轮征询。

（5）专家们接到汇总意见后，就各种预测意见及其依据和理由进行分析，提出自己修改的预测意见及依据，如此反复征询、归纳和修改，直到意见取得基本一致为止。

（6）预测小组对调查结果整理出书面意见和报告。

该方法的特点：① 匿名性；② 多次反馈性；③ 集中性。

例4-2 大华公司准备于计划期间推出一种新型工具，该工具过去没有销售记录。现聘请工具专家、销售部经理、外地经销商负责人等九人采用德尔菲法来预测计划期间该新型工具的全年销售量。大华公司首先将工具的样品、特点和用途分别对专家们作详细介绍，并提供同类工具的有关价格和销售情况的信息，然后发出征求意见函，请九位专家分别提出个人的判断。经过三次反馈，预测结果如表4-2所示：

表4-2 专家意见汇总表

单位：件

专家编号	第一次判断销售量			第二次判断销售量			第三次判断销售量		
	最高	最可能	最低	最高	最可能	最低	最高	最可能	最低
1	1 800	1 500	1 000	1 800	1 500	1 200	1 800	1 500	1 100
2	1 200	900	400	1 300	1 000	600	1 300	1 000	800
3	1 600	1 200	800	1 600	1 400	1 000	1 600	1 400	1 000
4	3 000	1 800	1 500	3 000	1 500	1 200	2 500	1 200	1 000
5	700	400	200	1 000	800	400	1 200	1 000	600
6	1 500	1 000	600	1 500	1 000	600	1 500	1 200	600
7	800	600	500	1 000	800	500	1 200	1 000	800
8	1 000	600	500	1 200	800	700	1 200	800	700
9	1 900	1 000	800	2 000	1 100	1 000	1 200	800	600
平均值	1 500	1 000	700	1 600	1 100	800	1 500	1 100	800

根据表4-2中第三次判断的资料，分别采用算术平均法和加权平均法（最高0.3，最可能0.5，最低0.2）作出计划期新型工具的预计销售量的最终判断。

（1）算术平均法——按第三次判断的平均值计算：

$$预计销售量（\bar{X}）=\frac{\sum x_i}{n}=\frac{1\ 500+1\ 100+800}{3}=1\ 133（件）$$

（2）加权平均法——按第三次判断的平均值进行加权平均计算：

$$预计销售量（\bar{X}）=\sum w_i x_i=(1\ 500\times0.3)+(1\ 100\times0.5)+(800\times0.2)$$
$$=1\ 160（件）$$

三、定量预测方法

（一）平均法

1. *算术平均法*

算术平均法，是以过去若干期的销售量或销售金额的算术平均数作为计划期的销售预测值。计算公式如下：

$$计划期销售量预测值（\bar{X}）=\frac{各期销售量（或销售额）}{期数}=\frac{\sum x_i}{n}$$

例4－3 星光公司今年下半年的销售资料如表4－3所示，试用算术平均法预测明年1月份的销售量。

表4－3 星光公司的销售资料

月 份	7	8	9	10	11	12
销售量（吨）	146	144	138	142	136	134

$$\bar{X}=\frac{\sum x_i}{n}=\frac{146+144+138+142+136+134}{6}=140（吨）$$

这种方法的优点是计算简单，缺点是使各月份的销售差异平均化，特别是没有考虑到近期三个月（10、11、12）的变动趋势，从而使预测数与实际数可能会发生较大的误差。

算术平均法一般适用于销售量比较稳定、没有季节性波动的商品。采用此法所取的观测值如随时间的推移而顺延（如预测明年2月份的销售量用今年8～12月及明年1月份的实际销售量作为观测值，依此类推）时，也可称为移动算术平均法。

2. *移动加权平均法*

移动加权平均法是根据过去若干期的销售量或销售额，按其与预测值的相关程度分别规定不同的权数，然后进行加权平均，以求得预测值的一种方法。计算公式如下：

$$计划期销售预测值（\bar{X}）=\frac{\sum_{i=1}^{n}W_i x_i}{\sum_{i=1}^{n}W_i}（可取\sum_{i=1}^{n}W_i=1）$$

式中：$\bar{X}$——加权平均数；

x_i——第 i 个历史数据；

W_i——第 i 个历史数据的权数；

n ——历史数据的个数。

注意：(1)“移动”是指所取的观测值需随时间的推移而顺延。

(2) 加权时，由于接近预测期的实际销售情况对预测值的影响较大，所加权数应大些；距预测期较远，影响较小的实际销售数据，所加权数就应小些。

例 4-4　仍用例 4-3 资料，若 10、11、12 月份的权数分别为 0.2、0.3、0.5，试用加权移动平均法，预测明年 1 月份的销售量。

$$\overline{X}=\sum_{i=1}^{n}W_ix_i=(142\times0.2)+(136\times0.3)+(134\times0.5)=136.2\text{（吨）}$$

3. 指数平滑法

指数平滑法是加权平均法的一种变化，是以 a 和 $1-a$ 为权数的一种特殊的加权平均法，只要知道上期的预测销售量和上期的实际销售量，就可以预测本期的销售量。指数平滑系数 a 的取值越大，则近期实际销售量对预测结果的影响也越大；反之，则越小。其计算公式如下：

$$y_t=aD_{t-1}+(1-a)\ y_{t-1}$$

式中：y_t——t 期预测值；

D_{t-1}——$t-1$ 期实际销售量；

y_{t-1}——$t-1$ 期预测销售量；

a —— 平滑系数 $(0\leqslant a\leqslant1)$。

例 4-5　仍用例 4-3 的资料，星光公司 12 月份的实际销售量为 134 吨，原来预测 12 月份的销售量为 138 吨，平滑系数若采用 0.7，要求用指数平滑法预测明年 1 月份的销售量。

预计明年 1 月份的销售量 $(y_t)=aD_{t-1}+(1-a)\ y_{t-1}$

$=0.7\times134+(1-0.7)\times138$

$=135.2$（吨）

（二）时间序列回归分析法

该法是根据某一时间数列的历史数据，利用数学模型，求出一条反映该时间数列变动趋势的直线或曲线，使此趋势线上各点到时间数列实际线上的各对应点之间的偏差平方和最小；然后在所求趋势线的延长线上确定该时间数列未来发展的预测值。将其应用于对销售量进行实地预测时，一般有直线趋势法、二次曲线趋势法和指数曲线趋势法三种。以下重点介绍前两种。

1. 直线趋势法

该法又称一元线性回归法，它是根据过去一定时期的历史资料，确定可以反映销售量增减变动趋势的一条直线（直线方程为 $y=a+bx$），并以此直线加以延伸，进而求出某产品销售量预测值的一种预测方法。

直线方程式 $y=a+bx$，是按照数学上最小平方法的原理来确定的一条能正确反映

自变量 x 与因变量 y 之间具有误差的平方和最小的直线，这条直线通常称为回归直线，它的常数项 a 与系数 b 的值可按下列公式计算：

$$a=\frac{\sum y-b\sum x}{n}$$

$$b=\frac{n\sum xy-\sum x\sum y}{n\sum x^2-(\sum x)^2}$$

例 4－6 仍用例 4－3 的资料，试用直线趋势法预测明年 1 月份的销售量。

可先编制计算表，如表 4－4 所示：

表 4－4 单位：吨

月份	x	y	xy	x^2
7	1	146	146	1
8	2	144	288	4
9	3	138	414	9
10	4	142	568	16
11	5	136	680	25
12	6	134	804	36
$n=6$	$\sum x=21$	$\sum y=840$	$\sum xy=2\,900$	$\sum x^2=91$

根据表中的数据，我们可以求出：

$$b=\frac{n\sum xy-\sum x\sum y}{n\sum x^2-(\sum x)^2}=\frac{6\times 2\,900-21\times 840}{6\times 91-21\times 21}=-2.285\,71$$

$$a=\frac{\sum y-b\sum x}{n}=\frac{840-(-2.28571)\times 21}{6}=148$$

得预测模型：$y=148-2.285\,71x$

按该模型可求出预测结果为：

$$y=148-2.28\,571\times 7=132\text{（吨）}$$

实际工作中，对按时间顺序排列，间隔期相等的观测值可采用简化计算，可令 $\sum x=0$ 来求回归直线。

具体做法是：若观测期（n）为奇数，则取 x 的间隔期为 1，即将 0 置于所有观测期的中央，其余上下均以绝对值 1 为等差递增（按……－3，－2，－1，0，1，2，3……排列）；若观测期（n）为偶数，则取 x 的间隔期为 2，即将 －1 与 1 置于所有观测期当中的上下两期，其余上下均以绝对值 2 为等差递增（按……－5，－3，－1，1，3，5……排列）。以上这两种做法，均可使 $\sum x=0$。

因 $\sum x=0$，上述确定 a 与 b 值的公式就可简化为：

$$a=\frac{\sum y}{n}$$

$$b=\frac{\sum xy}{\sum x^2}$$

该方法也被称为修正的时间序列回归分析法。

例 4－7　仍用例 4－3 资料，试用直线趋势法预测明年 1 月份的销售量。

编制计算表，如表 4－5 所示：

表 4－5　　　　单位：吨

月　份	x	y	xy	x^2
7	－5	146	－730	25
8	－3	144	－432	9
9	－1	138	－138	1
10	1	142	142	1
11	3	136	408	9
12	5	134	670	25
$n=6$	$\sum x=0$	$\sum y=840$	$\sum xy=-80$	$\sum x^2=70$

根据表中的数据，可以求出：

$$a=\frac{\sum y}{n}=\frac{840}{6}=140$$

$$b=\frac{\sum xy}{\sum x^2}=\frac{-80}{70}=-1.14286$$

得预测模型：

明年 1 月份的 x 值为：　$x=5+2=7$

预测结果为：

$$y=140-1.14286\times 7=132\text{（吨）}$$

2. 二次曲线趋势法

当企业销售的历史资料明显地呈现曲线趋势时，就不能采用上述直线回归分析法，应按一元二次曲线方程建立销售预测的“曲线回归数学模型”，进而求出某产品销售量的预测值。

二次曲线的基本公式为 $y=a+bx+cx^2$

根据上述公式及实际收集的一组观测值（n 个），即可建立一组联立方程式：

$$\begin{cases}\sum y=na+b\sum x+c\sum x^2\\ \sum xy=a\sum x+b\sum x^2+c\sum x^3\\ \sum x^2y=a\sum x^2+b\sum x^3+c\sum x^4\end{cases}$$

与直线趋势法一样，对按时间顺序排列、间隔期相等的观测值可采用简化计算，令 $\sum x=0$，$\sum x^3=0$，上述联立方程式就可简化为：

$$\begin{cases}\sum y = na + c\sum x^2 \\ \sum xy = b\sum x^2 \\ \sum x^2 y = a\sum x^2 + c\sum x^4\end{cases}$$

从而确定的 a、b、c 值为：

$$b = \frac{\sum xy}{\sum x^2}$$

$$a = \frac{\sum x^4 \cdot \sum y - \sum x^2 \cdot \sum x^2 y}{n\sum x^4 - (\sum x^2)^2}$$

$$c = \frac{n\sum x^2 y - \sum x^2 \cdot \sum y}{n\sum x^4 - (\sum x^2)^2}$$

将 a、b、c 的值代入二次曲线的基本公式，即可进行销售预测。

（三）因果预测分析法

因果预测分析法是利用事物发展的因果关系来推测事物发展趋势的方法。它一般是根据历史资料，找出预测对象的变量与相关事物的变量之间的依存关系来建立相应的因果预测的数学模型，再通过对数学模型的求解来确定预测对象在计划期的销售量或销售额。

在现实生活中，企业产品的销售量往往与某些变量因素（如国民生产总值、个人可支配的收入、人口、相关产品的销售量。需求的价格弹性或收入弹性等）之间存在着一定的函数关系。如果我们利用这种关系，选择最恰当的相关因素建立起预测销售量或销售额的数学模型，往往会比采用趋势预测分析法获得更为理想的预测结果。因果预测所采用的具体方法较多，最常用且最简单的是“回归分析法”。

例 4－8 中华轮胎厂专门生产汽车轮胎，而决定汽车轮胎销售量的主要因素是汽车的销售量。中国汽车工业联合会最近五年的汽车销售量统计资料及中华轮胎厂近五年的实际销售资料如表 4－6 所示。假定 2008 年汽车的销售量预测为 950 万辆，请预测中华轮胎厂 2008 年的轮胎销售量。

表 4－6

年　度	2002	2003	2004	2005	2006	2007
汽车销售量（万辆）	320	440	500	580	720	880
轮胎销售量（万只）	470	610	700	810	980	1 100

（1）首先找出轮胎销售量与汽车销售量之间的关系。

通过对汽车销售量和轮胎销售量的相关分析，发现随汽车销售量的变化，轮胎销售量的变化呈直线趋势变化，如图 4－1 所示。

（2）设 y 代表轮胎销售量，x 代表汽车销售量，a 代表原来社会上拥有的汽车对轮胎的每年需要量，b 代表每销售万辆汽车对轮胎的需要量。

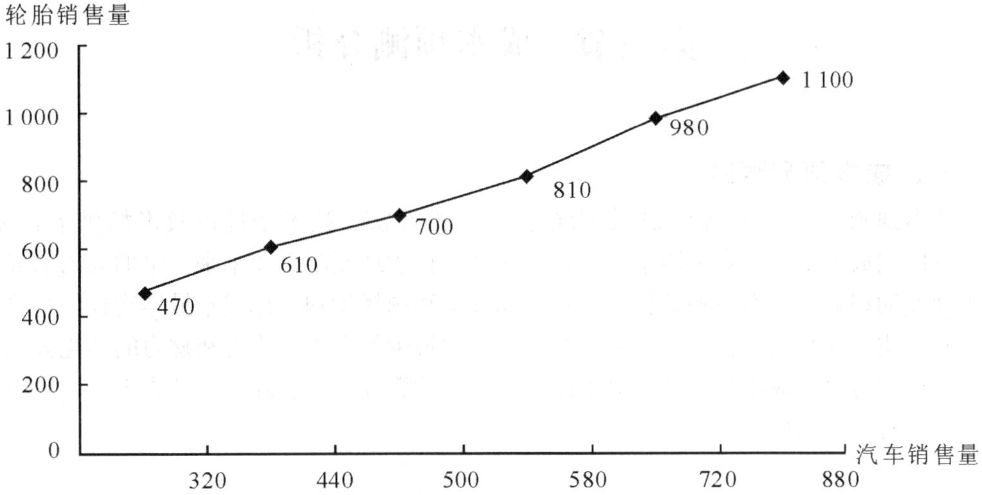

图 4－1

（3）根据给定的资料编制计算表，如表 4－7 所示。

表 4－7

年　度	汽车销售量（x）（万辆）	轮胎销售量（y）（万只）	xy	x^2
2002	320	470	150 400	102 400
2003	440	610	268 400	193 600
2004	500	700	350 000	250 000
2005	580	810	469 800	336 400
2006	720	980	705 600	518 400
2007	880	1 100	968 000	774 400
$n=6$	$\sum x=3\ 440$	$\sum y=4\ 670$	$\sum xy=2\ 912\ 200$	$\sum x^2=2\ 175\ 200$

（4）利用公式计算 a、b 的值：

$$b=\frac{n\sum xy-\sum x\sum y}{n\sum x^2-(\sum x)^2}=\frac{6\times 2\ 912\ 200-3\ 440\times 4670}{6\times 2\ 175\ 200-3\ 440^2}=1.157$$

$$a=\frac{\sum y-b\sum x}{n}=\frac{4\ 670-1.157\times 3\ 440}{6}=115$$

（5）将 a、b 的值代入方程式 $y=a+bx$，进行预测：

2008 年中华轮胎厂轮胎销售量 $=115+1.157\times 950=1\ 214$（万只）

第三节　成本预测分析

一、成本预测概述

成本预测（cost forecasting）是指根据现有的经济、技术条件以及市场供求状况，通过对影响成本变动的有关因素的分析、测算，科学地测定企业未来一定期间内的成本水平和变动趋势。成本预测分析是确定目标成本和选择达到目标成本最佳途径的重要环节。它实质上就是动员企业内部的一切潜力，用最少的人力、物力和财力的消耗去完成既定目标的过程。成本预测分析对于提高企业经营管理水平、降低产品成本、增加经济效益，具有十分重要的意义。

二、成本预测分析的步骤

（1）根据企业的经营总目标，确定成本预测目标。

（2）收集和分析相关的资料和数据。

（3）建立成本预测模型，进行预测。

（4）测算预测误差。

（5）提出各种降低成本方案进行对比分析。

（6）选择最佳方案并确定目标成本。

三、成本预测分析常用的方法

成本预测分析按产品的不同分类，可分为可比产品成本预测和不可比产品成本预测。

（一）可比产品成本预测

可比产品成本是指以往年度正常生产过的产品，其过去的成本资料比较齐备和稳定。对可比产品的成本进行预测，通常都是根据本企业已经掌握的产品成本的有关资料，按照成本习性的原理，应用数理统计的方法来推测、估计产品未来成本水平。

如前所述，成本的发展趋势一般可用直线方程式 $y=a+bx$ 来反映，只要我们求出 a 与 b 的值，就可根据这个方程式来预测在任何产量或销售量（x）下的产品总成本（y）的值。

确定 a、b 值的方法，常用的有高低点法、加权平均法、回归分析法三种。

1. 高低点法

高低点法是以过去一定时期内的最高业务量和最低业务量的成本之差（Δy）与两者产量或销售量之差（Δx）进行对比，计算出单位变动成本（b），然后再计算出固定成本总额（a），并据此推算出在计划期内一定产量条件下的总成本和单位成本。其计算公式如下：

因为
$$y = a + bx$$
$$\Delta y = b \cdot \Delta x$$
所以
$$b = \frac{\Delta y}{\Delta x} = \frac{y_h - y_l}{x_h - x_l}$$

将 b 值代入高点或低点的总成本公式，通过移项即可求得 a 的值：
$$a = y_h - bx_h$$
或
$$a = y_l - bx_l$$

将 a、b 值代入总成本公式，即可求得计划期产品的总成本和单位成本的预测值。

例 4－9　华燕机床厂只产销甲机床，其最近五年的产量及历史成本数据如表 4－8 所示：

表 4－8

年度	产量（x）（台）	总成本（y）（元）
2004	20	16 000
2005	80	29 200
2006	60	32 400
2007	40	26 800
2008	100	46 000

若计划年度（2009 年）的产量为 120 台，采用高低点法预测 2009 年华燕机床厂甲机床的总成本和单位成本。

（1）从上述资料中找出产量最高与最低年度的产量与总成本数据，分别为 2004 年和 2008 年，求出 b 值：
$$b = \frac{\Delta y}{\Delta x} = \frac{y_h - y_l}{x_h - x_l} = \frac{46\ 000 - 16\ 000}{100 - 20} = 375\text{（元/台）}$$

将 b 值代入高点或低点总成本公式，计算 a：
$$a = y_h - bx_h = 46\ 000 - 375 \times 100 = 8\ 500\text{（元）}$$
或
$$a = y_l - bx_l = 16\ 000 - 375 \times 20 = 8\ 500\text{（元）}$$

（2）预测 2009 年甲机床的总成本和单位成本：

总成本 $y_{2009} = a + bx_{2009} = 8\ 500 + 375 \times 120 = 53\ 500$（元）

单位成本 $= \frac{53\ 500}{120} = 445.83$（元）

2．加权平均法

该法是根据过去若干时期的成本历史资料，按其距计划期的远近分别进行加权的方法。距计划期愈近，对计划期的影响越大，所加的权数就越大；距计划期愈远，对计划期的影响越小，所加的权数就小。加权时可令 $\sum W = 1$，情况与销售预测相同。其计算公式如下：

$y = a + bx$

计划期产品总成本的预测值（y_0） $= \sum a_i W_i + \sum b_i W_i \cdot x_0$

计划期产品单位成本的预测值 $= \frac{y_0}{x_0}$

加权平均法一般适用于企业的历史成本资料具有详细的 a 和 b 的数据。否则，就只能采用上述的高低点法，或下面的回归分析法。

例 4－10 华燕机床厂的详细数据如表 4－9 所示，要求按加权平均法预测 2009 年甲机床 120 台的总成本和单位成本。加权时，令 $\sum W_i = 1$（$W_1 = 0.03$；$W_2 = 0.07$；$W_3 = 0.15$；$W_4 = 0.25$；$W_5 = 0.5$）。

表 4－9

年　度	产量（x）（台）	单位变动成本（b）（元）	固定成本总额（a）（元）
2004	20	600	4 000
2005	80	300	5 200
2006	60	450	5 400
2007	40	550	4 800
2008	100	400	6 000

将表中的数据代入公式：

$$\begin{aligned}\text{计划期产品总成本的预测值}(y_0) &= \sum a_i W_i + \sum b_i W_i \cdot x_0 \\ &= [(4\ 000 \times 0.03) + (5\ 200 \times 0.07) + (5\ 400 \times 0.15) + (4\ 800 \times 0.25) + (6\ 000 \times 0.5)] + \\ &\quad [(600 \times 0.03) + (300 \times 0.07) + (450 \times 0.15) + (550 \times 0.25) + (400 \times 0.5)] \times 120 \\ &= 58\ 774(\text{元})\end{aligned}$$

计划期产品单位成本的预测值 $= \frac{y_0}{x_0} = \frac{58\ 774}{120} = 489.78$（元）

3. 回归分析法

回归分析法的基本原理同销售预测中的直线趋势法（一元线性回归法），只是在成本预测中建立的是业务量（x）与成本或费用（y）之间的关系，并以此来预测成本或费用总额。当企业的历史成本资料中单位产品成本忽高忽低时，采用此法较为适宜。

例 4－11 资料同例 4－9，采用回归分析法预测 2009 年华燕机床厂甲机床的总成本和单位成本。

列表计算如下：

表 4－10

年　度	产量（x）（台）	总成本（y）（元）	x^2	xy
2004	20	16 000	400	320 000
2005	80	29 200	6 400	2 336 000
2006	60	32 400	3 600	1 944 000
2007	40	26 800	1 600	1 072 000
2008	100	46 000	10 000	4 600 000
$n=5$	$\sum x=300$	$\sum y=150\ 400$	$\sum x^2=22\ 000$	$\sum xy=10\ 272\ 000$

根据表 4－10 的数据计算得出：

$$b=\frac{n\sum xy-\sum x\sum y}{n\sum x^2-(\sum x)^2}=\frac{5\times 10\ 272\ 000-300\times 150\ 400}{5\times 22\ 000-300^2}=312$$

$$a=\frac{\sum y-b\sum x}{n}=\frac{150\ 400-312\times 300}{5}=11\ 360$$

预测模型为：

$$y=a+bx=11\ 360+312x$$

将 $x=120$ 代入上式，得华燕机床厂 2009 年甲机床的总成本为：

$$y=11\ 360+312\times 120=48\ 800\text{（元）}$$

$$\text{单位成本}=\frac{48\ 800}{120}=406.67\text{（元）}$$

（二）不可比产品成本预测

不可比产品是指企业过去没有正式生产过的产品，其成本无法进行比较，所以不能采用像可比产品一样的方法来控制成本支出。随着科学技术的发展，产品不断更新换代，不可比产品在企业中所占的比重越来越大，企业除了对可比产品成本费用降低指标进行预测外，还要对不可比产品成本费用的计划指标进行预测。

不可比产品成本费用预测的常用方法主要有三种。

1. 技术测定法

技术测定法是指在充分挖掘潜力的基础上，根据产品设计结构、生产技术和工艺方法，对影响人力、物力消耗的各个因素逐个进行技术测试和分析计算，从而确定产品成本的一种方法。该方法比较科学，预测也比较准确，但由于需要逐项测试，所以工作量比较大，一般适用于品种少、技术资料比较齐全的产品。

2. 类比分析法

类比分析法是指以国内外同类产品为基础，结合企业自身条件进行对比分析，从而测定产品成本的一种方法。采用该方法预测时，特别要注意，在条件不可比或情况有变化时，必须对国内外同类产品成本作出调整或修正。该方法简便易行，工作量小，但预测结果不太准确。

3. 目标成本法

目标成本法是根据收入、成本、利润三者之间的内在关系，先确定出目标成本，进而测定产品成本的一种方法。在企业实行目标管理过程中，先确定产品单位售价和单位利润，然后就可计算出单位产品的目标成本，即

单位产品目标成本＝单位产品售价－单位产品税金及附加－单位产品目标利润

采用该方法，关键在于通过市场调查，确定一个合适的销售价格和目标利润。该方法比较简单易行，但如果市场调查有偏差，那么预测值将受到很大影响。

第四节　利润预测分析

一、利润预测分析的意义

在市场经济条件下，企业要生存，要发展，就必须“有利可图”。利润对于企业来说是一个非常重要的经济指标。企业在一定时期内的全部生产、技术、财务活动和经营管理工作的好坏，最终都要在利润指标上反映出来。

利润预测（profit forecasting）是按照企业经营目标的要求，通过对影响利润变动的成本、产销量等因素的综合分析，对未来一定时期内可能达到的利润水平和变化趋势所进行的预计和推测。

通过利润预测，可使企业根据国内外市场变化和本企业的生产经营情况及其他有关信息，规划出本企业的最优目标利润，采取积极有效的经营策略和措施，不断寻求提高利润的途径，从而提高企业的经济效益。

二、目标利润预测的方法

目标利润（target profit）是企业在计划期间所要达到的利润指标。企业未来一定期间的目标利润一般可按本量利之间的关系、销售增长率、资金利润率和利润增长率等依据测定，测定方法有如下几种。

（一）本量利分析法

该方法是在前述成本性态研究和盈亏平衡分析的基础上，根据有关产品成本、产销量与利润的关系确定计划期间目标利润总额的一种方法。下面分单一品种与多品种两种情况讨论。

1. 单一品种

目标利润＝预计销售数量×（预计单位售价－预计单位变动成本）－固定成本总额

例 4－12　光华出版社拟出版《管理会计》一书，经过成本估算，每本书的单位变动成本为 24 元，出版该书应分摊的固定成本总额为 60 000 元，每本书售价定为 30 元，现通过征订，预计明年可售出 80 000 册，则光华出版社明年出售《管理会计》一书的目标利润是多少？

目标利润 = 80 000 × (30 - 24) - 60 000 = 420 000 (元)

2. 多品种

目标利润总额 = 预计销售收入总额 × 综合边际贡献率 - 固定成本总额

其中：综合边际贡献率 = ∑某品种边际贡献率 × 该品种销售额在总销售额中的比重

例 4-13 某企业生产 A、B、C 三种产品，边际贡献率分别为 40%、30%、20%，在总销售额中各种产品销售的比重分别为 20%、50% 和 30%，预计下年度销售总额为 100 万元，固定成本总额为 20 万元。该企业下年度的目标利润应为多少？

目标利润 = 100 × (40% × 20% + 30% × 50% + 20% × 30%) - 20 = 9 (万元)

(二) 销售额增长比率法

该方法是以基期实际销售利润与销售额预计增长比率为依据计算目标利润的一种方法。该法假定利润额与销售额同步增长。

计算公式如下：

目标利润 = 基期销售利润 × (1 + 销售额预计增长比率)

例 4-14 某公司去年实际销售利润为 20 万元，实际销售收入为 160 万元。若今年计划销售额为 200 万元，则该企业今年的目标利润应是多少？

$$销售增长率 = \frac{200 - 160}{160} \times 100\% = 25\%$$

目标利润 = 20 × (1 + 25%) = 25 (万元)

(三) 资金利润法

该方法是根据企业预计的资金利润率水平，结合基期实际资金占用状况与未来计划投资额来确定目标利润的一种方法。

公式如下：

目标利润 = (基期占用资金 + 计划投资额) × 预定资金利润率

例 4-15 某公司上年度实际固定资产平均占用额为 240 万元，全部流动资金平均占用额为 80 万元；下年度计划扩大生产规模，拟年初购置一套价值 52 万元的新型加工设备投入生产，年初追加流动资金 8 万元，预定资金利润率为 12%，该企业下年度的目标利润应为多少？

目标利润 = [(240 + 80) + (52 + 8)] × 12% = 45.6 (万元)

(四) 利润增长百分率法

该方法是根据企业基期已达到的利润水平，结合过去连续若干年（通常为近 3 年）利润增长率的变动趋势，以及影响利润的有关因素在未来可能发生的变动等情况，确定一个相应的预计利润增长率，然后确定未来目标利润的一种方法。

公式如下：

目标利润 = 基期利润 × (1 + 预计利润增长率)

（五）经营杠杆系数法

经营杠杆系数是利润变动率与销售量变动率的比率，也是边际贡献额与利润额的比率。用公式可表示如下：

$$经营杠杆系数（DOL）=\frac{利润变动率}{销售量变动率}=\frac{边际贡献额}{利润额}$$

由于固定成本的存在，经营杠杆系数总是大于1，也就是说企业利润变动的幅度总是大于企业销售量变动的幅度。当销售量增加时，利润以更高的增长率增长；当销售量减少时，利润将会以更高的降低率下降。企业的这种现象即为“经营杠杆”现象或“经营杠杆效应”。利用经营杠杆系数可进行目标利润预测。其计算公式如下：

$$目标利润=基期利润\times（1+经营杠杆系数\times销售变动率）$$

例4－16 南方科技公司今年生产并销售U盘6 000个，销售单价为100元，单位变动成本为80元，生产U盘的固定成本总额为100 000元。估计明年销售量将比今年增加1 200个，若售价与成本水平不变，南方科技公司明年将实现多少利润？

$$基期利润=（100-80）\times 6\,000-100\,000=20\,000（元）$$

$$销售变动率=\frac{1\,200}{6\,000}\times 100\%=20\%$$

$$经营杠杆系数=\frac{(100-80)\times 6\,000}{20\,000}=6$$

$$目标利润=20\,000\times（1+6\times 20\%）=44\,000（元）$$

三、利润预测中的敏感性分析

企业在进行利润预测时，必须考虑影响利润的一些因素可能发生的变化，以及这些变化对利润产生的影响。通过分析影响利润各有关因素的变动来确定它们对企业目标利润影响程度的方法，在管理会计中就叫做利润的“敏感性分析”（sensibility analysis）。

利润指标涉及企业生产经营的各个方面，它是多种因素相互制约、相互影响的结果。其主要因素有四个。

（1）产品的销售量。产品销售量的大小对利润数额具有明显的影响作用。一般来说，在其他条件保持不变的情况下，产品销售量增加，利润总额上升；产品销售量减少，利润总额下降。

（2）产品成本。产品单位变动成本的高低和固定成本总额的多少，对利润数额的变动也有很重要的影响。在一般情况下，如果其他条件不变，产品单位变动成本和固定成本总额下降，利润总额将相应增加；反之，利润总额将相应减少。

（3）产品销售单价。产品销售单价对产品盈利水平有直接影响。当其他因素不变时，提高单位产品售价，利润总额将随之增加；反之，利润总额将随之减少。

（4）产品产销结构。产品产销结构是指多品种经营时，各品种产销量在产销总量中所占的比重。由于各种产品盈利水平不同，产销结构的变动会综合影响到利润总额的增减。一般来说，边际贡献率大的产品销售量增加，企业的利润总额就会增加；反之，利润总额就会减少。

这些因素变动对利润的影响程度在第三章的第四节中已经做过分析，在此不再赘述。现通过例题说明其分析思路。

例 4－17 大华公司今年计划生产并销售 A 产品 40 000 件，单位售价 30 元，固定成本全年 300 000 元，单位变动成本 20 元，该产品全年可获利润多少？公司计划明年使该产品的利润提高 40%。

（1）要实现以上目标利润，单位变动成本应控制在什么水平？降低率是多少？

（2）若单独控制固定成本，应该减少多少固定成本才能实现目标利润？

（3）若只是采取提高售价或增加销量的措施，各应提高多少才能实现目标利润？

分析：

基期利润 =（30－20）×40 000－300 000 = 100 000（元）

目标利润 = 100 000 ×（1 + 40%）= 140 000（元）

（1）由本量利分析知：$b = P - \dfrac{E + a}{Q}$

$b = 30 - \dfrac{140\ 000 + 300\ 000}{40\ 000} = 19$（元）

成本降低率 $= \dfrac{20 - 19}{20} \times 100\% = 5\%$

单位变动成本应控制在 19 元以下，即降低 5% 才能保证目标利润的实现。

（2）由本量利分析知：

$$a = (P - b) \cdot Q - E = (30 - 20) \times 40\ 000 - 140\ 000 = 260\ 000\text{（元）}$$

若单独控制固定成本，应减少固定成本 300 000－260 000 = 40 000（元），即固定成本应控制在 260 000 元以内，才能保证目标利润的实现。

（3）由本量利分析知：$P = \dfrac{E + a + Qb}{Q}$

$$Q = \frac{E + a}{P - b}$$

在其他因素不变的情况下，$P = \dfrac{140\ 000 + 300\ 000 + 40\ 000 \times 20}{40\ 000} = 31$（元）

或
$$Q = \frac{140\ 000 + 300\ 000}{30 - 20} = 44\ 000\text{（件）}$$

由此可知，售价提高到 31 元或销量增加到 44 000 件，才能保证目标利润的实现。

第五节 资金需要量预测分析

一、资金预测概述

企业在进行经营决策、合理组织经济活动的过程中，除了必须进行销售、成本、利润的预测分析外，还需要开展资金需要量的预测分析工作。

资金是企业生产经营过程中各种物资的货币表现，通常分为流动资金和固定资金。资金需要量预测（fund forecasting）就是对企业未来某一时期内所需要的资金总量（包括流动资金和固定资金）进行的科学预计和推断。资金需要量预测的目的，就是要以最少的资金占用取得最佳的经济效益。科学地做好资金需要量的预测，不仅能为企业生产经营活动的正常开展测定相应的资金需要量，而且能为企业制定经营决策、节约资金耗费、提高资金效益创造有利条件。

一般来说，资金预测应包括涉及若干年度的长期资金需要量预测和只涉及一个年度的短期资金需要量预测。本节主要从资金增长趋势、资金追加需要量和资金需要总量三个方面来说明短期资金需要量预测的基本方法。

二、资金增长趋势预测

资金增长趋势（fund growth trend）预测，一般运用回归分析的原理，对过去若干期间销售量和资金量的历史资料进行分析处理，确定反映销售量与资金量之间相互关系的回归曲线，并据以推算未来期间资金需要量的预测值。这里仅介绍一元线性回归法的应用。

例 4 - 18 华兴公司近五年销售收入总额和资金总量的历史资料如表 4 - 11 所示。若华兴公司预测 2009 年的销售收入总额为 550 万元，试预测华兴公司 2009 年的资金需要量。

表 4 - 11

年　度	2004	2005	2006	2007	2008
销售收入总额（万元）	400	430	420	450	500
资金总量（万元）	250	270	260	280	290

（1）根据回归分析原理对给定的资料进行加工，编制计算表，如表 4 - 12 所示：

表 4 - 12

年　度	销售收入总额（万元）(x)	资金需要总量（万元）(y)	xy	x^2
2004	400	250	100 000	160 000
2005	430	270	116 100	184 900
2006	420	260	109 200	176 400
2007	450	280	126 000	202 500
2008	500	290	145 000	250 000
$n=5$	$\sum x=2\ 200$	$\sum y=1\ 350$	$\sum xy=596\ 300$	$\sum x^2=973\ 800$

（2）求 a 与 b 的值：

$$b=\frac{n\sum xy-\sum x\sum y}{n\sum x^2-(\sum x)^2}=\frac{5\times 596\ 300-2\ 200\times 1\ 350}{5\times 973\ 800-2\ 200^2}=0.4$$

$$a=\frac{\sum y-b\sum x}{n}=\frac{1\ 350-0.4\times 2\ 200}{5}=94$$

（3）将 a 与 b 的值代入资金需要总量公式，预计 2009 年资金需要总量为：

$$y=a+bx=94+0.4\times 550=314\text{（万元）}$$

三、资金追加需要量预测

资金追加需要量（supplementary fund requirement）预测是根据销售量和资金量的历史资料，以及未来期间销售收入的预计增长情况，推算为实现预期销售目标所必须增加的资金量。资金追加需要量预测的常用方法是销售百分比法。

销售百分比法是根据资金各个项目与销售收入总额之间的依存关系，按照计划期销售额的增长情况来预测需要相应追加多少资金的方法。

销售百分比法一般按以下三个步骤进行。

1. 分析基期资产负债表各个项目与销售收入总额之间的依存关系

（1）资产类项目。

周转中的货币资金、正常的应收账款、应收票据和存货等流动资产项目，一般都会因销售额的增长而相应增加。而固定资产是否要增加，则需视基期的固定资产是否已被充分利用来确定。如尚未被充分利用，则可进一步挖掘其利用潜力，即可产销更多的产品；如基期对固定资产的利用已达饱和状态，则增加销售就需要扩充固定设备。长期股权投资和无形资产等项目，一般不随销售额的增长而增加。

（2）权益类项目。

应付账款、应付票据、应交税费和其他应付款等流动负债项目，通常会因销售的增长而相应增加，如果企业实行计件工资制，则应付职工薪酬项目随生产和销售的增长而相应增加；而长期负债及股东权益类项目，一般不随销售的变动而变动。

此外，计划期所提取的折旧准备（应减除计划期用于更新改造的金额）和留存收益两项目，通常可作为计划期内需要追加资金的内部资金来源。

2. 将基期资产负债表项目用销售百分比的形式另行编表

根据基期资产负债表，将与销售额有依存关系的项目，按基期销售收入计算其金额占销售的百分比。

3. 计算计划期间预计需要追加的资金数量

$$\text{计划期间预计需要追加的资金数量}=\left(\frac{A}{S_0}-\frac{L}{S_0}\right)(S_1-S_0)-D-S_1R\times(1-P)+M$$

其中：S_0 指基期销售收入总额；

S_1 指计划期销售收入总额；

$\frac{A}{S_0}$指基期随着销售额增长而自动增加的资产项目占销售总额的百分比；

$\frac{L}{S_0}$指基期随着销售额增长而自动增加的负债项目占销售总额的百分比；

D 指预计计划期末折旧提取数额减去预计计划期内固定资产更新改造的资金数额；

R 指基期的税后销售利润率；

P 指计划期的股利发放率；

M 指计划期的零星资金需要量。

例 4－19 中原公司 2008 年销售收入总额为 500 000 元，获得税后净利 20 000 元，并发放普通股股利 10 000 元，2008 年公司的厂房设备利用率已达到饱和状态。该公司 2008 年期末简略资产负债表如表 4－13 所示：

表 4－13 2008 年期末中原公司资产负债表 单位：元

资 产		权 益	
1. 现金	10 000	1. 应付账款	50 000
2. 应收账款	85 000	2. 应交税费	25 000
3. 存货	100 000	3. 长期负债	115 000
4. 固定资产（净值）	150 000	4. 普通股股本	200 000
5. 无形资产	55 000	5. 留存收益	10 000
资产总计	400 000	权益总计	400 000

2009 年预计销售收入将达到 800 000 元，并仍按 2008 年的股利发放率支付股利，预计 2009 年折旧额为 20 000 元，其中 70% 用于改造现有的厂房设备，又假定 2009 年零星资金需要量为 14 000 元，要求预测 2009 年该公司需要追加的资金数量。

（1）根据 2008 年期末资产负债表各项目与销售额的依存关系，编制用销售百分比形式表示的 2008 年度资产负债表，如表 4－14 所示：

表 4－14 2008 年期末中原公司资产负债表（用销售百分比反映） 单位：元

资 产		权 益	
1. 现金	2%	1. 应付账款	10%
2. 应收账款	17%	2. 应交税费	5%
3. 存货	20%	3. 长期负债	—
4. 固定资产（净值）	30%	4. 普通股股本	—
5. 无形资产	—	5. 留存收益	—
$\frac{A}{S_0}$合计	69%	$\frac{L}{S_0}$合计	15%

上表中$\frac{A}{S_0}-\frac{L}{S_0}=69\%-15\%=54\%$，即表示该公司每增加 100 元的销售收入，需要

增加资金 54 元。

(2) 计算预计需要追加的资金额。

$$2009\text{ 年预计需要追加的资金额} = \left(\frac{A}{S_0} - \frac{L}{S_0}\right)(S_1 - S_0) - D - S_1R \times (1-P) + M$$

$$= (69\% - 15\%) \times (800\ 000 - 500\ 000) - 20\ 000 \times (1 - 70\%) - \left(800\ 000 \times \frac{20\ 000}{500\ 000}\right) \times \left(1 - \frac{10\ 000}{20\ 000}\right) + 14\ 000$$

$$= 154\ 000\text{（元）}$$

四、资金需要总量预测

资金需要总量（gross fund requirement）包括两个部分：基期实际拥有资金量和下期所应追加资金需要量。

计划期资金需要总量 = 基期期末拥有资金量 + 计划期预计追加资金需要量

例 4－20 续上例，若中原公司 2008 年期末拥有资金为 400 000 元，则：

计划期资金需要总量 = 400 000 + 154 000 = 554 000（元）

本章小结

预测分析，就是运用科学方法有目的地预计和推测事物发展的必然性和可能性的过程。企业预测分析包括销售预测分析、成本预测分析、利润预测分析和资金预测分析。

预测分析的程序包括：①确定预测目标；②搜集、分析、整理资料；③选择预测方法；④进行预测；⑤分析预测误差，评价预测结果；⑥改进预测方法。

预测分析方法包括定性分析法和定量分析法两大类。它们在实际应用中并非相互排斥，而是相互补充、相辅相成。

销售预测分析的方法很多，主要有统计调查法、专业人员评定法、平均法、时间序列回归分析法、因果预测分析法等。

成本预测分析分为可比产品成本预测和不可比产品成本预测。可比产品成本的预测方法主要有高低点法、加权平均法、回归分析法；不可比产品成本的预测方法主要有技术测定法、类比分析法和目标成本法。

利润预测分析主要包括目标利润的预测和实现利润的预测。目标利润的预测方法有本量利分析法、销售额增长比率法、资金利润率法、利润增长百分率法、经营杠杆系数法。实现利润的预测方法主要是进行利润灵敏度分析。

资金预测分析主要是从资金增长趋势、资金追加需要量和资金需要总量三个方面说明短期资金需要量预测的基本方法。

练 习 题

一、单项选择题

1. 下列各项中，不属于定量分析法的是（　　）。

A. 判断分析法　　B. 算术平均法　　C. 回归分析法　　D. 指数平滑法

2. 通过函询方式，在互不通气的前提下向若干经济专家分别征求意见的方法是（　　）。

A. 专家函询法　　B. 专家小组法

C. 专家个人意见集合法　　D. 特尔菲法

3. 下列各种销售预测方法中，没有考虑远近期销售业务量对未来销售状况会产生不同影响的方法是（　）。

A. 移动平均法　　B. 算术平均法　　C. 加权平均法　D. 平滑指数法

4. 在管理会计中，按目标利润预测的目标成本应当等于（　　）。

A. 预计总产值与目标利润之差　　B. 预计销售收入与目标利润之差

C. 预计销售收入与预计总成本之差　　D. 变动成本总额与固定成本总额之和

5. 下列各项中，可用于预测追加资金需用量的方法是（　　）。

A. 平均法　　B. 回归分析法　　C. 指数平滑法　D. 销售百分比法

6. 在利用平滑指数法对销量波动较大的产品进行预测时，应选择（　　）。

A. 固定的平滑指数　　B. 较小的平滑指数

C. 较大的平滑指数　　D. 任意数值的平滑指数

7. 已知某企业上年利润为 10 万元，下年的经营杠杆系数为 1.4，销售变动率为 15%，则该企业下一年的利润预测额为（　　）。

A. 15 万元　　B. 14 万元　　C. 12.5 万元　　D. 12.1 万元

8. 如果经营杠杆系数等于 1，表明企业的固定成本（　　）。

A. 等于零　　B. 大于零　　C. 小于零　　D. 为任意值

9. 某企业上年第四季度每月销售量依次为 200 件、220 件、210 件，采用算术平均法预测今年 1 月份的销售量为（　　）。

A. 200 件　　B. 210 件　　C. 220 件　　D. 250 件

10. 某企业上年第四季度每月销售量依次为 100 只、140 只、160 只，当采用加权移动平均法时，预测今年 1 月份的销售量为（　　）。

A. 100 只　　B. 140 只　　C. 150 只　　D. 138 只

11. 某机器厂今年 1 月份的实际销售额为 500 万元，上年 12 月份对今年 1 月份销售额的预测值为 480 万元。假设 $\alpha=0.7$，用指数平滑法预测 2 月份的销售额为（　　）。

A. 486 万元　　B. 494 万元　　C. 490 万元　　D. 500 万元

12. 在指数平滑法预测中，平滑指数取值越大，近期实际数对预测结果的影响则（　　）。

A. 越小　　B. 不变　　C. 越大　　D. 不一定

二、多项选择题

1. 下列各项中，属于预测分析内容的有（　　）。
   A. 销售预测　　B. 利润预测　　C. 成本预测
   D. 资金预测　　E. 定性预测
2. 下列各项中，可用于销售预测的定量分析方法有（　　）。
   A. 判断分析法　　B. 趋势外推分析法　　C. 本量利分析法
   D. 因果预测分析法　　E. 产品寿命周期推断法
3. 下列各项中，属于趋势外推分析法的有（　　）。
   A. 平均法　　B. 因果预测分析法　　C. 修正的时间序列回归法
   D. 综合判断法　　E. 全面调查法
4. 从本质上看，平滑指数法属于（　　）。
   A. 平均法　　B. 算术平均法　　C. 因果预测分析法
   D. 趋势外推分析法　　E. 特殊的加权平均法
5. 在销售预测中，定性预测可以采用的方法有（　　）。
   A. 移动加权平均法　　B. 回归分析法　　C. 专家判断法
   D. 推销员判断法　　E. 综合判断法
6. 在管理会计中，为确定目标成本，可以考虑以下不同方案，包括（　　）。
   A. 按目标利润预测目标成本
   B. 以本企业历史最高的成本作为目标成本
   C. 以本企业历史最好的成本水平作为目标成本
   D. 以国内外同类产品的先进成本水平作为目标成本
   E. 以标准成本、计划成本或定额成本作为目标成本
7. 下列各项中，可用于成本预测的方法包括（　　）。
   A. 指数平滑法　　B. 加权平均法　　C. 回归直线分析法
   D. 高低点法　　E. 趋势平均法
8. 下列各项中，可用于目标利润率标准的有（　　）。
   A. 投资报酬率　　B. 销售利润率　　C. 产值利润率
   D. 资金利润率　　E. 现金回收率
9. 下列各项中，属于目标利润预测分析必须经过的步骤有（　　）。
   A. 确定目标利润率标准　　B. 计算目标利润基数　　C. 进行本量利分析
   D. 确定目标利润修正值　　E. 确定最终目标利润
10. 假定在其他因素不变的情况下，属于企业为实现目标利润应采取的措施有（　　）。
    A. 降低单位变动成本　　B. 降低固定成本　　C. 增加销售量
    D. 提高单价　　E. 采取各种综合措施

三、判断题

1. 预测就是对不确定的或不知道的事件作出叙述和描述。（　　）

2. 预测是为决策服务的，有时候也可以代替决策。 （ ）
3. 定性分析法和定量分析法在实际应用中是相互排斥的。 （ ）
4. 目标利润基数可以按不同的利润率标准计算。 （ ）
5. 对利润灵敏度指标进行排列时，单价的灵敏度指标总是最高。 （ ）
6. 只要固定成本不等于0，经营杠杆系数恒大于1。 （ ）
7. 经营杠杆系数 *DOL* 和利润灵敏度可以互相推算出来。 （ ）
8. 因果预测法就是回归分析法。 （ ）
9. 成本预测是其他各项预测的前提。 （ ）
10. 销售预测中的加权平均法与移动加权平均法没有任何共同之处。 （ ）

四、计算分析题

1. 南方鞋业公司2008年1～12月份运动鞋的销售量资料如表4－15所示。

表4－15　南方鞋业公司的销售量资料　　单位：双

月　份	1	2	3	4	5	6	7	8	9	10	11	12
销售量	100	120	130	110	140	160	170	150	120	160	180	190

要求：分别按以下方法预测2009年1月份的销售量。

（1）平滑指数法（假定2008年12月份销售量预测数为160双，平滑指数为0.3）。

（2）修正的时间序列回归法。

2. 某企业只生产一种产品，本年销售量为20 000件，固定成本为25 000元，利润为10 000元，预计下一年销售量为25 000件（假设成本、单价水平不变）。要求预测下一年的利润额。

3. 某企业连续三年的有关资料如表4－16所示。

表4－16　某企业连续三年的有关资料

项　目 ＼ 年　份	2006	2007	2008
销售量（件）	12 000	12 500	12 000
单位贡献边际（元/件）	50	40	55
固定成本（元）	300 000	350 000	400 000

要求：

（1）利用简化公式求2007年和2008年的经营杠杆系数。

（2）预测2009年的经营杠杆系数。

（3）假设2009年的预计销售量变动率为5%，预测2009年的利润变动率和利润额。

五、案例分析

南方科技公司只生产“南方MP4”一种产品，该公司是1999年成立的高新科技公司，自成立以来，一直遵循科技和质量并重的思路，销售量成逐年稳定上升的良好势头，加上2008年国内MP4市场非常好，南方科技公司实现销售量10 000个。产品的市场单价为400元，单位变动成本为300元，固定成本为800 000元。

2008年年底，南方科技公司开始预测2009年该公司的利润情况，以便为下一步的生产经营做好准备。经过讨论，公司财务总监决定按同行业先进的资金利润率预测2008年该公司的目标利润基数，并通过行业的一些基础资料得知行业内先进的资金利润率为20%，预计公司的资金占用额为1 200 000元。

假如你是公司外聘的财务顾问，请你利用灵敏度指标进行测算，并给出你的咨询方案，即企业要实现目标利润，应该采取哪些单项措施?

第五章 短期经营决策

【学习目标】

理解相关成本的含义；掌握生产决策的分析方法；理解产品定价的主要方法；了解存货的管理方法。

引导案例

最近，嘉实公司刚刚外聘一位职业经理顾君，嘉实公司是一家刚刚成立三年的民营企业，在短短的三年时间里，公司从最初的500万元资本已经发展到近1 500万元的规模。面对企业的快速成长，企业的投资人感到管理这样规模的企业已经越来越吃力，经过慎重选择，决定聘请具有丰富管理经验的顾君作为企业的经理人。

嘉实公司主要生产有特色的陶瓷制品，除了供应给陶瓷的零售商，还根据一些大客户（主要是大型的宾馆和饭店）的需求生产定制的瓷盘、瓷具等。由于公司产品的质量好、档次高，深受当地市场的欢迎。顾君到来后，通过一系列的管理措施，使企业生产和财务运作更加有效率，市场占有率也进一步有所上升。

最近在公司召开的高层管理者会议上，出现了一些棘手的问题。

首先市场部经理发言："上午刚接到客户的一个订购单，需要淡绿色的瓷盘8 000个，浅蓝色的小型瓷具2 000个。买家要求的单价不超过80元，并且要求两个月内交货。我们企业这种产品的正常售价是120元。这批订单是不是可以接受呢？"

生产部的经理说："刚刚建成的新厂房已经能够投入使用，现在还有大量的闲置生产能力。因此两个月内生产出10 000个应该没问题，淡绿色的瓷盘我们以前生产过，可以立即生产，但是浅蓝色的小瓷具没有生产过，需要进行一些调试，而且这种瓷具需要特殊的模具。这种模具市场上有卖的，当然我们也可以自己制造。"

财务经理发言说："浅蓝色小瓷具的模具我们自己生产的成本是每个20元，市场上只卖18元，还是外购合适一些。而淡绿色的瓷盘，我们的成本是每个90元，这笔交易不合算。”

如果你作为顾君，面对这样的决策问题，该考虑哪些方面呢？财务经理的回答正确吗？

特殊订单决策、自制还是外购决策都属于典型的短期经营决策问题。短期经营决策是在企业当前的经营规模范围内作出的、涉及的时间在一年以内的决策类型。本章主要介绍针对短期经营决策的各种分析方法。

第一节　短期经营决策概述

一、决策的概念

企业决策是指企业管理者为了实现预期的经营目标，在两个或两个以上的备选方案中选择最优方案的过程。

企业决策不只是领导拍板作决定的瞬间行为，而是一个提出问题、分析问题和解决问题的系统分析过程。

理解决策的概念，应从以下几个方面入手。

（一）决策具有目的性

决策是为了达到既定的目标，如利润目标、成本目标。决策没有目标就没有方向。

（二）决策具有科学性

决策并非主观臆断，是建立在客观规律基础上所作出的决定。

（三）决策具有选择性

决策必须在两个以上备选方案中进行。

（四）决策具有决定性

决策必须解决问题，选择最优方案。

二、决策的分类

（一）按照决策时期的长短分类

按照决策时期的长短分可将决策分为短期决策和长期决策。

短期决策指对较短时期的收支盈亏产生影响的决策。

短期决策的特点：一般不需要投资，不改变企业现有生产经营能力。

短期决策的目的：改善现有生产经营能力，提高经济效益，故短期决策又称短期经营决策。

短期经营决策主要包括：零件自制还是外购、用不同工艺进行加工、生产哪种产品、新产品开发、接受追加订货、半成品进一步加工或出售、亏损产品应否转产、最优生产批量、产品定价等决策。

长期决策指对较长时期的收支盈亏产生影响的决策。

长期决策的特点：一般要改变企业现有的生产经营能力，因而需要投资。影响时间较长，投资大，风险高。

长期决策的目的：扩大企业的生产经营能力。

长期投资决策包括：固定资产的新建、扩建或改建的决策，固定资产经济寿命和最低年均成本的确定、固定资产大修或更新的决策以及固定资产租赁或外购的决策等。

（二）按照决策的重要程度分类

按照决策的重要程度分可将决策分为战略决策和战术决策。

战略决策指关系到企业未来发展方向的全局性重大决策，如经营目标的制定、新产品的开发、生产能力的扩大等。这类决策的正确与否，对企业成败具有决定性的意义。

战术决策指企业为达到预期的战略决策目标，对日常经营活动所采用的局部性决策，如企业日常的经营决策、生产的工艺流程决策、资金的筹措决策等。这类决策的正确与否，一般不会对企业的大局产生大的影响。

（三）按照决策对象的经济内容分类

按照决策对象的经济内容分可将决策分为销售决策、生产决策、投资决策。

销售决策指对企业产品销售价格、数量、销售渠道等进行的一系列决策。

生产决策指对企业产品的品种、产量、组合结构、生产工艺、生产能力利用等方面所进行的决策。

投资决策指企业对扩大生产规模、购建和更新固定资产等方面所进行的决策。

（四）按照决策内容和可能达到的结果分类

按照决策内容和可能达到的结果分可将决策分为确定型决策、非确定型决策和风险型决策。

确定型决策是指有关备选都有确定状态的决策。决策者在进行决策时，对相关方面的情况有完整的了解，每个决策方案通常只有一种结果，没有变化的或者是不确定的结果存在。例如，企业向外地销售产品，可以采用铁路运输，也可以采用公路运输，两者的运输价格都是固定的，决策者可以根据产品在市场上的销售情况和时间上的要求进行决策。

非确定型决策指决策方案可能会出现两种或两种以上的情况，决策者难于确定其概率，需进行综合分析和计量才能作出的决策。如某企业拟开发一种新产品，根据调查该产品未来市场需要量可能出现较高、一般、较少三种情况，但每种情况出现的概率无法估计。开发这种新产品，其结果是不确定的，决策者需要综合分析有关资料进行决策。

风险型决策指决策方案存在着若干不可控因素，决策者可预知未来可能出现的若干种不同状态，并测算出其出现的概率，从而以此为根据进行的决策。风险型决策因其依据各种不同状态出现的概率来进行决策，在一定程度上存在着风险。因为某种自然状态虽然概率很小，但并不完全排除它发生的可能性。而万一发生，就会造成一定损失。反之，概率小的自然状态若不发生，则会产生较大的收益。

三、决策的基本程序

决策分析是企业管理过程的核心，决策的正确与否关系到企业未来发展的成败。对企业的管理层来说，科学合理的决策是企业能够在激烈的竞争环境中生存、发展的必要条件。从管理会计的角度，就是要求管理会计人员能够提供决策过程有用的会计信息，帮助管理层作出正确的决策。决策过程的主要程序包括以下四个步骤。

（一）提出问题，明确决策的目标

决策问题的提出是决策过程中最重要的步骤，决策过程的其他行为都将以此为基础，围绕决策的目标提出各种可行方案。

（二）搜集相关资料并拟定可行的备选方案

在提出目标的前提下，首先收集、整理有关资料，然后提出各种可行的备选方案，做到技术上先进，经济上合理，技术为经济服务。

（三）对备选方案作出评价，选择最优方案

这一过程需要对各备选方案进行详细的定性和定量分析，从各个方面分析各方案的可行性和优劣程度。这个过程是正确决策的关键，它要求对各方案的决策标准（如利润）作出细致的分析，进而通过各方案的决策标准进行比较，从而得出最优方案。

（四）决策方案的实施和控制

最优方案选定以后，就要组织实施。在方案的实施过程中，可能会出现不曾预料到的新情况，根据新情况可能要调整修改原方案，对方案实施过程的监控，可以保证决策的顺利实施，同时能够积累经验和数据，为今后的决策制定提供指导。

四、短期经营决策的内容

从短期经营决策的具体内容看，可分为产品生产决策、产品定价决策和存货决策等。

（一）产品生产决策

生产决策包括三大类问题：其一，生产什么；其二，生产多少；其三，如何生产。

其共同点在于如何更有效地利用现有的生产资源，给企业带来更大的经济效益。

（二）产品定价决策

市场经济的竞争就是价格的竞争。定价过低，收入低，利润会减少；定价过高，企业的总收入会因销路不畅而下降，同样影响企业的利润。

（三）存货决策

存货指企业向外界购入以供销售，或经过一定的加工步骤才可出售的商品材料物资。企业保持适当的存货水平是企业进行正常生产经营所必需的。

存货决策就是要确定存货的最优水平，以使存货所占用的资金得到经济、合理、有效的使用（该内容将在本书第八章中详细讲述）。

第二节　短期经营决策分析中的成本概念

一、付现成本与沉落成本

付现成本指那些由于某项决策而引起的需要在未来运用现金支付的成本。

沉落成本指那些由过去的决策所引起，并已经支付过款项而发生的成本。

二、历史成本与重置成本

历史成本指根据过去实际发生的支出而计算的成本，也称为“实际成本”，即传统的财务会计所使用的成本概念。

重置成本指目前从市场上购买同一项原有资产所需支付的成本，也称为“现行成本”或“现时成本”。

三、差量成本与边际成本

差量成本指一个备选方案的预期成本与另一个备选方案的预期成本之差，也可称为“差别成本”。与之相应的是差量收入和差量利润。

边际成本指产品成本对产品产量无限小变化的变动部分。（现实经济生活中，产品产量无限小的变动只能小到一个单位，低于一个单位就没有实际意义了。）边际成本就是产量增加或减少一个单位所引起的成本的变动量。与之对应的是边际收入和边际贡献。

四、机会成本与估算成本

机会成本指在决策分析过程中，从各备选方案中选出某个最优方案而放弃次优方案所丧失的潜在利益。

估算成本也称“假计成本”，它是机会成本的特殊形式，是指需要经过假定推断才能确定的机会成本。估算成本的典型形式就是利息。

五、可避免成本与不可避免成本

可避免成本指同某项特定备选方案直接相关联的成本，其发生与否，完全取决于与之相关的备选方案是否被选定，如生产一种产品，需要新的机器设备。

不可避免成本指不与某项特定备选方案直接相关联的成本，其发生与否，并不取决于企业的决策行为，如管理人员的工资等。

六、可递延成本与不可递延成本

可递延成本指在企业资金能力有限的情况下，对已决定选用的某一方案如推迟执行，还不至于影响企业的经营全局，与此方案相关的成本，被称为“可递延成本”，如改善办公条件。

不可递延成本指已选定某一方案，即使在企业资金能力有限的情况下也不能推迟的成本支出，如生产急需用设备。

七、专属成本与共同成本

专属成本指专门同某种产品或某批产品或某个部门相关联的成本。它具有明确的归属对象。

共同成本指同时几种产品、批次或部门共同分担的成本。它没有明确的归属对象。

八、相关成本与无关成本

相关成本指与未来决策有关联的成本，也就是进行决策时必须加以考虑的各种形式的未来成本。如付现成本、重置成本、边际成本、差量成本、机会成本、估算成本、可避免成本、可递延成本、专属成本等。

无关成本指过去已经发生或虽未发生但对未来决策没影响的成本，也就是在决策时无须考虑的成本。如沉落成本、历史成本、不可避免成本、不可递延成本、共同成本等。

第三节　短期经营决策分析的基本方法

企业决策可以采用的方法很多，其中，短期经营决策最常用的分析方法有本量利分析法、差量分析法和边际贡献分析法。

一、本量利分析法

本量利分析法是指在按成本性态分析的基础上，对成本、业务量和利润三者之间存在的数量关系进行的分析。

本量利分析法在短期经营决策分析中的应用主要是根据各个备选方案的成本、业务量与利润三者之间的依存关系来确定在什么业务量范围内哪个方案最优。

通常情况下，在有关产品（或零部件）的生产或取得方式决策的两个备选方案中，一种方案的固定成本较高，单位变动成本较低；另一种方案的固定成本较低，而单位变动成本较高。在这种情况下，如果预期业务量的水平较高，应选择前一种方案，因为增加的固定成本可以通过单位变动成本的降低去弥补；如果预期的业务量较低，则应选择后一种方案，因为此时，前一种方案即使单位变动成本降低幅度很大，也很难弥补由此而增加的固定成本。

在应用本量利分析决策时，关键在于确定等成本点。

等成本点（也称成本平衡点或成本分界点）是各备选方案预期成本总额相等的业务量所对应的点。其计算公式为：

等成本点业务量=两方案固定成本之差÷两方案单位变动成本之差

$$a_1+b_1x=a_2+b_2x$$

$$x=(a_2-a_1)/(b_1-b_2)$$

如果预期业务量低于等成本点的业务量，则应选择固定成本较低的方案；如果预期业务量超过等成本点的业务量，应选择固定较高的方案；如果预期业务量等于等成本点的业务量，说明两个方案所花成本相同，决策时任选其中一个方案即可。

例5-1 假定某工厂的产品生产每年需要某种零件20 000个，该零件过去一直从外部购买，每个购价10元。现该厂一加工车间有不能移作他用的剩余生产能力可生产此种零件。据该厂会计部门根据有关资料核算，生产每个零件的变动成本仅为5元，但每年需为此增加专属固定成本80 000元。

要求：作出该零件是自制还是外购的决策。

解：两种方案的选择主要取决于零件需要量，如年需要量大于两种方案的预期等成本点业务量，则应以选择自制方案为佳；反之，则应以选择外购方案为宜。根据上述等成本点业务计算公式可计算该厂零件自制或外购两种方案的等成本点业务量 x 如下：

$$x=(80\,000-0)/(10-5)=16\,000\text{（个）}$$

因为该零件的年需要量为20 000个，超过等成本点业务量，故该零件应当自制。

二、差量分析法

差量分析法是指通过两个方案之间预期成本与预期收入之差，衡量决策方案的优劣。两个方案之间的预期成本之差，即为差量成本；两个方案的预期收入之差，即为差量收入。通过计算得出的两个方案的差量收入与差量成本之差称为差量损益。

在比较方案时，如果差量损益大于零，表明前一备选方案优于后一备选方案；反之，则表明后一备选方案优于前一备选方案。

例5-2 某机械厂有一台设备可生产甲产品，也可生产乙产品，无论生产哪种产品，其最大开机工时均为15 000定额工时。生产甲产品每件需50定额工时，生产乙产品每件需75定额工时，甲、乙产品每件售价分别为100元和140元，单位变动成本分别为80元/件和60元/件，固定成本总额为3 000元。根据上述资料，分析该厂生产哪种产品较为有利（假定只允许生产一种产品）。

解：对于该决策可以用差量分析法分析如下（由于生产甲、乙两种产品都需用机器设备，固定成本总额是一样的，属无关成本，在决策中不需考虑）：

（1）计算差量收入。

$$差量收入（甲-乙）=100\times\frac{15\ 000}{50}-140\times\frac{15\ 000}{75}$$

$$=30\ 000-28\ 000=2\ 000（元）$$

（2）计算差量成本。

$$差量成本（甲-乙）=80\times3\ 00-60\times200$$

$$=12\ 000（元）$$

（3）计算差量损益。

$$差量损益=差量收入-差量成本$$

$$=2\ 000-12\ 000=-10\ 000（元）$$

计算结果表明，生产乙产品比生产甲产品的方案更优，可多获利 10 000 元。

应当指出，在进行这类问题的决策时还需注意市场对甲、乙两产品的需要量。上述决策是在不考虑市场容量，假定生产出来的产品都能销售出去的情况下的决策。

通常在采用差量分析法决策时，要编制差量分析表来进行比较分析。差量分析如表 5－1 所示。

表 5－1　差量分析表

项　目	甲 产 品	乙 产 品	差　量
收入（元）	100×（15 000÷50）＝30 000	140×（15 000÷75）＝28 000	2 000
成本（元）	80×（15 000÷50）＝24 000	60×（15 000÷75）＝12 000	12 000
差量损益（元）			－10 000

三、边际贡献分析法

由于在短期经营决策中，一般不改变生产能力，固定成本总额通常稳定不变，故只需对产品所提供的边际贡献进行分析就可确定哪个方案最优，这种通过比较产品所提供的边际贡献的大小来确定最优方案的分析方法，就称为“边际贡献分析法”。

但应该注意的是，由于不同单位产品耗用企业生产能力的水平不同，因而在分析过程中，尽管单位边际贡献是反映产品盈利能力的重要指标，也绝不能以产品的单位边际贡献的大小作为比较的标准，而应以各种产品创造的边际贡献总额，或单位生产能力（每个人工小时或机器小时）能创造的边际贡献作为判断的标准。有时，利用现有剩余生产能力生产新产品的方案，也可能引起一定的新增固定成本（专属固定成本），此时，则以能提供最大的剩余边际贡献总额或最大的单位生产能力剩余边际贡献的产品生产方案为最佳方案。

例 5－3　某企业现有 1 000 工时剩余生产能力，可用于生产产品 A 和 B，有关资料如表 5－2 所示。要求：分析该企业应生产何种产品更为有利。

表 5－2　某企业产品 A 和 B 的有关资料

品　种	单价（元/件）	单位变动成本（元/件）	单位产品定额工时（小时/件）	新增固定成本（元）
产品 A	800	750	50	500
产品 B	600	560	20	1 600

解：该企业利用现有剩余生产能力生产 A 产品或 B 产品，故维持原有生产能力相关的固定成本为无关成本。但由于两个生产方案均会发生部分新增固定成本，因此提供剩余边际贡献总额较高的产品就是最优产品生产方案。具体分析如表 5－3 所示。

表 5－3　分析计算表

项　目	产品 A	产品 B
剩余生产能力（小时）	1 000	1 000
单位产品定额工时（小时/件）	50	20
最大产量（件）	20	50
销售单价（元/件）	800	600
单位变动成本（元/件）	750	560
单位边际贡献（元/件）	50	40
边际贡献总额（元）	1 000	2 000
新增专属固定成本（元）	500	1 600
剩余边际贡献总额（元）	500	400
单位工时剩余边际贡献（元/小时）	0.5	0.4

从上表可以看出，如不考虑新增专属固定成本，生产 B 产品应比生产 A 产品更为有利，将多获得 1 000 元边际贡献；如果考虑到新增专属固定成本因素，生产 A 产品就会比生产 B 产品更为有利，可多获得 100 元剩余边际贡献或单位生产能力能够多提供 0.1 元剩余边际贡献。

第四节　生产决策分析

短期经营决策中的生产决策包括生产什么、生产多少、如何生产三大类问题。

一、生产什么产品的决策分析

生产什么产品是最重要的生产决策问题。此类问题具体包含开发什么产品，亏损产品是否停产，半成品是否进一步加工，是否接受追加订货，零件是自制还是外购等。

（一）新产品开发决策

这里所讲的新产品开发决策，主要是利用企业现有的剩余生产能力或老产品腾出来的生产能力开发新产品，对不同的新产品开发方案进行的决策。至于通过投资扩大生产能力开发新产品，则属于长期决策的范围。

例 5－4　某企业生产 A 产品，现准备开发新产品 B 或 C，有关资料如表 5－4 所示。预计 B、C 产品销路不成问题，但由于剩余生产能力有限，只允许投产其中一种。

要求：分析投产哪种新产品更为有利。

表 5－4　资料

项　目	产品 A	产品 B	产品 C
产销量（件）	400	200	1 000
单价（元/件）	10	20	6
单位变动成本（元/件）	4	10.8	4
固定成本（元）	2 000		

解：根据题意可知：即使不开发新产品 B 或 C，固定成本 2 000 元也将发生，因此它属于沉没成本，与决策无关。分析时可采用边际贡献分析法进行决策，边际贡献较大的方案为最优方案。

B 产品边际贡献 $=200\times20-200\times10.80=1\ 840$（元）

C 产品边际贡献 $=1\ 000\times6-1\ 000\times4=2\ 000$（元）

可见，开发生产 C 产品优于开发生产 B 产品，这样可多获利 160 元。如果以利润评价这两个方案，所得结论与上述分析相同，即应开发 C 产品，具体分析如表 5－5 所示。

表 5－5　分析计算表　　单位：元

项　目	产品 A	产品 B	产品 C
销售收入	4 000	4 000	6 000
变动成本	1 600	2 160	4 000
边际贡献	2 400	1 840	2 000
固定成本	—	—	—
利润	—	—	—

例 5－5　如果上例中，开发生产 B 产品将会使 A 产品减产 5 件，同时支付专属成本 100 元；开发生产 C 产品需购置专用模具一套，价值 350 元。问投产哪种新产品更为合算？

解：从表面上看，开发生产 C 产品比开发生产 B 产品利润高，但结合生产能力和专属成本支出来考虑，则开发生产 B 产品比开发生产 C 产品有利。现采用差量分析法进行决策分析，如表 5－6 所示，可见开发 B 产品可多获利 60 元。

表 5－6　差量分析表　　单位：元

项　目	产品 B	产品 C	差　量
相关收入	4 000	6 000	－2 000
相关成本	2 290	4 350	－2 060
其中：变动成本	2 160	4 000	－1 840
专属成本	100	350	－250
机会成本	30＝（10－4）×5	0	30
差量利润	1 710	1 650	60

这里值得注意的是，开发生产 B 产品将使 A 产品减产 5 件，由此引起的 A 产品的损失额，是开发生产 B 产品的机会成本，应作为开发生产 B 产品的相关成本处理。

（二）亏损产品是否停产的决策

某种产品发生亏损是企业常常遇到的问题。亏损产品是指其销售收入不能补偿其全部成本支出的产品。

亏损产品按其亏损情况具体又分为两类：一类是实亏产品，即销售收入低于变动成本，这种产品生产越多，亏损越多，一般不应继续生产；另一类是虚亏产品，即销售收入高于变动成本，这种产品对企业还是有贡献的，因为它能够为企业提供一定的边际贡献，对于这一类亏损产品，应区分不同情况进行决策。

1. 生产能力无法转移条件下的决策

生产能力无法转移是指企业出现亏损产品，若将亏损产品停产，剩余生产能力将闲置起来，无法用于生产其他产品或对外出租等。

例 5－6　假定某企业生产 A、B、C 三种产品，其中 A 产品是亏损产品，有关资料如表 5－7 所示。问：是否应停止生产 A 产品？

表 5－7　A 产品停产前利润表　　单位：元

项　目	产品 A	产品 B	产品 C	合　计
销售收入	2 500	2 000	3 000	7 500
减：变动成本	2 000	1 000	2 100	5 100
边际贡献	500	1 000	900	2 400
减：固定成本*	600	480	720	1 800
利润	－100	520	180	600

* 固定成本按销售收入比例分摊。

解：从表5－7中可以看出，A产品虽没有获利，但能提供500元的边际贡献，这可补偿部分固定成本。因此，应继续生产，否则会使利润减少500元。可见，在企业生产能力无法转移的情况下，只要亏损产品能够提供真正的边际贡献，就不应停止其生产，还应扩大生产，这样才能使企业利润增加；相反，如果停止A产品的生产，固定成本依然存在，不会因亏损产品的停产而改变，只能转由其他产品负担，在这种情况下，利润不仅不会增加，反而还会减少。如表5－8所示，如果停止生产A产品，利润总额将由600元下降到100元，此时C产品也会出现亏损。

表5－8　A产品停产后利润表　　单位：元

项　目	产品B	产品C	合　计
销售收入	2 000	3 000	5 000
减：变动成本	1 000	2 100	3 100
边际贡献	1 000	900	1 900
减：固定成本	720	1 080	1 800
利润	280	－180	100

2. 生产能力可以转移条件下的决策

如果企业出现亏损产品，而亏损产品停产后，剩余的生产能力可以被充分利用于其他方面，如转产等，在这种情况下，究竟应选择何种方案呢？

例5－7　仍用例5－6资料，如果A产品停产后，闲置的生产能力可用于对外出租，预计可获得租金800元。问：应否停止生产A产品？

解：在这种情况下，年租金收入800元，可视为继续生产亏损产品的机会成本，也可视为停产后的收入。此时，可用差量分析法进行分析决策，分析结果如表5－9所示。可见，停止生产亏损产品A，转而将闲置的生产能力对外出租，可多获利300元。

表5－9　差量损益分析表　　单位：元

项　目	不停产	停　产
相关收入	2 500	0
相关成本	2 800	0
其中：变动成本	2 000	0
机会成本	800	0
差量损益	－300	0

（三）半成品是否进一步加工的决策

在工业企业生产中，常常会遇到半成品是直接出售还是继续加工的问题，对于这类问题的决策，需视进一步加工后增加的收入是否超过进一步加工过程中追加的成本而定。如果前者大于后者，则进一步加工的方案较优；反之，如果前者小于后者，则应选择直接出售方案。

例 5－8 某厂每年可生产半成品 5 000 件，如果直接出售，单价为 20 元，其单位成本资料为：单位直接材料成本为 8 元；单位直接人工成本为 4 元；单位变动制造费用为 3 元；单位固定制造费用为 2 元；合计为 17 元。现在该工厂的生产能力还有一定剩余，可以将半成品继续加工后再出售，这样单价可提高到 25 元，但每件需要追加工资 3 元，变动制造费用 1 元。每件半成品可加工出一件产成品。问：是否继续加工？

解：由于已经发生的半成品成本是与决策无关的沉没成本，因此相关成本只有追加的工资和变动制造费用。该项决策可采用差量分析法，分析结果如表 5－10 所示。

表 5－10 差量损益分析表 单位：元

项 目	进一步加工	直接出售	差 量
相关收入	25 ×5 000 = 125 000	20 ×5 000 = 100 000	25 000
相关成本	20 000	0	20 000
其中：追加工资	3 ×5 000 = 15 000	0	—
追加变动制造费用	1 ×5 000 = 5 000	0	—
差量损益			5 000

可见，继续加工比直接出售可多获利 5 000 元，因此应选择进一步加工再出售的方案。

（四）是否接受追加订货的决策

原则上，如果客户所开出的销售单价大于追加订货的单位变动成本，并能补偿其可能发生的专属的固定成本和机会成本，即可接受；反之，则不接受。

例 5－9 某企业有剩余生产能力 5 000 工时，可用于生产现有的甲产品。生产甲产品每件需工时 2.5 小时，正常销售单价为 35 元/件，单位成本为 30 元/件。其中单位成本构成情况如下：

直接材料	12 元/件
直接人工	8 元/件
制造费用	
其中：变动制造费用	4 元/件
固定制造费用	6 元/件

单位成本合计 30元/件

现有某客户提出向该企业追加甲产品订货2 000件，并在产品款式上有一些特殊要求，需另购置一台专用设备，发生专属固定成本2 000元。但该客户仅愿出价28元/件。假设该企业的剩余生产能力除用于生产甲产品外，不能移作他用。问：该企业是否应该接受该项追加订货？

解：从表面上看，这项订货不能接受，因为客户仅出价28元/件，而产品单位成本却高达30元/件，并且接受追加订货还需要发生2 000元的专属固定成本。然而，从管理会计的决策相关成本的概念出发，就会发现，由于该项订货可利用现有的生产能力生产，故企业现有的固定成本为无关成本，接受该项订货将仅引起每件24元的变动成本和2 000元专属固定成本的发生。因此，该订货应否接受仅需考虑其收入是否超过相关的产品变动成本和专属固定成本。

对该项决策，现采用边际贡献分析法分析，如表5－11所示。

表5－11 边际贡献分析表

摘 要	金 额
销售单价（元/件）	28
单位变动（元/件）	24
单位边际贡献（元/件）	4
边际贡献总额（元）	8 000（4×2 000）
减：专属固定成本（元）	2 000
剩余边际贡献（元）	6 000

从计算结果可知，虽然追加订货的出价28元/件低于单位产品成本30元/件，但接受订货比不接受订货可多获利6 000元。所以应该接受这一低价的追加订货方案。

（五）零部件是自制还是外购的决策

在剩余的生产能力可以进行零部件自制，同时又可外购的情况下，零部件是自制还是外购就是一项需要解决的短期经营决策问题。对于该问题，由于是利用剩余的生产能力自制零部件，故不需考虑现有的固定成本，它属于沉落成本，与决策无关，只需要比较两个不同方案的相关成本即可。

在零部件自制或外购的决策问题中，外购方案的相关成本包括买价、运杂费等，而自制方案的相关成本则通常有以下三种具体情况。

（1）企业剩余生产能力不能移作他用，自制也不发生专属固定成本。在这种情况下，自制方案的相关成本包括自制零部件发生的变动生产成本。

例5－10 某企业生产需要甲零件，每月需用量为10 000件。如果自制，每件成本为30元，其中，直接材料20元，直接人工4元，变动制造费用1元，分摊的固定制造费用5元。如果外购，甲零件的单位成本（含买价和运杂费等）是27元/件，剩余生产能力无法转移。问：是选择自制还是外购?

解： 由于生产能力无法转移，因此自制的相关成本只是变动生产成本，可采用差量分析法进行决策，分析结果如表 5－12 所示。

表 5－12　差量成本分析表　　单位：元

项　目	自　制	外　购	差　量
自制相关成本			
其中：直接材料	20 × 10 000 = 200 000		
直接人工	4 × 10 000 = 40 000		
变动制造费用	1 × 10 000 = 10 000		
外购成本		270 000	
合　计	250 000	270 000	－20 000

由表 5－12 可见，自制比外购可节约成本 20 000 元，故该企业的甲零件应该自制。

（2）剩余生产能力可以他用，自制不发生专属固定成本。在这种情况下，自制的相关成本包括变动生产成本和机会成本（即由于自制使生产能力不能他用而损失的收益）。

例 5－11　仍用例 5－10 资料，如果甲零件外购后，剩余生产能力可用于增产乙零件 5 000 件。而乙零件的外购价格是 30 元/件，自制的单位变动成本是 24 元/件，单位固定成本 2 元/件。问：对于甲零件是选择自制还是外购?

解： 如果甲零件外购，则剩余生产能力可用于增产乙零件，这样可使乙零件节约外购成本 30 000 × ［（30－24）×5 000］元，该项节约应视为零件自制的机会成本。此时，用差量分析法进行决策分析，结果如表 5－13 所示。

表 5－13　差量成本分析表　　单位：元

项　目	自　制	外　购	差　量
自制相关成本			
其中：变动成本	250 000		
机会成本	30 000		
外购成本		270 000	
合　计	280 000	270 000	10 000

由表 5－13 可见，在考虑机会成本的情况下甲零件外购合算，可以比自制节约成本 10 000 元。

（3）剩余生产能力可以他用，同时，自制需发生专属固定成本。在这种情况下，自制方案的相关成本不仅包括变动成本、机会成本，而且包括专属固定成本。

例 5－12　仍用例 5－10 资料，如果该企业甲零件一直依靠外购，而闲置的生产设备用于对外出租，每月租金收入 1 500 元，现该企业拟将甲零件由外购改为自制，自制又需租入一台专用设备，每月支付租金 2 000 元。问：选择自制还是外购?

解： 如果甲零件外购，则每月获得的对外出租收入应视为甲零件自制的机会成本；

如果自制，则每月支付的专用设备租金属于自制的专属固定成本，它们都是与决策有关的成本。在这种情况下，采用差量分析法进行决策分析，其结果如表 5－14 所示。

表 5－14 差量成本分析表 单位：元

项 目	自 制	外 购	差 量
自制相关成本			
其中：变动成本	250 000		
机会成本	1 500		
专属成本	2 000		
外购成本		270 000	
合 计	253 500	270 000	－16 500

由表 5－14 可见，此时自制甲零件合算，可比外购节约成本 16 500 元。

二、生产多少的决策分析

应当生产多少产品，当然要考虑市场的需求，但除此以外，还要根据企业本身的产品生产的具体情况，本着节约资源、降低消耗、提高效益的原则加以具体落实。企业在这方面面临的主要问题有最优生产批量的决策、最优产品组合的决策以及风险型和不确定型的产量决策等。下面主要介绍最优生产批量决策。

最优生产批量决策又称经济生产批量决策，是指对进行成批生产的企业，全年应分几批组织生产，每批应生产多少产品最为经济合理的决策问题。对于这类问题的决策，主要考虑两个相关成本因素，即调整准备成本和变动储存成本，至于生产过程中发生的直接材料、直接人工、制造费用等成本与此决策无关，不必加以考虑。

调整准备成本是指每批产品投产前为做好准备工作而发生的成本，如调整机器、准备模具、青理现场、布置生产线、领取原材料、准备生产记录等。

这类成本每次的发生基本相等，与每批的生产数量（即批量）没有直接关系，而与一年之中生产的批次成正比。批次越多，调整准备成本就越高；反之，越低。公式表示为：

$$T_S = S \times N$$

其中：T_S 为年调整准备成本，S 为每批调整准备成本，N 为批次。

单位储存成本是指单位产品或零件在储存过程中所发生的年度成本，如仓库及其设备的维护费、折旧费、保险费、保管人员工资、自然损耗等。在这些费用中，有些是不随储存量变动而变动的固定成本，和最优生产批量的决策无关。而另一些则是随储存量的变动而变动的变动储存成本。这类变动储存成本与批次的多少无直接联系，而与生产批量成正比变化，批量越大，全年平均的储存量就越大，从而年变动储存成本就越高；反之，则越低。

两者之间的关系可用公式表示：

年变动储存成本＝单位变动储存成本×年平均储存量

$=$单位储存成本$\times\frac{1}{2}\times$每批生产终了时的最高储存量

$=$单位储存成本$\times\frac{1}{2}\times$每批产量/每天产量/（每天产量－每天领用量）

$=\frac{1}{2}\times$单位储存成本$\times$每批产量$\times$（1－每天领用量/每天产量）

用字母表示为：

$$T_c=\frac{1}{2}\times C\times Q\times(1-d/p)$$

显然，调整准备成本与变动储存成本是性质相反的两类成本，由于调整准备成本与批量无关，而与批次成正比，因此要想降低全年的调整准备成本，必须减少批次，而批次的减少，在全年生产总量一定的条件下，必将引起批量的增加，从而提高全年的变动储存成本。在这种情况下，就存在最优生产批量的决策问题。

最优生产批量的决策就是要寻求一个适当的生产批量，使其全年的调整准备成本与其全年的变动储存成本之和最低。成批生产时全年产量一般是固定的，这就决定了生产批量与批次成反比，批量越大，批次越少；反之，则越多。假设 A 为全年产量，则三者之间的关系可用公式表示为：

$$N=A/Q$$

全年总成本的计算公式为：

$$T=T_s+T_c=S\times A/Q+\frac{1}{2}\times C\times Q\times(1-d/p)$$

由于调整准备成本与变动储存成本具有性质相反的特征，决定全年总成本厂存在极小值，运用数学分析，首先求上式的一阶导数，令导数为0，就可得出以下结论：

（1）当年变动储存成本与年调整准备成本相等时，全年总成本最低。

（2）最优生产批量的计算公式为：

$$Q^*=\sqrt{2ASC(1-d/p)}$$

（3）最优生产批次的计算公式为：

$$N^*=A/Q^*$$

（4）最优批量的全年总成本的计算公式为：

$$T^*=\sqrt{2ASC(1-d/p)}$$

例 5－13 某企业每年生产 3 600 件甲产品，每件变动储存成本为 6 元，每批调整准备成本是 800 元，平均每日产出 30 件，每日耗用 10 件。要求：作出最优生产批量的决策。

解：根据上述资料，利用计算公式可确定最优生产批量及相应的指标如下：

$$Q^*=\sqrt{2\times3\,600\times800\times6\times(1-10/30)}=1\,200\text{（件）}$$

$$N^*=3\,600/1\,200=3\text{（批）}$$

$$T^*=\sqrt{2\times3\,600\times800\times6\times(1-10/30)}=4\,800\text{（元）}$$

可见，当全年生产3批，每批生产1 200件时，全年的总成本最低，为4 800元。

对于最优生产批量的决策问题，除了根据上述公式进行直接的计算来确定最优的生产批量和批次外，也可以通过列表法和绘图法更直观地反映出来。采用这些方法需要先假设年变动储存成本、调整准备成本和总成本。依上例，如表5－15所示进行分析。

表5－15　生产批次的有关资料

可能的生产批次	6	5	4	3	2	1
生产批量（件）	600	720	900	1 200	1 800	3 600
平均储存量（件）	200	240	300	400	600	1 200
年变动储存成本（元）	1 200	1 440	1 800	1 400	3 600	7 200
年调整准备成本（元）	4 800	4 000	3 200	2 400	1 600	800
年总成本（元）	6 000	5 440	5 000	4 800	5 200	8 000

比较表中的年总成本可见，最优的生产批次是3次，最优的生产量是1 200件，此时年总成本最低为4 800元。

用表5－15中的数据可以在坐标图上绘出年变动储存成本、年调整准备成本和年总成本线，如图5－1所示。

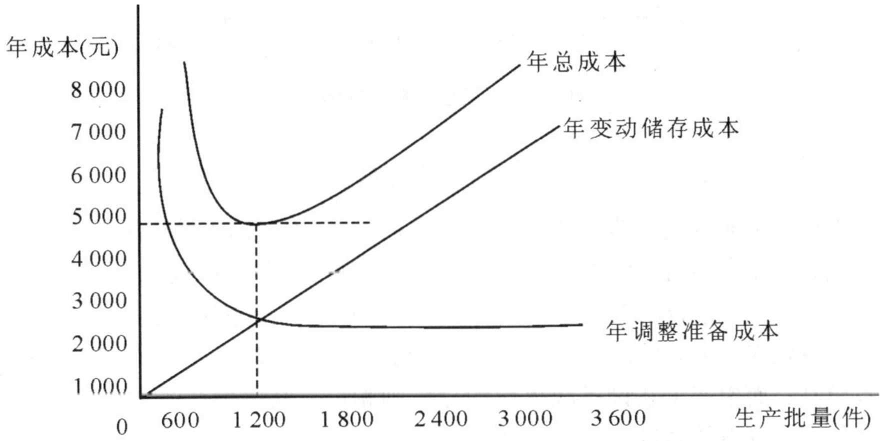

图5－1　成本构成示意图

三、如何生产的决策分析

具体问题有生产工艺方案选择的决策、一项增产任务应安排哪个分厂承担的决策等。

（一）生产工艺方案的决策

工业企业生产同一种产品或零件，往往可以采用几种不同的工艺方案。若采用比较先进的设备，其单位变动生产成本可能较低，但固定成本会较高；而比较落后的工艺方案采用的设备比较简易，其固定成本较低，但变动生产成本可能会较高。不同工艺方案的选择与一定的业务量范围相联系。

例 5－14　某企业决定生产一种零件，有甲、乙两个不同的生产工艺方案。甲方案采用落后的生产工艺设备，其年固定成本为 16 000 元，单位变动成本为 12 元/件；乙方案采用比较先进的设备，其年固定成本为 24 000 元，单位变动成本为 8 元/件。试作出选择何种方案的决策。

解：该问题可用本量利分析法，通过计算等成本点进行分析。

设等成本点的业务量（零件的年需要量）为 x，则

$$16\,000 + 12x = 24\,000 + 8x$$

$$x = 2\,000(\text{件})$$

可见，如果零件的年需要量低于 2 000 件，应选择甲方案；如果年需要量高于 2 000 件，则应选择乙方案。

该项决策分析结果亦可能通过图 5－2 反映。

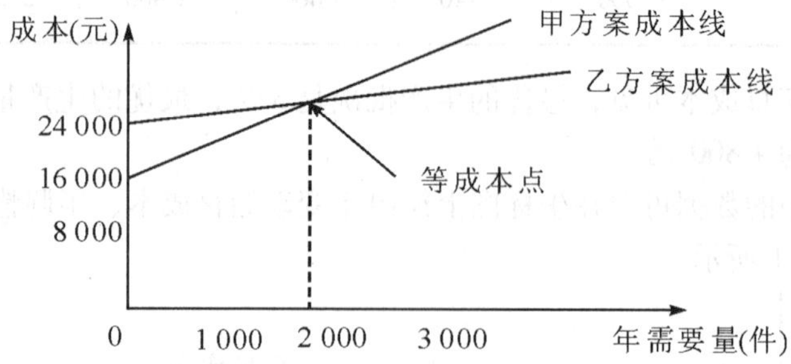

图 5－2　工艺方案选择图示

（二）选择不同分厂承担增产任务的决策分析

对于大型的工业企业，其下属的若干分厂往往同时生产同一种产品。在这种情况下如果企业现有一项产品增产任务，就需要决定应由哪个分厂承担这项任务。一般地讲，由于各分厂的生产工艺设备先进程度不同，其生产产品的成本结构会存在一定的差异。生产工艺设备较先进的分厂，其产品的单位变动生产成本较低，但单位产品分摊的固定生产成本较高；而生产工艺设备较落后的分厂则相反，其单位产品的变动生产成本较高，但单位产品分摊的固定生产成本较低。

因此，生产工艺设备先进的分厂的产品单位成本有可能高于生产工艺设备落后的分厂的产品单位成本。此时，假设两个分厂均有剩余生产能力来承担产品增产任务，那么，这项增产任务应交给哪个分厂承担？

对于这个问题，一般人会认为应当交给单位产品成本低的分厂承担。然而，从相关成本的角度看，由于增产任务由剩余生产能力完成，分厂承担增产任务将仅发生变动生产成本，而现有的固定成本为无关成本。因此，选择分厂承担增产任务的标准应看分厂的单位产品变动生产成本的高低，而不是单位产品成本的高低。

例 5－15　假设某工业企业下有甲、乙两个分厂均生产 A 产品，它们的年设计生产能力均为 50 000 件。今年两个分厂 A 产品的实际产量、销售单价及有关的成本资料如表 5－16 所示。

表 5 - 16　某企业的相关资料

摘　要	甲分厂	乙分厂
A 产品产量（件）	40 000	40 000
销售单价（元/件）	15	15
单位变动生产成本（元/件）	5	6
固定成本总额（元）	200 000	120 000
单位产品成本（元/件）	10	9

假设计划年度该企业除要求甲、乙两个分厂仍按今年实际产量生产外，根据市场预测分析，决定再增产 A 产品 10 000 件。在企业召开的生产计划工作会议上，分管生产的副总经理在浏览了 A 产品上述的成本资料后认为，由于乙分厂生产 A 产品的单位成本较低，A 产品增产任务应交由乙分厂承担，这样可较甲分厂节约成本 10 000 元，但甲分厂厂长表示异议。问：该副总经理的决策正确吗?

解：由于两个分厂均可利用剩余生产能力承担增产任务，因而均不会发生新的固定成本；而它们现有的固定成本是由过去的决策引起的，与增产任务的承担与否无关。它们承担增产任务，将仅发生产品的变动成本（本例假定剩余生产能力不能移作他用），因此，由哪个分厂承担增产任务应看哪个分厂的产品变动成本低。由上面甲、乙两分厂的成本资料可见，甲分厂的 A 产品单位变动成本为 5 元，而乙分厂的 A 产品单位变动成本为 6 元，故应将增产任务交由甲分厂承担，这样可比交给乙分厂节约成本 10 000 元（或增加边际贡献 10 000 元）。所以，该企业分管生产的副总经理的决策是错误的。这个结论可更详细地通过编制边际贡献分析表（见表 5 - 17）来说明。

表 5 - 17　边际贡献分析表

摘　要	甲分厂	乙分厂
增产产量（件）	10 000	10 000
销售单价（元/件）	15	15
单位变动成本（元/件）	5	6
单位边际贡献（元/件）	10	9
边际贡献总额（元）	100 000	90 000

由表 5 - 17 可见，将增产任务交给甲分厂比交给乙分厂所获得的边际贡献高 10 000 元。

第五节　定价决策分析

工业企业产品出厂价格是否合理，不仅直接影响产品的销路，而且影响企业的收入：如果产品定价过高，会减少销售量；如果定价过低，则不足以保证足够的利润。因此，定价决策是企业至关重要的一项经营决策。

一、定价应当考虑的基本因素

（一）产品成本

成本是企业定价应当考虑的最基本的因素。从长期看，产品价格应等于总成本加上合理的利润，否则企业将会因无利可图而停产；从短期看，企业应根据成本结构确定产品价格，即产品价格必须高于变动成本。

（二）产品质量

市场经济实行“优质优价，低质低价”。因此，企业定价要考虑自己产品的质量，根据质量高低，确定适当的价格。

（三）供求关系

市场价格受供求关系的影响很大。供不应求，市场价格必然上升；供大于求，市场价格就要下降。供求关系是企业产品定价必须考虑的因素。

（四）价格弹性

价格弹性是指由价格变化所引起的产品需求量的改变程度。对价格弹性大的产品，只要价格发生较小的变化，就会引起其需求量的较大改变；相反，价格弹性小的产品，其价格的变化对需求量的影响较小。对于价格弹性不同的产品，企业应采取不同的定价策略。

（五）市场生命周期

产品的市场生命周期包括三个阶段：引入期、成长和成熟期、衰退期。在不同的阶段定价策略应有所不同。引入期的价格既要补偿成本，又要能使市场接受；成长和成熟期正是产品大量销售、扩大市场占有率的时机，要求稳定价格以利于市场的开拓；进入衰退期的产品，一般应采取降价措施，以便充分挖掘老产品的晚期收益。

（六）其他因素

产品定价除考虑上述主要因素外，还需考虑其他一些因素，如企业竞争的目标、竞争对手的实力和其产品定价、购买者的购买力和购买心理、企业生产能力的利用程度、国家有关价格的政策法规等。

二、企业产品定价的基本方法

企业实践中采用的定价决策方法主要包括成本加成定价法、合同定价法和特殊产品定价法。

（一）成本加成定价法

对市场上有大量销售、有标准规格的正常产品，通常采用成本加成定价法决策。该方法是以成本为基础，加上一定的毛利或边际贡献制定价格，而毛利或边际贡献是根据成本加成率确定的。其理论依据是价格必须首先补偿成本，之后才能考虑利润及其他因素。这里的成本在不同的成本计算法下有着不同的内涵。现分别说明如下：

1. 全部成本计算下的成本加成定价法

按全部成本计算制定价格，是在单位生产成本的基础上加上一定的毛利率而得，其计算公式为：

$$价格=单位生产成本\times(1+成本毛利率)$$

$$成本毛利率=\frac{投资额\times预期投资报酬率+非生产成本}{生产成本}\times100\%$$

例 5－16 某公司生产甲产品，并准备采用成本加成定价法制定目标价格。会计部门提供生产甲产品 1 000 件时的有关成本资料如下：直接材料 40 000 元；直接人工 34 000元；变动制造费用 25 000 元；固定制造费用 61 000 元；变动推销及管理费用 13 000元；固定推销及管理费 11 000 元；合计 184 000 元。如果该公司投资总额是 400 000元，预期投资报酬率为 14%。问：目标价格应该是多少？

解：将有关数据代入上面所述计算公式：

$$成本毛利率=\frac{400\,000\times14\%+13\,000+11\,000}{40\,000+34\,000+25\,000+61\,000}\times100\%=50\%$$

$$目标价格=\frac{160\,000}{1\,000}\times(1+50\%)=240（元/件）$$

2. 变动成本计算下的成本加成定价法

按变动成本计算制定价格，是在单位变动成本的基础上加上一定的边际贡献，边际贡献是按照成本贡献率计算确定的，其价格计算公式为：

$$价格=单位变动成本\times(1+成本贡献率)$$

$$成本贡献率=\frac{投资额\times预期报酬率+固定成本}{变动成本}\times100\%$$

例 5－17 仍依据例 5－16 资料，要求按变动成本计算确定目标价格。

解：将有关数据代入上面的计算公式：

$$成本贡献率=\frac{400\,000\times14\%+(61\,000+11\,000)}{40\,000+34\,000+25\,000+13\,000}\times100\%=114\%$$

$$目标售价=\frac{112\,000}{1\,000}\times(1+114\%)=240（元/件）$$

值得注意的是，成本贡献率适用于产销量稳定或按订单生产的企业。除了按上述方法外，也可以根据企业历史中的经验数据或本行业平均成本利润率等来确定成本贡献率。

（二）合同定价法

对于无市价可参考的非标准产品，只能以成本为基础，经过买卖双方协商后，通过签订合同的形式确定下来，此类定价方法称为合同定价法。此法中签订的合同具体可分为四种价格合同：固定价格合同、成本加成合同、成本加固定费用合同、奖励合同。

例5－18 假设某项合同规定预算成本是80 000元，固定费用是9 000元，成本如有节约，60%归卖方作为额外利润。要求：分别按以下两种不同情况确定价格。

（1）实际成本是82 000元。

（2）实际成本是77 000元。

解：如果实际成本为82 000元，则：

$$价格=82\ 000+9\ 000=91\ 000\text{（元）}$$

如果实际成本为77 000元，则：

$$价格=77\ 000+（80\ 000-77\ 000）\times60\%+9\ 000=87\ 800\text{（元）}$$

三、定价策略

产品定价既有科学性也有艺术性，其艺术性集中表现在企业产品定价的策略上。

（一）新产品定价策略

为新产品定价是企业定价决策的一个重要问题。因为新产品初上市的价格，对新产品在市场上的命运有很大影响。新产品通常有以下两种定价策略可供选择。

1. 撇脂定价法（高价定价法）

这种策略是将新产品投放初期的价格定得较高，以保证初期能获得高额利润，随着产品销路的逐渐扩大，再逐步降低价格。

撇脂定价法通常是企业的短期定价策略，一般适用于以下情况：

（1）不同的消费者有不同的需求价格弹性。在这种情况下，企业有足够的时间，尽量让需求价格弹性小的消费者充分购买，然后再向需求价格弹性大的消费者推销。

（2）新产品的试制周期较长，或有专利保护，因而即使采取较高的价格也不怕竞争者迅速进入市场。

（3）尽管小规模生产的成本较高，但高价仍能带来显著的收益。

（4）高价能给人以高档品、高质量的形象感觉。

2. 渗透定价法（低价定价法）

这种策略是将价格定得较低，目的是为打入市场。此法由于价格定得较低，可使竞争者见无大利可取而不进入市场。如果企业研制一种新产品，目的是先占领市场，或者想挤进现有市场，采用此法较好。

渗透定价法适用于以下情况：

（1）需求价格弹性大，低价能吸引大量新的消费者。

（2）规模经济效益明显，大量生产能大幅度降低成本。

(3) 需要用低价来阻止竞争对手打入市场，或者需要用低价吸引大量消费者来扩大市场。

(4) 出于竞争或心理上的原因，想尽快占领市场，以求在同行中居于领先地位。

渗透定价法是一种为了长期目标而牺牲短期利益的定价方法。企业一旦达到市场渗透的目的，就会逐渐提高价格，以获得高额收益。

(二) 心理定价策略

顾客心理是影响定价的一个因素。企业应针对顾客不同心理采取不同的定价策略。常用的心理定价策略有以下三种。

1. 尾数定价法

顾客购物时，对价格数字往往有一种偏重于价格整数而忽略零数的心理倾向。尾数定价法就是根据顾客的这种心理，采用非整数的定价形式，以达到引起顾客购买欲望、增加销售量的目的。以这种方法制定的价格，其尾数以 8、9 为多，既给顾客一种价较低的印象，又能使顾客认为企业定价认真准确，从而产生信任感。尾数定价主要适用于价值较低、销售量大、销售面广、购买次数多的中低档日用消费品。

2. 整数定价法

此法与尾数定价法相反，其对商品的定价表现为整数。在一些顾客眼里，“一分钱一分货”的观念十分牢固，因而整数价格在他们看来是高质量的表现，可刺激他们的购买欲望。该策略适用于高档商品或耐用消费品的定价。

3. 声望定价法

这种定价方法是根据企业或产品在顾客中已树立的声望定价，声望高，则定价高。声望定价能够迎合部分顾客以商品显示其地位和身份或追求豪华的心理需要。

(三) 竞争性定价策略

竞争性定价是根据竞争对手的实力和竞争程度来定价。若市场上的主要竞争对手较弱，可先采用低价倾销的办法，将其逐出市场，然后再提高价格；若市场竞争激烈，则宜紧紧追随，在保本微利的前提下，采取“你提价，我也提价；你降价，我也降价”的策略；若与竞争对手旗鼓相当，则可考虑结成价格同盟，以免两败俱伤。

本章小结

在短期经营决策过程中，首先要分析决策中的相关信息。相关信息必须同时具备两个特点：第一，相关信息是面向未来的；第二，相关信息在各个备选方案之间应该有所差异。

产品生命周期成本有狭义和广义两种认识。狭义的生命周期成本是指在企业内部及其相关联方发生的由生产者负担的成本。广义的生命周期成本又称“全生命周期成本”，它不仅包括产品制造者发生的成本，而且把消费者购入产品后发生的使用成本、维护成本、废弃处置成本也包括在内。

典型的短期经营决策包括生产决策、定价决策和存货决策。

生产决策通常包括生产产品的组合决策、零部件是自制还是外购决策、产品是否应进一步深加工的决策、亏损产品是否停产的决策、生产工艺方案的选择决策、是否接受特殊订货的决策等。

生产决策的主要方法包括差量分析法、边际贡献分析法和本量利分析法。

在产品的定价决策中，企业应该根据不同的环境和市场特点，选择相应的定价策略。

存货决策主要关注保持合理的存货量水平，在持有存货的收益和成本之间作出权衡，达到两者的最佳结合。存货相关成本包括取得成本、储存成本、缺货成本。经济订货批量就是指能够使存货相关达到最低的订货批量。在不同的模型假定条件下，经济订货量的确定方法也有所不同。

练习题

一、单项选择题

1. 在管理会计中，将决策分析划分为确定型决策、风险型决策和不确定型决策所依据的分类标志是（　　）。

   A. 决策的重要程度　　B. 决策条件的肯定程度

   C. 决策规划时期的长短　　D. 决策解决的问题内容

2. 在管理会计中，将决策分析区分为短期决策与长期决策所依据的分类标志是（　　）。

   A. 决策的重要程度　　B. 决策条件的肯定程度

   C. 决策规划时期的长短　　D. 决策解决的问题

3. 根据管理会计的理论，短期经营决策分析的目标是（　　）。

   A. 企业价值最大化　　B. 股东财富最大化

   C. 企业短期利润最大化　　D. 企业长期盈利能力最大化

4. 在经济决策中应由中选的最优方案负担的、按所放弃的次优方案潜在受益计算的那部分资源损失，就是所谓（　　）。

   A. 增量成本　　B. 机会成本　　C. 专属成本　　D. 沉没成本

5. 下列各项中，属于无关成本的是（　　）。

   A. 沉没成本　　B. 增量成本　　C. 机会成本　　D. 专属成本

6. 下列决策方法中，能够直接揭示中选的方案比放弃的方案多获得的利润或少发生损失的方法是（　　）。

   A. 单位资源边际贡献分析法　　B. 边际贡献总额分析法

   C. 差别损益分析法　　D. 相关损益分析法

7. 在管理会计的生产经营决策中，如果相关成本中涉及专属成本，同时有三个以上备选方案，则下列方法中最应当考虑选用的是（　　）。

A. 单位资源边际贡献分析法　　B. 边际贡献总额分析法

C. 差别损益分析法　　D. 相关损益分析法

8. 是否接受低价追加订货决策的类型属于（　　）。

A. 是否生产决策　　B. 生产什么决策

C. 怎样生产决策　　D. 定价决策

9. 一般不涉及新固定资产投资，只涉及一年以内的一次性专门业务，并仅对该时期内收支盈亏产生影响的决策为（　　）。

A. 短期经营决策　　B. 风险决策

C. 长期投资决策　　D. 控制决策

10. 短期经营决策不包括（　　）。

A. 产品生产决策　　B. 定价决策

C. 固定资产投资决策　　D. 成本决策

二、多项选择题

1. 下列属于相关成本的有（　　）。

A. 重置成本　　B. 边际成本　　C. 沉没成本

D. 差别成本　　E. 专属成本

2. 下列各项中，属于决策分析过程中必须遵循的原则有（　　）。

A. 责任性　　B. 民主性　　C. 合理性

D. 科学性　　E. 效益性

3. 按照决策条件的肯定程度，可将决策划分为（　　）。

A. 战略决策　　B. 战术决策　　C. 确定型决策

D. 风险型决策　　E. 不确定型决策

4. 下列各项中，属于生产经营决策的有（　　）。

A. 亏损产品的决策　　B. 深加工的决策　　C. 生产工艺技术方案的决策

D. 最优售价的决策　　E. 调价的决策

5. 下列各项中，属于生产经营能力具体表现形式的有（　　）。

A. 最大生产经营能力　　B. 正常生产经营能力

C. 绝对剩余生产经营能力　　D. 相对剩余生产经营能力

E. 追加生产经营能力

6. 下列各项中，属于生产经营决策相关成本的有（　　）。

A. 增量成本　　B. 机会成本　　C. 专属成本

D. 沉没成本　　E. 不可避免成本

7. 下列各项中，备选方案不涉及相关收入的方法有（　　）。

A. 差别损益分析法　B. 相关损益分析法　C. 相关成本分析法

D. 成本无判别点法　E. 直接判断法

8. 下列各种决策分析中，可按成本无判别点法作出决策结论的有（　　）。

A. 亏损产品的决策　B. 追加订货的决策

C. 生产工艺技术方案的决策　D. 是否增产的决策

E. 自制或外购的决策

9. 下列各项中，属于以成本为导向的定价方法的有（　　）。

A. 总成本定价法　B. 边际分析法

C. 收益比率定价法　D. 利润无判别点法

E. 成本加成定价法

10. 下列各项决策中，属于"是否生产决策"内容的有（　　）。

A. 是否增产亏损产品的决策　B. 是否接受低价追加订货的决策

C. 是否转产某种产品的决策　D. 半成品是否深加工的决策

E. 零部件自制或外购的决策

三、判断题

1. 简单地说，决策分析是领导拍板作出决定的瞬间行为。（　　）

2. 决策分析的实质就是要从各种备选方案中作出选择，并一定要选出未来活动绝对最优的方案。（　　）

3. 科学的决策就是其决策结果没有误差或错误的决策。（　　）

4. 在生产经营决策中，确定决策方案必须通盘考虑生产经营能力、相关业务量、相关收入和相关成本等因素。（　　）

5. 相关业务量通常是通过对相关收入和相关成本的影响而实现对决策方案的影响。（　　）

6. 机会成本是指应由从中选的最优方案负担的，按所放弃的其他方案最低收益计算的那部分资源损失。（　　）

7. 在短期经营决策中，所有的固定成本或折旧费都属于沉没成本。（　　）

8. 对于那些应当停止生产的亏损产品来说，不存在是否应当增产的问题。（　　）

9. 按照管理会计的理论，即使追加订货的价格低于正常订货的单位完全生产成本，也不能轻易作出拒绝接受该项订货的决定。（　　）

10. 在是否接受低价追加订货的决策中，如果追加订货量大于剩余生产能力，必然会出现与冲击正常生产任务相联系的机会成本。（　　）

四、计算分析题

1. 已知：某企业组织多品种经营，其中有一种变动成本率为80%的产品于2005

年亏损了100万元，其完全销售成本为1 100万元。假定2006年市场销路、成本水平均不变。

要求：计算该亏损产品2005年的销售收入、变动成本和边际贡献，并用指定的决策方法就以下不相关的情况为企业作出有关该亏损产品的决策，并说明理由。

(1) 假定2006年企业与该亏损产品有关的生产能力无法转移。利用直接分析法作出2006年是否继续生产该产品的决策。

(2) 假定2006年企业与该亏损产品有关的生产能力可用于临时对外出租，租金收入为250万元。计算相关方案的机会成本，并利用直接分析法作出2006年是否继续生产该产品的决策。

(3) 假定条件同 (1)，但企业已具备增产50%该亏损产品的能力，且无法转移。利用直接分析法作出2006年是否应当增产该产品的决策，并利用差别损益分析法对决策结论进行验证。

(4) 假定条件同 (2)，但企业已具备增产50%该亏损产品的能力，且无法转移。利用相关损益分析法在增产该产品、不停产也不增产和停止生产该产品三个备选方案中作出决策。

2. 已知：某企业只生产一种产品，全年最大生产能力为1 200件。年初已按100元/件的价格接受正常任务1 000件。该产品的单位完全生产成本为80元/件，固定生产成本为25 000元。现有一客户要求以70元/件的价格追加订货。

要求：计算该产品的单位固定生产成本和单位变动生产成本，并考虑以下不相关的情况，用指定的方法为企业作出是否接受低价追加订货的决策，同时说明理由。

(1) 剩余能力无法转移，追加订货量为200件，不追加专属成本，判断能否利用直接分析法作出是否接受低价追加订货的决策，如果可以请作出决策。

(2) 剩余能力无法转移，追加订货量为200件，但因有特殊要求，企业需追加1 000元专属成本，利用差别损益分析法作出是否接受低价追加订货的决策。

(3) 假定条件同 (1)，但剩余能力可用于对外出租，可获租金收入5 000元，利用差别损益分析法作出是否接受低价追加订货的决策。

(4) 剩余能力无法转移，追加订货量为300件；因有特殊要求，企业需追加500元专属成本，利用差别损益分析法作出是否接受低价追加订货的决策。

3. 已知：某企业有一定闲置设备台时，拟用于开发一种新产品，现有A、B两个品种可供选择。A品种的单价为100元/件，单位变动成本为60元/件，单位产品台时消耗定额为2小时/件，此外，还需消耗甲材料，其单耗定额为5千克/件；B品种的单价为120元/个，单位变动成本为40元/个，单位产品台时消耗定额为8小时/个，甲材料的单耗定额为4千克/个。假定甲材料的供应不成问题。

要求：用单位资源边际贡献分析法作出开发哪个品种的决策，并说明理由。

4. 已知：某企业每年生产 1 000 件甲半成品。其单位完全生产成本为 18 元（其中，单位固定性制造费用为 2 元），直接出售的价格为 20 元。企业目前已具备将 80% 的甲半成品深加工为乙产品的能力，但每深加工一件甲半成品需要追加 5 元变动性加工成本。乙产品的单价为 30 元。假定乙产品的废品率为 1%。

要求：请考虑以下不相关的情况，用差别损益法为企业作出是否深加工甲半成本的决策，并说明理由。

（1）深加工能力无法转移。

（2）深加工能力可用于承揽零星加工业务，预计可获得边际贡献 4 000 元。

（3）假定条件同（1），如果追加投入 4 500 元专属成本，可使深加工能力达到 100%，并使废品率降低为零。

5. 已知：某企业每年需用 A 零件 2 000 件，原由金工车间组织生产，年总成本为 19 000 元，其中，固定生产成本为 7 000 元。如果改从市场上采购，单价为 8 元/件，同时将剩余生产能力用于加工 B 零件，可节约外购成本 2 000 元。

要求：利用相关成本分析法为企业作出自制或外购 A 零件的决策，并说明理由。

6. 某炼油厂从原油中提炼煤油，既可作为煤油出售，也可进一步深加工成汽油或柴油出售。已知煤油经过加工后的回收率是：汽油 85%，柴油 5%。另外损失 10%。假定煤油加工费是每升 0.2 元。三种油每升的销售价格为：煤油 0.5 元；汽油 0.8 元，柴油 0.4 元。该厂现有煤矿油 9 000 升。要求：对煤油是否进一步深加工作出决策。

7. 某企业生产甲产品，目前生产量为 80 000 件，销售单价 10 元/件，单位变动成本 6 元/件，固定成本总额 200 000 元。该企业最大生产能力为 100 000 件，剩余生产能力对外出租，每年可获租金收入 30 000 元。现有一客户前来订货 20 000件，每件开价 8.2 元。问：是否接受该订货价格？若订购 40 000 件，每件开价 8.2 元，订货价格能否接受？

8. 某企业过去一直用半自动化设备生产甲产品，其最大生产能力为 40 000 件，其单位变动成本为 16 元/件，固定成本总额为 200 000，产品销售单价为 21 元/件。现为了提高产品的质量和产量，准备购置全自动化设备，这样将使固定成本总额增加 50%，生产能力提高 25%，但单位变动成本可降低到 11 元/件。问：在什么规模产量条件下，采用全自动化设备才是有利的？

五、案例分析

甲公司的生产经营决策

甲公司是一家从事机床制造的大型国有企业，资金供应十分充足。2003 年之前主要生产经营常规的通用机床。从 2003 年开始，甲公司引进国外先进技术，成功开发了具有国际先进水平的 X 型数控组合机床，并批量投入国内市场，逐渐成为甲公司的拳头产品。

由于在 2003—2004 年期间 X 型机床的产量不稳定，甲公司一直从国际市场上采购为 X 型机床配套的关键部件 Y 型装置，每套平均单价折合人民币 5 000 元（假定这个价格长期不变，甲公司的外汇资金充裕）。

2004 年年底，该公司决定于 2005 年投资设立一个专门生产 Y 型装置的乙车间。当时有 A 和 B 两方案可供选择，A 方案的内容是：乙车间的最大设计生产能力为每年生产 800 套 Y 型装置，全部供应甲公司用于生产 X 型数控组合机床，每年预算的固定生产成本为 600 000 元，单位变动生产成本为 3 000 元/件。B 方案的内容是：乙车间的最大设计生产能力为每年生产 2 000 套 Y 型装置，每年预算的固定生产成本为 1 000 000 元，单位变动生产成本为 2 500 元/件。除按每套 3 000 元的固定价格向总公司无限量供货外，所有剩余产品均可以直接在国内市场上销售，预计市场售价为 4 000 元人民币。

甲公司最终选择了 B 投资方案，乙车间于 2005 年年末建成投产。

2006 年乙车间实际生产了 1 000 套 Y 型装置，其中，甲公司使用了 600 套，其余均实现了对外出售。

本题不考虑增值税和外汇汇率波动的因素，假定国内市场上除进口商以外没有其他厂商销售 Y 型装置。

依据上述资料，请回答以下问题：

(1) 2005 年甲公司所使用的 Y 型装置是通过什么渠道取得的？

(2) 如果甲公司选择 A 方案投资设立乙车间，请按成本无差别点法分析从 2006 年起甲公司每年至少要生产多少台 X 型数控组合机床才是有利可图的？

(3) 2006 年乙车间生产 Y 型装置的盈亏状况如何？（要求列出计算过程）

(4) 假定 2007 年其他条件均不变，请按一定方法为乙车间在 2007 年是否停产、继续按原有规模生产或增产（按最大产量计算）这三个方案中作出选择。

(5) 如果 2007 年甲公司 X 型数控组合机床的全年预计产量将达到 1 200 台，假定你是甲公司的决策者，你是否会同意乙车间提出的将其 2007 年生产的全部 Y 型装置直接对外销售的方案，为什么？

普通高等教育高级应用型
人才培养规划教材

第六章

长期投资决策

【学习目标】

通过本章的学习，掌握长期投资的概念、特点以及长期投资决策的分类；了解长期投资决策分析需要考虑的重要因素（现金流量、货币时间价值、资金成本、投资的风险价值等）；掌握长期投资决策分析常用的方法（净现值法、现值指数法、内含报酬率法、投资回收期法等）；了解典型长期投资决策案例的分析方法。

引导案例

宏兴公司的一座仓库已经达到报废的期限，但如果进行一次大修理，尚可继续使用5年，大修理费用共100 000元，继续使用每年维修费用为5 000元。如按原规模重建，造价为250 000元，可使用25年，每年维修费用仅需3 000元。若预期投资报酬率为15%，为解决今后5年的仓储问题，该仓库应该大修还是重建？

长期投资决策分析是管理会计的重要内容之一，它对企业正确作出长期投资决策，保证企业健康持续发展有十分重要的意义。

投资是指特定经济主体为了在未来可预见的时期内获得收益或使资金增值，把握时机向一定领域的标的物投放足够数额的资金或实物等货币等价物的经济行为。从企业角度看，投资就是企业为获取收益而向一定对象投放资金的经济行为。投资有很多种类：根据投资回收的时间来划分，有长期投资和短期投资；从投资的方向来看，有对内投资和对外投资；以投资对企业前途的影响为依据，可分为战略性投资与战术性投资，以及初创投资与后续投资、确定性投资与风险投资、相关性投资与非相关性投资等。这些分类是根据逻辑划分的二分法划分出来的，每一种投资本身就具有多种类型的性质与特点，例如一项长期投资，它既可能是战略性投资，又可能是风险性投资。

第一节　长期投资决策概述

一、长期投资的概念及分类

（一）长期投资的概念

长期投资（long-range investment）是指企业需要投入大量资金，以增加生产经营能力并期望在未来获取收益的经济活动。广义来说，长期投资包括投资于厂房、机器设备等方面的固定资产投资，也包括无形资产投资和长期有价证券投资。狭义而言，长期投资专指固定资产投资。

（二）长期投资的分类

1. 战术性投资与战略性投资

战术性投资是指不牵扯到整个企业前途的投资，如为提高劳动生产率、改善工作环境而进行的投资；战略性投资是指对企业全局有重大影响的投资，如企业转产、增加新产品的投资。

2. 相关性投资与非相关性投资

如果采纳或者放弃某个投资项目，可以显著地影响另外一个投资项目，那么可以说这两个项目是相关性投资。按相关性质的不同，相关性投资可进一步划分为互补性投资和互斥性投资。凡相互配套、相互依存、缺一不可的各种投资，如电厂和输电线路、油田和输油管等，均属于互补性投资；凡是只需选择其一而互相排斥的各项投资，如全自动生产线和半自动生产线、厂址选择甲地还是乙地等，均属于互斥性投资。如果采纳或放弃某一项目并不显著地影响另一个项目，则可以说这两个项目是非相关性投资。

3. 独立投资与互斥投资

独立投资是指在相互独立的若干个投资方案或项目间进行选择的投资。在这种情况下，项目间不能相互取代，且某一项目投资的收益和成本不会因其他项目的采纳而受到影响。如企业拥有一笔长期闲置资金，决定进行投资。方案一是对外投资，购买某企业的股票；方案二是对内投资，增加新的生产线。这两个方案互相独立，择优选择。

互斥投资是指各项目间有取必有舍，互相排斥，不能同时并存的投资。如公司有一笔资金可用于购买甲车床或乙车床，由于资源的有限性，如果购买甲车床就不能购买乙车床，同样，如果购买乙车床就不能购买甲车床，二者只能选择其一。

二、长期投资的特点及长期投资决策的重要性

投资决策是企业所有决策中最为关键、最为重要的决策，所以我们常说投资决策失误是企业最大的失误。一个重大的投资决策失误往往会使一个企业陷入困境，甚至破产。因此，管理会计一项极为重要的职能就是为企业当好参谋，把好投资决策关。长期

投资通常投入规模较大，周期较长，且直接影响企业的竞争地位与长期发展目标的实现，所以决策的失误，会使整个企业遭受巨大影响甚至有可能导致企业破产，因此长期投资决策大多属于战略性决策。

长期投资决策（long-range decision making）是指对各种长期投资方案的投资支出和投资收入进行比较、分析、判断和评价后作出的决定和选择，即从若干备选方案中选择最优方案的过程。由于长期投资一般数额较大，且投资的回收期长，因而投资要结合资金的时间价值、风险价值、现金流量和资金成本等因素来考虑。如厂房的新建和扩建、设备的引进和更新、资源的开发与利用等都具有投入金额大、影响时间长、影响因素复杂多变的特点。在一家管理规范的公司里，长期投资决策过程往往是从战略层次开始，再由执行经理将战略目标转化成包含特定投资方案的具体投资项目计划。这一投资决策过程最为主要的方面就是投资方案的财务评估，通常被称为资本预算（capital budgeting）。

第二节　长期投资决策需要考虑的重要因素

一、货币的时间价值

（一）货币时间价值的含义

货币时间价值是指在不考虑通货膨胀和风险性因素的情况下，资金在其周转使用过程中随着时间的变化而变化的价值，其实质是资金周转使用后所带来的利润或实现的增值。资金在不同的时点上，其价值是不同的，如今天的 100 元和一年后的 100 元是不等值的。今天将 100 元存入银行，在银行利息率为 10% 的情况下，一年以后会得到 110 元，多出的 10 元利息就是 100 元经过一年时间的投资所增加的价值，即货币的时间价值。显然，今天的 100 元与一年后的 110 元相等。由于不同时点的资金价值不同，所以在进行价值大小对比时，必须将不同时间的资金折算为同一时点后才能进行大小的比较。

如果我们将资金锁在柜子里，资金无论如何也不会增值。在资金使用权和所有权分离的今天，资金的时间价值仍是剩余价值的转化形式。一方面，它是资金所有者让渡资金使用权而获得的一部分报酬；另一方面，它是资金使用者因获得使用权而支付给资金所有者的成本。资金的时间价值是客观存在的经济范畴，在公司的生产经营中，公司投入生产活动的资金，经过一定时间的运转，其数额会随着时间的持续而不断增长。公司将筹集的资金用于购买劳动资料和劳动对象，劳动者借以进行生产经营活动，从而实现价值转移和价值创造，带来货币的增值。资金的这种循环与周转以及因此实现的货币增值，需要一定的时间。随着时间的推移，资金不断周转使用，时间价值不断增加。

在公司财务活动中，公司经营者会充分利用闲置资金购买股票、债券或进行其他投资活动以获得投资收益。通常情况下，只有当所获得的投资收益大于或等于利息收入时，即投资利润率大于同期银行利息率时，公司才进行投资活动，否则公司宁愿把资金存在银行中，也不愿进行有一定风险的投资活动。由此可见，货币的时间价值从价值量上看，是在没有风险和没有通货膨胀条件下的社会平均资金利润率，货币的时间价值是公司投资利润率的最低限度。

（二）货币时间价值的计算

由于资金具有时间价值，因此同一笔资金在不同的时间，其价值是不同的。计算资金的时间价值，其实质就是不同时点上资金价值的换算。它具体包括两方面的内容：一方面，是计算现在拥有一定数额的资金，在未来某个时点将是多少数额，这是计算终值问题；另一方面，是计算未来时点上一定数额的资金，相当于现在多少数额的资金，这是计算现值问题。

资金时间价值的计算有两种方法：一是只有本金计算利息的单利法；二是不仅本金要计算利息，利息也能生利，即俗称“利滚利”的复利法。相比较而言，复利法更能准确地反映本金及其增值部分的时间价值。计算货币时间价值量，首先需引入“现值”和“终值”两个概念表示不同时期的货币时间价值。所谓“现值”，又称“本金”，是指资金现在的价值；所谓“终值”，又称“本利和”，是指资金经过若干时期后包括本金和时间价值在内的未来价值。终值与现值通常包括单利终值与现值、复利终值与现值、年金终值与现值等几种形式。

1. 单利终值与现值

单利是指只对借贷的原始金额或本金支付（收取）的利息。我国银行一般是按照单利计算利息的。

在单利计算中，设定以下符号：

P——本金（现值）；i——利率；I——利息；F——本利和（终值）；t——时间。

（1）单利终值。单利终值是本金与未来利息之和。其计算公式为：

$$F=P+I=P+P\times i\times t=P\ (1+i\times t)$$

例 6－1 将 100 元存入银行，利率假设为 10%，按单利计算 1 年后、2 年后、3 年后的终值是多少？

1 年后：　100×（1＋10%）＝110（元）

2 年后：　100×（1＋10%×2）＝120（元）

3 年后：　100×（1＋10%×3）＝130（元）

（2）单利现值。单利现值是资金现在的价值。单利现值的计算就是确定未来终值的现在价值。其计算公式为：

$$P=F-I=F-F\times i\times t=F\times\ (1-i\times t)$$

例 6－2 假设银行存款利率为 10%，为 3 年后获得 20 000 元现金，某人现在应存入银行多少钱？

$$P=20\ 000\times\ (1-10\%\times3)\ =14\ 000\ (元)$$

2. 复利终值与现值

复利是指不仅本金要计算利息，本金所生的利息在下期也要加入本金一起计算利息，即通常所说的“利滚利”。

在复利的计算中，设定以下符号：

F——复利终值；i——利率；P——复利现值；n——期数。

（1）复利终值。复利终值是指若干期后本金按复利计算的本利和。其计算公式为：

$$F_n = P(1+i)^n = P(F/P, i, n)$$

式中，$(F/P, i, n)$ 称作复利终值系数，可查复利终值系数表得到。

例6－3 将5 000元存入银行，若利率为7%，4年后的本利和为：

$$F_4 = P(1+i)^n = 5\,000 \times (1+7\%)^4 = 6\,550\text{（元）}$$

$$= P(F/P, 7\%, 4) = 5\,000 \times 1.310 = 6\,550\text{（元）}$$

（2）复利现值。复利现值是指复利终值的逆运算。它是指在今后某一规定时间收到或支付的一笔资金按规定折现率所计算的现在价值。其计算公式为：

$$P = F_n / (1+i)^n = F_n(P/F, i, n)$$

式中：$(P/F, i, n)$ 称作复利现值系数，可查复利现值系数表得到。

例6－4 将于4年末收到60 000元，按6%折现率计算，其现值应为：

$$P = F_4(P/F, 6\%, 4) = 60\,000 \times 0.792 = 47\,520\text{（元）}$$

3. 年金终值与现值

年金（annuity）是指在若干期内，每隔相同的间隔期收到或支付的相等金额。

年金按收款方式不同，可分为以下四种形式：①普通年金（ordinary annuity），即每期期末收付的年金，也叫后付年金；②即付年金（due annuity），每期期初收付的年金，也称先付年金；③递延年金（deferred annuity），即第一次收付发生在若干期以后的年金，也就是最初若干期没有收付款的年金；④永续年金（perpetual annuity），即无限期收付的年金，也称无限期年金。

在年金的计算中，设定以下符号：

A——每年收付的金额；i——利率；F——年金终值；P——年金现值；n——期数。

（1）普通年金终值（the future value of an annuity）。普通年金终值是指一定时期内每期期末等额收付款项的复利终值之和。根据复利终值的方法计算年金终值 F 的计算公式为：

$$F = A + A\cdot(1+i) + A\cdot(1+i)^2 + \cdots + A\cdot(1+i)^{n-1} \qquad (6-1)$$

等式两边同乘 $(1+i)$，则有：

$$F\cdot(1+i) = A\cdot(1+i) + A\cdot(1+i)^2 + A\cdot(1+i)^3 + \cdots + A\cdot(1+i)^n \qquad (6-2)$$

式（6－2）减式（6－1）得：

$$F\cdot(1+i) - F = A\cdot(1+i)^n - A$$

$$F\cdot i = A\cdot[(1+i)^n - 1]$$

$$F = A\cdot\frac{(1+i)^n - 1}{i} = A(F/A, i, n)$$

公式中，$\frac{(1+i)^n-1}{i}$通常称为“年金终值系数”，用符号（F/A，i，n）表示，可查年金终值系数表得到。

例6－5 10年内每年年末存入银行80元，存款利率为6%，则第10年末的年金终值为：

$$F_{10}=80\times\frac{(1+6\%)^{10}-1}{6\%}=80\times(F/A,6\%,10)=80\times13.181=1\ 054.50\text{（元）}$$

（2）普通年金现值（the present-value of annuity）。

一定期间内每期期末等额的系列收付款项的现值之和，叫做年金现值。

根据复利现值的方法计算年金现值 P 的计算公式为：

$$P=A\cdot\frac{1}{(1+i)}+A\cdot\frac{1}{(1+i)^2}+\cdots+A\cdot\frac{1}{(1+i)^{n-1}}+A\cdot\frac{1}{(1+i)^n}\qquad(6-3)$$

等式两边同乘（$1+i$），则有：

$$P\cdot(1+i)=A+A\cdot\frac{1}{(1+i)}+A\cdot\frac{1}{(1+i)^2}+\cdots+A\cdot\frac{1}{(1+i)^{n-1}}\qquad(6-4)$$

式（6－4）减式（6－3）：

$$P\cdot(1+i)-P=A-A\cdot\frac{1}{(1+i)^n}$$

$$P\cdot i=A\cdot\left[1-\frac{1}{(1+i)^n}\right]$$

$$P=A\cdot\frac{1-(1+i)^{-n}}{i}=A(P/A,i,n)$$

公式中，$\frac{1-(1+i)^{-n}}{i}$通常称为“年金现值系数”，用符号（P/A，i，n）表示。年金现值系数可以通过查年金现值系数表获得。

例6－6 准备在今后5年内每年年末可从银行提取现金8 000元，若年利率为10%，则现在需向银行一次存入的金额为：

$$P=8\ 000\times\frac{1-(1+10\%)^{-5}}{10\%}=8\ 000\times(P/A,10\%,5)=8\ 000\times3.791=30\ 329\text{（元）}$$

（3）先付年金终值。

先付年金终值是指一定时期内每期期初等额收付款项的复利终值之和。先付年金与普通年金的付款期数相同，但由于其付款时间的不同，先付年金终值比普通年金终值要多计算一期利息。因此，可在普通年金终值的基础上乘以（$1+i$）就是先付年金的终值。先付年金的终值 F 的计算公式为：

$$\begin{aligned}F&=A\cdot\frac{(1+i)^n-1}{i}\cdot(1+i)\\&=A\cdot\frac{(1+i)^{n+1}-(1+i)}{i}\\&=A\cdot\left[\frac{(1+i)^{n+1}-1}{i}-1\right]\end{aligned}$$

公式中，$\frac{(1+i)^{n+1}-1}{i}-1$ 通常称为“先付年金终值系数”，它是在普通年金终值系数的基础上，期数加1，系数减1求得的，可表示为［（F/A，i，n+1）－1］，可通过查普通年金终值系数表得（n+1）期的值，然后减去1可得对应的先付年金终值系数的值。例如［（F/A，6%，4+1）－1］，（F/A，6%，4+1）的值为5.637 1，再减去1，得先付年金终值系数为4.637 1。

例6－7 某公司租赁写字楼，每年年初支付租金5 000元，年利率为8%，该公司计划租赁12年，需支付的租金为多少？

$$F=A\cdot\left[\frac{(1+i)^{n+1}-1}{i}-1\right]$$

$$=5\ 000\times\left[\frac{(1+8\%)^{12+1}-1}{8\%}-1\right]$$

$$=5\ 000\times 20.495$$

$$=102\ 475\ (元)$$

或
$$F=A\times[(F/A,\ i,\ n+1)-1]$$

$$=5\ 000\times[(F/A,\ 8\%,\ 12+1)-1]$$

查年金终值系数表得：

$$(F/A,\ 8\%,\ 12+1)=21.495$$

$$F=5\ 000\times(21.495-1)=102\ 475\ (元)$$

（4）先付年金的现值。

先付年金现值是指一定时期内每期期初收付款项的复利现值之和。先付年金与普通年金的付款期数相同，但由于其付款时间的不同，先付年金现值比普通年金现值少折算一期利息。因此，可在普通年金现值的基础上乘以（1+i）就是先付年金的现值。

先付年金的现值 P 的计算公式为：

$$P=A\cdot\frac{1-(1+i)^{-n}}{i}\cdot(1+i)$$

$$=A\cdot\left[\frac{(1+i)-(1+i)^{-(n-1)}}{i}\right]$$

$$=A\cdot\left[\frac{1-(1+i)^{-(n-1)}}{i}+1\right]$$

公式中，$\frac{1-(1+i)^{-(n-1)}}{i}+1$ 通常称为“先付年金现值系数”，先付年金现值系数是在普通年金现值系数的基础上，期数减1，系数加1求得的，可表示为［(P/A，i，n－1)＋1］，可通过查年金现值系数表，得 n－1 期的值，然后加上1可得对应的先付年金现值系数的值。例如［（P/A，6%，4－1）＋1］，（P/A，6%，4－1）的值为2.673，再加上1，得先付年金现值系数为3.673。

例6－8 某人分期付款购买住宅，每年年初支付6 000元，20年还款期，假设银行借款利率为5%，该项分期付款如果现在一次性支付，需支付现金是多少？

$$P=A\times\left[\frac{1-(1+i)^{-(n-1)}}{i}+1\right]$$

$$=6\,000\times\left[\frac{1-(1+5\%)^{-(20-1)}}{5\%}+1\right]$$

$$=6\,000\times 13.085\,3$$

$$=78\,511.8\text{（元）}$$

或　　$$P=A\cdot[(P/A,\ i,\ n-1)+1]$$

$$=6\,000\times[(P/A,\ 5\%,\ 20-1)+1]$$

查年金现值系数表得：

$$(P/A,\ 5\%,\ 20-1)=12.085\,3$$

$$P=6\,000\times(12.085\,3+1)=78\,511.8\text{（元）}$$

（5）递延年金终值。

递延年金终值的计算方法与普通年金终值的计算方法相似，其终值的大小与递延期限无关。

（6）递延年金现值。

递延年金现值是自若干时期后开始每期款项的现值之和，其现值计算方法有两种：

① 第一步把递延年金看作 n 期普通年金，计算出递延期末的现值；第二步将已计算出的现值折现到第一期期初。

例 6－9　第一期和第二期没有发生收付款项，一般用 m 表示递延期数，$m=2$。从第三期开始连续 4 期发生等额的收付款项 100 元，$n=4$，假设银行利率为 6%，其递延年金现值为多少？

第一步，计算 4 期的普通年金现值。

$$P_2=A\cdot\frac{1-(1+i)^{-n}}{i}$$

$$=100\times\frac{1-(1+6\%)^{-4}}{6\%}$$

$$=100\times 3.465\,1$$

$$=346.51\text{（元）}$$

第二步，已计算的普通年金现值，折现到第一期期初。

$$P_0=P_2\times\frac{1}{(1+i)^m}$$

$$=346.51\times\frac{1}{(1+6\%)^2}$$

$$=346.51\times 0.89$$

$$=308.39\text{（元）}$$

② 第一步计算出 $m+n$ 期的年金现值；第二步计算 m 期年金现值；第三步将计算出的 $m+n$ 期扣除递延期 m 的年金现值，得出 n 期年金现值，它的计算步骤为：

$$P_{m+n}=100\times\frac{1-(1+6\%)^{-(2+4)}}{6\%}$$

$$=100\times 4.917\,3$$

$$=491.73\text{（元）}$$

$$P_m = 100 \times \frac{1-(1+6\%)^{-2}}{6\%}$$
$$= 100 \times 1.833\ 4$$
$$= 183.34\ (元)$$
$$P_n = P_{m+n} - P_m$$
$$= 491.73 - 183.34$$
$$= 308.39\ (元)$$

（7）永续年金现值。

永续年金是指无限期支付的年金，如优先股股利。由于永续年金持续期无限，没有终止时间，因此没有终值，只有现值。永续年金可视为普通年金的特殊形式，即期限趋于无穷的普通年金。其现值的计算公式可由普通年金现值公式推出。

永续年金现值 P 计算公式为：

$$P = A \cdot \frac{1-(1+i)^{-n}}{i}$$

当 $i \to \infty$ 时，$(1+i)^{-n} \to 0$

故　$P = A/i$

4. 货币时间价值的特殊问题

（1）复利计息频数。

复利计息频数是指利息在一年中复利多少次。在前面的终值与现值的计算中，都是假定利息是每年支付一次的，因为在这样的假设下，最容易理解货币的时间价值。但是在实际理财中，常出现计息期以半年、季度、月甚至以天为期间的计息期，相应复利计息频数分别为每年 2 次、4 次、12 次、360 次。如贷款买房按月计息，计息为 12 个月。如果给出年利率，则计息期数和计息率均可按下列公式进行换算：

$$r = i/m$$
$$t = m \times n$$

其终值和现值的计算公式分别为：

$$F = P \times (1+r)^t = P \times \left(1+\frac{i}{m}\right)^{m \times n}$$
$$P = F/(1+r)^t = F/\left(1+\frac{i}{m}\right)^{m \times n}$$

公式中，r 为期利率，i 为年利率，m 为每年的计息次数，n 为年数，t 为换算后的计息期数。

例 6－10　存入银行 1 000 元，年利率为 12%，计算按年、半年、季、月的复利终值。

① 年复利的终值：

$$F_1 = 1\ 000 \times (1+12\%) = 1\ 120\ (元)$$

② 半年复利的终值：

$$F_2 = 1\ 000 \times [1+(12\%/2)]^2 = 1\ 123.6\ (元)$$

③ 按季复利的终值：

$$F_4 = 1\ 000 \times [1 + (12\%/4)]^4 = 1\ 125.51\ (\text{元})$$

④ 按月复利的终值：

$$F_{12} = 1\ 000 \times [1 + (12\%/12)]^{12} = 1\ 126.83\ (\text{元})$$

从以上计算可以看出，按年复利终值为 1 120 元，按半年复利终值为 1 123.6 元，按季复利终值为 1 125.51 元，按月复利终值为 1 126.83 元，即一年中计息次数越多，其终值就越大。相反，一年中计息次数越多，其现值则越小。这二者的关系与终值和计息次数的关系恰好相反。

（2）求解折现率、利息率。

可采用内插法或插值法计算折现率、利息率。

例 6－11　某人现在向银行存入 7 000 元，按复利计算，在利率为多少时，才能在 8 年后每年得到 1 000 元？

解：

$$P/A = (P/A,\ i,\ n)$$

$$7\ 000/1\ 000 = (P/A,\ i,\ 8)$$

$$7 = (P/A,\ i,\ 8)$$

查年金现值系数表，当利率为 3% 时，系数是 7.019 7；当利率为 4% 时，系数是 6.463 2。因此判断利率应为 3% ~4%，设利率 i 与 3% 之间的差值为 x，则用内插法计算 x 值。

$$\left.\begin{array}{l}\left.\begin{array}{l}3\%\\?\end{array}\right\}x\%\\4\%\end{array}\right\}1\% \qquad\qquad \left.\begin{array}{l}\left.\begin{array}{l}7.019\ 7\\7\end{array}\right\}0.019\ 7\\6.463\ 2\end{array}\right\}0.556\ 5$$

利率　　　　　　　　　　　　年金现值系数

$$\frac{x}{1} = \frac{0.019\ 7}{0.556\ 5}$$

$$x = 0.035\ 4$$

故

$$i = 3\% + 0.035\ 4\% \approx 3.04\%$$

二、现金流量

（一）现金流量的概念

现金流量是指同某一投资方案相联系的，在未来一定时期发生的现金流出与现金流入的数量。它具体可分为现金流入量、现金流出量和净现金流量。现金流入量是由于投资项目实施而引起的现金收入的增加或现金支出的减少。现金流出量是指由于投资项目实施而引起的现金支出的增加或现金收入的减少。净现金流量是指现金流入量与现金流出量之差。

在估算投资项目各年净现金流量时，为了避免发生某些错误，应注意掌握以下几项原则。

1. *以增量现金流量为基础*

投资项目任何一年产生的现金流量大小应该是投资项目实施与不实施相应的收入和

支出的改变量，这就是所谓的增量现金流量。例如，对于与固定资产投资相配套的流动资金投入应该列为现金流量的原因，只要将投资项目实施与不实施进行比较便会看得清清楚楚。如果不实施投资，企业就无须投入这笔流动资金，只要企业实施投资，这笔流动资金就无法避免地要投入。所有与固定资产投资相配套的流动资金投入应该构成该投资项目的现金流量。

2. 沉没成本不应考虑

沉没成本是指过去已经发生的成本。由于沉没成本属于非相关成本，因此不应将其列为现金流量。这一点在实际工作中有时很容易被忽视。例如，某企业拟进行一项房地产开发投资，为此聘请某咨询公司进行项目可行性论证，并已支付该咨询公司 10 万元项目论证费。在可行性报告中，咨询公司未将该 10 万元列为现金流出量。论证结果，项目具有可行性。企业负责人对咨询公司未将项目论证费予以考虑认为是该公司有意美化论证报告。其实咨询公司的做法是正确的，项目论证费从表面上看与该投资项目有关，在项目论证时应该予以考虑，但是无论该投资项目上或者不上，这 10 万元论证费都已经支付，因此它属于沉没成本，不应予以考虑。

3. 不要忽视机会成本

机会成本在投资决策中可以定义为：由于进行某项投资而失去其他收益机会所少得到的收益。例如，企业准备将一幢闲置多年的旧房屋改造成公寓出租，在确定该投资项目现金流出量时，应将该旧房屋的变现价值予以考虑。可以设想，如果企业不对该旧房屋进行改造，而将其清理掉，预计可得清理净收入 20 万元。现对其进行改造，因此失去获得 20 万元清理净收入的机会。于是，这 20 万元属于该投资项目的机会成本，应将其确定为现金流出量。

4. 不应忽视项目实施所产生的间接影响

一项固定资产投资实施后可能会对企业产生一些间接影响，有的会使原有经营业务收益增加或减少，有的则会使原有经营业务成本提高或下降。这些间接影响都应列入固定资产投资的现金流量之中。例如，某房地产企业拟在已经营的旅馆旁再建一幢旅馆，经测算，新建旅馆建成投入使用后，将会使原有旅馆每年税后利润下降 10 万元，则在确定新建投资项目每年净现金流量时，应将这 10 万元列入该投资项目的现金流出量之中。

（二）使用现金流量评估投资项目的原因

人们通常习惯于采用利润指标来评估获利大小。在评估投资项目的可行性或比较不同投资方案的优劣时，为什么不采用利润指标而采用现金流量指标呢？为弄清这个问题，首先要弄清利润与现金流量两者之间的主要区别。

利润的确定与现金流量的确定有较大的差别。现金流量的确认和现金收支发生的时间相一致，何时收到现金何时确认产生现金流入量，何时支出现金何时确认产生现金流出量。然而在计算利润时，收入和费用的确认与现金收支发生的时间往往不一致。具体讲，利润和现金流量两者之间的区别主要体现在以下几方面：

（1）固定资产购置和建造所发生的大量支出属于现金流出量，不能在当年计算利润时全部以费用形式从收入中扣除，只能在固定资产寿命期内以折旧形式逐年分摊。

（2）在核算利润时，每年所提折旧无须用现金支付，但在计算利润时作为一项费用予以扣除。

（3）经营期间发生的尚未收回的欠款和尚未支付的应付费用直接反映在利润中，但企业尚未收到或付出现金。

（4）与固定资产投资相配套的流动资金投入与收回在利润核算中并不直接反映。

（5）现金流量大小的确认较为客观，而利润大小核算结果依赖于不同会计程序的选择（例如，在计提折旧时，可以选用直线折旧法或加速折旧法），而且有关项目数据依赖人为估计（例如，固定资产使用年限、清理时的残值等项目）。

投资决策之所以把现金流量作为研究重点，是基于以下几个方面的理由：

（1）整个投资项目寿命期内，利润总计与净现金流量总计是相等的，所以现金流量可取代利润作为评价经济效益的指标。

（2）利润的计算方法在各年的分布受折旧方法、存货计价方法、费用分配方法、成本计算方法等人为因素的影响，而现金流量的分布基本上不受这些人为因素的影响，可以保证评价的客观性、科学性。

（3）与利润指标相比，采用现金流量指标评估的优点主要在于便于考虑资金时间价值，并使得评估更具客观性。

（4）在投资决策分析中现金流动状况比盈亏状况更重要。

（三）现金流量的分类

根据投资项目所处时期不同，现金流量可分为以下三种类型。

1. *初始投资现金流量*

它是指自投资项目开始实施到固定资产投入使用之前这段时间所发生的现金流量。这类现金流量的特点通常表现为只有现金流出量而无现金流入量。因此，这个时期的净现金流量通常为负值。

构成初始投资现金流量主要有以下几项内容：

（1）固定资产购置或建造费用，它是初始投资现金流量的最主要构成部分。

（2）相应流动资金投入，当固定资产投入使用后，企业需要相应增加流动资金，用于物品储备和应收账款周转等。

（3）更新固定资产净残值收入，只有固定资产更新项目才有该项现金流量。

当企业准备更新现有房屋时，需要对现有房屋进行清理，所得变现净收入应作为现金流入量，列入初始投资现金流量中。

2. *营业现金流量*

它是指从项目建成并投入使用起，至固定资产停止使用转入清理止，这段期间所产生的现金流量。在这段时间，企业固定资产投入流通或提供服务，为企业创造收益，因此这类现金流量通常为正值。

营业现金净流量 = 年营业收入 − 年付现成本 − 年所得税

= （年营业收入 − 年付现成本）×（1 − 所得税税率）+ 年折旧 ×

所得税税率

= （年营业收入 - 年付现成本 - 年折旧） × （1 - 所得税税率） + 年折旧

= 年税后利润 + 年折旧

3. 终结现金流量

它是指投资项目寿命完结时发生的现金流量，主要包括以下几个方面：

（1）固定资产的残值收入或变价收入。

（2）原有垫支在流动资产上资金的回收。

（3）停止使用土地的变价收入等。

（四）现金流量的计算

例 6 - 12 某企业准备购置设备齐全、使用年限尚有 8 年的餐馆一间。各项费用共需 85 万元，开始经营时需相应投入 10 万元的流动资金，采用直线折旧法计提折旧，则净残值为 5 万元。餐馆经营后，每年可获 40 万元的营业收入，且第一年付现成本为 20 万元，同时由于设备陈旧，从第二年起需要增加设备维修费 1 万元，并且此后维修费逐年递增 1 万元。企业所得税税率为 33%，则该餐馆每年净现金流量计算过程如下。

对此投资项目而言，初始投资现金流量有两项内容：一是固定资产取得成本 85 万元；二是与该投资项目相配套的 10 万元的流动资金投入，两项相加即得初始投资现金流量 95 万元。由于采用直线折旧法计提折旧，所以

$$年折旧额 = (85 - 5)/8 = 10\ (万元)$$

进而得出各年经营现金流量，有关结果如表 6 - 1 所示。本投资方案终结现金流量包括两项内容：一是净残值收入；二是流动资金的收回。两项之和为 15 万元。表 6 - 2 给出了整个投资项目的现金流量计算结果。

表 6 - 1 各年经营现金流量 单位：万元

年 序	1	2	3	4	5	6	7	8
经营收入①	40	40	40	40	40	40	40	40
付现成本②	20	21	22	23	24	25	26	27
税前现金流量③ = ① - ②	20	19	18	17	16	15	14	13
折旧④	10	10	10	10	10	10	10	10
应税收入⑤ = ③ - ④	10	9	8	7	6	5	4	3
所得税⑥ = ⑤ × 33%	3.30	2.97	2.64	2.31	1.98	1.65	1.32	0.99
净利润⑦ = ⑤ - ⑥	6.70	6.03	5.36	4.69	4.02	3.35	2.68	2.01
税后现金流量⑧ = ⑦ + ④	16.70	16.03	15.36	14.69	14.02	13.35	12.68	12.01

表 6－2　投资项目的现金流量　　单位：万元

年　序	0	1	2	3	4	5	6	7	8
初始现金流量	－95								
经营现金流量		16.70	16.03	15.36	14.69	14.02	13.35	12.68	12.01
终结现金流量									15
现金流量合计	－95	16.70	16.03	15.36	14.69	14.02	13.35	12.68	27.01

例 6－13　实达公司准备购入一项设备以扩充公司的生产能力。现有甲、乙两个方案可供选择，甲方案需投资 10 000 元，使用寿命为 5 年，采用直线法计提折旧，5 年后设备无残值。5 年中每年销售收入为 6 000 元，每年的付现成本为 2 000 元。乙方案需投资 12 000 元，采用直线法计提折旧，使用寿命也为 5 年，5 年后有残值收入2 000元。5 年中每年的销售收入为 8 000 元，付现成本第一年为 3 000 元，以后随着设备的陈旧，逐年将增加修理费 400 元，另需垫支营运资金 3 000 元，假设所得税率为 40%，要求计算两个方案的现金流量。

第一步，计算两个方案的年折旧额。

甲方案年折旧额＝10 000/5＝2 000（元）

乙方案年折旧额＝(12 000－2 000)/5＝2 000（元）

第二步，计算两个方案的营业现金流量，如表 6－3 所示。

表 6－3　投资项目营业现金流量计算表　　单位：元

项　目	1	2	3	4	5
甲方案					
销售收入①	6 000	6 000	6 000	6 000	6 000
付现成本②	2 000	2 000	2 000	2 000	2 000
折旧③	2 000	2 000	2 000	2 000	2 000
税前利润④＝①－②－③	2 000	2 000	2 000	2 000	2 000
所得税⑤＝④×40%	800	800	800	800	800
税后净利⑥＝④－⑤	1 200	1 200	1 200	1 200	1 200
现金流量⑦＝①－②－⑤＝③＋⑥	3 200	3 200	3 200	3 200	3 200
乙方案					
销售收入①	8 000	8 000	8 000	8 000	8 000

（续上表）

项 目	1	2	3	4	5
付现成本②	3 000	3 400	3 800	4 200	4 600
折旧③	2 000	2 000	2 000	2 000	2 000
税前利润④＝①－②－③	3 000	2 600	2 200	1 800	1 400
所得税⑤＝④×40%	1 200	1 040	880	720	560
税后净利⑥＝④－⑤	1 800	1 560	1 320	1 080	840
现金流量⑦＝①－②－⑤＝③＋⑥	3 800	3 560	3 320	3 080	2 840

第三步，结合初始现金流量和终结现金流量编制两个方案的全部现金流量。

表 6－4 投资项目现金流量计算表 单位：元

项 目	0	1	2	3	4	5
甲方案						
固定资产投资	－10 000					
营业现金流量		3 200	3 200	3 200	3 200	3 200
现金流量合计	－10 000	3 200	3 200	3 200	3 200	3 200
乙方案						
固定资产投资	－12 000					
营运资金垫支	－3 000					
营业现金流量		3 800	3 560	3 320	3 080	2 840
固定资产残值						2 000
营运资金回收						3 000
现金流量合计	－15 000	3 800	3 560	3 320	3 080	7 840

在现金流量的计算中，为了简化计算，假设各年投资是在年初一次进行的，各年营业现金流量看作是各年年末一次发生的，把终结现金流量看作是最后一年末发生的。

（五）绘制现金流量图

在经济活动中，任何方案或项目的实现总要伴随着现金的流入与流出。为了形象地表述这种现金的变化过程，通常用图示的方法将现金流入与流出、量值的大小、发生的时点描绘出来，并把该图称为现金流量图，如图 6－1 所示。

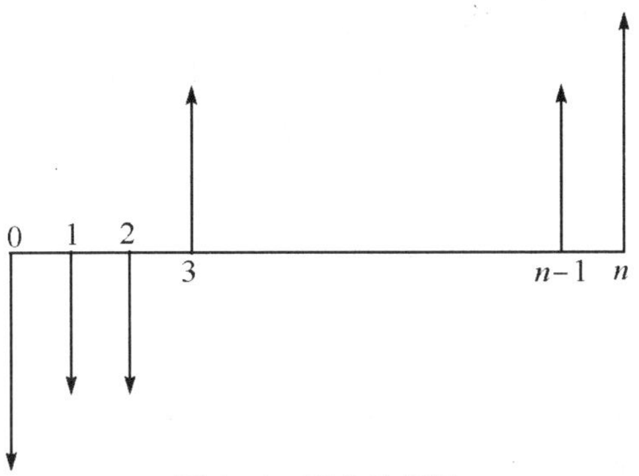

图 6－1　现金流量图

现金流量图的作法是：画一水平横线表示一个从零开始到 n 的时间序列，将该横线分成相等的时间间隔，间隔的时间单位依计息期为准，可以取年、半年、季或月等，通常以年为单位。零表示时间序列的起点，同时它也是第 1 个计息期的起始点。从 1 到 n 分别代表各计息期的终点，第 1 个计息期的终点也就是第 2 个计息期的起点。相对于时间坐标的垂直直线代表不同时点的现金流量情况，箭头向上表示现金流入，箭头向下表示现金流出。垂直线的长度与金额成正比例，金额越大，其垂直线的长度越长。

在现金流量图上所表示的现金流量是经过运算后的净现金流量，其运算过程可参阅现金流量的计算。分析现金流量图是长期投资决策分析中的重要步骤。

在进行长期投资决策时，我们要预测投资项目持续期间各年的现金流量。虽然预测数据与实际发生数会有一定的差异，但这种预测是必要的，数据存在差异也是不可避免的。

三、资本成本

（一）资本成本的概念

资本成本是指企业为筹措和使用资本而付出的代价，通常以百分率表示。它是评价投资项目，比较投资方案，追加投资决策的主要经济标准。一般而言，一个投资项目只有其收益率高于其资本成本，经济上才是合理的，否则该项目就会无利可图甚至会发生亏损。因此，国际上把资本成本看成是最低的收益率。

在长期投资决策中，资本成本是对投资方案进行经济评价和检验其经济上是否可行的基本尺度。例如，计算投资方案的“净现值”指标所用的折现率、对投资方案的“内含报酬率”指标进行评价，都把资本成本定为投资项目必须达到的最低收益率。根据不同投资方案风险程度的差别，企业还应以“资本成本”为基础，追加相应的“风险报酬率”，以保证方案的经济评价建立在更加稳妥的基础上。

（二）资本成本的确定与计算

资本成本视投资项目的资本来源而有高有低。企业用于投资的资本主要有两个来源：一是向债权人借来的，即债务资本，债务资本的成本就是借款利息；二是企业自己的，即股权资本，股权资本的成本就是投资者预期的投资报酬率。

企业资本成本的构成由于资本来源的多渠道而具有多样性，企业管理当局通常先按资本的不同来源，根据银行挂牌的利率、证券的实际利率、股东权益的获利水平、所得税税率以及投资项目所冒风险程度等因素分别确定单项资本的成本，然后再根据各种资本来源的比重，综合计算加权平均的资本成本。

1. 各种来源的资本成本的计算

（1）长期借款。企业中长期借款的利息属于所得税的扣除项目，在不考虑筹资费用的情况下，长期借款成本的计算公式如下：

$$\text{长期借款成本}（K_L）=\text{长期借款利率}\times（1-\text{所得税税率}）=i\times（1-T）$$

例 6－14 假定春兰公司向交通银行借到一笔 5 年期长期借款 100 万元，利率为 10%，每年付息一次，到期偿还本金，该公司适用的所得税税率为 30%。要求计算这笔长期借款的成本。

根据给定的资料，长期借款成本（K_L）$=i\times(1-T)=10\%\times（1-30\%）=7\%$。

由于企业支付借款利息可减少应付所得税，故企业实际负担的长期借款的成本只有 7%，低于借款利率 10%。

（2）债券。与长期借款的利息类似，企业发行债券的利息作为财务费用也可以在税前列支，所不同的是企业发行债券的筹资费用较高，在计算成本时应予以考虑。当债券期限较长，且每年支付的利息相等时，可按照永续年金计算债券成本的近似值，计算公式如下：

$$\text{债券成本}=\frac{\text{每年的实际利息}\times（1-\text{所得税税率}）}{\text{发行总额}\times（1-\text{发行费用率}）}$$

其中债券发行费用率指的是债券筹资费用占债券发行总额的比率。

例 6－15 设 S 公司发行期限为 50 年的债券，票面值为 5 000 元，利率为 8%，发行费率为 4%，所得税税率为 50%，本金于 50 年后到期一次偿还。债券成本按上式计算，其近似值为：

$$K_d=8\%\times\frac{(1-50\%)}{(1-4\%)}=4.167\%$$

由于企业支付的债券利息可减少应付所得税，故企业实际负担的债券的成本只有 4.167%，低于票面利率 8%。一般来讲，债务资本的成本都比较低。

（3）优先股。企业发行优先股需支付筹资费用，并定期按一定的股利率支付股利，所支付的股利不能享受扣减所得税利益。由于优先股没有到期日，而且每年支付的股利是相等的，所以可采用永续年金的方法计算优先股的资本成本，计算公式为：

$$\text{优先股成本}=\frac{\text{优先股股利}}{\text{股票面值}\times（1-\text{筹资费用率}）}$$

例 6－16 设某公司发行股利率为 15%，面值 150 元的优先股股票，发行费率为 4%，其成本的近似值可利用上式进行计算：

$$K_p=\frac{150\times15\%}{150\times（1-4\%）}=15.625\%$$

（4）普通股。由于普通股没有固定的股利，普通股股东每年获得的报酬取决于企业的经营状况和经济效益的高低，具有较大的不确定性，其成本的计算具有一定的难度，只能大致进行估算，主要有两种估算方法。

方法一，按固定股利估算，即根据投资者对未来发放股利的估计假定是固定不变的，可以把股利视为永续年金，计算公式如下：

$$普通股成本=\frac{普通股每股股利}{普通股每股市价\times（1-筹资费用率）}$$

值得指出的是，公式中的普通股每股股利可以用作对公司未来支付股利的预测数，也可采用普通股每股收益（*EPS*）。

方法二，按股利的每年增长率估算，即假定普通股的股利按固定的比率增长，计算公式如下：

$$普通股成本=\frac{普通股第一年末发放的股利}{普通股每股市价\times（1-筹资费用率）}+股利增长率$$

例 6－17　假定正大公司每股普通股的市场价格为 94 元，目前该公司普通股的每股收益（*EPS*）为 8 元，筹资费用率为 3%，要求计算该公司普通股的成本。

解：根据给定的资料，计算公司普通股的成本为：

$$K_c=\frac{8}{94\times(1-3\%)}=8.77\%$$

例 6－18　假定永安公司每股普通股的市价为 80 元，第一年末发放的股利为 6 元，预计以后股利发放的年增长率为 5%，筹资费用率为 4%，要求计算普通股的成本。

解：根据给定的资料：

$$K_c=\frac{6}{80\times(1-4\%)}+5\%=12.81\%$$

（5）留存收益。留存收益是指企业税后净利减除支付股利后的未分配利润，其权益仍属于普通股股东，因此留存收益成本的计算与普通股类似，但无须支付筹资费用。留存盈利属于普通股的权益，可视为普通股股本的增加额。从表面上看，企业对留存盈利无须逐年支付股利，似乎可无偿使用这一部分资金，因而不必计量其成本。其实不然，企业要筹集这一部分同普通股性质相同的资金，也要花费和发行普通股一样的代价，因而留存盈利应视为具有与普通股相同的成本，虽不实际支付，但它作为机会成本的一种形式——应付成本仍属客观存在。留存收益成本的估算方法与普通股成本相似，也有以下两种。

方法一，按固定股利估算，计算公式为：

$$留存收益成本=\frac{普通股每股股利}{普通股每股市价}$$

方法二，按股利的固定增长率估算，计算公式为：

$$留存收益成本=\frac{普通股第一年末发放的股利}{普通股每股市价}+股利增长率$$

例 6－19　假定利华公司每股普通股的市价为 68 元，第一年末发放股利 5 元，以后估计每年的股利增长率为 7%，要求计算利华公司留存收益的成本。

解：根据给定的资料

$$K_r = \frac{5}{68} + 7\% = 14.35\%$$

2. 加权平均资本成本的计算

为了使决策者能根据资本成本来评价投资项目的可行性，必须计算其“综合的资本成本”，即所谓的“加权平均的资本成本”。它以各种来源的资本占总资本的比重为权数，对各项资本的成本分别进行加权，然后加计求和。

各类资本在总资本中所占的比重，可以其账面价值为基础进行计算，也可以其市场价值为基础进行计算。表6－5、表6－6分别为按账面价值和市场价值确定的各类资本在总资本中所占的比重。

表6－5　按账面价值确定各类资本在总资本中所占的比重

资本类别	账面价值（千元）	各类资本在总资本中所占的比重（%）	各类资本成本（%）	加权平均成本（%）
债券	5 000	12.5	5	0.625
优先股	7 000	17.5	8	1.40
普通股	28 000	70	18	12.6
合计	40 000	100	—	14.625

表6－6　按市场价值确定各类资本在总资本中所占的比重

资本类别	市场价值（千元）	各类资本在总资本中所占的比重（%）	各类资本成本（%）	加权平均成本（%）
债券	5 000	5.85	5	0.29
优先股	7 500	8.77	8	0.70
普通股	73 000	85.38	18	15.37
合计	85 500	100	—	16.36

企业综合（平均）资本成本的计算，是以各类资本的账面价值为基础确定权数，还是应以它们的市场价值为基础确定权数，这是一个有争议的问题。

许多人支持按市场价值计算的比重计算资本成本，因为这一方法同各类资本成本计算的理论基础，即未来预期收益的资本化相一致。通过未来预期收益资本化所形成的现值是一个动态的概念，它更接近于市场价值，而同过去某一时点形成的账面价值关系不大。因而计算企业整体综合（平均）资本成本，以各类资本的市场价值为基础确定权数，是比较适宜的。

进一步分析还可看到，公司债券与优先股未来的预期收益基本稳定，因而对其未来预期收益进行资本化形成的现值也具有较大稳定性。它们的市场价值一般会同账面价值相接近，二者之间不会形成较大的差异。普通股则不然，其未来预期收益受多种因素的影响。如公司经营的前景、股利政策、管理上的成就与声誉，以及一般经济环境等因素的变动，都会在不同程度上影响企业未来的预期收益，进而影响目前与潜在的股票持有者的心理状态与投资决策倾向，使股票的市场价值呈现较大波动性。股票市价的这种波动，有助于对企业的生产经营形成一种社会监督机制与客观评价机制，自然会得到企业内外各方面的关心和重视。这是企业整体综合（平均）资本成本计算宜以各类资本的市场价值为基础确定权数的客观经济依据。

第三节　长期投资决策的基本方法

长期投资决策的基本方法一般可以分为两类：一类是不考虑资金时间价值的静态分析法，即非贴现的方法。它是在投资项目评价时，为达到分析计算盈利能力目标和清偿能力目标而采取的一种简化分析方法。非贴现分析法包括静态投资回收期法和平均会计收益率法；另一类是考虑资金时间价值因素的动态分析法，即贴现的方法。贴现法主要包括净现值法、现值指数法和内含报酬率法。

一、非贴现的方法

（一）静态投资回收期法

静态投资回收期是指回收初始投资额预计所需的时间，一般以年为单位。其计算公式为：

$$静态回收期=\frac{投资总额}{年现金流入量}$$

以上公式适用于现金流入均衡的投资项目。若现金非均衡流入，按累计现金流量达到投资总额的年份计，其中累计现金流量等于各年现金流量之和。当对两个投资方案进行比较时，我们通常选择投资回收期比较短的投资项目。

例6－20　根据实达公司的有关资料（见表6－4），分别计算甲、乙两个方案的回收期。

甲方案每年现金流量相等，则：

$$甲方案投资回收期=10\ 000/3\ 200=3.125（年）$$

乙方案每年现金流量不等，所以应先计算其各年尚未回收的投资额（详见表6－7）。

$$乙方案回收期=4+\frac{1\ 240}{7\ 840}=4.16（年）$$

表 6-7　　单位：元

年　度	每年净现金流量	年末尚未回收的投资额
1	3 800	11 200
2	3 560	7 640
3	3 320	4 320
4	3 080	1 240
5	7 840	—

投资回收期法的概念容易理解，计算也比较简便，但这一指标的缺点是没有考虑货币的时间价值，没有考虑回收期满后现金流量状况，因而不能充分说明问题。

例 6-21　有两个方案的预计现金流量详见表 6-8，试计算回收期并比较优劣。

表 6-8　　单位：元

项　目	第 0 年	第 1 年	第 2 年	第 3 年	第 4 年	第 5 年
A 方案现金流量	-10 000	4 000	6 000	4 000	4 000	4 000
B 方案现金流量	-10 000	4 000	6 000	6 000	6 000	6 000

两个方案的回收期相同，都是 2 年，如果用回收期进行评价，似乎两者不相上下，但实际上 B 方案明显优于 A 方案。

（二）平均会计收益率法

平均会计收益率是指投资项目寿命期内平均的年投资报酬率。

$$平均会计收益率 = \frac{平均净收益}{平均投资额}$$

$$平均净收益 = 年净收益之和/投资年限$$

$$平均投资额 = (期初投资额 + 期末投资额)/2$$

例 6-22　根据前例的实达公司的资料（详见表 6-3 和表 6-4），计算平均报酬率。

甲方案：$$ARR = \frac{3\ 200}{10\ 000} \times 100\% = 32\%$$

乙方案：$$ARR = \frac{(3\ 800 + 3\ 560 + 3\ 320 + 3\ 080 + 7\ 840) \div 5}{15\ 000} = 28.8\%$$

采用平均报酬率这一指标时，应事先确定一个企业要求达到的平均报酬率，或称必要平均报酬率。在进行决策时，只有高于必要的平均报酬率的方案才能入选。而在有多个方案的互斥选择中，则选用平均报酬率最高的方案。

平均报酬率法的优点是简明、易算、易懂；其主要缺点是没有考虑资金的时间价值，第一年的现金流量与最后一年的现金流量被看作具有相同的价值，所以有时会作出错误的决策。

以上两种方法属于静态分析法，其特点是：分析时不考虑资金的时间价值因素对盈利能力和清偿能力的影响；不考虑项目寿命期内各年项目的获利能力；只考虑代表年份的净现金流量或平均值。由于静态分析法比较简单，决策的准确性不高，所以只在项目决策初期时，给决策者提供一些简单的经济评价或初步的判断标准。

二、贴现的方法

（一）净现值法

净现值是指特定方案未来现金流入的现值与未来现金流出的现值之间的差额。所谓净现值法就是以净现值指标评价投资项目或方案的方法。净现值的计算公式为：

$$净现值（NPV）=\sum_{t=0}^{n}\frac{CF_t}{(1+k)^t}=\sum_{t=1}^{n}\frac{CF_t}{(1+k)^t}-CF_0$$

式中，CF_t 为第 t 年的现金流量；k 为贴现率；n 为投资年限。

1. 净现值的计算过程

第一步，计算每年的营业净现金流量。

第二步，计算未来报酬的总现值，这又可分成以下三步：

（1）将每年的营业净现金流量折算成现值。如果每年的 NCF 相等，则按年金法折算成现值；如果每年的 NCF 不相等，则先对每年的 NCF 进行折现，然后加以合计。

（2）将终结现金流量折算成现值。

（3）计算未来报酬的总现值。

第三步，计算净现值。

$$净现值=未来报酬的总现值-初始投资$$

2. 净现值法的决策规则

在只有一个备选方案的决策中，当净现值为正时则采纳，当净现值为负时则不采纳。在有多个备选方案的互斥选择决策中，应选用净现值是正值中的最大者的方案。

例 6－23 根据前面所举实达公司的资料（详见表 6－3 和 6－4），假设的方案资本成本为 10%，下面计算净现值。

甲方案的 NCF 相等，则

$$\begin{aligned}NPV&=未来报酬总现值-初始投资额\\&=NCF\times(P/A,10\%,5)-10\,000\\&=3\,200\times3.791-10\,000=2\,131（元）\end{aligned}$$

乙方案的 NCF 不相等，其净现值可列表计算，详见表 6－9。

从上面计算中我们可以看出，两个方案的净现值均大于零，故都是可取的。但甲方案的净现值大于乙方案，故实达公司应选用甲方案。

表6－9　　单位：元

年　序	各年的 *NCF*①	现值系数②	现值③＝①×②
1	3 800	0.909	3 454
2	3 560	0.826	2 941
3	3 320	0.751	2 493
4	3 080	0.683	2 104
5	7 840	0.621	4 869
未来报酬的总现值			15 861
减：初始投资			15 000
净现值（*NPV*）			861

净现值法的优点是考虑了资金的时间价值，能够反映各种投资方案的净收益，因而是一种较好的方法；其缺点是不能揭示各个投资方案本身所能达到的实际报酬率是多少。

（二）现值指数法

现值指数是未来现金流入现值与现金流出现值的比率。现值指数法则是以现值指数为标准评价投资项目或方案的方法。现值指数的计算公式为：

$$现值指数=\frac{\sum_{t=1}^{n}\frac{CF_t}{(1+k)^t}}{CF_0}$$

式中，CF_t 为第 t 年的现金流量；k 为贴现率；n 为投资年限。

1. 现值指数的计算过程

第一步，计算未来报酬的总现值，这与计算净现值所采用的方法相同。

第二步，计算净现值率，即根据未来的报酬总现值和初始投资额之比计算净现值率。

2. 现值指数法的决策规则

在只有一个备选方案的采纳与否决策中，净现值率大于或等于1时则采纳；否则就拒绝。在有多个方案的互斥选择决策中，应采用净现值率最大的投资项目。

例6－24　根据前面所举实达公司的资料（详见表6－3和6－4），计算现值指数。

甲方案：现值指数＝12 131/10 000＝1.21

乙方案：现值指数＝15 861/15 000＝1.06

甲、乙两个方案的现值指数都大于1，故两个方案都可以进行投资。但因甲方案的现值指数更大，故应采用甲方案。

现值指数法的优点是考虑了资金的时间价值，能够真实地反映投资项目的盈亏程度。由于净现值率是用相对数来表示的，所以有利于在初始投资额不同的投资方案之间进行对比。

（三）内含报酬率法

内含报酬率（internal rate of return，IRR）是使投资项目的净现值等于零的折现率。内含报酬率实际上反映了投资项目的真实报酬。目前越来越多的企业使用该项指标对投资项目进行评价，这种方法就是内含报酬率法。内含报酬率的计算公式为：

$$\sum_{t=1}^{n}\frac{NCF_t}{(1+r)^t}-CF_0=0$$

式中，NCF_t 为第 t 年的现金净流量；r 为内部报酬率；n 为项目使用年限；CF_0 为初始投资额。

1. 内含报酬率的计算过程

（1）如果每年的 NCF 相等，则按下列步骤计算。

第一步，计算年金现值系数。

$$年金现值系数=\frac{初始投资额}{每年\ NCF}$$

第二，查年金现值系数表，在相同的期数内，找出与上述年金现值系数相邻近的较大和较小的两个折现率。

第三步，根据上述两个邻近的折现率和已求得的年金现值系数，采用插值法计算出该投资方案的内含报酬率。

（2）如果每年的 NCF 不相等，则需要按下列步骤计算。

第一步，先预估一个折现率，并按此折现率计算净现值。如果计算出净现值为正数，则表示预估的折现率小于该项目的实际内部报酬率，应提高折现率，再进行测算；如果计算出的净现值为负数，则表示预估的折现率大于该方案的实际内部报酬率，应降低折现率，再进行测算。经过如此反复测算，找到净现值由正到负并且比较接近于零的两个折现率。

第二步，根据上述两个邻近的折现率再使用插值法，计算出方案的实际内部报酬率。

2. 内含报酬率法的决策规则

在只有一个备选方案的采纳与否决策中，如果计算出的内含报酬率大于或等于企业的资本成本或必要报酬率时就采纳；反之，则拒绝。在有多个备选方案的互斥选择决策中，应选用内含报酬率超过资本或必要报酬率最多的投资项目。

例 6－25　根据前面所举实达公司的资料（详见表6－3 和表6－4），计算内含报酬率。

由于甲方案每年的 NCF 相等，因而，可采用以下方法计算内含报酬率。

$$年金现值系数=\frac{初始投资额}{每年\ NCF}=\frac{10\ 000}{3\ 200}=3.125$$

查年金现值系数表，第五期与3.125相邻近的年金现值系数为18%～19%，现用插值法计算如下：

$$\begin{array}{ll} \text{折现率} & \text{年金现值系数} \\ \left.\begin{array}{l}\left.\begin{array}{l}18\% \\ ?\%\end{array}\right\}x\% \\ 19\%\end{array}\right\}1\% & \left.\begin{array}{l}\left.\begin{array}{l}3.127 \\ 3.125\end{array}\right\}0.002 \\ 3.058\end{array}\right\}0.069 \end{array}$$

$$\frac{x}{1}=\frac{0.002}{0.069}$$

$$x=0.03$$

甲方案的内部报酬率为18%+0.03%=18.03%。

乙方案的每年*NCF*不相等，因而，必须逐次进行测算，测算过程见表6－10。

表6－10 单位：元

年序	NCF_t	测试10%		测试11%		测试12%	
		复利现值系数	现值	复利现值系数	现值	复利现值系数	现值
0	－15 000	1.000	－15 000	1.000	－15 000	1.000	－15 000
1	3 800	0.909	3 454	0.901	3 424	0.893	3 393
2	3 560	0.826	2 940	0.812	2 891	0.797	2 837
3	3 320	0.751	2 493	0.731	2 427	0.712	2 364
4	3 080	0.683	2 104	0.659	2 030	0.636	1 959
5	7 840	0.621	4 869	0.593	4 649	0.567	4 445
NPV	—	—	860	—	421	—	－2

在表6－10中，先按10%的折现率进行测试，净现值为正数，再把折现率调高到11%，进行第二次测试，净现值为421，说明内部报酬率比11%稍大。为计算其精确数，又把折现率调高到12%，进行测试，净现值为负数。这说明该项目的内部报酬率一定为11%～12%。

现用插值法计算如下：

$$\begin{array}{ll} \text{折现率} & \text{年金现值系数} \\ \left.\begin{array}{l}\left.\begin{array}{l}11\% \\ ?\%\end{array}\right\}x\% \\ 12\%\end{array}\right\}1\% & \left.\begin{array}{l}\left.\begin{array}{l}421 \\ 0\end{array}\right\}421 \\ -2\end{array}\right\}423 \end{array}$$

$$\frac{x}{1}=\frac{421}{423}$$

$$x=0.995$$

乙方案的内部报酬率 = 11% + 0.995% = 11.995%。

从以上计算两个方案的内部报酬率可以看出，甲方案的内部报酬较高，故甲方案效益比乙方案好。

内部报酬率法考虑了资金的时间价值，反映了投资项目的真实报酬率，且概念也易于理解。但这种方法的计算过程比较复杂，特别是每年 *NCF* 不相等的投资项目，一般要经过多次测算才能求得。贴现的投资评价方法由于考虑了时间价值因素对投资项目的影响，比非贴现的方法要相对准确，因此得到了广泛的应用。在应用上述贴现的投资评价方法时应注意以下几个问题：

（1）在互斥的选择决策中，运用净现值法与内含报酬率法，在大多数情况下得出的结论是相同的，只有在初始投资额不同或现金流量的时间分布不同的情况下，有时候会产生差异。运用净现值法的结论总是正确的，而运用内含报酬率法有时却会做出错误的决策。

（2）在互斥选择决策中，在资金无限量的情况下，应以净现值法的结论为准。

（3）无论是哪一种投资决策方法，都只能给决策者提供一些有参考价值的信息，而不能明确地告诉决策者投资与否。因为投资与否，还需要考虑政治、经济、技术、社会环境及方案对企业其他方面的影响等诸多非货币计量因素。

第四节　长期投资的风险价值

一、风险与报酬

风险是现代企业财务管理环境的一个重要特征，企业财务管理的每一个环节都不可避免地要面对风险。风险是客观存在的，如何防范和化解风险，以达到风险与报酬的优化配置是非常重要的。本节着重介绍投资风险报酬率的评估。

假设有需要投资 1 000 万元的项目 A 和项目 B，项目 A 是没有风险的，投资 A 项目可获得报酬 100 万元；项目 B 存在着无法规避的风险，并且成功和失败的可能性分别为 50%，成功后的报酬是 200 万元，而失败的结果是损失 20 万元。你选择哪个项目？这就涉及风险和报酬问题。

风险是指人们事先能够肯定采取某种行为后所有可能的后果，以及每种后果出现的可能性的状况。

风险报酬是指投资者因承担风险而获得的超过时间价值的那部分额外报酬。前述 B 项目投资者承担了 50% 风险的同时，他必然要求获得一定的风险补偿，这部分补偿就是获得 200 万元的报酬（超过无风险的报酬 100 万元）。通常情况下风险越高，相应所需获得的风险报酬也就越高。在财务管理中，风险报酬通常采用相对数，即风险报酬率来加以计量。

风险报酬率是指投资者因承担风险而获得的超过时间价值率的那部分额外报酬率，即风险报酬与原投资额的比率。

风险报酬率是投资项目报酬率的一个重要组成部分，如果不考虑通货膨胀因素，投资报酬率就是时间价值率与风险报酬率之和。

二、长期投资风险报酬率的评估

长期投资风险是指某一项投资方案实施后，将会出现的各种投资结果的概率。换句话说，某一项投资方案实施后，能否如期回收投资以及能否获得预期收益，在事前是无法确定的，这就是长期投资的风险。因承担长期投资风险而获得的风险报酬率就称为投资风险报酬率。除无风险投资项目（国库券投资）外，其他所有投资项目的预期报酬率都可能不同于实际获得的报酬率。对于有风险的投资项目来说，其实际报酬率可以看成是一个有概率分布的随机变量，可以用两个标准来对风险进行衡量，即期望报酬率、标准离差。

（一）期望报酬率

期望值是随机变量的均值。对于单项投资风险报酬率的评估来说，我们所要计算的期望值即为期望报酬率，根据以上公式，期望投资报酬率的计算公式为：

$$\overline{K}=\sum_{i=1}^{n}K_iP_i$$

式中，$\overline{K}$——期望投资报酬率；

K_i——第 i 个可能结果下的报酬率；

P_i——第 i 个可能结果出现的概率；

n——可能结果的总数。

例 6－26 有 A、B 两个项目，两个项目的报酬率及其概率分布情况如表 6－11 所示，试计算两个项目的期望报酬率。

表 6－11 A 项目和 B 项目投资报酬率的概率分布

项目实施情况	该种情况出现的概率		投资报酬率	
	项目 A	项目 B	项目 A	项目 B
好	0.20	0.30	15%	20%
一般	0.60	0.40	10%	15%
差	0.20	0.30	0	－10%

根据公式分别计算项目 A 和项目 B 的期投资报酬率分别为：

项目 A 的期望投资报酬率 $=\sum_{i=1}^{n}K_iP_i=0.2\times0.15+0.6\times0.1+0.2\times0=9\%$

项目 B 的期望投资报酬率 $=\sum_{i=1}^{n}K_iP_i=0.3\times0.2+0.4\times0.15+0.3\times(-0.1)=9\%$

从计算结果可以看出，两个项目的期望投资报酬率都是 9%。但是否可以就此认为两个项目是等同的呢？我们还需要了解概率分布的离散情况，即计算标准离差和标准离差率。

（二）方差、标准离差和标准离差率

1. 方差

按照概率论的定义，方差是各种可能出现的结果偏离期望值的综合差异，是反映离散程度的一种量度。方差可按以下公式计算：

$$\delta^2 = \sum_{i=1}^{n} (K_i - \overline{K})^2 P_i$$

2. 标准离差

标准离差则是方差的平方根。在实际中一般使用标准离差而不使用方差来反映风险的大小程度。一般来说，标准离差越小，说明离散程度越小，风险也就越小；反之，标准离差越大，则风险越大。标准离差的计算公式为：

$$\delta = \sqrt{\sum_{i=1}^{n} (K_i - \overline{K})^2 P_i}$$

例 6－27　分别计算上例中 A、B 两个项目投资报酬率的方差和标准离差。

项目 A 的方差 $= \sum_{i-1}^{n} (K_i - \overline{K})^2 P_i = 0.002\ 4$

项目 A 的标准离差 $= \sqrt{\sum_{i=1}^{n} (K_i - \overline{K})^2 P_i} = 0.049$

项目 B 的方差 $= \sum_{i=1}^{n} (K_i - \overline{K})^2 P_i = 0.015\ 9$

项目 B 的标准离差 $= \sqrt{\sum_{i=1}^{n} (K_i - \overline{K})^2 P_i} = 0.126$

以上计算结果表明项目 B 的风险要高于项目 A 的风险。

3. 标准离差率

标准离差是反映随机变量离散程度的一个指标，但我们应当注意到标准离差是一个绝对指标。作为一个绝对指标，标准离差无法准确地反映随机变量的离散程度。解决这一问题的思路是计算反映离散程度的相对指标，即标准离差率。

标准离差率是某随机变量标准离差与该随机变量期望值的比率。其计算公式为：

$$V = \frac{\delta}{\overline{K}} \times 100\%$$

式中，V——标准离差率；

δ——标准离差；

$\overline{K}$——期望投资报酬率。

例 6－28　利用上例的数据，分别计算项目 A 和项目 B 的标准离差率为：

项目 A 的标准离差率 $= 0.049/0.09 \times 100\% = 0.544$

项目 B 的标准离差率 $= 0.126/0.09 \times 100\% = 1.4$

当然，在此例中项目 A 和项目 B 的期望投资报酬率是相等的，可以直接根据标准离差来比较两个项目的风险水平。但如比较项目的期望报酬率不同，则一定要计算出标准离差率才能进行比较。

（三）风险价值系数和风险报酬率

标准离差率虽然能正确评价投资风险程度的大小，但还无法将风险与报酬结合起来进行分析。假设我们面临的决策不是评价与比较两个投资项目的风险水平，而是要决定是否对某一投资项目进行投资，此时我们就需要计算出该项目的风险报酬率。因此我们还需要一个指标来将对风险的评价转化为报酬率指标，这便是风险报酬系数。风险报酬率、风险报酬和标准离差率之间的关系可用公式表示如下：

$$R_R = bV$$

式中，R_R——风险报酬率；

b——风险报酬系数；

V——标准离差率。

在不考虑通货膨胀因素的影响时，投资的总报酬率为：

$$K = R_F + R_R = R_F + bV$$

式中，K——投资报酬率；

R_F——无风险报酬率。

其中，无风险报酬率 R_F 可用加上通货膨胀溢价的时间价值来确定，在财务管理实务中一般把短期政府债券（如短期国库券）的报酬率作为无风险报酬率；风险价值系数 b 则可以通过对历史资料的分析、统计回归、专家评议等获得，或者由政府部门公布。

例 6－29 利用前例的数据，并假设无风险报酬率为 10%，风险报酬系数为 10%，请计算两个项目的风险报酬率和投资报酬率。

项目 A 的风险报酬率 $= bV = 10\% \times 0.544 = 5.44\%$

项目 A 的投资报酬率 $= R_F + bV = 10\% + 10\% \times 0.544 = 15.44\%$

项目 B 的风险报酬率 $= bV = 10\% \times 1.4 = 14\%$

项目 B 的投资报酬率 $= R_F + bV = 10\% + 10\% \times 1.4 = 24\%$

从计算结果可以看出，项目 B 的投资报酬率（24%）要高于项目 A 的投资报酬率（15.44%），似乎项目 B 是一个更好的选择。而从我们前面的分析来看，两个项目的期望报酬率是相等的，但项目 B 的风险要高于项目 A，所以应当选择项目 A。

三、长期投资的风险性决策

科学的投资决策是建立在收益预期和不确定性分析的基础上的。没有不确定分析，主观期望可能距实际偏差很大，这样的决策是毫无意义的；通过不确定性分析，可以了解各种不确定因素的变化对投资效益的影响。在此基础上，可以进一步找出应该采取的对应措施或决策方案。

风险决策是指在投资项目的财务评价与不确定性分析的基础上，投资者对不同项目方案的收益与风险进行综合权衡后再择优选择。

在没有引入不确定性分析之前，企业投资决策的标准很简单，在引入不确定性分析后，决策的标准就复杂了。由于存在着不确定因素，我们所获得的参考效益指标是期望值（E），或叫加权平均值。一般来说，期望值越大，则偏差越大，因而风险也相应越大。在期望值和偏差不同的方案中进行选择，不同的决策标准会导致不同的结果。倾向于冒险的决策者，会选择风险和收益都大的方案；而保守的决策者则愿意选择风险小、期望收益也小的方案。

例6－30　某经理正考虑某个为期一年的项目，这个项目共有三种方案A、B、C。这三个方案来年的净现金流量依赖于来年的经济状况，来年的经济状况有三种可能，即好、中、差，出现的概率分别为0.3、0.5、0.2。其净现金流量如表6－12所示。

表6－12　净现金流量表　　单位：元

经济状态	发生概率	投资项目净现值		
		A	B	C
好	0.3	1 800	1 600	2 000
中	0.5	1 500	1 200	1 600
差	0.2	500	1 000	900

求出方案A、B、C的净现值的期望值E和标准离差σ，分别为：

$E(R_A)=1\ 450 \qquad \sigma_A=350$

$E(R_B)=1\ 280 \qquad \sigma_B=223$

$E(R_C)=1\ 580 \qquad \sigma_C=382$

如果只考虑期望净现值最大，可以选择方案C，但是C的标准离差也最大，即C的风险最大。风险最小的方案B，期望净现值也最小。这里没有一个方案占绝对优势，即有较大的净现值同时又有较小的方差。所以，投资者如何决策实质上是在权衡收益与风险，它取决于决策者对风险的态度。

在实际经济活动中，风险投资决策主要有以下几种方法：风险调整贴现率法、肯定当量法、决策树分析法、乐观悲观法等。

（一）风险调整贴现率法

在比较有不同风险的投资项目时，可以用调整贴现率的方法来分析。风险大的项目选取较大的贴现率，风险小的项目选取较小的贴现率，然后利用这种考虑了风险因素的贴现率计算项目投资的净现值或内含报酬率来作为决策的参考。这时项目评价标准为：

$$\text{净现值}(NPV_r)=\sum_{t=0}^{n}\frac{CF_t}{(1+K_r)^t}=\sum_{t=1}^{n}\frac{CF_t}{(1+K_r)^t}-CF_0$$

式中，NPV_r——风险调整贴现率下的净现值；

K_r——风险调整贴现率。

例6－31　假设某公司有A、B两个投资方案，并假设：①A方案为一般项目决策，B方案为风险性投资项目决策；②两方案的风险和期望的现金流相同；③只考虑一年的现金流情况；④两方案的资本支出即初始现金流相同；⑤无风险报酬率为6%。有关资料如表6－13所示。

表6－13 A、B两个投资方案的净现金流量和概率 单位：元

T（年）	A方案现金流及概率	B方案现金流及概率
0	（1 000）	（1 000）
1	4 000 0.2	4 000 0.2
2	3 000 0.6	3 000 0.6
3	2 000 0.2	2 000 0.2

计算结果为：

$E(A)=E(B)=3\,000$，$\delta(A)=\delta(B)=632.4$，$V(A)=V(B)=0.21$

$K(A)=R_F+R_R=R_F+bV=6\%+0.1\times0.21\times100\%=8.1\%$

$K(B)=R_F+R_R=P_F+b_BV=6\%+0.2\times0.21\times100\%=10.2\%$

$NPV(A)=1\,778$

$NPV(B)=1\,722$

（注：计算过程略。K代表投资报酬率；R_F代表无风险报酬率；R_R代表风险报酬率；V代表风险程度即标准离差系数；b代表风险报酬系数，假定b_A为0.1，b_B为0.2。）

（二）肯定当量法

肯定当量的基本思路是：先用一个系数把有风险的现金流调整为无风险的现金流，然后用无风险的贴现率进行贴现，以净现值法来判断方案的优劣。在运用肯定当量法时，关键是要确定肯定当量系数。肯定当量系数是指肯定的现金流对与之相当的不肯定的期望现金流的比值，它代表了投资者对风险的态度。此系数的确定有以下几种方式，如根据历史资料进行推断、由经验丰富的分析人员进行主观判断、根据变异系数与其之间的关系来确定等，在此我们不作详细讨论。由上面的计算可知标准离差系数为0.21，根据标准离差系数和肯定当量系数的关系，假定肯定当量系数为0.8（表略，为经验数据）。

沿用上述案例：因为$E(A)=E(B)=3\,000$，所以，A方案的肯定当量为$3\,000\times0.8=2\,400$，由此我们可以得出$NPV(A)=2\,400/(1+6\%)-1\,000=1\,264$；B方案的肯定当量为$3\,000\times0.77=2\,310$，由此得出$NPV(B)=1\,015$。

两种方法的比较分析见表6－14。

表6－14 两种方法的比较分析表 单位：元

项 目	风险调整贴现率法		肯定当量法	
	方案A	方案B	方案A	方案B
初始现金流	（1 000）	（1 000）	（1 000）	（1 000）
经营现金流	3 000	3 000	2 400	2 310
贴现率	8.1%	10.2%	6%	6%
净现值	1 778	1 722	1 264	1 179
差 额	（56）		（85）	

从表 6 – 14 可知，在风险调整贴现率法下两方案净现值的差额为 56，在肯定当量法下差额为 85。可以看出，战略性投资方案评价中，肯定当量法比风险调整贴现率法更加准确。因为，从风险因素的角度考虑，风险调整贴现率有以下两点不足：

第一，把时间价值和风险报酬混合在一起，风险报酬率会随着时间的推移以指数形式增加。而这种情况往往与实际情况不同，甚至是相互矛盾的。实际中很多投资，因对关键的战略因素的认识较浅，在投资初期风险比较大。而随着时间的推移，对市场的变化趋势有了清晰的认识，加上内部管理方式的改进，现金流会逐渐趋向稳定，风险也随之减少。对长期投资来说，其现金流发生的时间比较晚、持续时期长，在运用风险调整贴现率时偏差更大。

第二，在方案持续时期内，运用统一的贴现率。风险是一定时期内的风险，某一时期的风险可能会随着认识的不断加深和环境因素的改变而变成肯定因素。因此我们在进行贴现时，不能每一个期间都采用同一个贴现率。尤其对于长期方案来说，在较长的时期内风险波动会更激烈，只采用相同的贴现率会严重失实。

肯定当量法有以下两个优点：

第一，充分考虑了时间因素。风险的不同会体现在不同的标准离差系数上，从而表现出不同的肯定当量系数，这比较符合现实情况。当然，在实践中为每一年都准确确定肯定当量系数是很难的。对此，我们可以将战略项目分为战略引进阶段、战略发展阶段、战略成熟阶段和战略衰退阶段。在每一个阶段，风险的特征和大小是相似的，具有一定的统一性。这样就可以为每个时期都确定一个肯定当量系数，既保证了效率又保证了效果。

第二，运用肯定的现金流量易被接受。风险管理思想认为：肯定的 1 元钱与不肯定的 1 元钱的价值是不同的。肯定当量法要先将不肯定的 1 元钱转化为肯定的 1 元钱，将有风险的现金流转化为无风险的现金流。在现实中，作为风险厌恶型的决策人员从心理上比较容易接受。

从以上的分析可以看出，肯定当量法在对长期投资方案的评价相对准确，因此在实践中应对其进行推广。

（三）决策树分析法

决策树也叫决策网络分析。在进行项目分析评价时，可以对一个项目提出多种实施方案，每一个方案又可能出现不同的结局，在这种条件下，可以用决策树来表示：树干即方案枝，表示各种实施方案；每一树干分为几枝，每枝代表该方案可能出现的一种结果及其概率。决策者首先根据概率枝综合计算各个方案的期望收益，在此基础上比较各个方案，一般是淘汰期望收益较小的方案而保留期望收益较大的方案。如果各个方案也是多层次的，即每个方案又代表一个决策树，那么决策者必须层层推进，从最末的“概率枝”开始逆向分析，在每一个较高级的决策层时保留期望值较大的方案，层层推进，直到得出最后一次决策方案的期望值，然后进行方案比较。由于决策树分析法对各种不确定性因素都作了综合研究，便于把各层次连续起来加以考虑，因此这种方法较为常用。

（四）乐观悲观法

决策者对风险所持的态度常常不同。在同样的信息前提下，不同的人对决策方案的选择不同，甚至同一个人在不同时期也会有不同的态度。对风险所持的态度是一种价值判断，如利用概率分析求期望值最大的方案，就是根据某一价值判断所作的选择。保守的和易于冒险的人，常常有不同的价值判断。

1. 稳健型决策（最大的最小值）

这类决策者考虑决策时，总是从最坏的情况着想，以求从最坏的情况中得到最好的结果。这种决策立足点是求稳，虽然每次效益都不高，但毕竟不会完全失败。按这种想法作出的决策，称为“从最小中求最大决策”。

2. 乐观型决策（最大的最大值）

采用这种决策的人一般是富有冒险精神的决策者，他多半是对环境估计有较大把握，同时又勇于承担风险，认为即使出现最坏情况，损失也可以承受下来，如果环境确实很好，那就可以得到最大的收益。这类决策又称为“从最大中求最大决策”。

3. 悲观型决策（最小的最大后悔值）

性格内向者与乐观者大不相同，他常常因失败而后悔。因此，这种决策者通常会要求后悔程度最小的结果。这种决策以最小最大后悔程度作为决策标准。

例 6－32 不同方案的后悔值如表 6－15 所示。

表 6－15 不同方案的后悔值 单位：元

环境 方案	N_1	N_2	N_3
A	0.5－0.5＝0	2.0－1.5＝0.5	5.0－1.5＝3.5
B	0.5－0＝0.5	2.0－2.0＝0	5.0－2.5＝2.5
C	0.5－（－1.0）＝1.5	2.0－0＝2.0	5.0－5.0＝0

表中数字所示为后悔值。从“N_1”的环境来看，如果遇到 N_1 环境，三个方案中最佳方案应是 A 方案，因此在 N_1 时 A 方案就不会后悔，因而其后悔值是 0.5－0.5＝0；如果采用了 B 方案，本可以得益 0.5，而现在只能得“0”，因此 N_1 下 B 方案的后悔值为 0.5；同理 C 方案在 N_1 下的后悔值为 0.5－（－1.0）＝1.5。

按上述方法分别求出 A、B、C 三种方案在 N_2、N_3 下的后悔值。比较各方案的最大后悔值，A 方案是 3.5，B 方案是 2.5，C 方案是 2.0。最小值是 C 方案的 2.0，因此决定采用 C 方案。其逻辑是即使后悔，其损失不过为 2.0，比 3.5 和 2.5 都小。以上决策各有利弊，这就需要投资者根据自身素质和本企业的实际情况，具体问题具体对待，力求以最小的投资风险来获取最大的投资收益。

第五节　长期投资决策方案

一、固定资产更新决策

固定资产更新是对技术上或经济上不宜继续使用的旧资产用新的资产更换。

固定资产更新决策主要研究两个问题：一个是决定是否更新，即继续使用旧资产还是更换新资产；另一个是决定用什么样的资产来更新。实际上，这两个问题是结合在一起考虑的，如果市场上没有比现有设备更适用的设备，那么就继续使用旧设备，因为旧设备可以通过修理继续使用。所以固定资产更新决策是继续使用旧设备与购置新设备之间的选择。

固定资产更新决策方案的分析评价，应把现有固定资产同可能取代它的新固定资产放在同等地位，有关数据要用同样的方法进行处理。也就是说，无论现有固定资产还是可能取代它的新固定资产，都要着重考察其未来的有关数据，过去发生的“沉落成本”可不予考虑。因此，在固定资产更新决策方案的分析评价中，现有固定资产的“价值”应以其“现时价值”而不是按“原始成本”进行计量。

（一）固定资产更新决策的现金流量分析

固定资产更新决策不同于一般的投资决策。一般来说，设备更换并不能改变企业的生产能力，也不能增加企业的现金流入。更新决策的现金流量主要是现金流出。即使有少量的残值变价收入，也属于支出抵减，而非实质上的流入增加。由于只有现金流出，而没有现金流入，就给采用贴现现金流量分析带来了困难。

例6－33　某企业的机器A是4年前购买的，购价2 200元，预计可用10年，寿命期终了还有残值200元，其每年使用费（包括维修费用，下同）为700元。新出产的机器B购价为2 400元，预计可用10年，寿命期终了还有残值300元，其每年使用费为400元。机器B对比机器A，原投资额比较大，但年使用费较低。机器A如于目前出售，售价为600元。该企业要求设备上的投资收益率至少能达到15%。据此，我们可绘制现金流量图，如图6－2所示。

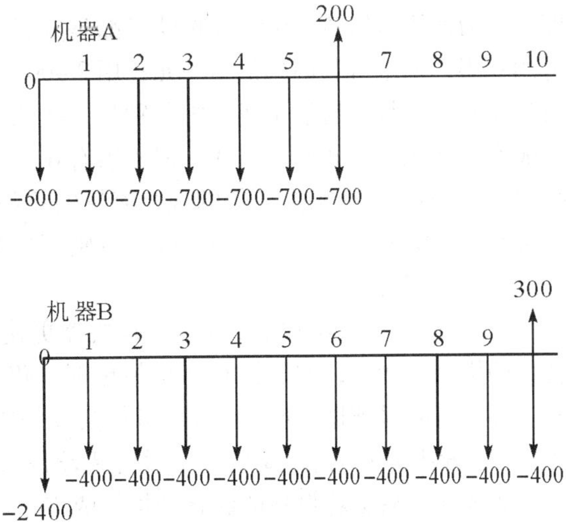

图6－2　现金流量图

由于没有适当的现金流入，无论哪个方案都不能计算其净现值和内含报酬率。通常在收入相同时，我们认为成本较低的方案是好方案。那么我们可否通过比较两个方案的总成本来判断方案的优劣呢？仍然不妥，因为旧设备尚可使用6年，而新设备却可以使用10年，两个方案取得的产出并不相同。因此我们应当比较其1年的成本，即获得1年的生产能力所付出的代价（继续使用或更新的年成本），据以判断方案的优劣。

（二）固定资产的平均年成本

固定资产的平均年成本，是指该资产引起的现金流出的平均值。如果不考虑货币的时间价值，它是未来使用年限内的现金流出总额与使用年限的比值。如果考虑货币的时间价值，它是未来使用年限内的现金流出总现值与年金现值系数的比值，即平均每年的现金流出。

1. 不考虑货币的时间价值

旧机器的平均年成本 = （600 + 700 × 6 − 200）/6 = 767（元）

新机器的平均年成本 = （2 400 + 400 × 10 − 300）/10 = 610（元）

2. 考虑货币的时间价值

$$\text{旧机器的平均年成本} = \frac{600 + 700 \times (P/A,\ 15\%,\ 6) - 200 \times (P/F,\ 15\%,\ 6)}{(P/A,\ 15\%,\ 6)} = 836\text{（元）}$$

$$\text{新机器的平均年成本} = \frac{2\,400 + 400 \times (P/A,\ 15\%,\ 10) - 300 \times (P/F,\ 15\%,\ 10)}{(P/A,\ 15\%,\ 10)} = 863\text{（元）}$$

3. 使用平均年成本法时要注意的问题

（1）平均年成本法就是把继续使用旧机器和购置新机器看成是两个互斥的方案，而不是一个更新设备的特定方案，也就是说，要有正确的“局外观”，即从局外人的角度看，为使用机器A、B所需的投资都是其目前的市场价值。他用600元购置机器A，可用6年，期末可收回残值200元；用2 400元购置机器B，可用10年，期末可收回残值300元；而每年的使用费，则分别为700元和400元。在此基础上比较获得1年服务的成本孰高孰低，并作出选择。旧机器有6年的现金流动数据，新机器的现金流量要持续10年，因此不能根据各年的现金流量的差额来计算净现值和内含报酬率。对于更新决策来说，除非未来使用年限相同，否则不能根据实际现金流量分析的净现值法和内含报酬率法来解决问题。

（2）平均年成本法的假设是将来机器更换时，可以按原来的平均年成本找到可以替代的机器。例如，旧机器6年后报废时，仍可找到使用年成本为836元的可代替设备。如果有明显证据表明，6年后可替换设备的平均年成本会高于当前更新设备的市场年成本（863元），则需要把6年后更新设备的成本纳入分析范围，合并计算当前使用旧设备及6年后更新设备的综合平均年成本，然后与当前更新设备的平均年成本进行比较，这就会成为多阶段决策问题。由于未来数据的估值有很大主观性，时间越长越靠不住，因此平均年成本法通常以旧设备尚可使用年限为比较期，一般不会有太大误差。如果以新设备可用年限为比较期，则需要有旧设备报废时再购置新设备的可靠成本资料。

二、计算固定资产的经济寿命

通过固定资产的平均成本概念，我们很容易发现，固定资产的使用初期运行费用比较低，以后随着设备逐渐陈旧，性能变差，维护费用、修理费用、能源消耗等会逐步增加。与此同时，固定资产的价值逐渐减少，资产占用的资金应计利息也会逐步减少。随着时间的递延，运行成本和持有成本呈反方向变化，两者之和呈马鞍形，这样必然存在一个经济的使用年限。

固定资产经济寿命的计算步骤如下：

（1）计算 n 年内投资的年摊销额。

（2）计算 n 年内均衡的年使用费。

（3）上述二者求和，即为 n 年内均衡的年使用成本，以其达到最低的间隔期为经济寿命。

例 6－34 设新购置一项固定资产，原价 5 000 元，预计可用 9 年，寿命期终了有残值 500 元；用“使用年限数字总和法”计提折旧。年使用费第 1 年为 1 400 元，之后每年增加 10%。设备上的投资要求达到的最低收益率为 10%。

据此，可确定该资产各年的折旧额和使用费如表 6－16 所示。

表 6－16　　单位：元

年　序	原投资额	年末残值	年折旧额	年使用费
0	5 000	5 000		
1		4 100	900	1 400
2		3 300	800	1 540
3		2 600	700	1 694
4		2 000	600	1 863
5		1 500	500	2 050
6		1 100	400	2 255
7		800	300	2 480
8		600	200	2 728
9		500	100	3 001

要求：计算该资产的经济寿命。

解： 首先，计算 n 年内投资的年摊销额：

$n=1$，$(5\ 000-4\ 100)\times(A/P, 10\%, 1)+4\ 100\times10\%=1\ 400$（元）

$n=2$，$(5\ 000-3\ 300)\times(A/P, 10\%, 2)+3\ 300\times10\%=1\ 310$（元）

$n=3$，$(5\ 000-2\ 600)\times(A/P,\ 10\%,\ 3)+2\ 600\times10\%=1\ 225$（元）

⋮

$n=9$，$(5\ 000-500)\times(A/P,\ 10\%,\ 9)+500\times10\%=831$（元）

其次，计算 n 年内均衡的年使用费：

$n=1$，$1\ 400\times(P/F,\ 10\%,\ 1)\times(A/P,\ 10\%,\ 1)=1\ 400$（元）

$n=2$，$[1\ 400\times(P/F,10\%,1)+1\ 400\times(1+0.10)\times(P/F,10\%,2)]\times(A/P,10\%,2)$

$=[1\ 400\times(P/F,10\%,1)+1\ 400\times(P/F,10\%,1)]\times(A/P,10\%,2)$

$=1\ 400\times(P/F,10\%,1)\times2\times(A/P,10\%,2)=1\ 466$（元）

$n=3$，$1\ 400\times(P/F,10\%,1)\times3\times(A/P,10\%,3)=1\ 536$（元）

⋮

$n=9$，$1\ 400\times(P/F,10\%,1)\times9\times(A/P,10\%,9)=1\ 988$（元）

最后，计算 n 年内均衡的年使用成本，见表 6－17。

表 6－17　年使用成本计算表　　单位：元

年序	n 年内投资的年摊销额	n 年内均衡的年使用费	n 年内均衡的年使用成本
1	1 400	1 400	2 800
2	1 310	1 466	2 776
3	1 225	1 536	2 761
4	1 147	1 606	2 753
5	1 073	1 678	2 751
6	1 005	1 754	2 759
7	943	1 830	2 773
8	885	1 908	2 793
9	831	1 988	2 819

表 6－17 的计算表明，当 $n=5$ 时，均衡的年使用成本达到最低，可据以确定该项固定资产经济寿命为 5 年。

值得指出的是，上述固定资产经济寿命的计算方法只适用于新固定资产经济寿命的计算。

三、固定资产的大修理决策

企业的有些生产设备或固定资产，在已经不能继续使用的情况下，可以通过大修理以延长其使用期，而不必进行更新重新购建。因此，在实践中，企业对固定资产进行大修理以延长其使用期在经济上是否合理，应该与更新方案（即将现有固定资产按期报废，而重新购建）的投资效果进行比较，才能作出客观的判断。

固定资产大修理和更新的决策是在假设维持现有生产能力水平不变的情况下，选择继续修理并使用旧设备还是将其淘汰，而重新选择性能更优异、运行费用更低廉的新设备的决策。由于假设新旧设备的生产能力相同，对企业而言，销售收入没有增加，即现金流入量未发生变化，但生产成本却发生了变化。另外新旧设备的使用寿命往往不同，因此固定资产的大修理和更新决策实际上也是比较两个方案的年平均成本。

例 6－35　宏兴公司的一座仓库已经达到报废的期限，但如果进行一次大修理，尚可继续使用 5 年，大修理费用共 100 000 元，继续使用每年维修费用为 5 000 元。如按原规模重建，造价为 250 000 元，可使用 25 年，每年维修费用仅需 3 000 元。若预期投资报酬率为 15%，若为解决今后 5 年的仓储问题，该仓库应该大修理还是重建？

（1）现金流出现值总额。

大修理方案：　$100\ 000+5\ 000\times(P/A,\ 15\%,\ 5)=116\ 761$（元）

重建方案：　$250\ 000+3\ 000\times(P/A,\ 15\%,\ 25)=269\ 392$（元）

（2）两个方案的年运行成本。

大修理方案：　$\dfrac{116\ 761}{(P/A,\ 15\%,\ 5)}=34\ 833$（元）

重建方案：　$\dfrac{269\ 392}{(P/A,\ 15\%,\ 25)}=41\ 675$（元）

因此若为解决今后 5 年的仓储问题，应选择大修理比较经济。

本章小结

本章主要阐述了长期投资决策分析的基础：货币时间价值、投资的风险价值、资本成本、现金流量；阐述了长期投资方案的经济评价方法：投资回收期法、净现值法、现值指数法、内含报酬率法等，并应用这些方法对长期投资方案进行对比与选优。最后介绍了长期投资决策在实务中应用的几个案例。

练 习 题

一、单项选择题

1. 资本回收系数是下列哪个系数的倒数（　　）。

A. 复利现值系数　　B. 年金现值系数

C. 复利终值系数　　D. 年金终值系数

2. 下列长期投资决策方法中，属于静态评价方法的是（　　）。

A. 内含报酬率法　　B. 平均投资报酬率法

C. 现值指数法　　D. 净现值法

3. 下列各项投资中，通常被认为没有风险的货币时间价值为（　　）。

A. 股利　　B. 长期借款利息

C. 债券利息　　D. 国库券利息

4. 下列说法错误的是（　　）。

A. 两个不等额的投资方案，净现值大的方案较优

B. 两个不等额的投资方案，内含报酬率高的方案较优

C. 两个等额的投资方案，净现值大的方案较优

D. 两个等额的投资方案，内含报酬率高的方案较优

5. 运用内插法近似计算内含报酬率时，为缩小误差，两个临近值的贴现率之差不得大于（　　）。

A. 2%　　B. 4%　　C. 5%　　D. 6%

6. 当某投资方案的净现值大于零时，则内含报酬率（　　）。

A. 小于投资者所要求的折现率　　B. 大于投资者所要求的折现率

C. 小于零　　D. 等于零

7. 在下列项目投资评价指标中，在一定范围内越小越好的是（　　）。

A. 净现值　　B. 静态投资回收期

C. 现值指数　　D. 内含报酬率

8. 下列各项指标中，属于长期投资决策静态评价指标的是（　　）。

A. 净现值　　B. 内含报酬率　　C. 现值指数　　D. 投资利润率

9. 净现值法、现值指数法和内含报酬率法均属于动态评价指标，三者之间的关系是（　　）。

A. 对同一项目进行评价时，它们有时会得出相互矛盾的结论

B. 设一投资项目其净现值>0，则现值指数>1，内含报酬率>最低收益率

C. 内含报酬率法要优于现值指数法，现值指数法要优于净现值法

D. 三者都体现了货币时间观念

10. 某投资项目原始投资为12 000元，当年完工投产，投资有效期限为3年，每年可获得现金净流量4 600元，则该项目的内含报酬率为（　　）。

A. 7.33%　　B. 7.68%　　C. 8.32%　　D. 6.68%

11. 在进行投资决策的经济效益评价时，计算资金时间价值的基础是（　　）。

A. 单利　　B. 复利　　C. 普通年金　　D. 先付年金

12. 下列项目投资评价指标中，属于绝对量指标的是（　　）。

A. 投资利润率　　B. 净现值　　C. 现值指数　　D. 内含报酬率

13. 在其他因素不变的情况下，如果提高贴现率，则下列指标中其数值将会变小的是（　　）。

A. 投资回收期　　B. 内含报酬率　　C. 投资利润率　　D. 净现值率

14. 当某投资期望收益率大于无风险收益率时，则风险收益率（　　）。

A. 小于零　　B. 大于零　　C. 等于零　　D. 无穷大

15. 以下关于长期投资决策的阐述，正确的是（　　）。

A. 增强资金的时间价值观念，就是要求在工程项目的实施过程中，努力缩短建设工期，尽快发挥投资项目的效益

B. 以新设备更新旧设备时，应将新、旧设备的购买价格进行比较，选择最优方案

C. 在对长期投资方案进行选择时，运用净现值法和内含报酬率法有时会得出矛盾的结论

D. 投资项目要求的收益率只取决于资本成本，与投资项目的风险程度无关

16. 投资回收期的优点是（　　）。

A. 计算简便　　B. 未考虑货币时间价值

C. 不计算投资回收期以外的现金流量　　D. 不能作为主要的评价指标

17. 运用逐次测试法时，若第一次测试的净现值大于零，则第二次测试时，所选贴现率应（　　）。

A. 减小　　B. 增大　　C. 不知道　　D. 以上均错

18. 企业留利是（　　）。

A. 付现成本　　B. 实际成本　　C. 机会成本　　D. 以上均错

19. 原始投资额不等的方案，可用什么指标来评价（　　）。

A. 投资回收期　　B. 净现值　　C. 投资利润率　　D. 现值指数

20. 下列筹资方式，属于借入资金的是（　　）。

A. 优先股　　B. 普通股　　C. 企业留利　　D. 债券

21. 如果某因素在较小范围内发生了变动，就会影响原定方案的经济效果，即表明该因素敏感性（　　）。

A. 弱　　B. 强　　C. 无法判断　　D. 以上均错

22. 回收固定资产的残值属于（　　）。

A. 现金流入　　B. 现金流出　　C. 投资　　D. 以上均错

23. 下列筹资方式中，资金成本最高的是（　　）。

A. 优先股　　B. 普通股　　C. 企业留利　　D. 债券

24. 股份制企业的企业留利，其资金成本为（　　）。

A. 借款利率　　B. 投资者的预期投资报酬率

C. 货币时间价值　　D. 风险报酬率

25. 下面列出的是一些投资项目某一年的现金净流量计算公式（暂不考虑所得税），不正确的是（　　）。

A. 革新产品后增加的营业净收益 - 革新产品发生的现金流出

B. 一个新建生产线当年的营业净收益 + 当年计提的折旧 - 当年垫支的流动资金

C. 一台大型机器报废当年产生的营业净收益 + 报废的残值收入 + 该年计提的折旧

D. 某一在建工程当年的投资额

26. 在原始投资不同的互斥项目决策中，最适用于选优的方法是（　　）。

A. 净现值法　　B. 获利指数法

C. 内含报酬率法　　D. 差额内含报酬率法

27. 假设某一公司有一项投资，其预计收益的期望值为200万元，标准离差率为18.25%，若该项目的风险系数为80%，有关年度的货币时间价值为7%，则它的预期风险报酬额为（　　）。

A. 135.2万元　B. 187.3万元　C. 110.2万元　D. 200万元

28. 投资决策的首要环节是（　　）。

A. 确定资金成本的一般水平　B. 估计预期现金流量的风险

C. 估计投资项目的预期现金流量　D. 确定投资方案的收入现值

29. 某投资项目年营业收入140万元，年经营成本70万元，年折旧30万元，所得税40%，则该方案年经营净现金流量为（　　）。

A. 72万元　B. 58万元　C. 44万元　D. 46万元

30. 机会成本是一种（　　）。

A. 实际发生的支出或费用　B. 潜在发生的支出或费用

C. 实际发生的收益　D. 潜在发生的收益

二、多项选择题

1. 贴现的现金流量法包括（　　）。

A. 净现值法　B. 现值指数法　C. 内含报酬率法

D. 投资利润率　E. 静态的偿还期

2. 一个投资项目的现金流入量，主要包括（　　）。

A. 营业净收益　B. 折旧　C. 残值

D. 安装费　E. 经营成本

3. 长期投资的主要特点是（　　）。

A. 投资项目的金额大　B. 资金占用的时间长

C. 分次收回　D. 损失小　E. 只涉及一年以内的有关经济活动

4. 对于净现值、现值指数和内含报酬率之间的关系而言，下列说法正确的有（　　）。

A. 如果净现值小于零，则现值指数一定小于零

B. 如果净现值小于零，则内含报酬率一定小于贴现率

C. 如果净现值等于零，则现值指数一定等于零

D. 如果现值指数大于1，则内含报酬率一定大于贴现率

E. 如果现值指数小于1，则内含报酬率一定小于零

5. 下列项目中，属于年金的是（　　）。

A. 每月的固定成本　B. 定期发放的固定奖金

C. 每年的固定租金　D. 各种方法计算的折旧费

E. 存货的年储存费用

6. 下列有关内含报酬率的表述，正确的是（　　）。

A. 它是能使一项投资方案未来报酬率总现值等于原始投资额的贴现率

B. 它是能使一项投资方案未来报酬率总现值等于原始投资额现值的贴现率

C. 它是使一项投资方案的净现值大于0的贴现率

D. 它是使一项投资方案的获利指数等于1的贴现率

E. 它是使一项投资方案的净现值率小于0的贴现率

7. 下列指标中属于动态指标的有（　　）。

A. 内含报酬率　　B. 投资利润率　　C. 净现值

D. 现值指数　　E. 投资回收期

8. 以某年总成本为基础计算当年经营成本时应抵减的项目包括（　　）。

A. 固定资产折旧　　B. 无形资产摊销

C. 设备买价　　D. 设备维护支出

E. 向税务局缴纳的所得税

9. 在计算固定资产年平均成本时，若考虑货币的时间价值，需要考虑的因素主要有（　　）。

A. 固定资产原价　　B. 固定资产的余值

C. 固定资产的年运行成本　　D. 固定资产的持有成本

E. 投资最低报酬率

10. 投资项目经济评价首要考虑的两个重要问题是（　　）。

A. 资本成本的计量　　B. 风险程度的估量

C. 现金支出　　D. 现金收入　　E. 比较回收期的长短

11. 货币时间价值通常的表现形式有（　　）。

A. 利率　　B. 利润　　C. 本金　　D. 利息

E. 内含报酬率

12. 长期投资的主要特点有（　　）。

A. 投资项目的金额大　　B. 资金占用的时间长

C. 分次收回　　D. 损失小

E. 长期投资项目一般都有较为稳定的未来收益

13. 在净现值法下评价某一投资项目所采用的贴现率应该为（　　）。

A. 该项目投入资金的资金成本　　B. 银行的贷款利率

C. 考虑风险后的现值指数　　D. 企业要求的最低资金利润率

E. 无风险利率

14. 企业的资金来源有（　　）。

A. 银行借款　　B. 债券　　C. 股票

D. 留存收益　　E. 融资租赁

15. 现金流出量的内容有（　　）。

A. 固定资产投资　　B. 流动资产垫支

C. 项目投资后相应增加的应收账款

D. 营业净收益　　E. 折旧

16. 贴现类的投资决策评价指标有（　　）。

A. 投资利润率　　B. 投资回收期

C. 净现值　　D. 现值指数

E. 内部报酬率

17. 下列关于现金流量计算正确的是（　　）。

A. 现金净流量＝现金流入量－现金流出量

B. 现金流量＝销售收入－付现成本－所得税

C. 现金流量＝销售收入－付现成本＋所得税

D. 现金流量＝税后净利＋折旧

E. 现金流量＝税后净利－折旧

三、判断题

1. 预付年金的终值与现值，可在普通年金终值与现值的基础上乘以（$1+i$）得到。（　　）
2. 终值系数和现值系数互为倒数，因此，年金终值系数与年金现值系数也互为倒数。（　　）
3. 单利与复利是两种不同的计息方法，单利终值与复利终值在任何时候都不可能相等。（　　）
4. 递延年金终值的大小与递延期无关，因此计算方法与普通年金终值是一样的。（　　）
5. 只有增量现金流量才是与长期投资项目相关的现金流量。（　　）
6. 在计算现金净流量时，无形资产摊销额的处理与折旧额相同。（　　）
7. 在不考虑所得税因素的情况下，同一投资方案分别采用快速折旧法、直线法计提折旧不会影响各年的现金净流量。（　　）
8. 年金是指每隔一年，金额相等的一系列现金的流入和流出量。（　　）
9. 永续年金既有终值又有现值。（　　）
10. 在现值和利率一定的情况下，计息期数越少，复利终值越大。（　　）
11. 不考虑货币时间价值的前提下，投资回收期越短，投资获利能力越强。（　　）
12. 一般情况下，使某投资方案的净现值小于0的贴现率，一定高于该投资方案的内含报酬率。（　　）
13. 包括建设期的投资回收期应等于累计现金净流量为0时的年限再加上建设期。（　　）
14. 投资项目评价所运用的内含报酬率的计算结果与预定的利率高低有直接关系。（　　）
15. 投资利润率和静态的投资回收期这两个静态指标，其优点是计算简单，容易掌握，且均考虑了现金流量。（　　）
16. 某一投资方案按12%的利率计算的净现值大于零，那么该方案的内含报酬率大于12%。（　　）
17. 多个互斥方案的对比与选优，一般应选择净现值率大的方案。（　　）
18. 不论在什么情况下，都可以通过逐次测试逼近方法计算内含报酬率。（　　）
19. 某一方案年等额净现值等于该方案净现值与相关的资本回收系数的商。（　　）

20. 对于独立方案，评价其财务可行性也就是对其作出最终决策的过程。（　　）

四、计算分析题

1. 资料：设某厂的机器B购价800元，可用6年，无残值；维修成本第一年为100元，以后每年增加100元。

   要求：计算 $i=10\%$ 时机器B的经济寿命为几年。

2. 资料：某公司现有A、B两个投资项目可供选择，其中A项目初始投资40 000元，五年内预计每年现金净流量12 000元；B项目初始投资100 000元，五年内预计每年现金净流量29 600元。

   要求：(1) 假设两个项目的资金成本均为12%，请分别计算两个项目的净现值、内含报酬率和现值指数。

   (2) 根据上述指标，请确定公司应投资于哪个项目为佳。

3. 资料：某公司于3年前购置设备一台，购价为26 000元，估计使用寿命13年，期满无残值，折旧采用直线法，目前设备账面价值20 000元。现有更先进的设备可供公司使用，购价39 000元，可使用10年，期满无残值。使用新设备后，每年可增加收入3 500元，同时降低变动成本2 500元。旧设备若立即出售可得价款16 000元，所得税税率为33%，企业要求的最低报酬为12%。

   要求：确定企业是否应该更新此设备。

4. 资料：某方案投资额为90 000元，使用年限为3年，期满无残值。每年现金净流量为40 000元，资金成本为10%。

   要求：对该方案进行敏感分析。

5. 资料：某企业现在向银行借款100万元，银行规定在以后10年，每年年末等额偿还13.8万元。

   要求：计算银行借款利息率。

6. 某厂新进一台先进设备，共花费了300 000元。该设备预计可使用6年，期末残值为10 000元。预计该设备每年可使该厂回收净利和折旧70 000元。若该公司购置设备的借款利率为12%（复利）。试问此项购置方案是否可行？

7. 某机械厂准备兴建一新厂房，花费成本168万元。预计该厂房可使用12年，期末残值为18 000元。使用该厂房每年可为该机械厂增加税后净利186 800元。假定资本成本为4%。采用内含报酬率法，判断该厂是否可建。

五、案例分析

一项新产品开发的讨论

1999年4月14日上午，中南日用化学品公司正在召开会议。公司董事长、总经理、研究开发部经理、财务部经理等都参加会议，讨论新产品的开发及其资本支出预算等有关问题。

中南公司成立于1995年，由中洁化工厂和南宏化工厂合并而成。合并时，中洁化工厂主要生产“彩虹”牌系列洗涤用品，它是一种低泡沫、高浓缩粉状洗涤剂；南宏化工厂生产“波浪”牌洗涤用品，它具有泡沫丰富、去污力强的特点。中南公司成立后，继续生产两种产品，并各自保持商标。1999年，两种产品的销售收入是合并前的3倍，市场由东北延伸到全国。

面对日益激烈的商业竞争和科技创新，中南公司投入大量的资金，花费2年的时间研制成了“长丰”牌液体洗涤剂。该产品优点为：①每单位重量衣物，用量为粉状洗涤剂的1/6或1/8；②适宜华北、东北地区，不需事前浸泡，这是粉状洗涤剂不能比拟的；③采用轻体塑料瓶包装，使用方便，容易保管。

长丰牌液体洗涤剂的开发费用及开发项目的现金流量为：原始投资2 500 000元，其中市场调研费500 000元，购置专用设备、包装用品设备投资2 000 000元。设备使用年限预计为15年，期满无残值。按照公司一贯经营方针，预计15年现金流量如表6－18所示：

表6－18

单位：元

年　序	现金流量	年　序	现金流量
1	280 000	9	350 000
2	280 000	10	350 000
3	280 000	11	250 000
4	280 000	12	250 000
5	280 000	13	250 000
6	350 000	14	250 000
7	350 000	15	250 000
8	350 000		

由于长丰牌液体洗涤剂投放市场后对原有产品会产生冲击，现金流量修正如表6－19所示：

表6－19

单位：元

年　序	现金流量	年　序	现金流量
1	250 000	9	315 000
2	250 000	10	31 5000
3	250 000	11	225 000
4	250 000	12	225 000
5	250 000	13	225 000

（续上表）

年 序	现金流量	年 序	现金流量
6	315 000	14	225 000
7	315 000	15	225 000
8	315 000		

通过分析市场状况、投资机会、同行业发展水平等因素，会议分析投资机会成本为10%。

对长丰牌液体洗涤剂开发项目的资本支出涉及的厂房和其他设备支出及流动资金等问题，研究开发部经理解释道："彩虹"牌系列洗涤剂的生产设备利用率仅为55%，该设备完全适合生产长丰牌液体洗涤剂且只需10%的生产能力，因此仅列出了专用设备和包装设备的投资；新产品每年需追加流动资金200 000元，但年初借年末还，所以没有列入项目资金流量中。

公司的剩余生产能力如果出租，公司将得到近200 000元的租金收入，但董事长提出，中南公司不允许出租厂房设备等固定资产。

分析提示：

请在对项目进行决策前讨论并回答以下问题：

1. 在估算现金流量时是否应考虑市场调查研究费用500 000元？
2. 关于生产新产品所追加的流动资金是否作为现金流量，为什么？
3. 尚没有利用的厂房和其他设备的可能取得的租金收入是否要考虑？
4. 由于新产品上市使原来老产品的市场份额减少而丧失的收入是否要考虑？
5. 与此相关的利息支出要在投资项目现金流量中反映吗？

资料来源：www. e521. com，2006 - 01 - 05

要点：

项目投资是一种以特定项目为对象，直接与新建项目或更新改造项目有关的长期投资行为。项目投资的特点是投资金额大、影响时间长、变现能力差、投资风险大。因此项目投资决策必须严格遵守相应的投资程序。

现金流量是指与项目投资决策有关的现金流入和现金流出的数量，是评价投资方案是否可行时必须事先计算的一个基础性指标。现金流量包括现金流入量、现金流出量和现金净流量三个具体概念。

长期投资决策方法分为非贴现法和贴现法两大类。非贴现法包括平均报酬率法和投资回收期法；贴现法包括净现值法、现值指数法和内部报酬率法。

普通高等教育高级应用型人才培养规划教材

第七章

全面预算

【学习目标】

通过学习，要求学生了解企业全面预算的概念、内容、作用、类型和编制程序；掌握业务预算和财务预算编制的基本方法；理解弹性预算、零基预算和滚动预算的基本原理和方法步骤，并结合传统预算编制方法灵活应用。

引导案例

山东华乐实业集团公司（以下简称华乐集团）是一家拥有纺织、热电、化纤、房地产等多种产业的大型企业，1996 年 10 月成立，1998 年实行股份制改造，2000 年在全国民营企业 500 强中位居第 249 位。现有棉纺织厂、帆布厂、热电厂、化纤厂、制线厂、印染厂、房地产开发公司等 7 处骨干企业和一个华乐园工业区，资产 6 亿元，员工 3 500 人，主要生产经营精梳 50 支、80 支、120 支棉纱，帆布、带芯布、PVC 和 PVG 胶带、锦纶 6 工业丝、帘子布等产品。经过 20 多年的发展，资产从原来的不足 7 万元发展成现在的 6 亿元，增长了 8 000 多倍，年创利税从 1 000 元发展到现在的 8 000 万元，增长了 8 万多倍，累计向国家缴纳税金 1.2 亿元，2003 年实现销售收入 4 亿元（不含税），利税 8 000 万元，连续 21 年缴纳税金占乐陵市财政收入的 10% 以上。

华乐集团素以管理先进、科学著称，并在管理实践中创造出一套“以目标利润为导向的企业预算管理”模式，该模式 2002 年获得国家级企业管理现代化创新成果一等奖，山东省企业管理创新一等奖。依靠这一管理模式，企业近几年的利润平均增长幅度达 40% 以上，集团已通过 ISO 9000、ISO 2000 质量体系认证，拥有自营进出口权，先后荣获“全国首届 500 家管理创新示范单位”、省级“优秀民营企业”、“重合同守信誉企业”等多项荣誉称号。科学的管理、一流的技术、优质的产品，使华乐集团具备了极强的市场竞争力。

华乐集团之所以能取得如此骄人的业绩，得益于其“以利润目标为导向的企业预算管理”模式。这一模式以企业目标利润为出发点，并把它作为企业的经营纲领，将企业一定时期内为实现目标利润所需要的各种资源以货币或数量的预算形式表示出来，形成企业及各部门的综合行动计划。

在华乐集团，预算一经确定就成为公司的“宪法”，从董事长到普通员工都要严格执行。没有预算的费用不能花，没有预算的项目不允许发生。全面预算管理模式的实行充分调动了员工的工作积极性，目标利润及其分解形成的各项预算指标使“人人肩上有指标，项项指标连收入”，如员工年收入有的只有几千元，有的多达 20 多万元；强化了企业的控制力度，通过预算的编制、执行与考评形成了全员、全过程的管理控制，既提高了企业领导者的管理效率，又使公司领导层摆脱了日常琐碎的管理工作，由直接管理变为间接管理。

华乐集团自 1988 年开始实行全面预算管理模式以来，产生了巨大的经济效益，企业的销售收入、利润连年持续递增。在前几年我国棉纺行业举步维艰的情况下，华乐集团仍然保持了稳步的增长，产品成本、费用每年降低幅度在 8% 左右。实行全面预算管理模式的当年实现利税 240 万元，比 1987 年增长了 60%。1989 年，企业开始推行全面预算管理模式，当年实现利税 550 万元，比 1988 年翻了一番。在此后的管理实践中，华乐集团一面优化措施，加大力度，推行和完善全面预算管理制度；一面不断总结全面预算管理模式的运作经验，并从管理学的角度对其进行探讨，将其上升到理论的高度。经过 10 多年的不断探索、归纳，总结出一套适合我国国情的企业全面预算管理模式。

华乐集团在推行全面预算管理模式时，主要把握了以下几点：

（1）建立层层把关、分工负责的组织机构。

（2）制定既有挑战性，又有可行性的利润目标。

（3）以目标利润制定公司预算。

（4）在预算控制过程中，华乐集团坚持利润最大化原则，对生产经营的各个环节严格进行刚性约束，最大限度地挖潜增效。

（5）预算执行差异分析。

华乐集团的实践证明，全面预算管理对企业了解自己的实际情况，有效调动和分配资源，把握机遇，争取主动等具有十分重要的意义。

第一节　全面预算概述

一、全面预算的概念

全面预算（comprehensive budget），是以企业利润为最终目标，把企业的全部生产经营计划用金额和其他数量指标以表格的形式反映出来，也就是企业总体规划的数量说明。

全面预算的概念包括以下两个含义：

（1）全面预算是生产经营计划的数量化。

（2）全面预算涉及企业的全部经济活动（经营、投资、财务），是企业总体规划的数量说明。

全面预算在管理过程中处于承前启后的地位。一方面，企业规划和决策所确定的经营目标和实现经营目标的行动方案，通过全面预算以正式的书面文件形式予以完整体现和具体落实；另一方面，全面预算为将来各部门活动的控制和考核确定了基本的尺度和标准。

二、全面预算的内容

企业全面预算的内容包括业务预算、专门决策预算及财务预算。

（一）业务预算

业务预算（operational budget），又称营业或经营预算，是指企业日常发生的基本经济业务活动的预算，包括销售预算、生产预算、直接材料预算、直接人工预算、制造费用预算、产品成本预算、销售及管理费用预算。如果没有生产加工任务，纯粹的商品流通企业只需编制销售预算、采购预算、销售及管理费用预算，不需编制有关生产的预算。

（二）专门决策预算

专门决策预算（special decision budget）是企业为不经常发生的长期投资项目或一次性专项业务所编制的预算，它包括资本支出预算和一次性专门业务预算。

（三）财务预算

财务预算（financial budget）是反映企业预算期现金收支、经营成果和财务状况的预算。它包括现金预算、预计利润表、预计资产负债表等。

财务预算是以业务预算和专门决策预算为基础编制的，一般在编制业务预算和专门决策预算的过程中，同时列出财务预算所需的资料。

企业的业务预算、专门决策预算、财务预算相互联系，相互衔接，构成了一个有机的整体，它们之间的相互关系如图 7－1 所示。

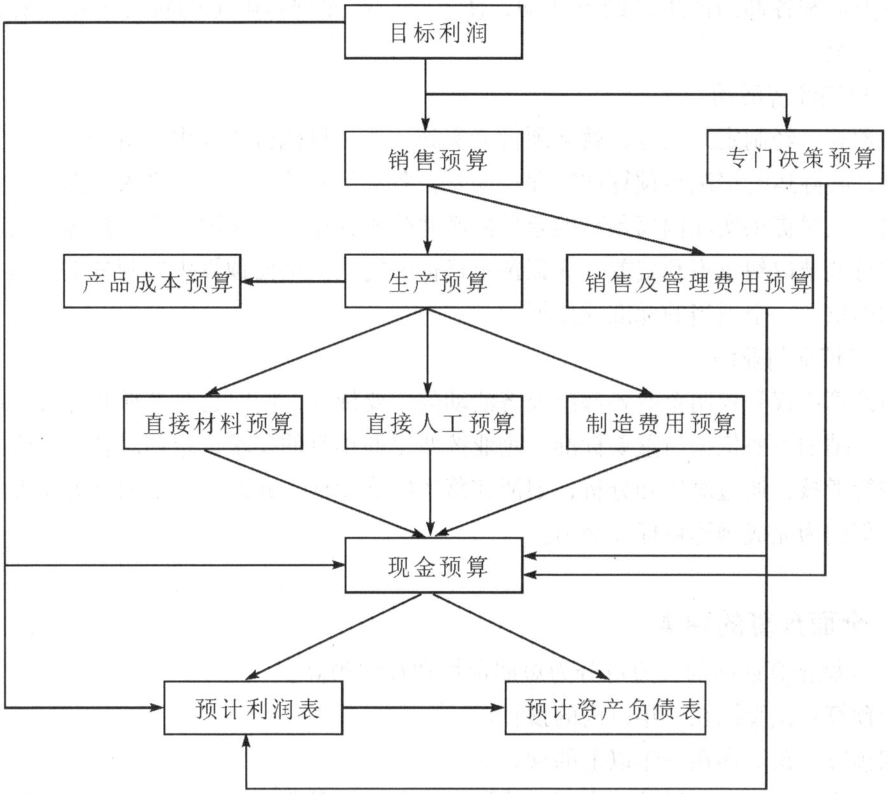

图7－1　全面预算体系及内容示意图

三、全面预算的作用

全面预算规定了企业各级各部门在预算期间工作的目标，也是控制各项经济活动的依据和考核经营业绩的标准。通过编制全面预算，有助于使各部门乃至全体员工明确工作任务，协调并控制各部门的工作，使工作业绩的评价有了客观的标准。具体地说，编制全面预算的作用主要有以下几个方面：

（1）明确工作目标。

企业作为一个有机的生产经营系统，是由若干个子系统（职能部门）构成的。为了实现企业整体的经营目标，就必须按照一致性原则明确各职能部门的具体工作目标。全面预算的编制就是为了适应目标管理的需要，把整个企业和各个职能部门在计划期间的工作目标用数量的方式表示出来，不仅明确了企业一定时期的经营总目标，也明确了各部门的具体工作目标和努力方向，从而可以调动各方面的积极性，使它们在各自的职责范围内努力完成自身的工作任务，并最终保证企业总目标的实现。

（2）协调部门关系。

全面预算将企业各方面和各部门的工作纳入一个统一的、有序的预算体系中，各部门的预算相互衔接，环环相扣，在保证最大限度地实现企业总目标的前提下，有效地组织企业各方面和各部门的生产经营活动，使各部门按照预算确定的轨道工作，协调一致，避免冲突。

（3）控制经济活动。

全面预算一经制定并通过，就必须付诸实施。在预算执行过程中，由于很多不可预见性因素，实际运行情况与预算往往存在偏差，各部门必须以全面预算为依据，通过计量、对比，及时提供实际偏离预算的差异数额并分析其原因，采取一定的措施对当前经济活动进行调节以纠正不利偏差，保证预定目标的完成。全面预算为控制各部门的日常经济活动提供了一个适当的标准或依据。

（4）考核部门业绩。

全面预算不仅是控制企业各部门经济活动的主要依据，同时也是考核和评价各部门实际工作业绩的主要依据与重要标准。企业按照全面预算的要求，定期对各个职能部门的工作进行考核，通过对比和分析，划清和落实经济责任，并结合一定的奖惩制度，促使企业各部门为完成预算目标而努力。

四、全面预算的种类

（1）根据预算期间的长短可分为短期预算和长期预算。

短期预算：预算期在一年以内的预算。

长期预算：预算期在一年以上的预算。

通常，企业生产经营活动的全面预算期为一年，预算期与企业的会计年度相一致，以便将预算与执行结果进行对比、分析、考核、评价。年度预算要进一步细分为季度或月度预算。将季度预算分为月度预算，有助于提高预算的准确性。

（2）按其编制方法不同可分为固定预算、弹性预算、滚动预算和零基预算。

五、全面预算的编制程序

全面预算的编制是一项涉及面广、工作量大、时间性强的工作，为保证预算编制工作有条不紊地进行，一般要在企业内部设立一个预算委员会。它一般由总经理和分管销售、生产、财务等方面的副总经理以及总会计师等高级管理人员组成，其主要职责是：制定和颁布有关预算制度的各项政策；审查和协调各部门的预算申报工作；解决有关方面在编制预算和执行预算过程中发生的矛盾和问题；检查预算的执行情况。

企业全面预算的编制，涉及经营管理的各个部门，只有预算执行人员参与进来，才能使预算成为他们自愿努力完成的目标。因此，预算的编制应采取自上而下和自下而上相结合的编制方法，不断地反复和修正，最后由有关机构汇总、平衡，批准后以书面形式下达，作为正式的预算落实到各有关部门付诸实施。

全面预算的编制程序可归纳为以下几个步骤：

（1）最高管理层根据企业的经营目标和经营方针，提出和明确企业在预算期的预算总目标和各基层单位的预算分解目标。

（2）各业务部门根据分管的预算指标编制本部门预算。

（3）预算委员会审查、平衡各部门编制的预算，汇总编制出企业的综合预算。

（4）预算委员会将综合预算上报企业最高管理层批准，批准后的预算下达各业务部门具体执行。

第二节　固定预算

一、固定预算的概念

固定预算（fixed budget）是传统的预算编制方法，它是根据预算期固定的业务量水平来确定相应的预算数。

二、固定预算的编制

（一）业务预算的编制

1. 销售预算

销售预算（sales budget）是安排预算期销售规模的预算，是根据年度目标利润所规定的目标销售量或目标销售额来编制的销售计划。它是编制全面预算的关键和起点，其他预算均以销售预算为基础。

销售预算编制的主要依据是：①根据市场状况预测的销售量；②产品预计的销售单价；③产品销售的收款条件。

销售预算主要是确定预算年度及各季度的销售收入和现金收入。如果销售收入在预算期内能够全额收回，则各预算期现金收入与销售收入是一致的；如果采用赊销或分期付款等结算方式，预算期内的现金收入与销售收入则可能不相等，有一部分销售收入在以后的时期才能收到现金。因此，在编制销售预算时，既要确定预算期内各时期的销售收入，又要准确估算现金收入，以便为编制现金预算提供依据。

企业在实际编制销售预算时，应分别按产品名称、数量、金额、销售地区和销售对象等项目加以编制。将以下例子（本节均以长空公司系列资料为例）进行简化，以便于掌握基本原理。

例 7－1　长空公司是生产传动齿轮的企业，假定该公司只产销这一种产品，传动齿轮的单位售价为 150 元/件。根据销售合同和市场预测，预算年度（2009 年）销售量为 6 000 件，其中，一季度 1 000 件，二季度 1 500 件，三季度 2 000 件，四季度1 500 件。在每季度的销售收入中，本季度可收到现金 60%，其余 40% 于下季度收回。上年度（2008 年）应收账款余额 80 000 元将于预算年度第一季度收回现金。根据上述资料，可编制如表 7－1 所示的销售预算。

表 7－1　长空公司销售预算

2009 年度　　　　单位：元

项　目		第一季度	第二季度	第三季度	第四季度	全　年
预计销售量		1 000	1 500	2 000	1 500	6 000
预计销售单价		150	150	150	150	150
销售收入		150 000	225 000	300 000	225 000	900 000
预计现金收入	上年应收账款	80 000				80 000
	第一季度销售收入	90 000	60 000			150 000
	第二季度销售收入		135 000	90 000		225 000
	第三季度销售收入			180 000	120 000	300 000
	第四季度销售收入				135 000	135 000
	现金收入合计	170 000	195 000	270 000	255 000	890 000

2. 生产预算

生产预算（production budget）是安排预算期内生产规模的预算。它在销售预算的基础上，按照产品分别编制。

生产预算的编制依据有：销售预算的每季度预计销售量；计划期间每季度的期初、期末的存货量。

生产预算的编制方法，主要是根据下列公式计算预计产量，然后填入表内。

预计生产量＝预计销售量＋预计期末存货量－预计期初存货量

式中，预计销售量可在销售预算中找到；预计期初存货量等于上期期末存货量；预计期末存货量应根据销售趋势来确定，在实际工作中，一般按事先估计的期末存货量占本期销售量的比例进行估算或按下期销售量的一定比例确定。

例 7－2　依上例，长空公司预算 2009 年年初库存齿轮 100 件，预计 2009 年年末库存 180 件，其他各季末库存按下季度预计销售量的 10% 确定。则长空公司 2009 年的生产预算如表 7－2 所示。

表 7－2　长空公司生产预算

2009 年度　　　　单位：件

项　目	第一季度	第二季度	第三季度	第四季度	全　年
预计销售量	1 000	1 500	2 000	1 500	6 000
加：预计期末存货量	150	200	150	180	180
减：预计期初存货量	100	150	200	150	100
预计生产量	1 050	1 550	1 950	1 530	6 080

3. 直接材料采购预算

直接材料采购预算（purchases budget of direct materials）又称直接材料预算，是用来确定预算期材料采购数量和金额的预算。它是以生产预算为基础编制的。

直接材料预算的主要内容包括：单位产品直接材料用量（即消耗定额或用量标准）、生产需要量、期初存货量、期末存货量、预计材料采购量和预计采购金额等。此外，为了便于后面编制现金预算，还应预计材料采购各季度的现金支出。

编制直接材料预算的依据主要有：生产预算的每季预计生产量；单位产品的材料消耗定额（或用量标准）；预计期初、期末材料库存量；材料计划价格（或标准价格）；购料款的付款条件，等等。

企业实际编制直接材料预算时应按每种产品耗用的直接材料类别分别编制。每种产品耗用的某种材料的预计采购量可根据下列公式计算：

$$预计材料采购量 = 生产需要量 + 预计期末存料量 - 预计期初存料量$$

其中：

$$生产需要量 = 单位产品材料耗用量 \times 预计生产量$$

预计生产量的数据来自生产预算；预计期末存料量可按下期生产需要量的一定百分比确定；预计期初存料量即上期期末存料量。

例 7－3　依前例，长空公司齿轮的钢材消耗定额为 2 千克/件，计划单价为 20 元/千克，每季度的购料款当季付 50%，余款在下季度付讫，上年（2008 年）应付的购料款金额 25 000 元将在 2009 年第一季度支付。长空公司 2009 年年初钢材库存量预计为 800 千克，2009 年年末钢材库存量预计为 1 000 千克。其余各季末存料量按下一季度生产需要量的 20% 计算。根据上述资料，编制的长空公司的直接材料预算如表 7－3 所示。

表 7－3　长空公司直接材料预算

2009 年度

项　目	第一季度	第二季度	第三季度	第四季度	全　年
预计生产量（件）	1 050	1 550	1 950	1 530	6 080
单位产品材料用量（千克/件）	2	2	2	2	2
生产需要量（千克）	2 100	3 100	3 900	3 060	12 160
加：预计期末存料量（千克）	620	780	612	1 000	1 000
减：预计期初存料量（千克）	800	620	780	612	800
预计材料采购量（千克）	1 920	3 260	3 732	3 448	12 360
材料计划单价（元/千克）	20	20	20	20	20
材料采购金额（元）	38 400	65 200	74 640	68 960	247 200

（续上表）

项　目		第一季度	第二季度	第三季度	第四季度	全　年
预计现金收入（元）	上年应付购料款	25 000				25 000
	第一季度购料款	19 200	19 200			38 400
	第二季度购料款		32 600	32 600		65 200
	第三季度购料款			37 320	37 320	74 640
	第四季度购料款				34 480	34 480
	现金支出合计	44 200	51 800	69 920	71 800	237 720

注：预计生产量一栏数据取自表7－2。

4. 直接人工预算

直接人工预算（direct labour budget）是用来确定预算期内直接人工工时消耗水平和人工成本水平的预算，也是以生产预算为基础进行编制的。

直接人工预算的主要内容包括预计的生产量、单位产品工时、总工时、每工时人工成本（小时工资率）和人工总成本。

直接人工预算的编制依据主要有：生产预算中的预计生产量；单位产品工时定额；单位工时的工资率（小时工资率），等等。

在通常情况下，企业生产每种产品往往需要不同工种的工人，直接人工预算的编制也应先按不同产品不同工种分别计算人工成本，然后予以合计，其计算公式如下：

预计直接人工成本总额＝预计产量×Σ（单位工时工资率×单位产品工时定额）

人工成本一般均以现金支付，故在直接人工预算中无须列出预计的现金支出数。

例7－4　依前例，假定长空公司在预算期内生产齿轮所需直接人工只有一个工种，单位产品的工时定额为4小时/件，单位工时的标准工资率为5元/小时。依据上述资料，编制的长空公司直接人工预算如表7－4所示。

表7－4　长空公司直接人工预算

2009年度

项　目	第一季度	第二季度	第三季度	第四季度	全　年
预计生产量（件）	1 050	1 550	1 950	1 530	6 080
单位产品工时定额（小时/件）	4	4	4	4	4
直接人工总工时（小时）	4 200	6 200	7 800	6 120	24 320
标准工资率（元/小时）	5	5	5	5	5
预计直接人工总成本（元）	21 000	31 000	39 000	30 600	121 600

注：预计生产量一栏数据取自表7－2。

5. 制造费用预算

制造费用预算（manufacturing overhead budget）亦称“工厂间接费用预算”（factory

overhead budget)。

制造费用预算的编制依据主要有：①预算期的生产业务量（如直接人工小时数或机器小时数）；②基期制造费用的实际开支水平；③上级管理部门下达的成本降低率指标；④预算期内各费用明细项目的性质等。

制造费用是指生产成本中除了直接材料、直接人工以外的间接生产费用项目。为便于成本的考核和控制，编制制造费用预算时，需要将制造费用划分为变动制造费用和固定制造费用两大类，并分别进行编制。其中，变动制造费用项目根据预计分配率（标准分配率）乘以生产业务量进行预计；固定制造费用可在基期实际水平的基础上，根据预算期的上级管理部门下达的成本降低率指标等有关变动因素加以适当修正并进行预计。

为方便后面编制现金预算，制造费用预算中应包括预计的现金支出。

例 7-5　依前各例，假定长空公司变动制造费用按直接人工小时分配于产品成本，预计分配率为每小时 2 元；固定制造费用根据上年的实际开支数，按上级下达的成本降低率 3% 进行计算。在全部制造费用中除折旧费用外，均需以现金支付。依据上述资料，编制的长空公司制造费用预算如表 7-5 所示。

表 7-5　长空公司制造费用预算

2009 年度　　单位：元

项目		分配率	第一季度	第二季度	第三季度	第四季度	全年
变动制造费用	间接材料	0.5	2 100	3 100	3 900	3 060	12 160
	间接人工	0.5	2 100	3 100	3 900	3 060	12 160
	维修费	0.3	1 260	1 860	2 340	1 836	7 296
	水电费	0.4	1 680	2 480	3 120	2 448	9 728
	动力费	0.3	1 260	1 860	2 340	1 836	7 296
	合计	2	8 400	12 400	15 600	12 240	48 640
固定制造费用	管理费		6 000	6 000	6 000	6 000	24 000
	维修费		4 000	4 000	4 000	4 000	16 000
	保险费		5 000	5 000	5 000	5 000	20 000
	折旧费		9 320	9 320	9 320	9 320	37 280
	合计		24 320	24 320	24 320	24 320	97 280
预计现金支出	变动制造费用		8 400	12 400	15 600	12 240	48 640
	加：固定制造费用		24 320	24 320	24 320	24 320	97 280
	合计		32 720	36 720	39 920	36 560	145 920
	减：折旧费		9 320	9 320	9 320	9 320	37 280
	现金支出合计		23 400	27 400	30 600	27 240	108 640

6. 产品成本预算

产品成本预算（production cost budget）是生产预算、直接材料预算、直接人工预算、制造费用预算的汇总。它既是这些预算的继续，也是编制预计利润表和预计资产负债表的根据之一。

产品成本预算按产品分别编制，主要包括产品的单位成本、生产成本、销售成本以及期初、期末产成品存货成本等。

产品成本的计算包括变动成本法和全部成本法。在此，我们按变动成本法编制产品成本预算。

产品成本预算的编制依据有：直接材料的价格标准与用量标准；直接人工的价格标准和用量标准；制造费用的价格标准和用量标准；预算期的期末存货量，等等。

例 7－6 依前各例，假定长空公司期初、期末在产品存货为零，2009 年年初齿轮的单位变动生产成本为 70 元/件。其他资料见以上各表。据此，按变动成本法编制的长空公司齿轮的单位成本预算、存货成本和销售成本预算分别见表 7－6、表 7－7。

表 7－6 长空公司齿轮单位生产成本预算

2009 年度

成本项目	用量标准	价格标准（元/件）	单位成本（元/件）
直接材料	2 千克/件	20	40
直接人工	4 工时/件	5	20
变动制造费用	4 工时/件	2	8
合计	—	—	68

表 7－7 长空公司齿轮存货成本及销售成本预算

2009 年度

项　目	第一季度	第二季度	第三季度	第四季度	全　年
期初存货量（件）	100	150	200	150	100
期初单位生产成本（元/件）	70	68	68	68	70
期初存货成本（元）	7 000	10 200	13 600	10 200	7 000
本期生产量（件）	1 050	1 550	1 950	1 530	6 080
本期单位生产成本（元/件）	68	68	68	68	68
本期生产成本（元）	71 400	105 400	132 600	104 040	413 440
期末存货量（件）	150	200	150	180	180
期末单位生产成本（元/件）	68	68	68	68	68
期末存货成本（元）	10 200	13 600	10 200	12 240	12 240
本期销售产品成本（元）	68 200	102 000	136 000	102 000	408 200

注：期初存货量、本期生产量、期末存货量数据均取自表 7－2。

产品单位生产成本预算实际上也是单位产品的“标准成本单”，可为成本控制提供依据。

7. 销售及管理费用预算

销售及管理费用预算（selling and administrative expense budget）包括销售费用及管理费用，是为产品销售活动和一般行政管理活动编制的费用预算。

销售及管理费用预算的编制依据主要有：预算期的销售量；单位产品开支标准（适用于变动性费用明细项目）；基期的实际发生水平和有关成本降低率指标（适用于固定性费用明细项目）；预算期各费用明细项目的具体情况，等等。

销售及管理费用预算通常由负责销售及管理的成本控制人员分别编制，如果费用明细项目不多，可合并编在一张预算表上，但为了便于预算控制，应区分变动性费用和固定性费用。对于销售及管理费用中的混合成本项目，应将其分解为变动费用和固定费用两类，并分别列入预算中的相应部分。

销售及管理费用预算的编制方法大体上与制造费用预算相同，并且，在正表下面也应附列预计的现金支出，以便于编制现金预算。

例7－7　依前各例，假定长空公司2009年度预计销售及管理费用发生额为148 000元，其中，变动性费用48 000元，固定性费用100 000元。变动性费用以销售量为标准在各季分配，固定性费用在各季平均分摊，折旧费以外的其他各项费用均于当季以现金支付。根据以上资料编制的长空公司2009年度销售与管理费用预算如表7－8所示。

表7－8　长空公司销售与管理费用预算

2009年度　　单位：元

项目		分配率	第一季度	第二季度	第三季度	第四季度	全年
变动性费用	销售佣金	5	5 000	7 500	10 000	7 500	30 000
	运输费	3	3 000	4 500	6 000	4 500	18 000
	合计	8*	8 000	12 000	16 000	12 000	48 000
固定性费用	管理人员薪金		6 000	6 000	6 000	6 000	24 000
	广告费		10 000	10 000	10 000	10 000	40 000
	保险费		4 000	4 000	4 000	4 000	16 000
	折旧费		5 000	5 000	5 000	5 000	20 000
	合计		25 000	25 000	25 000	25 000	100 000
预计现金支出	变动性费用		8 000	12 000	16 000	12 000	48 000
	加：固定性费用		25 000	25 000	25 000	25 000	100 000
	合计		33 000	37 000	41 000	37 000	148 000
	减：折旧费		5 000	5 000	5 000	5 000	20 000
	现金支出合计		28 000	32 000	36 000	32 000	128 000

注：变动性费用分配率 $=\frac{48\ 000}{6\ 000}=8$。

（二）专门决策预算的编制

1. 资本支出预算

资本支出预算（capital expenditure budget）是企业在投资项目可行性研究的基础上编制的反映长期投资项目投资的时间、规模、收益以及资金筹措方式等内容的预算。

资本支出预算的格式和内容的繁简，各企业不尽相同，可根据需要自行设计。

例7-8 长空公司董事会批准在2009年度以自有资金购置设备一台，需130 000元，分两次支付，第一季度支付80 000元，第四季度支付50 000元。该设备预计可使用5年，期满有残值5 000元，购入后每年可为公司增加净利25 000元。该设备按直线法计提折旧。根据上述资料，可编制长空公司专门决策预算（资本支出预算）如表7-9所示。

表7-9 长空公司专门决策预算（资本支出预算）

2009年度

资本支出项目	购置设备1台
投资额	130 000元
付款时间	第一季度付款80 000元 第四季度付款50 000元
估计使用年限	5年
期满残值	5 000元
资金来源	自有
资金成本	10%
购入后每年年现金净流量①	50 000元
回收期②	2.6年

注：① $= 25\,000 + \frac{130\,000 - 5\,000}{5} = 50\,000$（元）；② $= \frac{130\,000}{50\,000} = 2.6$（年）。

2. 一次性专门业务预算

一次性专门业务预算是为财务部门在日常理财活动中发生的一次性业务而编制的预算。一次性专门业务一般包括以下三项：

（1）资金筹措。如果企业预算期间预计现金余额低于现金的最低限额，即出现现金短缺的话，企业应及时筹措资金。筹措的方式通常有向银行借款、发行股票和债券、出售有价证券等。

（2）资金投放。如果企业预算期间预计现金余额高于现金的最高限额，即出现现金溢余，企业应及时投入和运用资金，以提高资金的使用效率。通常企业投入和运用资金的途径有归还借款本息、购买有价证券、收购本公司发行的股票或债券等。

（3）其他财务决策。如发放股息红利预算、缴纳所得税预算等。

为了便于控制和监督以上这些一次性专门业务，都需要进行编制预算。但由于这类预算的具体情况各不相同，所以也没有统一的表格格式，企业可按需要自行设计。

例7－9　依前各例，长空公司财务部门根据预算期间现金收支情况（见表7－12），预计第一季度初需向银行借款60 000元，第三季度末归还借款及其利息（年利率10%）。另外，根据税法规定，预算期间需每季度末预付所得税20 000元，全年80 000元。又根据董事会决定预算期间每季末支付股利20 000元，全年80 000元。根据以上资料编制专门决策预算（一次性专门业务预算）如表7－10、表7－11所示。

表7－10　长空公司专门决策预算（一次性专门业务预算）

2009年度　　单位：元

专门业务名称	资金		时间		本金	利率	利息
	来源	去向	第一季度初	第三季度末			
筹措资金	银行		60 000		60 000	10%	
归还借款		银行		60 000	60 000	10%	4 500

表7－11　长空公司专门决策预算（一次性专门业务预算）

2009年度　　单位：元

专门业务名称	支付对象	支付时间				合计
		第一季度末	第二季度末	第三季度末	第四季度末	
预付所得税	税务局	20 000	20 000	20 000	20 000	80 000
预付股利	股东	20 000	20 000	20 000	20 000	80 000

（三）财务预算的编制

1．现金预算

现金预算（cash budget）是为了详细反映企业在预算期间预计的现金收支情况而编制的预算。

现金预算的编制依据主要有：业务预算中的销售预算（见表7－1）、直接材料预算（见表7－3）、直接人工预算（见表7－4）、制造费用预算（见表7－5）、销售及管理费用预算（见表7－8）；专门决策预算（见表7－9、表7－10、表7－11）。

现金预算的内容包括四部分：

（1）现金收入。其中包括预算期间的期初现金余额，加上本期预计可能产生的现金收入，其主要来源是销售收入和应收账款的收回，可从销售预算的附表中获得该项资料。

（2）现金支出。其中包括预算期间内可能发生的一切现金支出，如支付购料款、支付直接人工工资、支付制造费用和销售及管理费用等。这些资料可从直接材料预算、直接人工预算、制造费用预算、销售及管理费用预算中获得。此外，还包括支付购置设备、支付缴纳所得税及支付股利等，可从专门决策预算中获得该项资料。

(3) 现金余缺与现金融通。它是指可动用现金总额减去现金支出总额，如有剩余，可用来进行短期投放或归还借款；如出现短缺，则需向银行借款或通过其他途径筹措资金，可从专门决策预算中获得该项资料。

(4) 期末现金余额。将预算期间的可动用现金总额减去现金支出总额，再减去资金投入或归还总额，或加上筹措资金总额，即可求得期末现金余额。

编制现金预算的目的在于，加强预算期间对现金流量的预算控制，使财务管理人员对企业在预算期内何时需要多少经营资金做到心中有数，同时，它也是编制资本支出预算和一次性专门业务预算的重要依据。

例 7－10 依前各例，假定长空公司规定预算期间现金的最低余额为 10 000 元，最高余额为 25 000 元。现根据以上各种预算中的有关资料编制长空公司现金预算如表 7－12 所示。

表 7－12 长空公司现金预算

2009 年度　　　　单位：元

摘　要	资料来源	第一季度	第二季度	第三季度	第四季度	全　年
期初现金余额		18 000	11 400	24 200	14 180	18 000
加：现金收入						
应收账款收回及销售收入	表 7－1	170 000	195 000	270 000	255 000	890 000
可动用现金合计		188 000	206 400	294 200	269 180	908 000
减：现金支出						
采购直接材料	表 7－3	44 200	51 800	69 920	71 800	237 720
支付直接人工	表 7－4	21 000	31 000	39 000	30 600	121 600
制造费用	表 7－5	23 400	27 400	30 600	27 240	108 640
销售及管理费用	表 7－8	28 000	32 000	36 000	32 000	128 000
购置设备	表 7－9	80 000			50 000	130 000
支付所得税	表 7－11	20 000	20 000	20 000	20 000	80 000
支付股利	表 7－11	20 000	20 000	20 000	20 000	80 000
现金支出合计		236 600	182 200	215 520	251 640	885 960
收支轧抵后现金余额（或不足）		－48 600	24 200	78 680	17 540	22，040
融通资金						
向银行借款（期初）①		60 000				60 000
归还借款（期末）②				60 000		60 000

（续上表）

摘　要	资料来源	第一季度	第二季度	第三季度	第四季度	全　年
支付利息（年利率10%）③	表7-10			4 500		4 500
融通资金合计		60 000	0	-64 500	0	-4 500
期末现金余额		11 400	24 200	14 180	17 540	17 540

注：①向银行借款数除需抵补现金不足外，还要保证期末最低10 000元。

②第三季度收支轧抵后现金余额超过最高余额，故可用于归还借款本息。

③归还60 000元借款9个月利息的计算：60 000×10%×9/12=4 500（元）。

2. 预计利润表

预计利润表（pro forma income statement）是反映预算期间预计的全部经营活动的最终财务成果的预算，又称“利润预算”（profit budget），是控制企业经营活动和财务收支的主要依据。

预计利润表编制的主要依据有：业务预算中的销售预算（见表7-1）、制造费用预算（见表7-5）、产品成本预算（见表7-7）、销售及管理费用预算（见表7-8）；专门决策预算（见表7-10、表7-11）；现金预算（见表7-12）。

预计利润表一般按年编制，也可按年分季编制。

例7-11　长空公司根据上述预算的有关资料按变动成本法编制的2009年预计利润表如表7-13所示。

表7-13　长空公司预计利润表

2009年度　　单位：元

项　目	资料来源	金　额
销售收入	表7-1	900 000
减：变动成本		
销售产品变动生产成本	表7-7	408 200
变动销售及管理费用	表7-8	48 000
边际贡献总额		443 800
减：固定费用		
固定制造费用	表7-5	97 280
固定销售及管理费用	表7-8	100 000
营业净利		246 520
减：利息费用	表7-10、表7-12	4 500
税前净利		242 020
减：所得税	表7-11、表7-12	80 000
税后净利		162 020

3. 预计资产负债表

预计资产负债表（pro forma balance sheet）是用来反映企业在预算期末那一天预计的财务状况而编制的预算。

预计资产负债表编制的主要依据有：基期末的资产负债表；业务预算中的销售预算（见表7－1）、直接材料预算（见表7－3）、制造费用预算（见表7－5）、产品成本预算（见表7－7）；专门决策预算中的资本支出预算（见表7－9）和有关的一次性专门业务预算（见表7－11）；财务预算中的现金预算（见表7－12）和预计利润表（见表7－13）。

预计资产负债表的编制，应以基期末的资产负债表为基础，然后根据预算期间各项预算的有关资料进行必要的调整。

例7－12 假定长空公司2008年年末的资产负债表如表7－14所示。现根据2008年年末的资产负债表及各项预算中的有关资料进行调整，编制出2009年末的预计资产负债表如表7－15所示。

表7－14 长空公司资产负债表

2008年12月31日

单位：元

资　产		负债及股东权益	
流动资产		流动负债	
现金	18 000	应付购料款	25 000
应收账款	80 000		
材料存货（800千克）	16 000		
产品存货（100件）	7 000	股东权益	
合　计	121 000	普通股股本	600 000
固定资产		留存收益	396 000
土地	500 000		
房屋及设备	800 000		
累计折旧	（400 000）		
合　计	900 000		
资产总计	1 021 000	负债及股东权益总计	1 021 000

表7－15　长空公司预计资产负债表

2009年月12月31日　　　　单位：元

资　产		负债及股东权益	
流动资产		流动负债	
现金①	17 540	应付购料款⑧	34 480
应收账款②	90 000		
材料存货③（1000千克）	20 000		
产品存货④（180件）	12 240	股东权益	
合计	139 780	普通股股本⑨	600 000
固定资产		留存收益⑩	478 020
土地⑤	500 000		
房屋及设备⑥	930 000		
累计折旧⑦	(457 280)		
合计	972 720		
资产总计	1 112 500	负债及股东权益总计	1 112 500

注：表中各项目数字来源说明：

① 见表7－12的现金期末现金余额；

② 见表7－1，第四季度销售货款的40%，即225 000×40%＝90 000元；

③ 见表7－3，第四季度期末存料量为1 000千克，即20×1 000＝20 000元；

④ 见表7－7，期末存货金额＝68×180＝12 240元；

⑤ 见表7－15，土地预算期间没有增减；

⑥ 见表7－9，预算期间购置新设备，800 000＋130 000＝930 000元；

⑦ 见表7－5、表7－8，预算期计提折旧37 280＋20 000＝57 280元，此数加到表7－14原累计折旧400 000元上，合计为457 280元；

⑧ 见表7－3，第四季度购料款的50%，即68 960×50%＝34 480元；

⑨ 见表7－14，普通股股本在预算期内无变动；

⑩ 留存收益的期末数计算如下：

留存收益期初余额（见表7－14）	396 000
加：税后净利（见表7－13）	162 020
合计	558 020
减：支付股利（见表7－11、表7－12）	80 000
留存收益期末余额（见表7－15）	478 020

第三节　弹性预算

一、弹性预算的概念和特点

（一）弹性预算的概念

弹性预算（flexible budget）是在成本习性分类的基础上，按照预算期内可能发生的各种业务量变动水平，分别确定与之相应的费用数额而编制的能适应多种业务量水平的费用预算。由于这种预算随着业务量水平的变化可作相应的调整，具有伸缩性，故称弹性预算，也称为变动预算或滑动预算。

弹性预算是和固定预算相对应的概念。本章第二节介绍的固定预算是以预算期某个预计的业务量水平为基础编制的成本、费用、收入、利润、资金预算，又称静态预算。其缺点是当预算期实际业务量水平与编制预算所依据的预计业务量水平不同时，便失去了控制和考核作用，而编制弹性预算可以克服这个缺点。

（二）弹性预算的特点

（1）弹性预算是以业务量变动水平为预算前提的，从而扩大了预算的适用范围。

（2）弹性预算主要用于编制成本预算、销售及管理费用预算和利润预算等。

（3）弹性预算能动态地反映和掌握成本及利润规划，便于经理人员在实际业务水平与预计业务活动水平不同时，及时地调整预算指标。

（4）弹性预算易于对业绩作出评估。弹性预算比固定预算能够更好地衡量工作效率，使预算执行情况的评价与考核建立在更加客观的基础上，更好地发挥预算的控制作用。

二、弹性预算的编制步骤

（1）确定合理的业务量相关范围。

弹性预算的业务量范围，应视企业或部门的业务量变化情况而定，一般来说，可定在正常生产能力的70%～110%之间，或以历史上最高和最低业务量为其上下限。

（2）根据企业的生产经营状况，选择业务量的计量标准。

编制弹性预算要选择一个最能代表本部门生产经营活动水平的业务量作为计量标准。如以手工操作为主的车间，就应选人工工时；制造单一产品或零件的部门，可选用实物数量；制造多种产品或零部件的部门，可以选用人工工时或机器工时；修理部门可以选用直接修理工时等。

（3）将费用按成本习性分为固定费用和变动费用，对混合成本按规定的分解方法进行分解。

（4）编制弹性预算。

三、弹性预算的编制

1. 成本弹性预算的编制

例 7-13　仍以第二节长空公司制造费用预算（见表 7-5）的资料为依据，直接人工工时总额为 24 320 小时，根据企业生产经营状况，直接人工工时总额将在 80%～120%之间、间隔 10%进行变动。根据以上资料，编制长空公司制造费用弹性预算如表 7-16 所示。

表 7-16　长空公司制造费用弹性预算表

2009 年度　　　　单位：元

成本明细项目		分配率	业务量				
			19 456（80%）	21 888（90%）	24 320（100%）	26 752（110%）	29 184（120%）
变动制造费用	间接材料	0.5	9 728	10 944	12 160	13 376	14 592
	间接人工	0.5	9 728	10 944	12 160	13 376	14 592
	维修费	0.3	5 837	6 566	7 296	8 026	8 755
	水电费	0.4	7 782	8 755	9 728	10 701	11 674
	动力费	0.3	5 837	6 566	7 296	8 026	8 755
	小计	2	38 912	43 776	48 640	53 504	58 368
固定制造费用	管理费		24 000	24 000	24 000	24 000	24 000
	维修费		16 000	16 000	16 000	16 000	16 000
	保险费		20 000	20 000	20 000	20 000	20 000
	折旧费		37 280	37 280	37 280	37 280	37 280
	小计		97 280	97 280	97 280	97 280	97 280
制造费用合计			136 192	141 056	145 920	150 784	155 648

2. 利润弹性预算的编制

例 7-14　假定海宁公司只生产一种产品并且产销平衡，2009 年度产量为 80 000 件，每件销售单价为 90 元，单位产品直接材料成本为 24 元，单位产品直接人工成本为 15 元，单位变动制造费用为 11 元，单位变动销售费用为 1 元，单位变动管理费用为 2 元，固定制造费用为 75 000 元，固定销售费用为 17 000 元，固定管理费用为 13 000 元。预计生产量会在 80%～120%之间、以 10%为间隔波动。根据以上资料，编制利润弹性预算如表 7-17 所示。

表 7-17　海宁公司利润弹性预算

2009 年度　　　　单位：元

项　目	销售量范围（件）				
	6 400（80%）	7 200（90%）	8 000（100%）	8 800（110%）	9 600（120%）
销售收入	576 000	648 000	720 000	792 000	864 000
减：变动成本					
直接材料	153 600	172 800	192 000	211 200	230 400
直接人工	96 000	108 000	120 000	132 000	144 000
制造费用	70 400	79 200	88 000	96 800	105 600
销售费用	6 400	7 200	8 000	8 800	9 600
管理费用	12 800	14 400	16 000	17 600	19 200
变动成本合计	339 200	381 600	424 000	466 400	508 800
边际贡献总额	236 800	266 400	296 000	325 600	355 200
减：固定成本					
制造费用	75 000	75 000	75 000	75 000	75 000
销售费用	17 000	17 000	17 000	17 000	17 000
管理费用	13 000	13 000	13 000	13 000	13 000
固定成本合计	105 000	105 000	105 000	105 000	105 000
税前净利	131 800	161 400	191 000	220 600	250 200

第四节　零基预算和滚动预算

一、零基预算

（一）零基预算法的概念

零基预算法（zero-base budget）是以零为基础编制计划和预算的方法的简称。它在编制预算时，不考虑以往期间所发生的费用项目和费用额，一切从零开始，完全根据生产经营活动的实际情况和各费用项目的需要来制定预算期内应该发生的费用项目和费用额。

零基预算是与传统的增（减）量预算相对应的概念。增（减）量预算是企业在编制费用支出项目的预算时，以基期的实际支出金额和预算为基础，然后结合预算期可能影响该项目支出的有关因素（如业务量的增减、上级规定的成本降低指标等），对其进行一定比例的增减，从而确定出该项费用支出的预算金额的一种预算编制方法。此法的优点是简便易行，但过分受基期实际发生的费用支出和预算的约束，不能使企业有限的资金得到有效的使用，结果往往隐藏着很大的浪费。

针对传统的增（减）量预算的缺点，20 世纪 70 年代，美国的彼得·派尔提出了零基预算。由于零基预算不受既成事实和不合理因素的影响，所以编制的预算切合实际，能够合理并有效地使用资金，提高资金使用的效率。

零基预算提出后被各大公司广泛采用，甚至美国政府也采用零基预算法编制政府预算。几十年来，它已被企业公认为是管理间接费用的一种有效方法。

（二）零基预算的特点

零基预算的最大特点是，它避免了把过去那些不合理的开支项目和开支额度延续到下一个预算期间，从而使预算更具有科学性和先进性。

（三）零基预算的编制程序

1. 提出费用开支方案

要求各部门和全体员工根据企业的经营总目标和各部门的具体任务，详细规划预算期间内需要发生的费用项目，并对每一项费用编写一套方案，提出开支的目的、需要开支的数额等。

2. 进行成本—效益分析

对提出的属于酌量性固定成本的费用开支方案，按照成本—效益对比原则进行评价，然后把各个费用开支方案，按照轻重缓急和效益大小分成若干层次，排出开支的先后顺序。

3. 落实预算资金

按照上一步骤所定的费用开支的层次和顺序，结合预算期可动用的资金来源，分配资金，落实预算。

例 7－15　南方公司在编制下年度推销及管理费用预算时，拟采用零基预算法。

首先，由销售及管理部门的全体职工根据本企业下年度的目标利润和本部门的具体任务，多次讨论研究，反复协商，最终写出的开支方案，一致认为预算期需发生以下一些费用项目：

（1）广告费	20 000 元
（2）培训费	18 000 元
（3）房屋租金	9 000 元

(4) 差旅费　　　　　　　　　　3 000 元

(5) 办公费　　　　　　　　　　5 000 元

其次，将酌量性固定成本的广告费和培训费根据历史资料进行成本—效益分析，其结果如表 7－18 所示。

表 7－18

明细项目	成本金额	收益金额
广告费	1 元	20 元
培训费	1 元	30 元

再次，把上述五个费用项目，按照它们的具体性质和轻重缓急，排出以下开支层次和顺序：

第一层次：房屋租金、差旅费、办公费。它们属于约束性固定成本，是预算期间必须开支的项目，应全数保证资金供应，故列为第一层次。

第二层次：培训费。它属于酌量性固定成本，可根据预算期间企业财力的承担能力酌情增减，同时它的成本收益率大于广告费，故列为第二层次。

第三层次：广告费。它也属于酌量性固定成本，由于它的成本收益率小于培训费，故列为第三层次。

最后，分配资金，落实预算。该公司可用于推销及管理费用的财力资源只有 43 000 元，根据以上的排列层次和顺序进行分配：

(1) 房屋租金　　　　　　　　9 000（元）

(2) 差旅费　　　　　　　　　3 000（元）

(3) 办公费　　　　　　　　　5 000（元）

金额满足约束性固定成本的开支后，将剩余的资金（43 000－9 000－3 000－5 000＝26 000 元）按成本收益率的比例在培训费和广告费中分配：

$$\text{培训费可分配资金} = 26\ 000 \times \frac{30}{20+30} = 15\ 600\text{（元）}$$

$$\text{广告费可分配资金} = 26\ 000 \times \frac{20}{20+30} = 10\ 400\text{（元）}$$

由以上实例可见，零基预算不受过去实际费用开支或预算的约束，能充分调动各级管理人员的积极性和创造性，有利于企业合理地使用有限的资金，使资金发挥最大的效益。其缺点是预算编制的工作量较大。

二、滚动预算

（一）滚动预算的概念

滚动预算（rolling budget）又称永续预算（perpetual budget）或连续预算（continuous budget），是指随着时间的推移和预算的实施，根据具体经济活动的变化，每经过一个固定的期间，就对原有预算进行修订，并补充一个期间的预算，如此循环，把近期预算和远期预算结合起来的一种连续预算的方法。

我们在前面介绍的各种预算编制方法通常是以一个会计年度作为预算的编制时期，所以也叫定期预算（periodic budget）。定期预算的优点在于预算期与会计年度一致，便于实际数与预算数的比较，有利于预算执行情况和执行结果的分析和评价。但定期预算也存在以下缺陷：

（1）定期预算一般在预算年度开始前两三个月编制，此时企业对预算期某些经营活动开展的情况还不十分了解或难有准确的预计，尤其是对预算的后半时期，往往只能提出较为粗略的预算数据，使得预算在执行过程中遇到较多的困难和障碍。

（2）企业的各项经济活动在预算期往往发生变化，使得实际情况与原先的预算有较大的出入，而定期预算又不能及时根据变化了的情况进行调整，使原有的预算显得滞后和不适应。

（3）定期预算由于预算时期固定，随着预算的执行，管理人员往往只考虑剩余的较短预算期间的经济活动，采取短期的决策行为，使管理决策人员过多地着眼于企业的短期利益，而忽视企业的长远利益和长期发展。

采用滚动预算法来编制预算，可弥补定期预算的不足。

（二）滚动预算的特点

在编制滚动预算时，随着时间的往后推移，预算期也会自动向后延续或滚动，也就是说预算期始终保持12个月或4个季度。这样当时间每过去1个月或1个季度，就要根据企业经营活动的变化情况，调整修正剩余时期的预算，并及时补充1个月或1个季度的预算。

编制滚动预算时，前几个月的预算要尽可能详细，后几个月的预算可以粗略一些。随着时间的推移，将原先粗略、简单的预算调整修正为详细、复杂的预算，并随之补充新的预算。

（三）滚动预算的编制

滚动预算的编制如表7－19所示。

表7－19

2009年											
1*月	2月	3月	4月	5月	6月	7月	8月	9月	10月	11月	12月

↓

差异对比分析 →

↓

1月份实际数

2009年											2010年
2*月	3月	4月	5月	6月	7月	8月	9月	10月	11月	12月	1月

* 表示预算的执行期。

（四）滚动预算的优点

滚动预算与定期预算相比具有以下优点：

（1）可保持预算的连续性，以动态的观念规划企业的未来。

（2）有利于企业管理决策人员以长远的眼光统筹企业和各项经营活动，将企业的长期预算与短期预算很好地联系和衔接起来。

（3）可根据预算的执行结果和企业经营环境的变化情况，对以后执行期的预算不断加以调整和修正，使预算更接近和适应实际情况，从而更有效地发挥预算的控制和指导作用，也有利于预算的顺利执行和实施。

采用滚动预算法编制预算，工作量要增加。因此，滚动预算可按季度来编制，而在执行预算的那个季度可按月编制预算，这样可简化预算的编制工作。当然，预算的编制是按季度滚动还是按月滚动最终取决于企业的实际需要。

本章小结

全面预算是企业全部活动包括各项经营、投资、财务等活动的预算。全面预算按其编制方法的不同可分为固定预算、弹性预算、滚动预算和零基预算。

企业全面预算的内容包括业务预算、专门决策预算和财务预算。业务预算是指企业日常发生的基本经济业务活动的预算，包括销售预算、生产预算、直接材料预算、直接人工预算、制造费用预算、产品成本预算、销售及管理费用预算等；专门决策预算是企业为不经常发生的长期投资项目或一次性专项业务所编制的预算，包括资本支出预算和一次性专门业务预算；财务预算是反映企业预算期现金收支、经营成果和财务状况的预算，包括现金预算、预计利润表、预计资产负债表等。

弹性预算是指企业按照可以预见的不同业务量水平分别确定相应数额的预算。弹性预算必须确定一个相关范围，选择业务量的计量标准，按照成本性态分析的方法来编制预算。

零基预算是以零为基数编制的预算，它是管理费用最有效的方法。零基预算从提出费用开支方案开始，然后进行成本—效益分析，最后落实预算资金。滚动预算，便于实际数与预算数进行对比，有利于对预算执行情况进行分析与评价。

练习题

一、单项选择题

1. 全面预算是关于未来期间内（　　）。

A. 企业的成本计划　　B. 事业单位的收支计划

C. 企业总体计划的数量说明　　D. 企业总体计划的文字说明

2. 在管理会计中，与企业日常业务活动直接相关的一系列预算是（　　）。

A. 专门决策预算　　B. 业务预算

C. 财务预算　　D. 销售预算

3. 现金预算属于（　　）。

A. 业务预算　　B. 生产预算　　C. 专门决策预算　　D. 财务预算

4. 下列各项中，编制全面预算的关键和起点的是（　　）。

A. 直接材料预算　　B. 直接人工预算

C. 生产预算　　D. 销售预算

5. 下列各项中，只涉及实物计量单位而不涉及价值计量单位的预算是（　　）。
A. 销售预算　　B. 生产预算　　C. 专门决策预算　　D. 财务预算
6. 下列各项中，不必单独编制与之有关的现金收支预算的是（　　）。
A. 销售预算　　B. 直接材料预算
C. 直接人工预算　　D. 制造费用预算
7. 在编制制造费用预算时，计算现金支出应予剔除的项目是（　　）。
A. 间接材料　　B. 间接人工　　C. 管理人员工资　　D. 折旧费
8. 编制全面预算的期间通常为（　　）。
A. 1个月　　B. 1个季度　　C. 1年　　D. 半年
9. 可以总括反映企业在预算期间盈利能力的预算是（　　）。
A. 专门决策预算　　B. 现金预算
C. 预计利润表　　D. 预计资产负债表
10. 编制弹性成本预算的关键是（　　）。
A. 分解制造费用　　B. 确定材料标准耗用量
C. 选择业务量计量标准　　D. 进行成本性态分析
11. 编制弹性预算首先应当考虑及确定的因素是（　　）。
A. 业务量　　B. 变动成本　　C. 固定成本　　D. 计量单位
12. 下列各项中，应当作为编制零基预算出发点的是（　　）。
A. 基期的费用水平　　B. 历史上费用的最好水平
C. 国内外同行业费用水平　　D. 费用为零
13. 下列各项中，属于零基预算编制程序第一步的是（　　）。
A. 提出预算期内各种活动内容及费用开支方案
B. 对方案进行成本—效益分析
C. 择优安排项目，分配预算资金
D. 搜集历史资料
14. 为克服传统的固定预算的缺点，人们设计了一种具有适用面广、机动性强、可适用于多种情况的预算方法，即（　　）。
A. 弹性预算　　B. 零基预算　　C. 滚动预算　　D. 定期预算
15. 下列各项中，能够揭示滚动预算基本特点的表述是（　　）。
A. 预算期是相对固定的　　B. 预算期是连续不断的
C. 预算期与会计年度一致　　D. 预算期不可随意变动

二、多项选择题

1. 下列各项中，属于全面预算体系构成内容的有（　　）。
A. 业务预算　　B. 财务预算　　C. 专门决策预算
D. 零基预算　　E. 滚动预算
2. 编制生产预算时需要考虑的因素有（　　）。
A. 基期生产量　　B. 基期销售量　　C. 预算期预计销售量
D. 预算期预计期初存货量　　E. 预算期预计期末存货量
3. 下列各项中，属于产品成本预算编制基础的有（　　）。
A. 销售预算　　B. 生产预算　　C. 直接材料采购预算
D. 直接人工预算　　E. 制造费用预算

4. 编制直接人工预算需要考虑的因素有（　　）。
A. 基期生产量　B. 生产预算中的预计生产量　C. 预计销售量
D. 标准单位直接人工工时　E. 标准工资率
5. 下列各项中，能够为编制预计利润表提供信息来源的有（　　）。
A. 销售预算　B. 产品成本预算　C. 销售及管理费用预算
D. 制造费用预算　E. 专门决策预算
6. 编制弹性预算所用业务量可以是（　　）。
A. 产量　B. 销售量　C. 直接人工工时
D. 机器工时　E. 材料消耗量
7. 下列各项中，能揭示弹性预算优点的是（　　）。
A. 可比性强　B. 预算范围宽　C. 各预算期预算相互衔接
D. 不受现有费用项目的限制　E. 能够调动企业各部门降低费用的积极性
8. 零基预算与传统的增量预算相比较，其不同之处在于（　　）。
A. 一切从可能出发　B. 以零为基础　C. 以现有的费用水平为基础
D. 一切从实际需要出发　E. 不受现有费用项目的限制
9. 下列预算方法中，只能编制费用预算的预算方法有（　　）。
A. 固定预算　B. 弹性预算　C. 增量预算
D. 零基预算　E. 滚动预算
10. 下列各项中，属于滚动预算优点的有（　　）。
A. 透明度高　B. 及时性强　C. 完整性和稳定性突出
D. 连续性突出　E. 滞后性显著
11. 全面预算的作用有（　　）。
A. 明确工作目标　B. 协调部门关系　C. 控制经济活动
D. 考核部门业绩　E. 巩固部门成绩
12. 专门决策预算是企业为不经常发生的长期投资项目或一次性专项业务所编制的预算，主要有（　）。
A. 生产预算　B. 资本支出预算　C. 一次性专门业务预算
D. 制造费用预算　E. 现金预算
13. 下列各项中，属于为克服传统预算方法的缺点而设计的先进预算方法有(　　)。
A. 固定预算　B. 弹性预算　C. 滚动预算
D. 零基预算　E. 定期预算
14. 下列各项预算中，属于财务预算的有（　　）。
A. 销售预算　B. 现金预算　C. 预计利润表
D. 资本支出预算　E. 预计资产负债表

三、判断题

1. 财务预算是指反映企业预算期现金支出的预算。　(　　)
2. 生产预算是编制全面预算的关键和起点。　(　　)
3. 销售预算是以生产预算为依据编制的。　(　　)
4. 生产预算是使用实物量和价值量为计量单位而编制的预算。　(　　)
5. 在编制生产预算时，应考虑预计期初存货和预计期末存货。　(　　)
6. 预计利润表和预计资产负债表构成了整个财务预算。　(　　)

7. 弹性预算只适用于编制利润预算。（　　）

8. 滚动预算法中，逐季滚动编制的预算比逐月滚动的工作量小，但预算精确度较差。（　　）

9. 预算委员会应由企业全体财务人员组成。（　　）

10. 一般来说，固定预算方法只适用于业务量水平较为稳定的企业或非营利性组织编制预算时采用。（　　）

四、计算分析题

1. 红星公司生产经营甲产品，在预算年度内预计各季度销售量分别为 1 900 件、2 400件、2 600 件和 2 900 件，其销售单价均为 50 元。假定该公司在当季收到货款 60%，其余部分在下季收讫，年初的应收账款余额为 42 000 元。请为红星公司编制销售预算和预计现金收入计算表。

2. 甲企业 2008 年度制造费用的明细项目如下：

   间接人工：基本工资为 3 000 元，另外每工时补助津贴为 0.1 元；

   物料费：每工时负担 0.15 元；

   折旧费：5 000 元；

   维护费：固定的维护费为 2 000 元，另外每工时负担 0.08 元；

   水电费：固定部分为 1 000 元，另外每工时负担 0.2 元。

   要求：根据上述资料为该企业在生产能量为 3 000 ~ 6 000 工时的相关范围内，采用列表法编制一套能适应多种业务量的制造费用弹性预算（间隔为 1000 工时）。

3. 某企业 2008 年现金预算部分数据见表 7－20。假定该企业各季末的现金余额不得低于 6 000 元。

   要求：计算填列现金预算表中用字母表示的项目数据。

表 7－20　2008 年现金预算　　单位：元

项　目	第一季度	第二季度	第三季度	第四季度	全　年
期初现金余额	9 000	G	N	W	F_1
加：现金收入	A	94 000	120 000	X	406 500
可动用现金合计	89 000	H	P	119 500	G_1
减：现金支出					
直接材料	B	55 000	60 000	45 000	H_1
制造费用	34 000	30 000	Q	Y	130 000
销售费用	2 000	3 000	R	4 500	13 500
购置设备	10 000	12 000	10 000	Z	45 000
支付股利	3 000	3 000	3 000	3 000	J_1
现金支出合计	C	I	S	A_1	K_1
收支轧抵后现金余额（或不足）	（6 000）	J	13 000	B_1	L_1
融通资金					
向银行借款（期初）	D	K			M_1
归还借款（期末）			T	C_1	N_1
融通资金合计	E	L	U	D_1	P_1
期末现金余额	F	M	V	8 000	Q_1

4. 某企业经销单一商品，营业前景良好，为加强管理，决定于本年度第二季度起建立全面的预算管理制度，为此收集了下列各项资料：

(1) 该商品每年售价为16元，进价为10元，预计近斯内无变化。由于销路极好而进货较为困难，故要求其期末存量保持相当于次月预计销售量90%的水平。

(2) 最近几个月的实际或预计销售量（单位：件）如下：

1月份	10 000	2月份	12 000
3月份	14 000	4月份	17 500
5月份	22 500	6月份	30 000
7月份	25 000		

(3) 进货的价款，于进货当月支付50%，其余部分于次月付清。

(4) 根据经验，售出商品的价款于当月收回25%，次月收回50%，其余部分于再次一月全部收回，坏账可以不加考虑。

(5) 每月营业费用如下：

①变动销售费用每件2元，于售出商品当月支付；

②固定销售和管理费用每月41 700元，其中折旧费1 500元，预付保险费摊销1 200元。

(6) 预计于5月份购置固定资产价值25 000元，以现金支付。

(7) 企业于每季末宣布发放股利12 000元，于次季度的第一个月以现金支付。

(8) 3月末的资产负债表如表7－21所示。

资产负债表

2008年3月31日　　　　单位：元

资　产		负债及所有者权益	
现金	14 000	应付账款（进货）	85 750
应收账款	216 000	应付股利	12 000
存货（15 750件，每件10元）	157 500	股本	300 000
固定资产（净值）	172 700	留存收益	162 450
资产合计	560 200	负债及所有者权益合计	560 200

注：应收账款内包括未收回的2月份销货款48 000元和3月份销货款168 000元。

(9) 每月末的现金余额至少保持10 000元，如有不足，可向银行取得短期借款；借款与还款均以本金1000元为单位，利息在还款时一并计算和支付。

要求：根据上述资料，为该企业编制二季度（分月）的全面预算，其中包括：

(1) 销售预算；

(2) 销售及应收账款的现金收入预算；

(3) 商品采购预算；

(4) 采购及应付账款的现金支出预算；

(5) 现金预算；

(6) 二季度的预计损益表；

(7) 6月30日的预计资产负债表。

普通高等教育高级应用型人才培养规划教材

第八章

存货决策

【学习目标】

通过本章学习，明确理解存货总成本的构成；掌握经济订货量的方法以及存货控制方法，了解存货决策中常用的基本数学模型。

引导案例

东方公司每年使用某型材料 7 200 吨，该型材料储存成本中的付现成本每吨为 4 元，单位采购成本为 60 元，该公司的资本成本为 20%，订购该型材料一次的成本为 1 600元。每吨储存成本 C 为 16 元（4 +60 ×20%），订购批量为多少时才能使总成本最低？

存货是指企业为销售或耗用而储存的各种资产，在制造企业，存货通常包括原材料、委托加工材料、包装物、低值易耗品、在产品、产成品等。

存货对绝大部分企业来说是必需的。首先，为了满足企业不间断生产对原材料等的需要，应保证有一定的存储量；其次，为满足产品销售批量化、经常化的需要，应有足够的半成品、产成品存储量；再次，为了保证企业均衡生产并降低生产成本，应有一定的存储量；最后，为避免或减少经营中可能出现的失误和意外事故对企业造成的损失，也应有一定的存储量。因此，作为企业经营管理必需的存货管理，其任务就在于如何恰当地控制存货水平，在保证销售和耗用正常进行的情况下，尽可能地节约资金、降低存货成本。

第一节　存货的成本

在存货决策中，通常需要考虑以下四项成本。

一、采购成本

采购成本是指由购买存货而发生的买价（购买价格或发票价格）和运杂费（运输

费用和装卸费用）构成的成本，其总额取决于采购数量和单位采购成本。由于单位采购成本一般不随采购数量的变动而变动，因此，在采购批量决策中，存货的采购成本通常属于无关成本，但当供应商为扩大销售而采用数量折扣等优惠方法时，采购成本就成为与决策相关的成本了。

二、订货成本

订货成本是指为订购货物而发生的各种成本，包括采购人员的工资、采购部门的一般性费用（如办公费、水电费、折旧费、取暖费等）和采购业务费（如差旅费、邮电费、检验费等）。订货成本可以分为两部分：为维持一定的采购能力而发生的、各期金额比较稳定的成本（如折旧费、水电费、办公费等），称为固定订货成本；而随订货次数的变动而正比例变动的成本（如差旅费、检验费等），称为变动订货成本。

三、储存成本

储存成本是指为储存存货而发生的各种费用，通常包括两大类：一是付现成本，包括支付给储运公司的仓储费、按存货价值计算的保险费、陈旧报废损失、年度检查费用以及企业自设仓库发生的所有费用；二是资本成本，即由于投资于存货而不投资于其他可盈利方面所形成的机会成本。储存成本也可分为两部分：凡总额稳定、与存货数量的多少及储存时间的长短无关的成本，称为固定储存成本；凡总额大小取决于存货数量的多少及储存时间的长短的成本，称为变动储存成本。

订货成本、储存成本中的固定部分和变动部分，可依据历史成本资料，采用高低点法、散布图法或最小二乘法等方法进行分解。分解确定的固定订货成本和固定储存成本，属于存货决策中的无关成本，可不予以考虑。

四、缺货成本

缺货成本是指由于存货数量不能及时满足生产和销售的需要而给企业带来的损失。例如，因停工待料而发生的损失（如无法按期交货而支付的罚款、停工期间的固定成本等）；由于商品存货不足而失去的创利额；因采取应急措施补足存货而发生的超额费用等。缺货成本大多属于机会成本，由于单位缺货成本往往大于单位储存成本，因此，尽管其计算比较困难，也应采用一定的方法估算单位缺货成本（短缺一个单位存货一次给企业带来的平均损失），以供决策之用。

在允许缺货的情况下，缺货成本是与决策相关的成本，但在不允许缺货的情况下，缺货成本是与决策无关的成本。

第二节　经济订购批量

为了便于分析，有必要将存货分为两类：①营运存货，即在正常生产经营过程中所需要的存货量；②安全存货，即为避免由于延迟到货、生产速度加快及其他情况发生时为满足生产、销售需要的存货量。由于实际工作中大量遇到的是营运存货的决策问题（许多存货不需要安全存量），下面就以营运存货这种基本存货为例，说明订货批量模型。

所谓订购批量，是指每次订购货物（材料、商品等）的数量。在某种存货全年需求量已定的情况下，降低订购批量，必然增加订货批次。一方面，使存货的储存成本（变动储存成本）随平均储存量的下降而下降；另一方面，使订货成本（变动订货成本）随订购批次的增加而增加。反之，减少订购批次必然要增加订购批量，在减少订货成本的同时储存成本将会增加。可见，存货决策的目的，就是确定使这两种成本合计数最低时的订购批量，即经济订购批量，如图 8－1 所示。

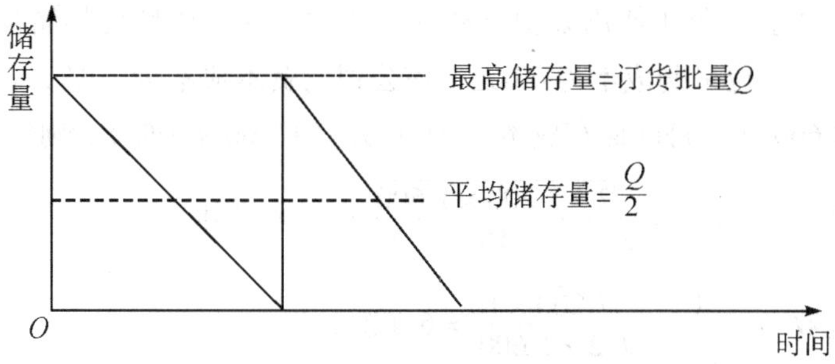

图 8－1　经济订购批量分析图

为了推导计算经济订购批量的数学模型，可作如下假设：

A——某种存货全年需要量；Q——订购批量；Q^*——经济订购批量；A/Q——订购批次；A/Q^*——经济订购批次；P——每批订货成本；C——单位存货年储存成本；T——年成本合计（年订购成本和年储存成本的合计）；T^*——最低年成本合计。

由于年成本合计等于年订货成本与年储存成本之和，因此：

$$T = \frac{Q}{2} \times C + \frac{A}{Q} \times P \qquad (8-1)$$

年订货成本、年储存成本及年成本合计的图形如图 8－2 所示。

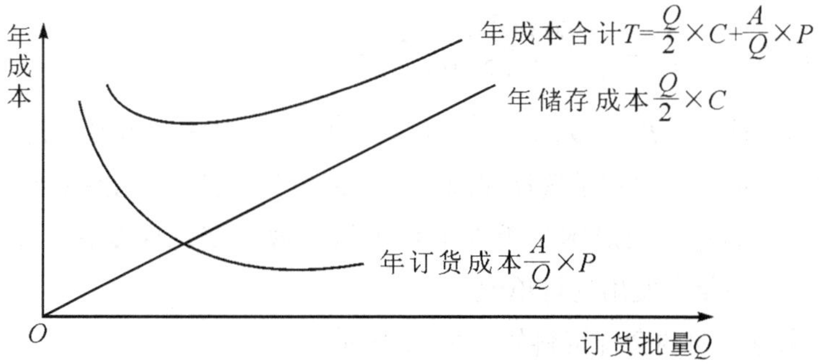

图 8－2　经济订购批量模型图

从图8-2可以看出，T（年成本合计）是一条凹形曲线，当其一阶导数为零时，其值最低。

以Q为自变量，求函数T的一阶导数并令其为零：

$$\frac{\mathrm{d}T}{\mathrm{d}Q}=\frac{C}{2}-\frac{AP}{Q^2}=0$$

经济订购批量 $$Q^*=\sqrt{\frac{2AP}{C}} \qquad (8-2)$$

最优订购次数 $$\frac{A}{Q^*}=\sqrt{\frac{AC}{2P}} \qquad (8-3)$$

年最低成本合计 $$T^*=\sqrt{2APC} \qquad (8-4)$$

例8-1 东方公司每年使用某型材料A为7 200吨，该型材料储存成本中的付现成本每吨为4元，单位采购成本为60元，该公司的资本成本为20%，订购该型材料一次的成本P为1 600元。每吨储存成本C为16元（4+60×20%），则经济订购批量为：

经济订购批量 $$Q^*=\sqrt{\frac{2\times7\ 200\times1\ 600}{16}}=12\ 00\text{（吨）}$$

最优订购批数 $$\frac{A}{Q^*}=\sqrt{\frac{7\ 200\times16}{2\times1\ 600}}=6\text{（次）}$$

年最低成本合计 $$T^*=\sqrt{2\times7\ 200\times1\ 600\times16}=19\ 200\text{（元）}$$

上述各数学模型既能用来进行存货的数量控制，也能用来进行金额控制，但必须将有关符号重新定义：

A——全年需要额；Q^*——经济订购批量金额，即经济订购批额；C——每元存货年储存成本，即储存成本率。

例8-2 东方公司全年需要某种商品360 000元，每次订货成本为2 500元，每元商品的年储存成本为0.125元。则：

经济订购批额 $$Q^*=\sqrt{\frac{2\times360\ 000\times2\ 500}{0.125}}=120\ 000\text{（元）}$$

最优订购批数 $$\frac{A}{Q^*}=\sqrt{\frac{360\ 000\times0.125}{2\times2\ 500}}=3\text{（批）}$$

最低年成本合计 $$T^*=\sqrt{2\times360\ 000\times2\ 500\times0.125}=15\ 000\text{（元）}$$

在经济批量决策中，关键是选择并确定与决策相关的成本。在为存货模型编制数据时，应观察所掌握的每一项成本是否随下列项目的数量变化而变化：①存货的数量；②购入的数量；③一年内发出的订单数。

例8-3 东方公司的会计资料如表8-1所示：

表 8－1

购买价格	每单位	8 元
运入运费	每单位	0.6 元
电话订货费	每批	20 元
装卸费	每批＋每单位	30＋0.25 元
存货税	每单位每年	0.4 元
材料运到公司的成本	每批	240 元
接货人员的月工资	每人	800 元
库存保险费	每单位每年	0.10 元
仓库租金	每月	1 200 元
平均损失	每单位每年	1.20 元
资本成本	每年	18%
处理的订单数	每月	500 份

表 8－1 的数据中，有的与决策相关，有的则与决策无关，首先应加以区分，在此基础上，按前述三个方面区分项目（接货人员的工资及仓库租金并不随购入量、储存量或订单数的变动而变动，属于固定订货成本或固定储存成本，与决策无关，可不予以考虑）。

（1）随存货数量变动的成本项目如表 8－2 所示。

表 8－2

存货税	0.4 元
库存保险费	0.1 元
平均损失	1.2 元
合计	1.7 元

（2）随购入数量变动的成本项目如表 8－3 所示。

表 8－3

购买价格	8 元
运入运费	0.6 元
装卸费	0.25 元
合计	8.85 元

（3）发出一次订单而发生的成本如表 8－4 所示。

表 8－4

电话订货费	20 元
装卸费	30 元
材料运到公司的成本	240 元
合计	290 元

上述三类成本，按每次订货成本、每单位材料年储存成本计算如下：

每次订货成本 $P=20+30+240=290$（元）

单位材料年储存成本 $C=0.4+0.1+1.2+(8+0.6+0.25)\times 18\%$

$=1.7+8.85\times 18\%=3.293$（元）

如果该型材料年需求总量为 6 000 个单位，则

经济订购批量 $Q^*=\sqrt{\dfrac{2\times 6\,000\times 290}{3.293}}=1\,028$（单位）

最优订购批数 $\dfrac{A}{Q^*}=\sqrt{\dfrac{6\,000\times 3\,293}{2\times 290}}=6$（次）

年最低成本合计 $T^*=\sqrt{2\times 6\,000\times 290\times 3.293}=3\,385.21$（元）

第三节　存货决策基本数学模型的扩展

在实际工作中，由于各种因素的影响，需要对前述基本数学模型进行扩展，以确定不同状况下的经济订购批量，从而降低成本。

一、一次订货，边进边出情况下的决策

前面推导确定的基本数学模型是假定一次订购的货物可以一次全部到达陆续使用的。但在实际工作中，也存在一次订货后，陆续到达入库、陆续领用的情况。这时，由于存货边进边出，进库速度大于出库速度，因此，存货的存储量低于订货批量（基本数学模型中的最高存储量）。其库存情况如图 8－3 所示。

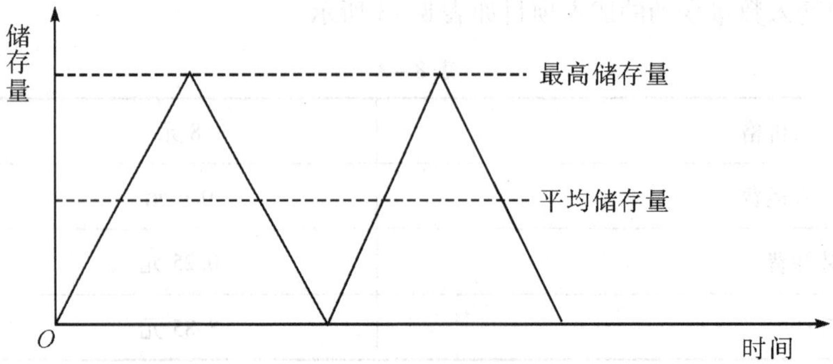

图 8－3　存货储存情况

为了便于推导，需要补充设定 2 个符号（其他符号的含义仍如基本数学模型中的定义）：

X——每日送达存货的数量；Y——每日耗用存货的数量。

则：一次订货全部到达所需日数 $=\dfrac{Q}{X}$

入库期间存货耗用量 $=\dfrac{Q}{X}\times Y$

存货最高存储数量 $=Q-\dfrac{Q}{X}\times Y=Q\left(1-\dfrac{Y}{X}\right)$

由于平均存储量为最高存储量的一半，所以

存货平均存储数量 $=\dfrac{1}{2}Q\left(1-\dfrac{Y}{X}\right)$

由于年成本合计等于年储存成本与年订货成本之和，因此

$$T=\frac{1}{2}Q\left(1-\frac{Y}{X}\right)C+\frac{A}{Q}P$$

按照存货经济订购批量的基本数学模型的推导方法，可以推导出经济订购批量 Q^* 和最低年成本合计 T^* 的计算公式如下（推导过程略）：

经济订购批量 $$Q^*=\sqrt{\frac{2AP}{C\left(1-\frac{Y}{X}\right)}} \qquad (8-5)$$

年最低成本合计 $$T^*=\sqrt{2APC\left(1-\frac{Y}{X}\right)} \qquad (8-6)$$

例 8－4　某企业生产季节性产品甲，全季需要 B 材料 12 000 千克，每日送达 300 千克，每日耗用 240 千克，每次订购费用 100 元，每千克 B 材料季存储成本为 3 元。

将以上数据代入上述公式，得：

$$\text{经济订购批量 } Q^*=\sqrt{\frac{2\times12\ 000\times100}{3\times\left(1-\frac{240}{300}\right)}}=2\ 000\text{（千克）}$$

计算结果表明，在 B 材料陆续到达、陆续使用的条件下，其经济订购批量为 2 000 千克。此时，季成本合计为：

$$\text{季最低成本合计 } T^*=\sqrt{2\times12\ 000\times100\times3\times\left(1-\frac{240}{300}\right)}=1\ 200\text{（元）}$$

二、有数量折扣时的决策

为了鼓励购买者多购买商品，供应商常对大量购买商品实行数量折扣价，即规定每次订购量达到某一数量界限时，给予价格优惠。于是，购买者就可以利用数量折扣价取得较低商品价、较低运输费和较低年订购费用的机会，并可能使从大批量中得到的节约

超过抵偿增支的储存成本。在有数量折扣的决策中，订货成本、储存成本以及采购成本都是订购批量决策中的相关成本，这时上述三种成本的年成本合计最低的方案才是最优方案。

例8－5 某企业全年需用A零件1 500个，每件每年储存成本0.5元，每次订货费用81.67元。供应商规定，每次订货量达到750个时，可获2%的价格优惠，不足750个时单价为50元。

决策分三步进行：

（1）计算没有数量折扣时的经济订购批量。因为按一般原则，当有可能获取数量削价时，最低订购量可由经济订购批量 Q^* 的计算来确定其数量：

$$\text{经济订购批量 } Q^* = \sqrt{\frac{2 \times 1\,500 \times 81.67}{0.5}} = 700\text{（个）}$$

于是，最佳订购量必然是700个或750个，没有其他订购数量比这两个数量更经济。

（2）计算不考虑数量折扣时的年成本合计。

$$\text{采购成本} = 1\,500 \times 50 = 75\,000\text{（元）}$$

$$\text{订购成本} = \frac{1\,500}{700} \times 81.67 = 175\text{（元）}$$

$$\text{储存成本} = \frac{700}{2} \times 0.5 = 175\text{（元）}$$

$$\text{年成本合计} = 75\,000 + 175 + 175 = 75\,350\text{（元）}$$

（3）计算考虑数量折扣时的年成本合计。

$$\text{采购成本} = 1\,500 \times 50 \times (1 - 2\%) = 73\,500\text{（元）}$$

$$\text{订购成本} = \frac{1\,500}{750} \times 81.67 = 163.34\text{（元）}$$

$$\text{储存成本} = \frac{750}{2} \times 0.5 = 187.5\text{（元）}$$

$$\text{年成本合计} = 73\,500 + 163.34 + 187.5 = 73\,850.84\text{（元）}$$

比较700个与750个时的年成本合计可知，接受数量折扣可使存货成本降低1 499.16元（75 350－73 850.84），因此应该选择数量折扣的方案。

在实际工作中，需要考虑的因素很多，这时可采用的方法也较多，应灵活加以运用。

例8－6 某公司全年需用B零件12 500件，每次订购费用为1 296元，每件B零件全年储存成本为5元，零售价每件70元，资本成本率25%。供应商为扩大销售，现规定如表8－5所示。

表 8－5

订购单位数（件）	折扣（件）
0～999	无折扣
1 000～1 999	1.00
2 000～4 999	1.50
5 000～9 999	1.80
10 000 及以上	2.00

在考虑资本成本率的情况下，如果把数量折扣看做是机会成本（放弃可获得的最大订购量折扣而形成的机会成本，等于该最大订购量折扣与该公司拟选订购政策的折扣之间的差额），则应采用以下方法：

（1）计算没有数量折扣时的经济订购批量。

$$经济订购批量\ Q^* = \sqrt{\frac{2 \times 12\ 500 \times 1\ 296}{5 + 70 \times 25\%}} = 1\ 200（件）$$

于是，该公司的最佳订购批量应是 1 200 件，或是 2 000 件、5 000 件、10 000 件。

（2）计算 1 200 件时的成本总额（69 元为该水平的折扣净额）。

$$储存成本 = \frac{1\ 200}{2} \times (5 + 69 \times 25\%) = 13\ 350（元）$$

$$订购成本 = \frac{12\ 500}{1\ 200} \times 1\ 296 = 13\ 500（元）$$

$$机会成本 = 12\ 500 \times (2 - 1) = 12\ 500（元）$$

$$成本总额 = 13\ 350 + 13\ 500 + 12\ 500 = 39\ 350（元）$$

（3）计算 2 000 件时的成本总额（68.5 元为该水平的折扣净额）。

$$储存成本 = \frac{2\ 000}{2} \times (5 + 68.5 \times 25\%) = 22\ 125（元）$$

$$订购成本 = \frac{12\ 500}{2\ 000} \times 1\ 296 = 8\ 100（元）$$

$$机会成本 = 12\ 500 \times (2 - 1.5) = 6\ 250（元）$$

$$成本总额 = 22\ 125 + 8\ 100 + 6\ 250 = 36\ 476（元）$$

（4）计算 5 000 件时的成本总额（68.2 元为该水平的折扣净额）。

$$储存成本 = \frac{5\ 000}{2} \times (5 + 68.2 \times 25\%) = 55\ 125（元）$$

$$订购成本 = \frac{12\ 500}{5\ 000} \times 1\ 296 = 3\ 240（元）$$

$$机会成本 = 12\ 500 \times (2 - 1.8) = 2\ 500（元）$$

$$成本总额 = 55\ 125 + 3\ 240 + 2\ 500 = 60\ 865（元）$$

（5）计算10 000件时的成本总额（68元为该水平的折扣净额）。

$$储存成本 = \frac{10\ 000}{2} \times (5 + 68 \times 25\%) = 110\ 000（元）$$

$$订购成本 = \frac{12\ 500}{10\ 000} \times 1\ 296 = 1\ 620（元）$$

机会成本 = 0

成本总额 = 110 000 + 1 620 = 111 620（元）

从上述计算可知，最佳订购量就是成本总额最低的订购量，即2 000件。当然，本例也可以以年成本合计最低的原理进行决策，其选择结果是一样的。

三、安全库存量与库存耗竭成本

迄今为止，存货决策是建立在存货耗用率及发出订单到订货到达之间的时间（通常称采购间隔期）已确定的基础之上的，但当存货耗用率因不可预见的情况发生变化，或采购间隔期由于客观事件而有所变化时，就应采用适当的方法进行决策。

在存货耗用率和采购间隔期稳定不变时，企业可以及时发出订单，按照经济订购批量订货，使原有存货耗尽之时恰好新的存货入库，如图8－4所示。

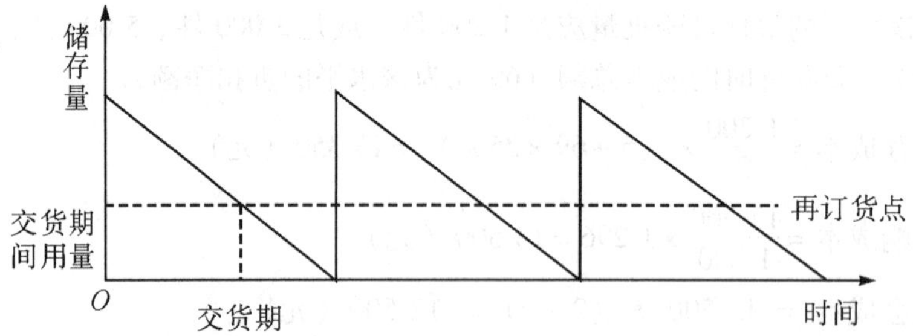

图8－4　安全库存量

但如果某项存货的耗用比预计的要快，或者采购间隔期比预期时间长，就有可能发生库存耗竭。两种库存耗竭的情况，可分别用图8－5和图8－6表示。

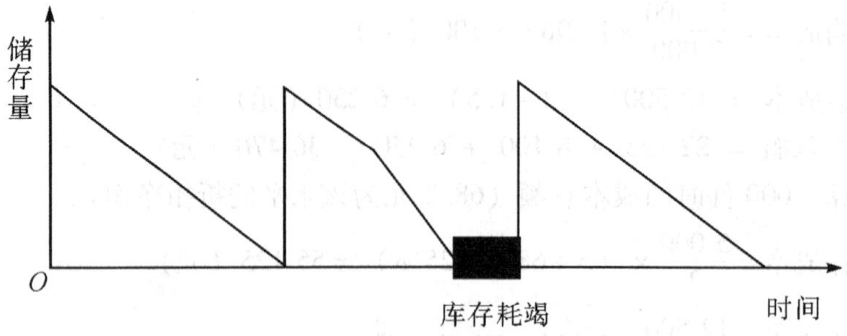

图8－5　库存耗竭时库存量

在图8－5中，由于耗用量的增加，结果在新存货尚未到达前库存存货已耗尽；在图8－6中，耗用量保持不变，但由于原订存货尚未运达以致原库存存货耗尽。

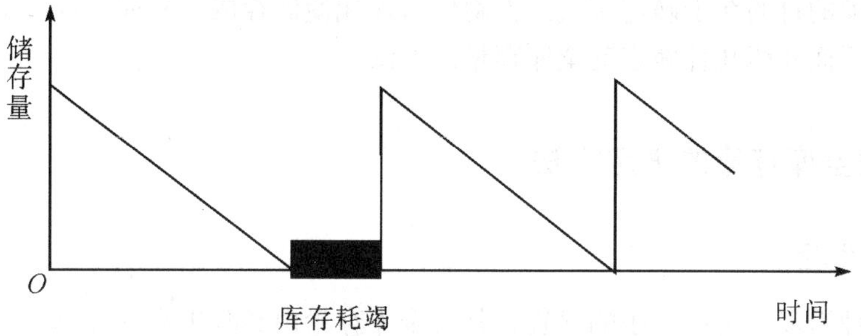

图 8－6　库存耗竭时库存量

库存耗竭的发生，往往给企业带来不利的影响：必须专程派人采购材料，停产等待新的材料运达，或者失去顾客。为避免上述不利影响，企业应建立保险储备并确定一个最佳安全库存量，从而将可能发生的额外成本降到最低。图 8－5、图 8－6 中如果有充足的安全库存量，就不会发生库存耗竭现象，增加的耗用量和供货间隔期变动而耗用的存货可以从安全库存量中得以满足，并在新的订货到达时补足安全库存量，图 8－7、图 8－8 可以清楚地说明这一点。

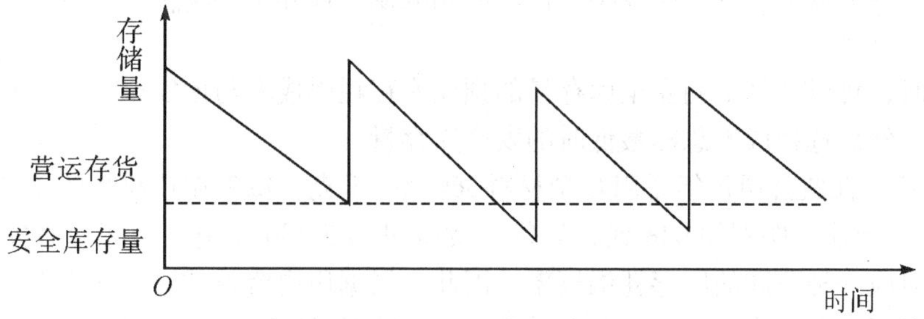

图 8－7　最佳安全库存量

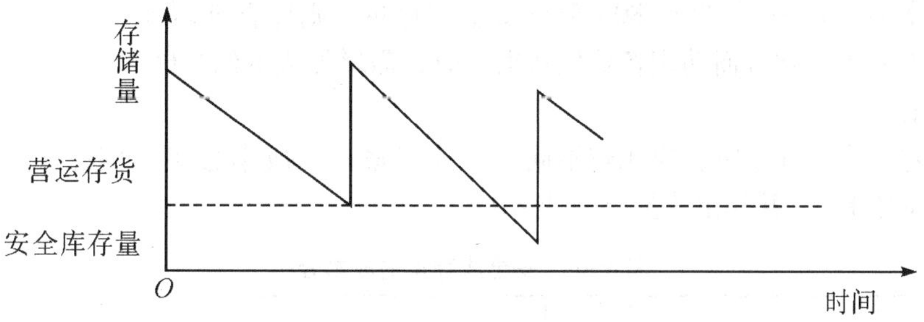

图 8－8　最佳安全库存量

从图 8－7、图 8－8 可以看出，建立最佳安全库存量政策时，必须考虑两项成本：①安全库存量的储存成本。由于期初安全库存量余额等于期末安全库存量余额，安全库存量的单位储存成本与营运存货的储存成本相同，因此，安全库存量的储存成本等于安全库存量乘以存货的单位储存成本。②库存耗竭成本。它通常指备选供应来源的成本、失去顾客或商业信誉的成本、库存耗竭期内停产的成本等。库存耗竭成本作为年度预期值等于某项库存耗竭成本乘以每年安排的订购次数再乘以一次订购的库存耗竭概率。安全库存量决策的目的在于确定多大的保险储备才能使储存成本和库存耗竭成本之和达到最低限度，下面介绍几种确定安全库存量的方法。

四、安全库存量的确定方法

（一）经验法

对于品种繁多、价值较小的存货，其安全库存量由经验丰富的经理人员在安全库存量上限范围内加以规定的方法，称为经验法。其一般计算公式如下：

安全库存量的上限＝最长交货期×最高每天用量－交货期正常天数×平均每天用量

由上式可见，所谓安全库存量的上限，实际是按照交货期最长和每日耗用量最大这两种不正常现象同时发生为基础计算的。

（二）不连续的概率法

要准确估计可能发生的库存耗竭成本，必须根据历史资料统计库存耗竭的数量和概率。在不连续的概率法下，应按不同档次的相应概率计算不同安全库存量的库存耗竭成本，并进行比较。

比较时，可以计算不同安全库存量的预期库存耗竭成本与该安全库存量对应的储存成本之和，然后选择成本总额最低时的安全库存量。

例8－7 江威公司每年需用C型材料360 000千克，每千克C材料的年平均储存成本为16元，每次订购费用648元，最优订货批量为5 400千克。由于每种安全库存量水平均会对应一种不同的库存耗竭概率，因此，根据历史资料估计：如不保持安全库存量，则库存耗竭概率为0.6；如有200千克的安全库存量，则库存耗竭概率降为0.3；如有350千克的安全库存量，则库存耗竭概率为0.05；如果有600千克安全库存量，库存耗竭概率为0.015；如果有800千克安全库存量，则库存耗竭概率只有0.01。据估计，如果不能及时到货而动用备选供货渠道时，需增加成本约2 000元，停产待料损失约3 000元。

在确定安全库存量时，应比较不同安全库存量时的成本总额（储存成本与预期库存耗竭成本之和），并作出抉择（见表8－6）。

表8－6 安全库存量的成本分析

安全库存量（千克）	储存成本（元）	预期库存耗竭成本（元）	成本总额（元）
0	0×16＝0	$\frac{360\ 000}{5\ 400}\times 0.6\times 5\ 000=200\ 000$	200 000
200	200×16＝3 200	$\frac{360\ 000}{5\ 400}\times 0.3\times 5\ 000=100\ 000$	103 200

（续上表）

安全库存量（千克）	储存成本（元）	预期库存耗竭成本（元）	成本总额（元）
350	350×16 = 5 600	$\frac{360\ 000}{5\ 400}\times 0.05\times 5\ 000 = 16\ 667$	22 267
600	600×16 = 9 600	$\frac{360\ 000}{5\ 400}\times 0.015\times 5\ 000 = 5\ 000$	14 600
800	800×16 = 12 800	$\frac{360\ 000}{5\ 400}\times 0.01\times 5\ 000 = 3\ 333$	16 133

从表 8－6 可以看出，在这五种安全库存量中，最佳抉择应为 600 千克的安全库存量。但即使在最佳安全库存量水平上，仍然具有 0.015 的库存耗竭概率，在该公司每年大约订购 67 次（360 000/5 400≈66.67）的情况下，预期 C 材料每年库存耗竭一次（66.67×0.015＝1）。即使如此，由此发生的库存耗竭成本也比保持增加安全库存量更为经济，事实上，完全消除库存耗竭也是不可能的。存货决策只在于寻找有关安全库存量水平和库存耗竭两者的最低成本。

由于预期年度库存耗竭成本的变动与一年中安排的订购批数直接有关，因此，库存耗竭成本也是一项订购成本。于是，我们可以把不连续概率法与最优经济批量模型结合起来，确定安全库存量。

例 8－8 某公司全年需要 W 商品 36 000 件，平均每日耗用量 D 为 100 件，正常交货期 t 为 8 天，正常交货期平均用量 D_t 为 800（100×8）件，每批订货成本 P 为 200 元，年单位储存成本 C 为 2 元，每次单位库存耗竭成本 b 为 2.5 元。根据历史资料，交货期各档用量发生的概率如表 8－7 所示。

表 8－7

实际交货期用量（件）	概　率（%）
800 以下	0.75
850	0.10
900	0.07
950	0.05
1 000	0.03
合计	1.00

由于正常交货期用量为 800 件，因此，上述各档实际交货期用量减去 800 件，即为该档的缺货数量，其概率也就为该档缺货发生的概率。下面分步骤确定各种存货成本和

最低的安全库存量。

（1）按不同安全库存量 S 分别计算缺货数量 E 及其概率 P。

$S=0$ 件，即将正常交货期平均用量 800 件作为再订货点，不设安全库存量时的缺货数量及其概率如表 8－8 所示。

表 8－8

缺货数量 E（件）	概率 P（%）
50	0.10
100	0.07
150	0.05
200	0.03

$S=50$ 件，即将再订货点确定为 850 件，其中 800 件为正常交货期平均用量时的缺货数量及其概率，如表 8－9 所示。

表 8－9

缺货数量 E（件）	概率 P（%）
50	0.07
100	0.05
150	0.03

$S=100$ 件，即将再订货点确定为 900 件时的缺货数量及其概率，如表 8－10 所示。

表 8－10

缺货数量 E（件）	概率 P（%）
50	0.05
100	0.03

$S=150$ 件，即将再订货点确定为 950 件时的缺货数量及其概率，如表 8－11 所示。

表 8－11

缺货数量 E（件）	概率 P（%）
50	0.03

$S=200$ 件，即将再订货点确定为 1 000 件时，发生缺货的概率为零。

（2）估计每次到货前各种安全库存量 S 的库存耗竭成本 B，如表 8－12 所示。

表 8－12

安全库存量 S（件）	缺货数量 E（件）	概率 P（%）	每次到货前发生的库存耗竭成本 $B=EPb$（元）
0	50	0.10	$50\times0.1\times2.5=12.5$
	100	0.07	$100\times0.07\times2.5=17.5$
	150	0.05	$150\times0.05\times2.5=18.75$
	200	0.03	$200\times0.03\times2.5=15$ }63.75
50	50	0.07	$50\times0.07\times2.5=8.75$
	100	0.05	$100\times0.05\times2.5=12.5$
	150	0.03	$150\times0.03\times2.5=11.25$ }32.5
100	50	0.05	$50\times0.05\times2.5=6.25$
	100	0.03	$100\times0.03\times2.5=7.5$ }13.75
150	50	0.03	$50\times0.03\times2.5=3.75$
200	0	0	0

（3）根据每次到货前的库存耗竭成本，计算与各种安全库存量相配合的经济订购批量。

由于库存耗竭成本与订货成本性质相同，因而计算经济订购批量和年成本合计的基本模型，均应作相应的变动（推导过程略）：

经济订购批量 $Q^*=\sqrt{\frac{2AP}{C}}$ 应改为经济订购批量 $Q^*=\sqrt{\frac{2A(P+B)}{C}}$。

年成本合计 $T^*=Q\times C$ 应改为年成本合计 $T^*=(Q+S)\times C$。

根据上述新公式，计算各种安全库存量下的经济订购批量和年成本合计如下：

$S=0$ 件时：

$$\text{经济订购批量 } Q^*=\sqrt{\frac{2\times36\,000\times(200+63.75)}{2}}=3\,081\text{（件）}$$

$$\text{年成本合计 } T^*=(3\,081+0)\times2=6\,162\text{（元）}$$

$S=50$ 件时：

$$\text{经济订购批量 } Q^*=\sqrt{\frac{2\times36\,000\times(200+32.5)}{2}}=2\,893\text{（件）}$$

$$\text{年成本合计 } T^*=(2\,893+50)\times2=5\,886\text{（元）}$$

$S=100$ 件时：

$$\text{经济订购批量 } Q^*=\sqrt{\frac{2\times36\,000\times(200+13.75)}{2}}=2\,884\text{（件）}$$

$$\text{年成本合计 } T^*=(2\,774+100)\times2=5\,748\text{（元）}$$

$S=150$ 件时：

$$\text{经济订购批量 } Q^*=\sqrt{\frac{2\times36\,000\times(200+3.75)}{2}}=2\,708\text{（件）}$$

年成本合计 $T^* = (2\ 708+150)\times 2 = 5\ 716$（元）

$S=200$ 件时：

$$经济订购批量\ Q^* = \sqrt{\frac{2\times 36\ 000\times 200}{2}} = 2\ 683（件）$$

年成本合计 $T^* = (2\ 683+200)\times 2 = 5\ 766$（元）

比较上述计算结果可以看出：年成本合计最低（5 716 元）的安全库存量为150 件。

五、再订购点的确定

为保证生产和销售活动的连续性，企业应在存货用完或售完之前再一次订货。订购下一批货物的存货存量（实物量或金额，下同）叫再订购点。如何使各种存货的成本之和达到最低限度，是再订购点决策所要解决的问题。

一般来说，当库存存货量降到采购间隔期的耗用量加上安全库存量的总和时，就应再次订购货物。在这种情况下，当存货量降到上述水平时即发出订购单，在库存存货量等于安全库存量时，新的货物可预期运到。根据这一原理，再订购点的计算公式可确定如下：

再订购点 = 采购间隔日数 × 平均每日用量 + 安全库存量

例 8－9 某种商品的安全库存量为 200 件，采购间隔期为 12 天，年度耗用总量为 12 000 件，假设每年有 300 个工作日，则：

该商品的再订购点 = 采购间隔日数 × 平均每日用量 + 安全库存量

如果该商品的年储存成本为 1.5 元，每次订购成本为 240 元，则其最佳订购批量为 1 960 件。结合以上计算结果，可以绘图如图 8－9 所示。

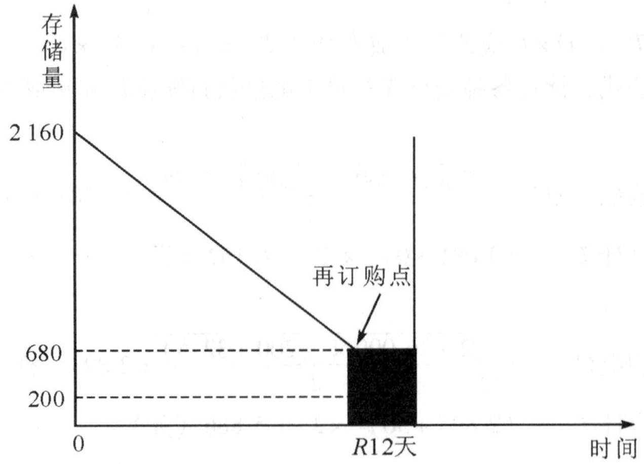

图 8－9 再订购点的确定

从图 8－9 可以看出，当存货降至 680 件时，即应按最佳订购批量（1 960 件）发出订单。在发出订单和收到订货的 12 天内，耗用速度是每天 40（12 000/300）件。如果能够按计划进行，12 天后，当新货到达企业时，存货大约还有 200 件。图中 R 为再订购点。

本章小结

存货总成本包括采购成本、订货成本、储存成本、缺货成本。

经济订货量是使存货总成本最低的每次订货数量。影响经济订货量的因素有存货的年需要量、每次的订货成本、单位储存成本。

练 习 题

一、单项选择题

1. 下列关于存货决策的阐述错误的是（　　）。

A. 订购成本或生产准备成本与订购次数或生产批次无关

B. 采购成本随订货数量的大小而变动，但与订货次数无关

C. 经济订货量是指存货成本最低时的订货量

D. 缺货成本包含因缺货引起的停工损失、延期交货的罚金、信誉损失及销售机会损失等

2. ABC 库存分类管理方法是一种科学的库存物资管理方法，其特点是（　　）。

A. 将库存物资按其占总量的百分比划分成三类，分别实施不同力度的管理

B. 对不同物资实行不同的管理，做到最经济、最有效

C. A 类的特点是价廉量多，C 类的特点是价贵量少，B 类居其中

D. 对 A 类物资要进行的特别控制，但对 C 类物资可以不加管理，B 类物资则视具体条件而定

3. 生产准备成本与储存成本的关系是（　　）。

A. 此消彼长　　B. 同方向变动

C. 没有太大关系　　D. 视具体情况而定

4. 通过确定一个适当的生产批量，从而使其生产准备成本与储存成本之和达到最小的决策，称为（　　）。

A. 库存决策　　B. 产品组合的决策

C. 接受追加订货的决策　　D. 最优生产批量的决策

二、多项选择题

1. 缺货损失包括（　　）。

A. 缺货引起的停工损失　　B. 延期交货支付的罚金

C. 信誉损失　　D. 失去销售机会的损失

E. 货款支付手续费

2. 储存成本包括（　　）。

A. 仓库折旧费　　B. 到货验收费

C. 仓库管理费　　D. 存货占用资金的利息

E. 物资陈旧变质、损坏、折耗所发生的费用

3. 确定经济订货量时，假如无缺货因素，要考虑的相关成本为（　　）。

A. 采购成本　　B. 缺货成本　　C. 订货成本

D. 储存成本　　E. 安全存量

4. 存货成本包括（　　）。

A. 采购成本　　B. 订货成本　　C. 储存成本

D. 缺货成本　　E. 安全存量

三、计算分析题

1. 资料：某企业计划年度确定生产甲产品4 800件。该产品每天产量为20件，每天销量为15件，每批产品调整准备成本为400元，每件产品年储存成本为6元。

要求：确定最优生产批量。

2. 资料：某企业每天正常耗用A材料30千克，该材料从发出订单到货物验收入库需10天，该材料的保险储备量为100千克。

要求：确定A材料的经济订货点。

3. 资料：某公司每年需要某材料200 000件。该公司最近一次市场调查表明这种材料的采购成本为8元/件，年平均储存成本为1.2元/件，采购一批的订货成本为75元。

要求：计算该公司的经济订货量以及全年的订货和储存总成本。

四、案例分析

南京仁杰电子公司的存货管理之道

南京仁杰电子公司成立于1995年，是一家不足20人的私营小企业，注册资金300万元人民币。该电子公司的经营范围是代理国内和国际品牌的通信产品，属于商品流通单位，也负责对终端用户的安装。该公司能够在激烈的竞争中始终保持较高的盈利水平，与其加强存货资金管理有很大关系。

1. 重视存货管理

南京仁杰电子公司对每月的销量进行细致的统计记录，并设定了管理软件中的库存模式，一旦存货低于警戒线立即补货。长期经营的经验使该公司存货占用资金非常低。同时，因其业务大体是订制的机器，所以和厂家的协调非常重要。该公司与长期合作的生产企业均有详细的协议，设置的付款比例是按照与买方合同的收款比例同步的，这样就大大降低了由于付款时间差距引起的对现金大量占用的风险，也对厂家为机器设备安装期间提供的售后服务起到了一定的牵制作用。对于小型设备突然出现的需求量浮动，他们采用向同行调货的方式实现，虽然这样比直接从供货商处调货价高，但由于次数少，比囤积大量库存占用流动资金要合算得多。

2. 采用及时生产的存货系统

及时生产系统（just-in-time system，JIT）是指通过合理规划企业的产供销过程，使从原材料采购到产成品销售的每个环节都能紧密衔接，减少制造过程中不增加价值的作业，减少库存，消除浪费，从而降低成本，提高产品质量，最终实现企业效益最大化。

及时生产的存货系统的基本原理是：只有在使用之前才从供应商处进货，从而将原材料或配件的库存数量减少到最小；只有在出现需求或接到订单时才开始生产，从而避免产成品的库存。及时生产的存货系统要求企业在生产经营的需要与材料物资的供应之间实现同步，使物资传送与作业加工速度处于同一节拍，最终将存货降低到最小限度，甚至达到零库存。

及时生产的存货系统的优点是：降低库存成本；减少从订货到交货的加工等待时间，提高生产效率；降低废品率、再加工和担保成本。但及时生产的存货系统要求企业内外部门的全面协调与配合，一旦供应链破坏，或企业不能在很短的时间内根据客户需求调整生产，企业生产经营的稳定性将会受到影响，经营风险加大。此外，为了保证能够按合同约定频繁小量地配送，供应商可能要求额外加价，企业因此丧失了从其他供应商那里获得更低价格的机会收益。

3. 运用先进的管理软件

该公司规模不大，却注意吸收先进技术，运用管理软件进行库存管理，在保证存货供应的同时，节约了存货占用资金。

现在大多数的贸易类企业都采取零存货的方式，即按单订制直接供应给客户，避免了存货因价格变动导致损失的风险。也有很多企业实施企业流程再造（BPR）、企业资源计划系统（ERP），这些都是提高企业运转速度的手段。

分析提示：

（1）什么是营运资金，有何特点？

（2）该公司的存货管理有何特色？

（3）该公司成功的存货管理对你有何启示？

资料来源：刘树密．财务管理实训教程．南京：东南大学出版社，2005

要点：

营运资金也称营运资本、循环资本，是指一个企业维持日常经营所需的资金。通常指流动资产减去流动负债后的差额。因此，营运资金的特点体现在流动资产和流动负债的特点上。营运资金的管理需要遵循下列原则：①认真分析生产经营状况，合理确定营运资金的需要数量；②在保证生产经营需要的前提下，节约使用资金；③加速营运资金周转，提高资金的利用效率；④合理安排流动资产与流动负债的比例关系，保证企业有足够的短期偿债能力。

存货是指企业在生产经营过程中为销售或者耗用而储备的物资，包括材料、低值易耗品、在产品、半成品、产成品、协作件、商品等。存货管理的目标，就是要尽力在各种存货成本与存货效益之间做出权衡，在充分发挥存货功能的同时降低成本，增加收益，达到两者的最佳结合。其中储备存货的有关成本包括进货成本、储存成本和缺货成本。实现该目标所采用的存货的控制方法有经济进货批量、存货储存期控制、存货ABC分类管理等。

第九章

标准成本制度

【学习目标】

通过本章学习，了解标准成本制度的概念；掌握标准成本的制定；能够进行系统的标准成本差异分析；理解标准成本系统的运作程序和基本的账务处理。

标准成本制度是将成本规划、成本控制、成本核算和成本分析有机结合起来的一种成本计算和控制系统，它是加强企业成本管理的有效工具，是执行与控制会计的重要组成部分。

第一节 标准成本制度概述

一、标准成本制度的意义

标准成本制度（standard cost system）或译作标准成本系统，是指预先制定好成本标准，将标准成本（standard cost，SC）与实际成本（actual cost，AC）相比较，揭示成本差异，分析差异产生的原因，明确经济责任，消除差异并据以加强成本控制的一种成本计算和成本控制系统。从其内容上看，它是一个包括标准成本制定、计算和分析成本差异以及处理成本差异三个部分的完整系统；从其功能上看，它不仅用于成本计算，而且作为成本控制的专门技术方法而被广泛采用。

标准成本制度在20世纪20年代首创于美国，被认为是成本控制领域的一场革命。它使成本控制突破了单纯的事后成本计算，发展成为以事前控制为基础、事中控制为纽带的事前、事中、事后成本控制体系。

采用标准成本制度，对于企业的成本管理具有重要意义，主要表现在以下方面：

（1）为企业加强成本控制提供依据和标准。

标准成本一方面是衡量实际成本水平的尺度，另一方面又是评价、考核成本管理工作业绩的重要依据，它有利于企业加强成本控制。

（2）为企业管理当局的经营决策提供有用的成本信息。

标准成本剔除了某些不合理的成本因素，使其信息具有合理成本的意义，因而可以用来确定产品销售价格和估算产品未来成本的依据。这些成本数据系统所提供的相关信息能够为企业管理当局的相关决策提供有力的信息支持。

（3）有利于挖掘成本潜力，提高经济效益。

通过标准成本的制定、比较和差异分析，企业能够深入地了解成本控制中的薄弱环节和潜力所在，采取适当措施，可达到降低成本、提高经济效益的目的。

（4）简化企业日常成本核算。

采用标准成本制度，能够将标准成本和成本差异分别列示，使材料、在产品、产成品以及销售成本等都可以按照标准成本直接入账；各项成本差异则可以通过另外设置有关账户进行归集，在期末时一并进行处理，从而使日常账务处理及时而简单，也使期末编制会计报告工作更容易。

二、标准成本系统的运行程序

标准成本系统的运行程序归纳如下。

（一）制定单位产品的标准成本

单位产品标准成本的制定是标准成本计算和成本控制的基础和依据，因此在标准成本系统中占有重要地位。单位产品标准成本通常是按照产品的生产工序和阶段，区分直接材料、直接人工和制造费用等项目分别制定的，各成本项目的标准成本确定后，将各项目的标准成本加总，即为单位产品的标准成本。其计算公式为：

单位产品标准成本 = 直接材料标准成本 + 直接人工标准成本 + 制造费用标准成本

（二）计算产品标准成本

按照各产品的实际产量，计算出该产品的直接材料、直接人工和制造费用的标准成本。其计算公式为：

产品标准成本 = 产品实际产量 × 单位产品标准成本

（三）汇总计算实际成本

按照成本核算的一般程序，归集、计算产品生产过程中发生的直接材料、直接人工和制造费用的实际耗费。

（四）计算标准成本差异额

标准成本差异额（cost variance）是指产品实际成本与产品标准成本之间的差额。其计算公式为：

标准成本差异额 = 实际成本 − 标准成本

通常情况下，实际成本大于标准成本所产生的差异，称为不利差异（unfavorable variance），用U表示，在账务处理时一般在账户的借方，故称为借差；实际成本小于标准成本所产生的差异，称为有利差异（favorable variance），用F表示，在账务处理时一般在账户的贷方，故称贷差。

（五）成本差异分析

成本差异分析是标准成本系统运行过程中最为重要的一个环节，因为只有通过成本差异分析，才能为成本控制提供依据，进而为提出降低成本的措施指明方向。成本差异分析一般包括三个步骤：①确定差异性质和数额；②查明差异产生的原因；③明确有关责任的归属。

（六）提交成本控制报告

通过成本差异分析，企业一方面可以找出成本差异产生的原因，另一方面又能够明确有关的经济责任。据此企业可以提出成本控制报告，使有关部门能采取有效措施巩固成绩，克服不足或在必要时修订标准成本，以确保成本控制程序运行通畅。

标准成本系统运行程序中的各个环节是有机联系的，各部分相互衔接和呼应，构成了企业成本控制的完整系统。它们之间的联系可用图9－1表示。

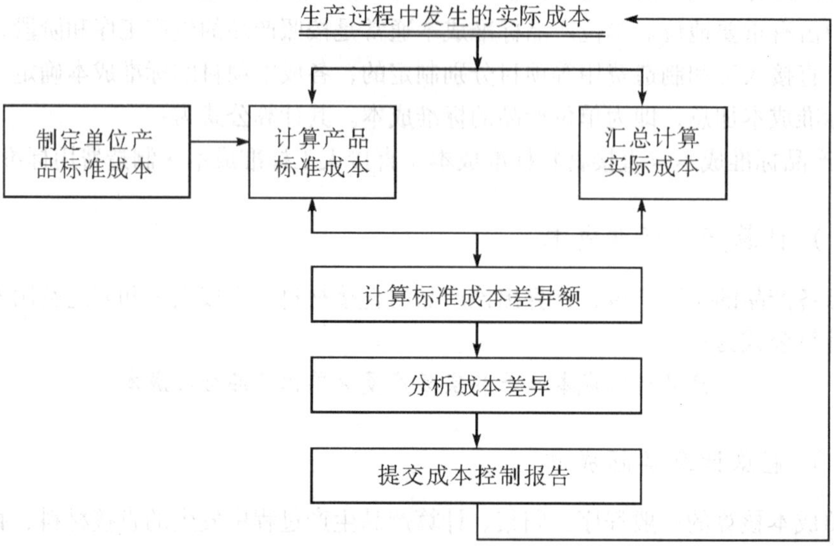

图9－1　标准成本系统运行程序

第二节　标准成本制定

一、标准成本的性质及表现形式

标准成本实质上是指在标准化的工作条件下，生产某种产品应发生的合理耗费，通常依据企业已经达到的生产技术水平，经过严密调研、分析和技术测定而形成。

标准成本有两种表现形式：

（一）理想的标准成本（ideal standard cost）

理想标准成本是以现有生产技术和经营管理处于最佳状态为基础确定的标准成本。采用这种标准成本，意味着实际发生的成本应达到现时环境下理想的最低限度，而不允许任何浪费或损失。这种标准是非常严格的，一般很难达到，因此在实际工作中较少采用。

（二）正常的标准成本（normal standard cost）

正常的标准成本是根据已经达到的生产技术水平，以有效经营为基础制定的标准成本。这种标准成本把现实生产技术条件下难以避免的超额耗费加以适当考虑。因为正常的标准成本比理想的标准成本更具有现实性，经过努力完全可以达到，它能够较好地发挥标准成本的控制标准的作用，因此在实践中得到广泛应用。

如前所述，制定标准成本首先是确定单位产品标准成本，单位产品标准成本是由直接材料、直接人工和制造费用三个项目所组成。无论确定哪一个成本项目的标准成本，都需要分别确定其用量标准和价格标准。两者的乘积就是每一成本项目的标准成本，各项目的标准成本汇总，即为单位产品的标准成本。其计算公式如下：

各成本项目的标准成本 = 用量标准 × 价格标准

单位产品的标准成本 = ∑（用量标准 × 价格标准）

或　　单位产品的标准成本 = 直接材料标准成本 + 直接人工标准成本 + 制造费用标准成本

二、直接材料标准成本

在制定直接材料标准成本时，其基本程序首先是区分直接材料的种类；其次是逐一确定它们在单位产品中的标准用量和标准价格，然后按照种类分别计算各种直接材料的标准成本；最后汇总得出单位产品的直接材料标准成本。其计算公式为：

直接材料标准成本 = ∑（单位产品材料消耗量标准 × 材料价格标准）

式中，直接材料消耗量标准是指在现有生产技术条件下，生产单位产品所需的材料数量，它包括构成产品实体的材料和有助于产品形成的材料，以及生产过程中必要的损耗和难以避免的损失所耗用的材料。材料消耗量一般应根据科学的统计调查，以技术分析为基础来计算确定。

直接材料的价格标准是指以供应合同中的价格为基础，考虑到未来物价、供求等各种变动因素后综合确定的购入材料所需支付的标准价格，它包括发票价格、运杂费、检验费和正常损耗等，是获得材料的完全成本，一般由财务部门、采购部门等共同制定。

例 9－1 H 公司生产甲产品，有关直接材料的资料如表 9－1 所示。要求确定甲产品直接材料标准成本。

表 9－1 甲产品直接材料有关资料

材料 标准	材料 A	材料 B
单位产品用量标准（千克）		
主料用量	12	10
辅料用量	3	4
必要损耗	0.5	0.5
价格标准（元）		
发票价格	12	10
采购费用	2.5	1.5
正常损耗	0.5	0.5

根据表 9－1，计算如下：

单位产品材料 A 标准耗用量 = 12 + 3 + 0.5 = 15.5（千克）

单位产品材料 B 标准耗用量 = 10 + 4 + 0.5 = 14.5（千克）

材料 A 标准价格 = 12 + 2.5 + 0.5 = 15（元/千克）

材料 B 标准价格 = 10 + 1.5 + 0.5 = 12（元/千克）

单位产品材料 A 标准成本 = 15.5 × 15 = 232.5（元）

单位产品材料 B 标准成本 = 14.5 × 12 = 174（元）

甲单位产品直接材料标准成本 = 232.5 + 174 = 406.5（元）

三、直接人工标准成本

在制定直接人工标准成本时，其基本程序首先是区分各种直接作业的种类；其次是逐一确定各作业在单位产品中的标准工时和标准小时工资率；最后两者相乘得出单位产品的直接人工标准成本。其计算公式为：

直接人工标准成本 = 单位产品工时标准 × 小时工资率标准

式中，工时标准是指在现有的生产技术条件下，生产单位产品所耗用的必要工作时间，它包括产品直接加工工时、必要的间歇或停工工时，以及不可避免的废次品损耗工时等。工时标准一般由生产技术部门、劳动工资部门运用时间与动作研究等技术测定方法，分析统计资料后确定。

小时工资率标准是指预定的工资率或正常工资率。在计件工资制下，它就是预定的每小时工资标准，或根据单件工资标准和工时标准换算出来的小时工资率；在计时工资制下，一般按照标准工资和用工总量计算出正常的小时工资率。

例 9－2　H 公司生产甲产品，有关直接人工的资料如表 9－2 所示。要求确定甲产品直接人工标准成本。

表 9－2　甲产品直接人工有关资料

材　料 标　准	作业 A	作业 B
单位产品工时标准（小时）		
直接加工工时	4	2
辅助工时	1.8	0.6
废次品损耗工时	0.2	0.4
小时工资率标准（元/小时）		
月工资总额（元）	60 000	45 000
生产工人数（人）	30	20
每人月工时数（24 天 ×8 小时）	192	192
月出勤率（%）	95	90

根据表 9－2，计算如下：

作业 A 单位产品标准工时 = 4 + 1.8 + 0.2 = 6（小时/件）

作业 B 单位产品标准工时 = 2 + 0.6 + 0.4 = 3（小时/件）

作业 A 可用工时总量 = 192 × 95% × 30 = 5 472（小时）

作业 B 可用工时总量 = 192 × 90% × 20 = 3 456（小时）

$$作业 A 标准小时工资率 = \frac{60\ 000}{54\ 73} = 10.965（元）$$

$$作业 B 标准小时工资率 = \frac{45\ 000}{3\ 456} = 13.021（元）$$

作业 A 直接人工标准成本 = 6 × 10.965 = 65.79（元）

作业 B 直接人工标准成本 = 3 × 13.021 = 39.06（元）

甲单位产品直接人工标准成本 = 65.79 + 39.06 = 104.85（元）

四、制造费用标准成本

制造费用标准成本通常是按部门分别编制的，若某种产品由多个部门生产加工时，就需要将各部门的单位产品制造费用汇总，并计算单位产品制造费用的标准成本。在制定各部门的制造费用标准成本时，一般先要求按部门分别确定生产单位产品所需的标准工时和标准费用分配率，然后两者相乘就得到单位产品制造费用的标准成本。其计算公式为：

$$制造费用标准成本 = 单位产品工时标准 \times 费用分配率标准$$

式中，工时标准是指生产单位产品所需的直接人工工时；费用分配率标准则是指制造费用预算额（划分为变动制造费用和固定制造费用两个部分）与生产量标准之商。其计算公式为：

$$制造费用分配率 = \frac{制造费用预算（变动部分）}{生产量标准} + \frac{制造费用预算（固定部分）}{生产量标准}$$

这里的生产量标准是指企业充分利用现有生产能力可达到的最大产量，通常用直接人工工时或机器工时表示。

例 9－3 H 公司生产甲产品，有关制造费用的资料如表 9－3 所示。要求确定甲产品制造费用标准成本。

表 9－3 甲产品制造费用有关资料

标准＼部门	部门 A	部门 B
单位产品工时标准（小时/件）	6	3
费用分配率标准（元/小时）		
生产量标准（人工工时）	10 000	8 000
制造费用预算（元）		
变动制造费用	120 000	65 000
间接材料	95 000	45 000
间接人工	15 000	12 000
水电费	10 000	8 000
固定制造费用	51 000	39 600
管理人员工资	30 000	20 000
折旧	20 000	18 800
保险费	1 000	800

根据表9-3，计算如下：

$$部门A变动制造费用标准分配率=\frac{120\ 000}{10\ 000}=12\ （元/小时）$$

$$部门B变动制造费用标准分配率=\frac{65\ 000}{8\ 000}=8.13\ （元/小时）$$

$$部门A变动制造费用标准分配率=\frac{51\ 000}{10\ 000}=5.1\ （元/小时）$$

$$部门B变动制造费用标准分配率=\frac{39\ 600}{8\ 000}=4.95\ （元/小时）$$

甲单位产品变动制造费用标准成本 $=12\times6+8.13\times3=96.39$（元/件）

甲单位固定变动制造费用标准成本 $=5.1\times6+4.95\times3=45.45$（元/件）

甲单位产品制造费用标准成本 $=96.39+45.45=141.84$（元/件）

部门A制造费用标准成本 $=(12+5.1)\times6=102.6$（元/件）

部门B制造费用标准成本 $=(8.13+4.95)\times3=39.24$（元/件）

甲单位产品制造费用标准成本 $=102.6+39.24=141.84$（元/件）

第三节　成本差异案例分析

一、成本差异的性质和类型

在标准成本系统中，成本差异是一项十分重要的管理信息，它反映了有关责任单位的工资质量和效果，管理当局据以发现问题，改进工作。成本差异信息是日常成本控制活动生成的主要信息，它是评价、考核各成本责任单位实绩的主要依据。尽管成本差异通过形成有利差异、不利差异来传递实际成本与标准成本（或成本预算）数量比较信息，显示成本控制的信号，反映某些表面现象，但不能据此将其作为进行经营决策和业绩评价的最终依据。企业必须结合其他信息来源，根据具体情况深入地研究，查明成本差异的性质，明确成本差异的类别，这样才能作出正确的判断并有的放矢地采取相应措施。

从成本差异的性质上看，一般可分为执行偏差、预测偏差、模型偏差、计量偏差和随机偏差五种类型，分述如下。

（一）执行偏差（executive variation）

执行偏差是指在标准或预算执行过程中，由于执行者采取某种错误的行动，或系统接受了某种错误的指令而产生的一种成本差异。如加工操作没有按照规定程序进行，造成废次品增加，使实际成本超过标准成本并形成不利差异的情况就属于执行偏差。执行偏差的出现总是与特定的行动相关，由此造成的成本差异一经确认，就可以通过制止错误行动得以纠正。

（二）预测偏差（forecast variation）

预测偏差是指在事先编制预算或制定标准时，由于参数预测不正确而产生的一种成本差异。如在制定标准成本过程中，没有考虑到人工成本迅速上升的趋势以及国家关于最低工资限额的规定而将人工标准成本制定过低，造成不利差异的情况就属于此类。

（三）模型偏差（model variation）

模型偏差是指在事先为编制预算或制定标准而建立模型时，由于错误地确定影响成本各因素间的关系而产生的一种成本差异。如在制定标准成本过程中，选择函数、变量、约束条件不正确而使有关标准成本或预算偏离实际情况，造成成本差异。这类成本差异通常要通过修订模型、调整预算或成本标准来消除。

这里应该指出，预测偏差和模型偏差都是在事先制定标准或编制预算时产生的，最终都会导致标准或预算的不切实际，而且都需要通过重新修订标准或预算进行纠正。但两者还是有区别的：模型偏差是因不正确的函数关系形成的，预测偏差则是参数预测错误造成的；模型偏差影响整体结果，预测偏差只是影响模型中的个别参数值。

（四）计量偏差（measurement variation）

计量偏差是指在标准成本或预算执行过程中，由于计量错误而产生的一种成本差异。如对车间已领材料在已用与未用之间的盘点出错、有关耗费记录不完整或分类不正确等情况都会导致此类偏差。这类偏差应在制定并执行严格的内部控制制度的基础上，通过加强基础性工作，增强工作人员的责任感等防范性措施来纠正。

（五）随机偏差（random variation）

随机偏差是指在标准成本或预算执行过程中，由于实际成本和标准成本中的某种参数的随机波动而产生的一种成本差异。这类偏差往往是不可控的、正常的，因为无论是预算还是标准成本，都是作为衡量实际成本完成情况的一种尺度，即使这些标准非常准确、精密，实际执行情况也难免会围绕这一尺度上下波动。从统计学的角度上看，随机偏差总是存在的，只要波动在合理范围内，一般无须控制。

二、成本差异计算的一般方法

（一）成本差异计算的公式法

标准成本是由直接材料、直接人工和制造费用三个成本项目组成的，每个成本项目都可分解成耗用的数量和支付的价格两个部分，因此，每个成本项目都形成了单独的数量标准和价格标准，其成本差异也就可以概括为“标准价格×标准数量”与“实际价格×实际数量”的差额。这些差异之间的关系，可用下列公式表示：

标准成本差异(TV) = 实际成本(AC) − 标准成本(SC)
= 实际数量(AQ)×实际价格(AP) − 标准数量(SQ)×标准价格(SP)
= 实际数量(AQ)×实际价格(AP) + 实际数量(AQ)×标准价格(SP) − 实际数量(AQ)×标准价格(SP) − 标准数量(SQ)×标准价格(SP)
= 实际数量(AQ)×[实际价格(AP) − 标准价格(SP)] + [实际数量(AQ) − 标准数量(SQ)]×标准价格(SP)
= 价格差异(PV) + 数量差异(QV)

这就是成本差异计算的公式法。式中，价格差异（price variation，PV）是指因材料单价、小时工资率或费用分配率等价格因素脱离标准，按照实际数量计算出来的成本超支或节约额，即（$AP-SP$）·AQ。数量差异（quantity variation，QV）是指因材料耗用量、人工工时用量等因素脱离标准，而按标准价格计算的成本超支或节约额，即（$AQ-SQ$）·SP。值得注意的是，计算价格差异应以实际数量为准，计算数量差异应以标准价格为准。

（二）三叉图法

三叉图法也叫多栏法。就是将上述公式法计算标准成本差异的过程以图表的形式直观地显示出来。三叉图的基本形式如图 9－2 所示。

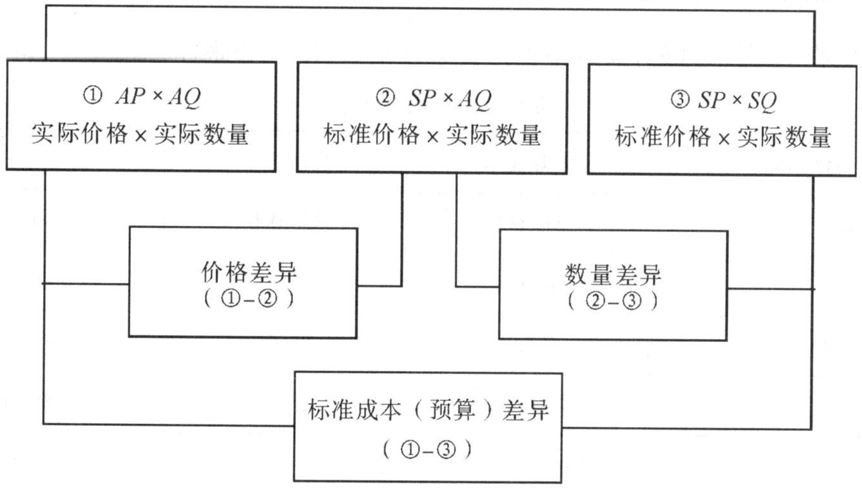

图 9－2　成本差异计算的三叉图法

例 9－4　为了简化起见，假定蓝天化工厂公司只生产一种产品，该产品只耗用一种直接材料。预计每年生产能力为 180 000 标准工时，月计划产量 3 500 件。工厂采用变动成本法进行成本计算，单位产品标准成本如表 9－4 所示。

表9-4　产品标准成本单

成本项目	价格标准（*SP*）	数量标准（*SQ*）	标准成本（*SC*）
直接材料	20元/千克	5千克/件	100元
直接人工	15元/工时	2工时/件	30元
变动制造费用	10元/工时	2工时/件	20元
合　计	—	—	150元

根据记录，2007年7月份实际生产产品3 500件，实际发生的成本数据如表9-5所示。

表9-5　产品实际成本单

2007年7月

成本项目	实际价格（*AP*）	实际数量（*AQ*）	实际成本（*AC*）
购入、耗用直接材料	19.5元/千克	12 800千克	249 600元
耗用直接人工	16元/工时	12 750工时	204 000元
支付变动制造费用	—	—	45 000元
合　计	—	—	498 600元

生产部门在月末提交了业绩报告，表9-6的数据摘自该报告。

表9-6　成本差异报告

单位：元

成本项目	实际成本	标准成本	成本差异
直接材料	249 600	350 000	100 400（F）
直接人工	204 000	105 000	99 000（U）
变动制造费用	45 000	70 000	25 000（F）
合　计	498 600	525 000	26 400（F）

注：F代表有利差异，U代表不利差异。

下面结合上述资料，按照成本差异计算的基本模式，分别讨论变动成本各项目的价格差异和数量差异的计算、分析和控制问题，至于固定成本的成本差异将在随后的内容中加以说明。

三、直接材料成本差异分析

直接材料成本差异是指直接材料实际成本与标准成本之间的差额。构成直接材料成本差异的因素有两个方面：一是材料实际用量脱离标准而形成的差异，称为材料用量差异（material usage variance，MUV）。它是以标准价格为基础，实际耗用材料数量与按标准用量计算的应耗用的材料数量之间的差额；二是材料的实际价格脱离标准而形成的差异，称为材料价格差异（material price variance，MPV）。它是以实际用量为基础，材料实际采购成本与按标准价格计算的材料采购成本之间的差额。

（一）材料用量差异的计算与分析

1. 材料用量差异计算的公式法

根据前述成本差异计算的通用公式，材料用量差异可用下式计算：

材料用量差异 = 标准价格 × 实际用量 − 标准价格 × 标准用量

= 标准价格 ×（实际用量 − 标准用量）

或　$MUV = SP \times (AQ - SQ)$

结合例 9−4 中的资料，有：

$MUV = 20 \times (12\ 800 - 5 \times 3\ 500) = 20 \times 4\ 700$（F）$= 94\ 000$（元）（F）

据此，生产部门编制的业绩报告如表 9−7 所示。

表 9−7　生产部门业绩报告

2007 年 7 月

材料名称	标准价格 ①	实际用量 ②	标准用量 ③	用量差异 ④ = ② − ③	用量差异总额 ⑤ = ① × ④
×××	20 元/千克	12 800 千克	17 500 千克	4 700 千克（F）	94 000（元）（F）

2. 材料用量差异的分析与控制

有关管理人员在接到上述材料用量差异报告后，应关注这些差异并分析其原因。本例中，材料用量发生了数额较大的有利差异，相对于标准而言是一项节约，这时应进一步查明是否存在标准偏差，生产过程中是否存在偷工减料等情况。否则，管理人员就应充分肯定生产部门的成果。

一般而言，材料用量差异的责任是由生产部门承担的，但影响材料用量的因素是复杂而多样的，因此管理人员要区分不同情况，追究其他相关部门的责任。这里列举了一些常见的情况及其责任部门，如表 9−8 所示。

表 9-8 影响材料用量差异的（部分）常见原因及责任部门

原 因	责任部门
产品设计变更，用量标准未调整	标准制定部门
工艺变更，用量标准未调整	标准制定部门
生产工人技术素质	生产部门
生产工人责任感	生产部门
生产技术水平	生产部门
机器设备效率	设备维护部门
购进材料质量	采购部门
材料实物管理水平	仓储管理部门

（二）直接材料价格差异的计算与分析

1. 材料价格差异计算的公式法

根据前述成本差异计算的通用公式，材料价格差异可用下式计算：

材料价格差异 = 实际价格 × 实际数量 − 标准价格 × 实际数量

= （实际价格 − 标准价格） × 实际数量

或 $MPV = (AP - SP) \times AQ$

应该说明，在责任会计制度下，为了分清并明确责任，材料价格差异是根据实际采购量而非耗用量计算的，这样才能将采购、生产等环节均纳入考核范围。现结合例 9-4 中的资料，则有：

$MPV = (19.5 - 20) \times 12\,800 = 0.5\ (F) \times 12\,800 = 6\,400$（元）（F）

据此，采购部门编制的业绩报告如表 9-9 所示。

表 9-9 采购部门业绩报告

2007 年 7 月

材料名称	实际价格 ①	标准价格 ②	实际采购量 ③	单价差异 ④ = ① − ②	价格差异总额 ⑤ = ③ × ④
×××	19.5 元/千克	20 元/千克	12 800 千克	0.5 元（F）	6 400（元）（F）

2. 材料价格差异的分析与控制

有关管理人员在接到上述材料用量差异报告后，应关注这些差异并分析其原因。本例中，材料价格存在着有利差异。

一般而言，对材料价格差异承担责任的是采购部门，因为影响材料价格的各种因素如采购批量、材料质量、交货方式、运输方式以及购货折扣等都是采购部门的职责范围，如果采购部门能够按照预先制定的标准进行有效控制，就会减少出现价格差异。然而，在实际工作中，也有一些因素是采购部门无法控制的，如国家调整原材料价格，或者材料供求关系发生急剧变化而导致价格变动；因生产计划的调整，致使原采购计划临时改变，也会产生价格差异。这里列举了一些常见的原因及其责任部门，如表 9－10 所示。

表 9－10　影响材料价格差异的（部分）常见原因及责任部门

原　因	责任部门
材料市场价格波动	—
材料采购计划偏离生产经营实际情况	采购部门
材料订购批量偏离经济批量	采购部门
运输方式选择	采购部门
供应商选择	采购部门
付款及时性、现金折扣损失	财务部门

（三）直接材料成本差异计算的三叉图法

直接材料成本差异也可利用三叉图法计算，其结果应与公式法相同，如图 9－3 所示。

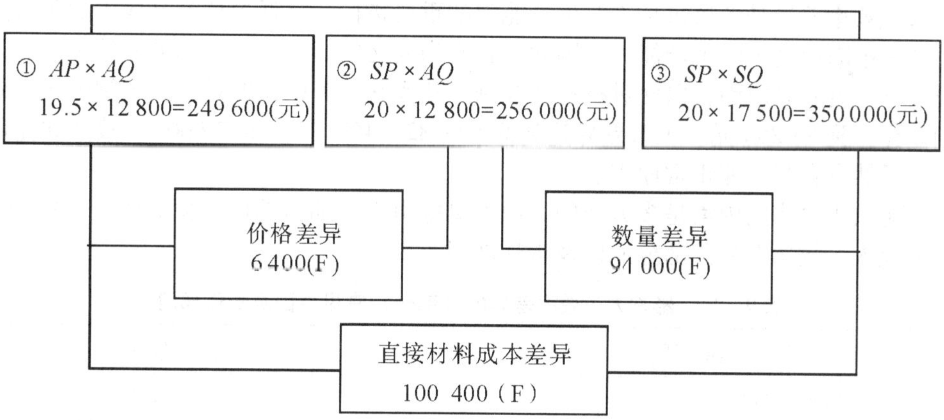

图 9－3　直接材料成本差异的三叉图法

四、直接人工成本差异分析

直接人工成本差异是指直接人工实际成本与标准成本之间的差额。造成直接人工成本差异的因素同样有两个方面：一是实际人工工时（*AH*）脱离标准而形成的差异，称为人工效率差异（labor efficiency variance,. LEV），它是以标准工资率（*SR*）为基础计算的实际耗用工时与应耗用的人工工时之间的差额；二是实际小时工资率（*AR*）脱离标准而形成的差异，称为工资率差异（labor rate variance，LRV），它是以实际工时（*AH*）为基础按实际工资率（*AR*）计算的人工成本与按标准工资率（*SR*）计算的人工成本之间的差额。应该指出的是，直接人工成本差异的计算与前述通用公式是一致的，人工效率差异实际上就是人工成本的数量差异，而人工工资率差异就是人工成本的价格差异。

（一）人工效率差异的计算与分析

1. 人工效率差异计算的公式法

根据前述成本差异计算的通用公式，人工效率差异可用下式计算：

人工效率差异 = 标准工资率 × 实际工时 − 标准工资率 × 标准工时

= 标准工资率 ×（实际工时 − 标准工时）

或 $LEV = SR \times (AH - SH)$

现结合例 9－4 中的资料，则有：

$LEV = 15 \times (12\ 750 - 2 \times 3\ 500) = 15 \times 5\ 750$（U）$= 86\ 250$（元）（U）

据此，生产部门编制的业绩报告如表 9－11 所示。

表 9－11　生产部门业绩报告

2007 年 7 月

人工等级	标准工资率 ①	实际工时 ②	标准工时 ③	工时差异 ④ = ② − ③	人工效率差异 ⑤ = ① × ④
× × ×	15 元/工时	12 750 工时	7 000 工时	5 750 工时（U）	86 250（元）（U）

2. 人工效率差异的分析与控制

人工效率差异是考核每个工时生产能力的重要指标，降低单位产品成本的关键途径之一就是不断提高工时生产能力。因此，管理当局必须结合生产部门的业绩报告，认真分析差异程度及其原因，以便进行有效控制。从表 9－11 中能够看出，本例中人工效率不利差异达到 86 250 元，工时差异达到标准的 82.14%（5 750/7 000），数额和比例均较大，显然存在某些非正常原因。

影响人工效率的因素是多方面的，但主要应由生产部门承担相关责任。表 9－12 给出了造成人工效率差异的部分原因及责任部门。

表 9－12　影响人工效率差异的（部分）常见原因及责任部门

原　因	责任部门
操作工人技术熟练程度	生产部门
工作岗位稳定性/岗位适应性	生产部门
材料、燃料、动力供应状况	供应部门
生产设备状况	设备管理部门
生产工艺变更，工时标准未修订	标准制定部门
生产计划安排及衔接	生产部门
产品批量及批次安排	生产部门、其他部门
操作环境	生产部门

（二）人工工资率差异的计算与分析

1. 人工工资率差异计算的公式法

根据前述成本差异计算的通用公式，人工工资率差异可用下式计算：

人工工资率差异 = 实际工资率 × 实际工时 − 标准工资率 × 实际工时

= （实际工资率 − 标准工资率） × 实际工时

或　　$LRV = (AR - SR) \times AH$

现结合例 9−4 中的资料，则有：

$LRV = (16 - 15) \times 12\,750 = 1$（U）$\times 12\,750 = 12\,750$（元）（U）

据此，生产部门编制的业绩报告如表 9−13 所示。

表 9−13　生产部门业绩报告

人工等级	实际工时 ①	实际工资率 ②	标准工资率 ③	工资率差异 ④ = ② − ③	工资率差异 ⑤ = ① × ④
× × ×	12 750 工时	16 元/工时	15 元/工时	1 元/工时（U）	12 750（元）（U）

2. 人工工资率差异的分析与控制

表 9−13 中出现的工资率差异总额为 12 750 元（U），差异额达到了标准的 12.69%（12 750/100 500），显然应该引起重视。

工资率差异一般应由劳动人事管理部门或生产部门避免负责。在正常情况下，因工资的发放是严格按照用工合同规定的标准执行的，故一般不会产生工资率差异。但在实际工作中，由于存在着大材小用或小材大用、高职低就或低职高就等情况，因此，有权决定如何使用工人的部门或经理人员就是工资率差异的责任者。有时，工资率出现差异是难以避免的，这是因为在劳动力流动的环境下，工资率标准只能是一个平均值，同一岗位的工人资历组合经常处于变化之中。造成工资率差异的常见原因及责任部门如表 9−14所示。

表 9−14　影响人工工资率差异的（部分）常见原因及责任部门

原　因	责任部门
操作工人调度合理性	生产部门
工资标准变更，原工资标准未修订	劳动工资部门
工资计算方法变更，原工资标准未修订	劳动工资部门
季节性、临时性加班工资	生产部门
国家工资政策调整	—
出勤率变化	劳动工资/生产部门

（三）直接人工成本差异计算的三叉图法

直接人工成本差异也可利用三叉图法计算，其结果应与公式法相同。如图 9－4 所示。

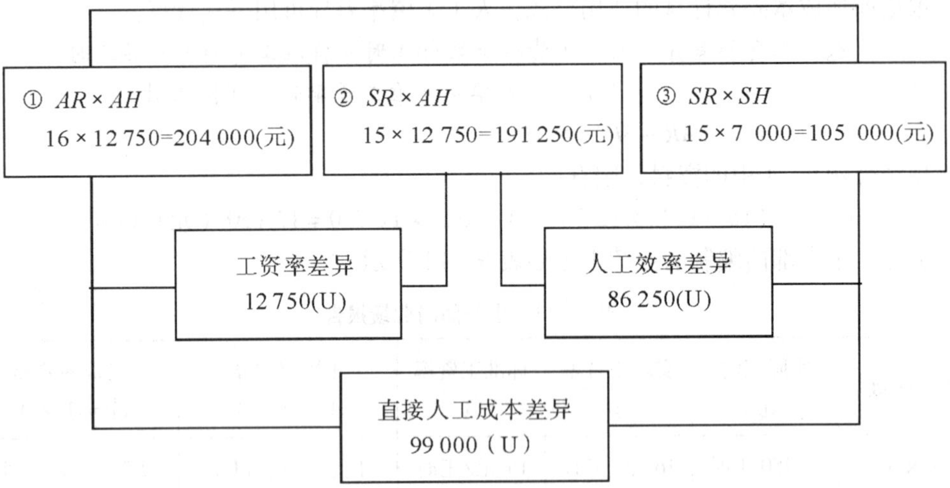

图 9－4　直接人工成本差异的三叉图法

五、变动制造费用成本差异分析

变动制造费用的成本差异是指实际变动制造费用与标准变动制造费用之间的差额。构成变动制造费用成本差异的基本因素包括两个方面：一是实际变动制造费用分配率（*AR*）脱离标准而形成的差异，被称为变动制造费用的开支差异或耗费差异（variable overhead spending variance），相当于变动制造费用的价格差异，也就是实际发生的变动制造费用额与按实际工时分配的标准制造费用额之间的差额；二是实际工时（*AH*）脱离标准而形成的差异，被称为变动制造费用的效率差异（variable overhead efficiency variance），相当于变动制造费用的数量差异，也就是在标准费用分配率的基础上，按实际工时计算的变动制造费用与按标准工时计算的变动制造费用之间的差额。

（一）变动制造费用效率差异的计算与分析

1. 变动制造费用效率差异计算的公式法

根据数量差异计算的通用公式，有：

变动制造费用效率差异＝标准变动制造费用分配率×实际工时－标准变动制造费用分配率×标准工时

＝标准变动制造费用分配率×（实际工时－标准工时）

或　变动制造费用效率差异＝$SR \times AH - SR \times SH = SR \times (AH - SH)$

现结合例 9－4 中的资料，则有：

变动制造费用效率差异＝10×(12 750－7 000)＝10×5 750(U)＝57 500(元)(U)

据此，生产部门编制的业绩报告如表 9－15 所示。

表 9－15　生产部门业绩报告

2007 年 7 月

标准分配率 ①	实际工时 ②	标准工时 ③	工时差异 ④＝②－③	变动制造费用效率差异 ⑤＝①×④
10 工时	12 750 工时	7 000 工时	5 750 工时（U）	57 500（元）（U）

2. 变动制造费用效率差异的分析与控制

从表 9－15 中可以看出，变动制造费用效率差异实质上是反映生产过程中的工时利用效率，它与变动制造费用的耗用效率并无关系。因为人工效率提高，并不等于变动制造费用就能够相应地节约。在本例中，由于实际耗用的工时（12 750 工时）比标准工时（7 000 工时）多了 5 750 工时，按每标准工时分摊变动制造费用 10 元计算，出现了 57 500 元的不利差异。这种差异可以理解为工时效率差异，但由于人们的习惯，通常都将这种差异称为变动制造费用效率差异。工时效率差异是反映工时利用效率的，故该差异应由有权安排工时的管理人员负责，其常见的导致差异产生的原因与直接人工效率差异大致相同，这里就不再赘述。

（二）变动制造费用开支差异的计算与分析

1. 变动制造费用开支差异计算的公式法

根据价格差异计算的通用公式，有：

变动制造费用开支差异＝实际变动制造费用分配率×实际工时－标准变动制造费用分配率×实际工时
＝（实际变动制造费用分配率－标准变动制造费用分配率）×实际工时

或　　变动制造费用开支差异 $= AR \times AH - SR \times AH = (AR - SR) \times AH$

现结合例 9－4 中的资料，则有：

变动制造费用开支差异＝（45 000/12 750－10）×12 750
＝6.470 6（F）×12 750＝82 500（元）（F）

据此，生产部门编制的业绩报告如表 9－16 所示。

表 9－16　生产部门业绩报告

2007 年 7 月

实际工时	实际分配率	标准分配率	分配率差异	开支差异
12 750 工时	3.529 4 元/工时	10 元/工时	6.470 6 元/工时（F）	82 500（元）（F）

2. 变动制造费用开支差异的分析与控制

表9－16所列的变动制造费用开支差异，是根据同一生产水平（12 750工时）进行比较的结果，因此可以作为成本控制和考核之用。根据业绩报告，我们可以发现该公司当期出现了变动制造费用开支差异总额为82 500元的有利差异。一般而言，变动制造费用开支差异所反映的不仅是支付价格的节约或超支，同时也包含着变动制造费用用量方面的节约或超支。因此，应具体分析差异产生的原因，明确责任主体，并根据具体情况进行必要控制。通常情况下，造成开支差异的原因主要有以下几个方面：

（1）预算估计错误，导致实际发生的费用额超过或低于预算额。

（2）间接材料价格波动。

（3）间接人工工资率调整。

（4）间接材料质量状况。

（5）费用控制措施十分恰当。

（三）变动制造费用成本差异计算的三叉图法

变动制造费用成本差异计算也可以采用三叉图法，其结果与公式法相同，如图9－5所示。

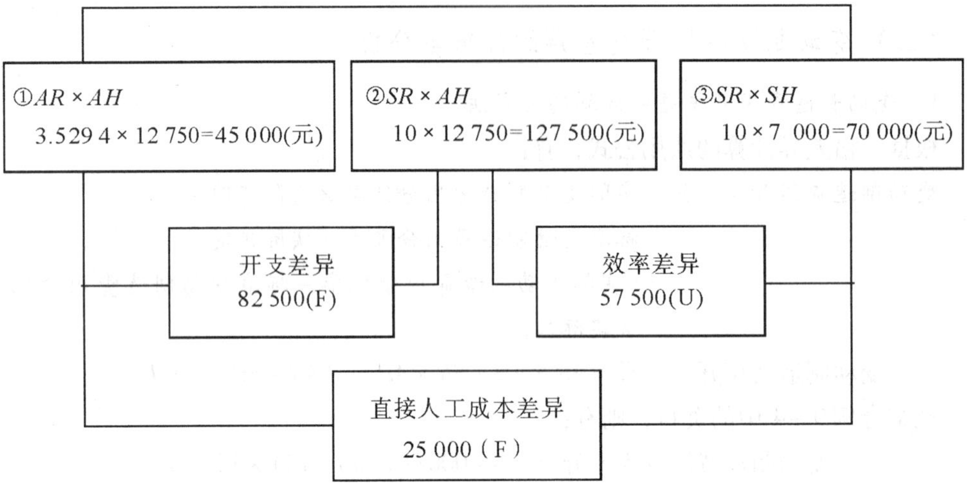

图9－5 变动制造费用成本差异的三叉图法

六、固定制造费用成本差异分析

在上述成本差异计算过程中，我们基于变动成本计算法，对料、工、费三个部分进行了讨论，而没有考虑固定制造费用的问题。根据成本习性，我们知道，固定制造费用在相关范围内是与业务量无关的，但单位产品负担的固定制造费用却与业务量成反比例变动。从管理的角度看，企业管理当局常常需要一种相对稳定的固定费用单价，以便进行产品定价等类似的决策。因此，对固定制造费用一般采用固定预算等形式进行控制。

在全部成本法下，制定标准成本显然应该包括固定制造费用部分。这时，往往对固定制造费用预先定出一个标准的固定制造费用分配率，其计算公式为：

固定制造费用标准分配率 = 固定制造费用预算总额/预计产能的标准总工时

在实际工作中，由于实际耗用工时与预计的标准或预算往往不一致，而且固定制造费用的实际发生额与预算额也常常有较大出入，因此就会出现差异，并需要对其进行计算、分析和控制。

（一）固定制造费用成本差异的计算

固定制造费用成本差异的计算，通常有两种方式：一种是计算两种差异，另一种是计算三种差异。现分别说明如下。

1. 计算两种差异

两种差异即预算差异和能量差异。

（1）预算差异（budget variance）。它也叫耗费差异，是指实际固定制造费用脱离预算而形成的差异，即固定制造费用的实际发生额与预算额之间的差额。其计算公式如下：

固定制造费用预算差异 = 固定制造费用实际发生额 - 固定制造费用预算额

（2）能量差异（capacity variance）。它是指固定制造费用的预算脱离标准而形成的差异，即在标准产能下，固定制造费用预算额与固定制造费用标准成本之间的差额。其计算公式如下：

固定制造费用能量差异 = 固定制造费用预算额 - 固定制造费用标准成本
= 标准固定制造费用分配率 × 产能标准工时 - 标准固定制造费用分配率 × 实际产量标准工时
= 标准固定制造费用分配率 ×（产能标准工时 - 实际产量标准工时）

应该指出的是，由于标准固定制造费用分配率是按照固定制造费用预算总额除以预计产能（即预计业务量）来制定的，即使固定制造费用实际数与预算数相等，只要实际业务量与预计业务量有出入，就会产生固定制造费用成本差异。因为这种差异是由于费用分配率中的除数——标准产能或预计业务量发生变动而引起的，故能量差异也叫除数差异（denominator variance）。

在计算两种差异的方式下，固定制造费用成本差异就是预算差异和能量差异之和，即

固定制造费用成本差异 = 固定制造费用预算差异 + 固定制造费用能量差异

例 9-5　依例 9-4，假定蓝天化工厂本月固定制造费用及有关资料如下：

产能标准工时（180 000/12）	15 000 工时
实际耗用工时	12 750 工时
实际产量应耗用标准工时（2×3 500）	7 000 工时
固定制造费用预算额	240 000 元
固定制造费用实际额	260 000 元

根据上述资料，按照两种差异计算固定制造费用成本差异。

根据给定的资料，按照上述公式进行计算，将有关计算结果编制如表 9-17 所示的固定制造费用成本差异计算表。

表 9－17　固定制造费用成本差异计算表

2007 年 7 月

固定制造费用实际额 ①	固定制造费用预算额 ②	标准费用分配率 ③＝②/15 000	预计产能标准总工时 ④	实际产能应耗标准工时 ⑤	工时差异 ⑥＝④－⑤	预算差异 ⑦＝①－②	能量差异 ⑧＝③×⑥
260 000元	240 000元	16元/工时	15 000工时	7 000工时	8 000工时（U）	20 000元（U）	128 000元（U）

2. 计算三种差异

三种差异即开支差异、效率差异和生产能力利用差异，从本质上看，它与第一种方式并无区别。

（1）开支差异（spending variance），亦称作耗费差异。其计算公式如下：

固定制造费用开支差异＝固定制造费用实际额－固定制造费用预算额

本例中，固定制造费用开支差异＝260 000－240 000＝20 000 元（U）

（2）效率差异（efficiency variance）。其计算公式如下：

固定制造费用效率差异＝标准固定制造费用分配率×（实际耗用工时－实际产量应耗标准工时）

本例中，固定制造费用效率差异＝16×（12 750－7 000）＝92 000 元（U）

（3）生产能力利用差异（capacity utilization variance）。其计算公式为：

固定制造费用生产能力利用差异＝标准固定制造费用分配率×（标准产能总工时－实际耗用工时）

本例中，固定制造费用生产能力利用差异＝16×(15 000－12 750)＝36 000元(U)

比较两种方式的计算结果，可以看出它们之间关系，列示如下：

第一种方式		第二种方式
预算差异 20 000 元（U）	＝	开支差异 20 000 元（U）
能量差异 128 000 元（U）	＝	效率差异＋生产能力利用差异 92 000（U）＋36 000（U）
成本差异＝148 000 元（U）		成本差异＝148 000 元（U）

（二）固定制造费用成本差异的分析与控制

1. 预算差异分析与控制

通常情况下，造成预算差异的原因主要包括：

（1）管理人员数量的增减变化以及管理人员工薪标准的调整。

（2）相关税率的变化。

（3）折旧方法的变更。

（4）修理费用开支规模的变化。

（5）职工培训费用的增减变化。

（6）租赁费、保险费等的调整与变化。

（7）各种公共用品价格发生变化。

预算差异的责任应视不同情况明确其归属。如由于折旧方法变更而造成的预算差异应由财务部门负责；由于修理费用增加而造成的预算差异应由设备管理部门负责；由于扩大租赁、保险范围而造成的差异应由财务、设备管理部门等共同负责。至于一些不可控因素如税率变化、公共用品价格变化、工资标准的统一调整等所造成的差异一般不能直接归咎于某一个部门。

2. 能量差异分析与控制

如前所述，能量差异实际上包括效率差异和生产能力差异两个部分，主要是生产能力利用程度不同而造成的差异。造成能量差异的原因主要包括：

（1）总体供求失衡，即产能过剩或供应不足。

（2）企业设计能力与生产水平的相对关系。

（3）企业营销策略对产销量的影响。

（4）供应过程的影响。

（5）生产过程组织的合理程度。

（6）设备故障、维修状况。

（7）产品结构及批量。

（8）员工技术水平状况。

能量差异是现有生产能力没有充分发挥出来而造成的差额，其责任主要应由高层管理人员负责，同时计划部门、生产部门、采购部门、销售部门、人力资源管理部门等都可能负有一定责任，因此需要从企业整体角度进行系统分析，综合解决。

第四节　成本差异账务处理

在标准成本系统中，为了能够同时提供标准成本、成本差异和实际成本三种重要的成本信息，企业通常采用的办法是把实际发生的各项成本划分为标准成本和成本差异两个部分，并分别进行归集，期末予以调整，计算得出实际成本。这种方法一方面可以及时反映成本控制的业绩，另一方面也能够提高成本计算的质量和效率。

一、标准成本系统下的账户设置

标准成本系统下，需要设置两大类账户：一类用来反映各种标准成本，另一类用来反映成本差异。

（一）反映各种标准成本的账户

在标准成本系统中，反映各种标准成本的账户是成本计算账户，主要包括原材料、产成品、生产成本、产品销售成本等。这些账户都应按标准成本进行核算，即记入这些账户的借方或贷方的金额都是以实际数量计算的标准成本额，如有余额，一般记在借方，反映计入资产项目的标准成本。

（二）反映各项成本差异的账户

在标准成本系统中，对于实际成本脱离标准成本而形成的各种成本差异，应按差异类别设置不同账户。这些差异主要包括直接材料价格差异、直接材料用量差异、直接人工工资率差异、直接人工效率差异、变动制造费用开支差异、变动制造费用效率差异、固定制造费用预算差异、固定制造费用能量差异或固定制造费用开支差异、固定制造费用效率差异、固定制造费用生产能力利用差异等。这类账户的借方登记的金额，反映出实际成本超过标准成本的数额，即不利差异，或称为逆差、超支差；贷方登记的金额，反映出实际成本低于标准成本的数额，即有利差异，或称为顺差、节约差。

二、标准成本系统下的账务处理程序

标准成本系统的账务处理一般可分为下述三个步骤。

（一）登记各项标准成本账户

在日常发生成本支出时，先将其分离为标准成本和成本差异两个部分，然后以标准成本分别登记原材料、生产成本、产成品、产品销售成本等各有关标准成本账户，这里所指的标准成本是以实际数量计算出来的标准成本额。

（二）登记各项成本差异账户

对于前述的成本差异，按类别分别登记在相应的成本差异账户中。为了便于考核，各成本差异账户还可以按责任部门设置明细账户，分别记录各部门的成本差异数额。

（三）处理成本差异

在标准成本系统下，处理成本差异主要有下面两种方法：

（1）结转本期损益法。它是指在会计期末将全部的成本差异转入本期权益账户（本年利润科目），或者先将其转入产品销售成本账户，然后再将销售成本总额（标准成本加上成本差异）转入权益账户。

（2）调整销售成本与存货法。它是指在会计期末将全部成本差异按照实际数量计算的标准成本比例在销售成本与存货之间进行分配，以便准确计算当期损益。

成本差异处理方法的选择，应综合考虑成本的差异类型、差异大小、差异原因等多种因素，对于不同成本差异可以采用不同的处理方法，如直接材料价格差异多采用调整销售成本与存货法、能量差异多采用结转本期损益法等。应注意的是，差异处理方法要保持一致性，以免损害成本数据的可比性或导致信息使用者产生误解。

为了简要地说明标准成本账务处理程序，可以绘制如图 9－6 所示的流程图。

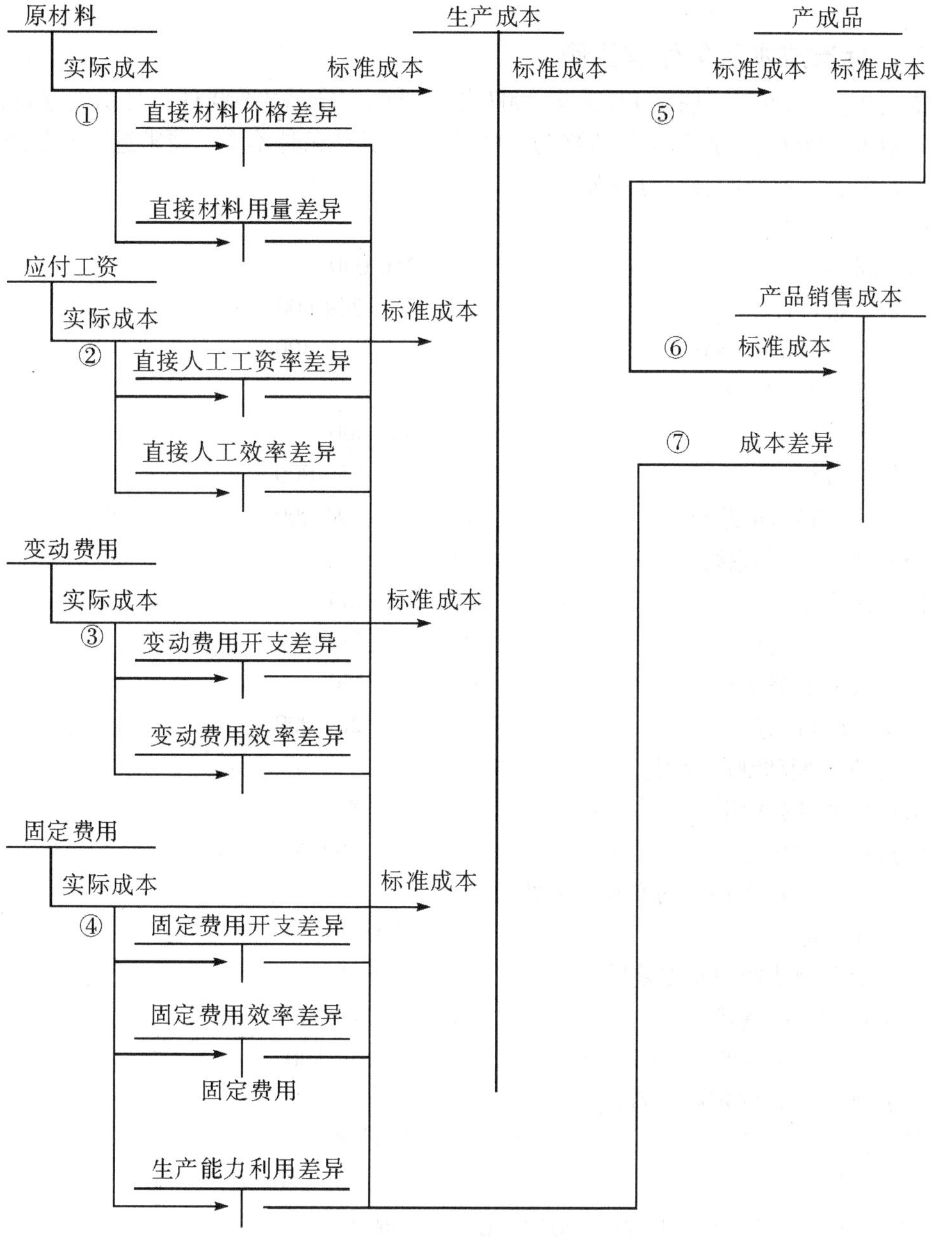

图9－6　标准成本系统账务处理流程图

注：① 直接材料计入产品成本；
② 直接人工计入产品成本；
③ 变动制造费用计入产品成本；
④ 固定制造费用计入产品成本；
⑤ 结转完工产品成本；
⑥ 结转已销售产品成本；
⑦ 结转本期成本差异。

三、标准成本账务处理实例

依例9-4的资料，假设PH公司2007年7月生产产品3 500件，月初无存货，当月实际销售3 000件，产品销售价格为300元/件。其他条件不变，要求进行账务处理。

则有关经济业务的会计分录如下：

（1）购入材料。

借：材料	256 000	
贷：银行存款		249 600
材料价格差异		6 400

（2）生产耗用材料。

借：在产品	350 000	
贷：材料		256 000
材料用量差异		94 000

（3）生产耗用直接人工。

借：在产品	105 000	
工资率差异	12 750	
人工效率差异	86 250	
贷：应付工资		204 000

（4）支付变动制造费用。

借：变动制造费用	45 000	
贷：银行存款		45 000

（5）结转生产中耗用的变动制造费用。

借：在产品	20 000	
变动制造费用开支差异	82 500	
贷：变动制造费用		45 000
变动制造费用效率差异		57 500

（6）实际支付固定制造费用。

借：固定制造费用	260 000	
贷：银行存款		260 000

（7a）结转生产中耗用的固定制造费用（全部成本法）。

借：在产品	408 000	
贷：固定制造费用		260 000
固定制造费用预算差异		20 000
固定制造费用能量差异		128 000

（7b）结转生产中耗用的固定制造费用（变动成本法）。

借：期间成本	408 000	
贷：固定制造费用		260 000
固定制造费用预算差异		20 000

固定制造费用能量差异　　　　　　128 000

（8a）结转本月完工产品成本（全部成本法）。

借：产成品　　　　　　　　　　883 000

　贷：在产品　　　　　　　　　　883 000

（8b）结转本月完工产品成本（变动成本法）。

借：产成品　　　　　　　　　　475 000

　贷：在产品　　　　　　　　　　475 000

（9）出售产品 3 000 件，收到货款。

借：银行存款　　　　　　　　　900 000

　贷：销售收入　　　　　　　　　900 000

（10a）结转销售成本（全部成本法）。

借：产品销售成本　　　　　　　756 857（取整）

　贷：产成品　　　　　　　　　　756 857

（10b）结转销售成本（变动成本法）。

借：产品销售成本　　　　　　　407 143（取整）

　贷：产成品　　　　　　　　　　407 143

本章小结

标准成本制度是将成本规划、成本控制、成本核算和成本分析有机结合起来的一种成本计算和控制系统。它是加强企业成本管理的有效工具，是执行与控制会计的重要组成部分。从其内容上看，它是一个包括标准成本制定、计算和分析成本差异以及处理成本差异三个部分的完整系统；从其功能上看，它不仅用于成本计算，而且作为成本控制的专门技术方法而被广泛采用。

标准成本系统的运行程序包括制定单位产品的标准成本、计算产品标准成本、汇总计算实际成本、计算标准成本差异额、成本差异分析和提交成本控制报告等环节。各个环节是有机联系的，各部分相互衔接和呼应，共同构成企业成本控制的完整系统。

标准成本有理想的标准成本和正常的标准成本两种表现形式。制定标准成本首先是确定单位产品标准成本，它由直接材料、直接人工和制造费用三个项目组成。

在标准成本系统中，成本差异是一项十分重要的管理信息，它反映了有关责任单位的工资质量和效果，管理当局据以发现问题、改进工作。从成本差异的性质来看，一般可分为执行偏差、预测偏差、模型偏差、计量偏差和随机偏差五种类型。

为能够同时提供标准成本、成本差异和实际成本三种重要的成本信息，通常采取的办法是把实际发生的各项成本划分为标准成本和成本差异两个部分，并分别进行归集，期末予以调整，计算得出实际成本。

练 习 题

一、单项选择题

1. 制定直接材料的标准成本，要先确定（　　）。
   A. 不可避免的损耗和可避免的损耗　B. 单位产品的用料标准和材料的标准单价
   C. 材料的买价和运费　D. 目前的生产能力
2. 正常的标准成本（　　）。
   A. 是一种历史成本
   B. 是选定某一基本年度的成本数据作为标准
   C. 它以现有的技术、设备在最好的经营管理条件下所发生的成本水平作为标准
   D. 可以采用企业过去较长时间内实际数据的平均值，并估计未来的变动趋势
3. 计算价格差异的基础是（　　）。
   A. 标准数量　B. 实际数量　C. 标准价格　D. 实际价格
4. 单位产品标准工时的内容通常包括（　　）。
   A. 对产品直接加工的时间　B. 废品耗用时间
   C. 间歇停工时间　D. A、B 和 C 都有可能
5. 某厂有车工和钳工两个工种，其标准工资率为：车工每小时 2 元，钳工每小时 3 元；实际平均工资率：车工每小时 1.5 元，钳工每小时 3.5 元。车工的标准工时为 100 小时，实耗工时为 120 小时；钳工的标准工时为 200 小时，实耗工时为 190 小时。根据以上资料，可得出钳工的工资成本的人工效率差异为（　　）。
   A. +10 元　B. －10 元　C. +20 元　D. －30 元
6. 以下计算公式正确的是（　　）。
   A. 直接材料标准成本＝单位产品的实际用料×材料的标准单价
   B. 小时标准工资率＝预计直接人工工资总额/标准总工时
   C. 单位工时变动性制造费用的标准分配＝变动性制造费用实际数/直接工资标准总工时
   D. 以上均不正确
7. 下列有关产品标准成本的阐述，正确的是（　　）。
   A. 其基本形式是用数量标准乘以价格标准得到各有关项目的标准成本
   B. 可以分别根据直接材料、直接工资及制造费用的标准具体计算
   C. “数量”标准主要由会计部门会同采购等部门研究确定
   D. A 和 B
8. 材料价格差异一般由（　　）负责。
   A. 采购部门　B. 生产部门　C. 会计部门　D. 运输部门
9. 变动性制造费用差异，包括变动性制造费用耗用差异和（　　）。
   A. 能量差异　B. 闲置能量差异　C. 效率差异　D. 工资率差异

10. 下面关于工资成本差异的表述不正确的是（　　）。

A. 工资成本总差异由人工效率差异和工资率差异构成

B. 工资成本人工效率差异就是“价格”差异

C. 工资实际成本等于工资标准成本加上工资成本总差异

D. 工资成本工资率差异 =（实际工资率 - 标准工资率）× 实际工时

11. 一经选定作为标准成本，多年保持不变，称为（　　）。

A. 理想的标准成本　　B. 基本的标准成本

C. 正常的标准成本　　D. 不属于标准成本

12. 制造费用的工时标准，通常采用直接人工工时和（　　）。

A. 机器工时　　B. 定额工时　　C. 非定额工时　　D. 标准工时

13. 对固定性制造费用编制预算，主要是在一定的相关范围内采用（　　）。

A. 固定预算　　B. 零基预算　　C. 弹性预算　　D. 概率预算

14. 某公司生产单位产品直接人工小时的小时工资率为 5 元，标准工时单耗 12 小时。本月实际生产产品 100 件，实际使用工时 1 000 小时，支付工资 10 000 元，直接人工的成本差异为（　　）。

A. 3 000 元　　B. 4 000 元　　C. 5 000 元　　D. 6 000 元

15. 在标准成本控制系统的构成内容中，属于事前控制的是（　　）。

A. 标准成本的制定　　B. 成本差异的计算

C. 成本差异的分析　　D. 成本差异的账务处理

16. 当我们称标准成本为一个系统时，下列说法不正确的是（　　）。

A. 标准成本是一种成本计算方法

B. 标准成本是一个有效的成本控制系统

C. 标准成本能与任何成本计算方法相联系

D. 标准成本是某一特定业务量下的成本定额

17. 在标准成本制度下，与管理者的主观努力程度相联系的差异是（　　）。

A. 价格差异　　B. 有利差异　　C. 可控差异　　D. 混合差异

18. 某企业本年 1 月份实际生产 100 件 A 产品，实耗工时 2 100 小时，变动性制造费用实际分配率为 0.48 元，而标准分配率为 0.50 元，直接人工标准为 20 小时，变动性制造费用耗费差异为（　　）。

A. 8 元　　B. -42 元　　C. 50 元　　D. -50 元

二、多项选择题

1. 产生材料价格脱离标准差异的原因，可能有（　　）。

A. 进料数量未按经济订货量办理　　B. 折扣期内延期付款，未获优惠

C. 购入低价材料　　D. 增加运输途中损耗

E. 生产调度不当

2. 在制定材料价格标准时，下列各项应被考虑的有（　　）。

A. 发票价格　　B. 商业折扣及现金折扣

C. 运杂费　　D. 通货膨胀

E. 借款利息

3. 标准成本系统的优点在于（　　）。

A. 标准成本的制定过程有助于管理部门经济有效地进行

B. 标准成本系统的形成促进了企业各部门的协调

C. 标准成本是计量业绩的尺度，能对员工起激励作用

D. 标准成本系统有助于企业目标的达成

E. 为原材料、在产品和产成品等存货的计价提供了合理客观的基础

4. 下列关于生产能力利用差异的特点的论述，正确的有（　　）。

A. 若以工时表现的正常生产能力等于实际产量应耗的标准小时数，则没有生产能力利用差异

B. 若以工时表现的正常生产能力大于实际产量应耗的标准小时数，则生产能力利用差异为不利差异

C. 若以工时表现的正常生产能力小于实际产量应耗的标准小时数，则生产能力利用差异为有利差异

D. 若以工时表现的正常生产能力小于实际产量应耗的标准小时数，则生产能力利用差异为不利差异

E. 若以工时表现的正常生产能力大于实际产量应耗的标准小时数，则生产能力利用差异为有利差异

5. 下列各项是制定标准成本的目的的有（　　）。

A. 便于企业编制预算　　B. 为正确进行经营决策提供依据

C. 为进行存货计价提供基础　　D. 提高成本核算的准确性

E. 以标准成本核算体系替代完全成本核算体系

6. 制定标准成本的主要作用有（　　）。

A. 便于企业编制预算

B. 作为评价和考核工作质量和效果的重要依据

C. 为正确进行经营决策提供有用的数据

D. 简化产品成本的计算

E. 用于控制日常发生的经济活动

7. 固定性制造费用差异包括（　　）。

A. 效率差异　　B. 耗费差异　　C. 数量差异

D. 价格差异　　E. 生产能力利用差异

8. 单位产品的标准工时包括（　　）。

A. 对产品直接加工的时间　　B. 必要的间歇和停工时间

C. 不可避免的废品所用的时间　　D. 工资

E. 维修费

9. 计算变动性制造费用效率差异需要的因素有（　　）。

A. 实际工时　　B. 实际分配率　　C. 标准工时

D. 标准分配率　　E. 标准工资率

三、判断题

1. 采用完全成本法，固定性制造费用直接计入当期的利润表，作为本期销售收入的一个扣减项目，不必在各种产品之间进行分配。（　　）
2. 工资率差异就是人工价格差异。（　　）
3. 固定性制造费用效率差异等于固定制造费用标准分配率×（实际工时－标准工时）。（　　）
4. 在实际中得到了最广泛应用的是理想的标准成本。（　　）
5. 变动制造费用效率差异实际上反映的是产品制造过程中的工时利用问题。（　　）
6. 成本差异是实际成本脱离标准成本的差异。（　　）
7. 固定性制造费用的实际金额与预算金额之间的差异称为能量差异。（　　）
8. 实际成本大于标准成本时称为有利差异。（　　）
9. 计算价格差异要以实际数量为基础。（　　）
10. 西方国家一般采用将成本差异的数额全部结转到当期产品的销售成本中的方法，来处理各种成本差异。（　　）

四、计算题

1. 资料：某公司制造A产品需用甲、乙两种直接材料，其标准单价分别为5元、10元，单位产品的标准单耗分别为30千克、20千克；本期生产A产品400件，实际耗用甲材料11 000千克、乙材料9 000千克，甲、乙两种材料的实际单价分别为4.5元、11元。

   要求：对直接材料进行成本差异分析。

2. 资料：某企业本月制造费用的有关资料如下：

固定性制造费用预算总额	40 000元
变动性制造费用标准费率	5元/小时
实际产量耗用工时	9 200小时
实际发生制造费用	90 000元
	（其中40 320元为固定部分）
实际产量标准工时	10 000小时
生产能量标准工时	9 800小时

   试进行制造费用成本差异的分析。

3. 要求：某厂共生产甲产品4 000个，实际耗用材料10 400千克，实际成本11 648元，而该厂每生产一个甲产品需材料2.5千克，每千克1.05元，则甲产品所耗用材料的实际成本与标准成本的差异总额应该是多少？

第十章

责任会计

【学习目标】

了解组织结构的分散化与分权管理，同时理解分权管理与责任会计间的联系以及建立责任会计的原则；熟练掌握责任中心的设置以及各自的职能，重点掌握责任中心的业绩考核指标及其利弊；理解责任中心业绩报告的内容及格式；重点掌握内部转移价格的制定方法及其利弊。

引导案例

洪森有限责任公司是由林洪森成立的，成立之初林洪森是该公司的唯一股东，该公司主要从事木材的生产与销售业务。随着年龄的增长，林洪森将部分股份交给他的两个儿子——林志远和林志高，他们分别持有洪森有限责任公司25%的股份，同时林志远出任销售部经理，林志高出任生产部经理。林洪森持有50%的股份，并且出任洪森公司董事长。

随着企业业务的不断扩展，其规模在逐渐扩大，目前员工人数已超过1 000人，不过洪森公司却面临着一些比较棘手的问题，这些问题困扰着洪森公司董事长林洪森。

（1）最近，很多原有供应商及客户终止了与洪森公司的合同，而与其竞争对手们签订合同。另外，与前几年相比，公司员工更新速率明显增加，甚至一些老员工也相继离开，洪森公司不得不花费较大的员工培训费用。

（2）4年前，生产部生产的木材全部提供给销售部供其销售，而目前生产部生产的木材开始供应给其他的零售商及批发商。生产部经理林志高开始迷惑，生产部的目的是向销售部提供木材，还是作为一个相对独立的部门可盈利；同样，销售部经理林志远也不能够确定销售部的主要目的是为生产部生产的木材提供销售渠道，还是作为一个相对独立的可盈利部门最大化其经营利润。如果两者均作为相对独立的可盈利部门，当生产部向销售部转移产品时，该产品的内部核算价格该如何确定。

为了帮助自己解决目前的这些问题，林洪森聘任了一个财务总监吴洗。吴洗上任之后，深入企业进行调研，向各职能部门的员工了解了情况，发现了一些问题，总结如下：

（1）超过200元的采购或销售合同，均需董事长林洪森亲自审批；所有员工的聘任均由董事长亲自招聘或批准；公司存货量大量增加；经营灵活性明显降低。

（2）洪森公司每年均会编制当年的预算，用以控制各项成本费用，但是无论员工是否完成预算，都不会受到任何奖励或惩罚。而且，董事长有时会不顾预算，亲自批复某些费用的支出，而这些预算却是由部门或车间经理们负责的。许多部门或车间经理认为，有许多决策应当由他们自己作出，却由董事长负责，他们开始不满自己所拥有的有限的经营决策权。

（3）生产部门与销售部门就木材的质量与数量问题经常不能够达成共识，生产部门向销售部门的供货时间不能完全预期，致使销售部门不得不向其他厂商求购木材。

（4）生产部门与销售部门之间木材的内部结算价格为“生产成本×（1+25%）”，此价格远远高于木材产品的市场价格。

如何从根本上解决洪森公司目前存在的问题？本章提供了一些很好的线索和方法。

责任会计是20世纪60年代以来在西方企业中发展起来的，为评价与考核企业各责任中心的经营业绩而实行的一种会计制度。第二次世界大战后，许多公司的产销规模日益庞大，管理层次逐渐增多，组织机构趋于复杂，分支机构遍布世界各地。企业最高管理当局为了有效地管理这种庞大的经济组织，必须将自己拥有的一部分权限下放，以便刺激各级管理人员的积极性和主动性，于是纷纷实行分权管理。在分权管理体制下，企业最高管理当局必须及时了解、评价和考核各部门的工作执行及完成情况。责任会计于是应运而生，并且成为实行分权管理的必要条件。

第一节　分权管理与责任会计

一、组织分散化

20世纪60年代以来，企业的组织结构不断变化，原有的金字塔式的组织结构模式正在被分散化组织结构模式替代，企业的组织结构正在向分散化和扁平化方向发展。

从企业组织结构发展的历程来看，其大致经历了以下三个阶段。

（一）由简单结构向U型结构和H型结构转变

U型结构（unitary structure）也称一元结构。在这种结构下，企业内部按不同的职能（如生产、销售、开发等）划分为若干部门，各部门独立性较小，企业实行集中控制和统一指挥。U型结构可以使企业达到必要的规模和效率，适用于市场稳定、产品品种少、需求价格弹性较大的环境。简单结构向U型结构的转变和工业革命所带来的机器大生产密切相关，其主要途径是通过专业化分工提高生产效率，通过职能化管理引入各类专业人员的智力资源，通过层级结构的建设实现有效控制。其典型特征是在管理分工下，实行中央集权控制。U型结构方便统一力量和资本，但过度集权也会带来管理上的低效率，同时造成企业内部管理成本的增加。

H 型结构（holding company），就是控股公司结构。H 型结构较多地出现于横向合并而形成的企业中。众多中小企业为了避免过度竞争，需要在各企业之上建立组织以协调相互之间的产量和价格，通过横向一体化建立母子公司的体制就成了一种合适的选择。简单结构向 H 型结构的转变是同行业企业之间横向一体化的结果，从交易费用理论角度来看，这实际上是以企业的内部契约替代外部市场，从而减少了不确定性，避免了过度竞争，提高了整体利益。

（二）由 U 型和 H 型结构向 M 型组织结构转变

M 型组织结构（multidivisional structure），又称为事业部制或分权制结构。它是一种集权与分权相结合的组织形式，它将日常经营决策权下放到掌握相关信息的下属部门，总部只负责制定和执行战略决策、计划、协调、监督等职能。M 型组织结构可以解决大规模的企业内部诸如产品多样化、产品设计、信息传递和各部门决策协调的问题，它使企业的高层管理者既能摆脱日常经营的烦琐事务，又能和下属企业保持广泛的接触，同时也降低了企业内部的交易成本，因此成为被现代企业广泛采用的一种企业组织形式。

（三）由分权型结构向网络型结构转变

随着现代信息技术的快速发展，企业的组织形态也在发生变化，与网络经济时代相适应，出现了网络型组织结构。这一转变目前还在进行之中，其目标是使企业适应知识经济和信息时代的要求，获得足够的灵活性和创新能力。网络型组织结构的重要特征，就是组织结构发展的扁平化及信息传递和交流方式的多样化，它重视智力资本的作用，重视组织学习，重视组织资本积累和核心能力提高。

从以上企业组织结构的发展历程可以看出，企业的组织结构日益分散化、扁平化。传统的集中管理模式已经无法满足迅速变化的企业组织结构形式，现代分权管理思想已为越来越多的企业所接受。

二、分权管理与责任会计

分权管理（decentralization management），就是现代企业组织为发挥低层组织的主动性和创造性，将生产经营决策权以及相对应的经济责任一同划分给不同层次的管理人员，使其对日常经营活动作出及时、有效决策的一种组织管理形式。

与分权管理相对应的概念是集权管理，在集权管理的组织中，决策由最高管理层制定，下属单位负责执行；分权的组织则赋予下属单位管理人员一定程度的决策权力。

社会组织中每一位成员获取知识的能力是有限的，同时知识的获取也需要耗费成本。任何一个企业的最高管理者都不可能获得所有与企业生产经营活动相关的知识和信息。分权管理赋予下一级管理者更多的决策权，使得拥有相关知识的人获取了相应的决策权，有利于调动各级管理人员的积极性和创造性，这样大大提高了企业经营的效率和质量，使得企业能够在瞬息万变的市场中迅速作出正确的决策。

（一）分权管理的优点

具体来讲，企业采用分权化的经营管理方式，能够产生以下效益：

1. 信息专业化

管理者获得的信息的内容以及信息的专业化程度，均会影响到决策的质量。当公司扩大规模与多元化经营后，企业高层管理者对于区域性信息、专业信息的取得，需要通过行政体系与决策系统，而企业基层部门管理者对区域性的专业信息了解最为清楚，且容易获得。

分权化管理赋予下一级管理者更多的决策权，使得基层部门管理者可以根据区域性的专业信息制定相应的决策，因此提高了决策质量；对于无权制定的决策，基层部门管理者需要将自己所获取的专业信息传递给上层管理者，帮助他们制定高质量的决策。

2. 决策及时

与分权管理的企业相比，在集权化管理的组织中，凡事均要由企业高层管理者决定，因此会产生决策滞后的现象。其主要原因有：第一，由基层部门管理者传递信息需花费时间；第二，将企业高层管理者的最终决策传递给基层部门管理者需要花费时间。在多变的市场环境下，这样大大降低了企业的经营灵活性。而在分权化的组织下，基层部门管理者可以依据自己获取的信息自主制定并执行决策，从而避免上述决策滞后的现象。

3. 节省企业高层管理者的时间

企业高层管理者的时间是公司有限的资源之一，必须妥善地加以规划。分权管理将企业高层管理者从日常经营事务中解放出来，使其能够将有限的时间和精力集中于企业的长远规划和重大决策，使企业内部各部门在科学的战略目标指引下健康发展。

4. 提高基层管理者的管理水平

如果所有重大决策均由企业高层管理者制定，而企业基层部门管理者只是执行既定的决策，会使基层部门管理者无法领会制定决策的全部过程。在分权化的企业中，基层部门管理者可以根据自己获取的信息自主制定并执行决策，这样可以提高其管理才能；同时，高层管理者也可借此评估基层部门管理者，以决定其是否有晋升的机会。

5. 激励基层部门管理者

任何人都会以自己的工作成果为荣，如果基层部门管理者只是接受高层管理者的命令行事，而无权自主决策，会使基层部门管理者逐渐对工作失去兴趣。在分权化的企业组织中，基层部门管理者被赋予较大的决策权，有机会实现自我，从而得到较大的工作满足感和成就感，进而可以激励其发挥更大的创造力。

（二）分权管理的不足

当分配决策权给下级管理者时，会给企业的生产经营带来一些负面影响，这些负面影响其实就是分权化的成本。具体而言，分权化的经营管理方式所带来的负面影响有以下三方面：

1．产生大量代理问题

代理问题是分权管理产生的最主要的负面效果。在分权化的企业组织中，会产生许多值得关注的问题。例如，获得决策权的管理者可能以牺牲企业的整体利益或长远利益为代价，而获取自身利益最大化；各分权单位之间为了各自的利益相互冲突、摩擦，等等。这些也就是通常所说的代理问题，代理问题产生了代理成本，从而导致企业价值下降。

2．作业重复

在分权化的企业组织中，容易产生作业或服务的重复。例如每个销售部门可能拥有各自的销售人员及广告人才，如果由企业最高管理当局统一配备销售人员及广告人员，可大量降低人工成本。

3．增加行政费用开支

在分权化的企业组织内部，各分支机构的设置、各项管理信息的收集，都会相应地增加各种行政费用开支，造成浪费。

为了发挥分权管理的优点，同时避免其缺点，就必须加强企业内部控制并有效解决代理问题。责任会计正是顺应这种管理要求而不断发展和完善起来的一种有效的控制制度。在分权制企业中，要求利用会计信息对各分权单位进行业绩的计量、评价和考核，建立以责任中心为主体，责、权、利相统一的严密的企业内部控制系统，即责任会计系统。

在责任会计系统中，根据为下属单位所分配决策权力的不同，我们可以在企业内部划分三种不同的责任中心，即成本中心、利润中心和投资中心。每一种责任中心，均对应分配了不同的决策权力，同时对应着不同业绩评价指标。因此，可以把责任会计系统中的责任中心看作是分权管理的基本单位。

三、建立责任会计制度的原则

（一）责、权、利相结合原则

在责任会计系统中，应当赋予各个责任中心一定的管理权利，同时明确各个责任中心应当承担的与管理权利相对应的责任，还要根据责任的完成情况予以适当的赏罚。承担与权利相当的责任，同时获得相对应的经济利益，这三者的平衡是成功实施责任会计系统的关键所在。在责、权、利三者的关系中，责任中心承担的责任是实现企业总体目标的重要保证。赋予责任中心相应的权利是履行并完成责任的前提条件，在责与权的基础上对责任中心予以适当的赏罚是一种必要因素。

（二）目标一致性原则

责任中心是企业内部的各个局部，局部利益应当服从企业整体利益。各责任中心目标的实现要有助于企业总体目标的实现，两者的目标应当保持一致。责任会计应该是一个有助于保证总体目标实现的体系，在制定责任预算和评价标准时，必须防止局部利益损害企业总体利益的情况发生，有效地促使各责任中心，为实现企业总体目标而努力。

（三）可控性原则

可控性原则是指各个责任中心仅对其可以控制的经济活动所产生的结果负责，对于其无法控制的经济活动所产生的后果不承担经济责任。贯彻可控性原则，是为了在企业内部分清各责任中心之间的责任界限，明确区分其职责范围，使其在自己能够真正实施控制的条件下承担一定的经济责任。在责任中心职责范围的划分、责任预算及业绩报告的编制，以及责任中心的业绩评价等各个环节上，都应当体现可控性原则。

（四）及时反馈原则

责任中心在行使权力、执行责任预算的过程中，必须能够迅速及时地计量、记录、传递和反馈信息，以便发现问题，及时有效地采取措施加以控制，达到强化管理的目的。其中，信息的主要载体是业绩报告，或称之为责任报告。高层管理者通过比较责任预算和业绩报告，可以促使责任中心的管理者对发生的脱离责任预算的差异找出其原因并作出及时的调整，加强对各责任中心的控制，最终保证企业整体目标的实现。

（五）例外管理原则

例外管理原则是一种重点管理原则。它要求责任中心抓住主要矛盾和突出问题，对其生产经营过程中发生的重点差异进行分析和控制，对于一般合乎预算或者差异很小的问题可忽略不计，而把主要精力放在超乎常规、差异较大的问题上。这样高层管理者可以集中精力和节省时间来解决重大的问题，从而达到事半功倍的效果。

建立责任会计系统，除了应遵循以上原则外，还应当遵循一般会计原则，如历史成本原则、配比原则、客观性原则、稳健性原则、一贯性原则等。

第二节 责任中心概述

根据为下属单位所分配决策权力的不同，我们可以在企业内部划分出三种不同的责任中心，即成本中心、利润中心和投资中心。每一种责任中心，均对应分配了不同的决策权力，同时对应着不同的业绩评价指标。在每种情况下，决策权都与执行这些权力所必需的专门技能、专业知识联系在一起。

（一）成本中心

当获取或传递有关生产要素投入组合的知识或专业技能的成本比较昂贵时，可以分配这部分权力给拥有这种知识的人。

若企业中某一下属单位的管理者被赋予了生产要素（原材料、人工以及其他物料消耗等）投入组合的决策权，而产品产量大小的决策权则由更高一层的责任单位控制，那么对于这样的下属单位，我们可以将其确定为成本中心。对于成本中心而言，它的职能是决定生产要素的投入组合，而不能决定产品产量的大小。

成本中心的工作成果不会形成可以用货币计量的收入，它只需对所发生的成本负责。成本中心的应用范围也最为广泛，从一般意义上讲，企业内部凡是有成本发生、需要对成本负责，并能实施成本控制的单位都可以成为成本中心。工业企业上至工厂一级，下至车间、工段、班组，甚至个人都有可能成为成本中心。

成本中心分为技术性成本中心和酌量性成本中心。对于技术性成本中心而言，其特点是这种成本中心所发生的成本可以为企业提供一定的物质成果，并且技术上投入量与产出量之间存在着密切的关系，如产品生产过程中发生的直接材料、直接人工和间接制造费用等等。通常，我们把制造业的基本生产单位视为技术性成本中心。此外，技术性成本中心的概念也适用于非生产组织单位，比如商品批发的发货业务、银行的支票处理业务等。因此，只要能够明确成本与产出之间的关系，这个成本中心就可以被确定为技术性成本中心。对于酌量性成本中心而言，其特点是技术上投入量与产出量之间的关系不明确，如各种管理费用、研究开发费用、广告宣传费用、职工培训费用等。通常，我们可以把企业中的会计部门、产品研发部门和一些管理部门视为酌量性成本中心。

（二）利润中心

当获取或传递有关生产要素投入组合、产品组合、产品产量和产品价格的知识或专业技能的成本比较昂贵时，可以分配这部分权力给拥有这种知识的人。

若企业中某一下属单位的管理者被赋予了生产要素投入组合的决策权，同时被赋予了产品组合、产品产量权力和产品定价的决策权，而投资的决策权则由更高一层的责任单位所控制，那么对于这样的下属单位，我们可以将其确定为利润中心。对于利润中心而言，它的职能包括决定生产要素的投入组合、决定产品组合、决定产品产量和产品价格。

利润中心不但有成本发生，而且还有收入发生，因此，它不但要对成本、收入负责，而且要对利润负责，即对收入与成本的差额负责。利润中心往往处于企业内部的较高层次，如分店、分公司或分厂等，具有独立的收入来源或能够被视同为一个有独立收入的部门，一般还具有独立的经营权。利润中心与成本中心相比，其权利和责任都相对较大，它不仅要绝对地降低成本，而且要寻求收入的增长，并使之超过成本的增长。换言之，利润中心对成本的控制是联系着收入进行的，它强调相对成本的节约。

利润中心可以划分为两种类型：一种是自然形成的利润中心，它类似一个独立的企业，可以直接在外部市场销售产品或提供劳务并取得相应的收入，这类中心被称为自然利润中心或实际利润中心；另一种是人为设定的利润中心，通常不能直接在外部市场进行销售业务，而是使用内部结算价格，即内部转移价格（相关内容见第五节）在企业内部有关责任中心之间进行“销售”，这类中心被称为人为利润中心或假设利润中心。事实上，工业企业的大多数成本中心都可以根据管理的需要划定人为利润中心。

（三）投资中心

若企业中某一下属单位的管理者被赋予利润中心所有的决策权力，同时被赋予了资本投资的决策权，那么对于这样的下属单位，我们可以将其确定为投资中心。简而言之，投资中心的管理者既能够控制成本和收入，也能够对资金投入进行控制。

投资中心的适用范围仅限于规模和经营权力较大的部门，如事业部、分公司或子公司等。这种类型的责任中心在生产销售方面拥有较大的自主权，而且能够相对独立地运用其所掌控的资金，有权购建或处置固定资产，扩大或缩小生产能力，因而它既要对成本和利润负责，又要对资金的合理运用负责。由于投资中心具有较高的独立性，它一般应向公司的总经理或董事会直接负责。企业对投资中心不应干预过多，应使其享有充分的投资权和经营权，同时投资中心在资产和权益方面应与其他责任中心划分清楚。

第三节　责任中心的评价指标

责任会计系统应当为每一个责任单位都确定一个目标，即指通常所说的责任预算，然后再计量能够反映这些目标实现状况的业绩指标。上节内容已经提到，根据为下属单位所分配决策权力的不同，我们可以在企业内部划分出三种不同的责任中心，即成本中心、利润中心和投资中心。划分类别的不同，意味着决策权分配的不同，以及相应业绩评价指标体系的不同。

业绩指标可以采用财务指标，亦可以采用非财务指标。我们主张在对责任中心进行业绩评价时引入非财务指标，但长期以财务指标的应用最为广泛，这是因为财务指标直接和企业的长期经营目标相联系，而企业的长期经营目标大都属于财务性的；同时，财务指标能够较为综合地反映企业的经营业绩。因此，本节将重点探讨各个责任中心的财务评价指标。

一、成本中心的评价指标

通常情况下，成本中心不具备经营权和销售权，它的经济成果一般不会形成可以用货币计量的收入。因此，成本中心只以货币形式计量投入，不以货币形式计量产出。

为了明确成本中心的业绩考核指标，必须理解可控成本和不可控成本的概念。对于责任中心而言，成本费用可以划分为可控成本和不可控成本。责任中心能够控制其发生及其发生数量的成本称为可控成本；责任中心不能够控制其发生及其发生数量的成本称为不可控成本。具体而言，可控成本应当同时具备以下四个条件：

（1）可以预计，即成本中心可以预知成本的发生额和发生的时间。

（2）可以计量，即成本中心可以对所发生的成本进行准确的计量。

（3）可以实施影响，即成本中心能够通过自身的行为来调节成本。

（4）可以落实责任，即成本中心能够将有关成本的控制责任分解落实，并进行考核评价。

凡是不能同时具备上述四个条件的成本通常为不可控成本。属于某成本中心的各项可控成本之和，被称为该成本中心的责任成本。成本中心的业绩考核指标通常是该成本中心的所有可控成本，即责任成本。

责任成本可以分为预算责任成本和实际责任成本。前者是指由预算分解确定的各责任中心应承担的责任成本，后者是指各责任中心从事经营活动所实际发生的责任成本。企业对成本中心进行控制时，应以成本中心的预算责任成本为依据，确保实际责任成本不会超过预算责任成本；对成本中心进行业绩考核时，应比较成本中心的实际责任成本与预算责任成本，确定其成本控制的绩效，并采取相应的奖惩措施。据此，通常成本中心的考核指标可以采用绝对指标和相对指标，即成本（费用）变动额和成本（费用）变动率。

$$\text{成本（费用）变动额} = \text{实际责任成本（费用）} - \text{预算责任成本（费用）}$$

$$\text{成本（费用）变动率} = \frac{\text{成本（费用）变动额}}{\text{预算责任成本（费用）}}$$

当然，我们在用责任成本对成本中心进行评价时，必须关注产品计划产量是否已经完成；同时，我们应当注意的是，成本中心必须设立质量和时间标准，并要求管理者严格执行。虽然成本中心只需对其可控成本负责，但如果某成本中心产出的产品不符合质量标准，或者未能按计划组织生产，该责任中心就会对企业内其他责任单位的经营活动产生不利影响。

二、利润中心的评价指标

对于利润中心来说，利润是使用最广泛的业绩评价指标。但是在计量利润时将会遇到两个比较棘手的问题：第一，利润的合理计量，需要解决共同收入与共同成本在各个责任中心之间的分配问题；第二，为责任中心间的产品转移制定内部转移价格。第二个问题将在第五节讨论。

（一）共同收入与共同成本

有些收入的形成涉及多个利润中心，故不能清楚地划归某一中心所有，这就是共同收入。由于不同利润中心所产生的收入之间可能会存在着一定的依存关系，在评价和考核利润中心的业绩时应当分配共同收入，否则会对利润中心的激励效果产生影响。比如当一个利润中心 A 的销售活动促进了另外一个利润中心 B 的产品销售时，而该利润中心 A 又不能从另外一个利润中心 B 的产品销售中得到利益，它以后就会失去这样做的动力。再如，企业的维修部门在其工作过程中，往往可以同时销售某个零部件生产部门的产品（即零部件）。企业在评价这两个部门的业绩时，如果把收入全部归给零部件生产部门，而内部转移成本都由维修部门承担，那么，这种分配就明显存在着问题，在此基础上建立起来的业绩评价也有失公平。因此，在评价和考核利润中心的业绩时应当合理地分配共同收入，但是分配过程中，往往会造成一些矛盾冲突。解决矛盾冲突的办法是建立一种补偿权制度，以补偿利润中心 A。这种补偿权制度，实际操作起来可能会非常复杂，却是分权管理所必须面对和解决的问题。

共同成本主要指的是辅助生产部门（如动力部门、维修部门）等服务部门为各生产部门提供服务所发生的成本，这些服务使各生产部门，包括企业的管理部门共同受益。由于这些服务成本收益对象较多，故称之为共同成本。

对于多个生产部门分配辅助生产部门发生的共同成本，一般应以共同成本与成本对象的因果关系为基础；如果共同成本对象之间的关系不止一种，可采用双重或多重基础分配；在一般分配基础无法反映其间的因果关系时，也可采取某些复杂性指标。这里将介绍单一比率分配实际成本法与双重比率分配预算成本法。

下面以某公司供热车间发生共同成本的分配为例具体阐述这两种分配方法。

例 10－1　某公司 2004 年供热车间实际发生供热成本 36 000 元，实际供热时间共 6 000小时，其中，为第一生产车间供热 3 000 小时，为第二生产车间供热亦为 3 000 小时；2005 年实际发生供热成本 32 000 元，实际供热时间共 5 000 小时，其中，为第一生产车间供热 3 000 小时，为第二车间供热为 2 000 小时。

1. 单一比率分配实际成本法

单一比率分配实际成本法是以实际使用服务量为基础对实际发生的共同成本进行分配的方法。采用这种分配方法存在两点不足：①由于分配的共同成本是服务部门实际发生的成本，而不是预算成本，在分配过程中，便将辅助生产部门的低效率转嫁给相关生产部门，这样缺乏其对服务部门的管理者的激励作用；②共同成本中有一部分为固定成本，按照实际服务使用量分配这部分固定成本，会导致某一服务使用部门分担的成本受其他服务使用部门实际服务使用量的影响，这样便会产生一些代理问题如服务使用部门的管理者采取不利于企业整体利益的行为。

采用单一比率分配实际成本法将供热的共同成本分配给第一和第二生产车间，计算过程如表 10－1 所示。

表 10－1　两车间采用单一比率分配供热成本计算表

项　目	2004 年	2005 年
实际供热成本（元）	36 000	32 000
实际供热时间（小时）	6 000	5 000
供热小时分配率	6.0	6.4
第一车间耗用供热时间（小时）	3 000	3 000
第一车间分配供热成本（元）	18 000	19 200
第二车间耗用供热时间（小时）	3 000	2 000
第二车间分配供热成本（元）	18 000	12 800

第一生产车间每年分配的供热成本取决于自身实际使用的供热时间，但是与供热车间的工作效果也是相关的，如上述计算中，供热车间实际发生的供热成本和供热时间会影响分配比率的大小。供热车间将各年实际发生的成本金额分配给各生产车间，这样对服务部门的管理者缺乏激励作用。更为严重的是，第一生产车间每年分配的供热成本和第二生产车间实际使用的供热时间也有很大关系，这样计算的第一生产车间所负担的供

热成本的可控性变得模糊了。如上述计算中，第一生产车间2004年、2005年所使用的供热时间都是3 000小时，但2005年分配的供热成本却比2004年增加了1 200元，这与第二生产车间2005年所用供热时间的减少有很大的关系。因为供热车间的供热成本中有一部分属于固定成本，2005年的供热总时间减少，就会使2005年供热成本的小时分配率相应地提高，从而使第一生产车间2005年分配的供热成本也相应地提高。因此，这两个生产车间的管理者都倾向减少供热服务的使用量，可能会产生供热服务使用量的不足，从而影响企业未来发展。

2. 双重比率分配预算成本法

双重比率分配预算成本法分配的成本对象是预算成本，而不是实际成本。这种方法采用弹性预算的原理，首先将预算的共同成本按成本性态分解为预算固定成本和预算变动成本。对于预算固定成本以“预定的服务量”为基础进行分配，这是因为辅助生产部门的固定成本主要是与它的生产能力的形成及其正常维护直接联系，而辅助生产部门的生产能力又必须同它的服务对象在生产经营中对这种服务的正常需用量相衔接；对于预算的变动成本以“预定分配率”作为分配基础，根据各个服务使用部门的服务使用量进行分配，这是因为变动成本是在生产能力利用过程中产生的，它同所提供的服务量成正比。这种方法弥补了单一比率分配实际成本法的不足。

例10－2 续前例。供热车间编制弹性费用预算，供热成本划分为固定成本和变动成本两部分。供热车间的弹性预算为：全年固定成本为18 000元，全年正常供热时间为6 000小时，变动成本为18 000元，小时分配率为3元/小时；这两个生产车间对供热服务的正常需用量都是3 000小时（预算数额）；2004、2005年实际发生的固定成本分别为19 000元和17 500元，2004、2005年实际发生的变动成本分别为17 000元和14 500元。采用双重比率分配预算成本法分配共同成本的过程如表10－2所示。

表10－2 两车间采用双重比率分配供热成本计算表

		固定成本（元）	变动成本			合计（元）
			实际耗用供热时间（小时）	预定分配率	供热成本（元）	
2004年	第一车间	9 000①	3 000		9 000	18 000
	第二车间	9 000②	3 000		9 000	18 000
	合计	18 000	6 000	3	18 000	36 000
2005年	第一车间	9 000	3 000		9 000	18 000
	第二车间	9 000	2 000		6 000	15 000
	合计	18 000	5 000	3	15 000	33 000

注：①、②应为各自分配供热车间50%的固定成本，即每年各自应分配9 000元。

生产车间所负担的固定成本是由其对供热服务的正常需用量所决定的；而分配的变动成本，则由其各年实际耗用的供热时间所决定，不受供热车间的费用节约、超支或其他部门耗用的供热时间多少的影响，因而弥补了单一比率分配实际成本法的第二个不足。供热车间 2004、2005 年预算成本与实际发生的成本对照如表 10－3 所示。

表 10－3　两年度两车间成本差异表　　单位：元

	固定成本			变动成本			合　计		
	预算	实际	差异	预算	实际	差异	预算	实际	差异
2004 年	18 000	19 000	1 000	18 000	17 000	1 000	36 000	36 000	0
2005 年	18 000	17 500	500	15 000	14 500	500	33 000	32 000	1 000

如前所述，采用双重比率分配预算成本法，供热车间是将预算成本分配给各生产车间，而不是分配实际发生的成本，其各年实际发生的成本额脱离预算的差异，就作为评价和考核供热车间工作成果的依据，这样就弥补了单一比率分配实际成本法的第一个不足。

（二）评价指标

利润是利润中心使用最为广泛的业绩指标，具体可以划分为以下四个利润指标：贡献边际、可控贡献、中心毛利和税前利润。

（1）贡献边际。它是销售收入扣除变动成本后的余额，反映了利润中心生产产品的盈利能力，但它对业绩评价没太大的作用。利润中心管理者还可以控制其他没有体现在这个业绩指标中的成本，因此这一指标无法反映利润中心管理者或该利润中心所作贡献的大小。

（2）可控贡献。它是从贡献边际中扣除了诸如间接材料、间接人工等利润中心管理者可以控制的间接成本后的余额，反映了利润中心管理者对其控制的资源的有效利用程度，且不受其他利润中心所控制的成本的影响。从某种程度上讲，可控贡献可能是评价利润中心管理者业绩比较理想的指标。但这个指标存在的问题是：如何区分可控的与不可控的生产能力成本，比如，如果该中心管理者有权处置固定资产，那么相关的折旧费是可控成本；反之，相关的折旧费用就成了不可控成本。而可控贡献这个指标忽略了应追溯但又不可控（短期看是如此）的生产能力成本，因而不能全面反映特定利润中心对整个公司所作的经济贡献。

（3）中心毛利。它是从可控贡献中扣除了利润中心管理者不可控的间接成本后的余额，它反映了利润中心为实现企业利润和补偿固定成本所作的贡献。中心毛利很显然是衡量部门获利水平的指标，它更多的是用于评价部门业绩而不是利润中心管理者的管理业绩。

（4）税前利润。使用这个指标评价和考核利润中心业绩也有一定道理，但是它会受到共同成本分配问题的影响。这个评价指标的意义在于提示利润中心管理者关注那些共同成本的发生，能够使他们清醒地认识到只有当所有能盈利的责任中心都能提供足够的贡献边际以补偿全部的共同成本时，整个公司才能盈利。

三、投资中心的评价指标

实质上，投资中心本身也是利润中心，它不仅需要对成本、收入和利润负责，而且还要对所占用的全部资产（包括固定资产和营运资金）承担责任。因此，企业对投资中心进行业绩评价时，除了使用成本、收入和利润评价指标外，还必须将其所实现的利润与资产占用水平相联系。投资中心的业绩评价指标主要有投资利润率、剩余收益和经济附加值等。

（一）投资利润率

投资利润率（return on investment），亦称投资报酬率，是全面反映企业资金的使用效率和获利能力，考核评价投资中心业绩的一项重要的综合指标。它是指投资中心产生的经营净利润与该投资中心所占用经营资产之比，其公式为：

$$投资利润率=\frac{经营净利润}{经营资产}$$

这一指标主要说明投资中心运用公司的每一元资产对企业整体利润贡献的大小，或投资中心对所有者权益的贡献程度。其计算公式中的经营资产是投资中心在生产经营中所占用的全部资产，经营净利润是指扣除利息费用和所得税前的利润（即息税前利润）。之所以采用息税前利润，是因为投资利润率的计算是为了反映投资中心使用资金的效率，而投资中心一般不具有筹集资金的权利，资金的取得是不可控的，因此应当将利息费用纳入经营利润中；至于所得税，很多因素都会影响到它的支付数额，比如折旧的计提方法、税率的变动等，而这些影响企业所得税的因素是投资中心的管理者无法控制的，因此在计算投资中心经营利润时应当包括所得税。值得说明的是，由于息税前利润是期间性指标，故经营资产应按年初、年末的平均数计算。采用平均数计算，可以更为客观地反映经营管理者作出不适当资产购置或处置决策，产生代理问题。如果采用期初数额，有可能会刺激投资中心管理者在当年早些时候购置固定资产以提高当年经营及利润，并刺激其在年末处置资产以降低下一年年初的经营资产，这样便可相对增加下年投资利润率。

为了进一步说明影响这个指标的基本因素，投资利润率可按下列展开式计算：

$$投资利润率=\frac{销售收入}{经营资产}\times\frac{经营净利润}{销售收入}=经营资产周转率\times销售利润率$$

由上式可以看出，为了提高投资中心的投资利润率，不仅要尽可能地降低成本、增加销售额以提高销售利润率，同时也应当经济有效地利用现有的经营资产，进而提高投资中心的经营资产周转率。

投资利润率是评价投资中心经营业绩被广泛采用的指标，其优点如下：

（1）投资利润率能够反映投资中心的综合获利能力。从投资利润率的展开公式可以看出，投资利润率的高低与收入、成本、经营资产数额及其周转能力有关，提高投资利润率可以通过增收节支、加速资金周转、减少投入来实现。

（2）投资利润率具有横向可比性。由于投资利润率是一个相对指标，它将投入与产出进行比较，剔除了因投资额不同而导致的利润差异等不可比因素。

（3）投资利润率可以作为选择投资机会的依据，它有利于调整资产的存量，优化资源配置。

虽然利用投资利润率进行业绩评价在企业中得到了广泛的应用，但是该指标也存在自身的缺陷：

（1）投资利润率并不能够反映投资中心经济上真实的报酬率，原因有三点：①经营净利润（分子）不是投资中心所获得的经济利润，而是依据会计准则计算的会计利润。比如，会计准则要求采取谨慎性原则，使得当期经营净利润计算略显保守。②经营资产（分母）并不能够反映投资中心所占用资产的真实市场价值。比如，从当前会计利润中扣减的折旧费用并不能真实体现企业固定资产价值的变化数额。③由于世界性的通货膨胀会使企业资产账面价值失真、失实，导致相应的折旧少计、利润多计，使计算的投资利润率无法反映投资中心的实际获利能力。

（2）投资利润率是一个当期财务指标，仅能反映当期业绩。单纯使用投资利润率往往会使投资中心只顾本身利益而放弃对整个企业有利的投资项目，造成投资中心的近期目标与企业整体的长远目标相背离。从本质上讲，这是一种代理问题。比如，投资中心的管理者可能放弃一些投资利润率高于企业资本成本而低于目前投资中心投资利润率的项目；经营资产一般采用账面净值计算，由于计提折旧，每年经营资产有逐年降低的趋势，投资中心管理者即使不进行新项目投资的投资，投资利润率也会逐年提高，这样会产生投资不足的问题，势必影响企业长远利益；若单纯以该指标评价投资中心，投资中心的管理者为了提升投资利润率，有可能会投资一些高风险项目来取得更大投资利润率，而这些高风险项目可能对企业整体造成损失。

（3）投资利润率存在被操纵的可能性。经营净利润和经营资产都是在权责发生制的基础上计算出来的财务指标，它们必然会或多或少地受到某种程度的会计操纵。

为了克服投资利润率的某些缺陷，可以采用剩余收益作为评价指标。

（二）剩余收益

剩余收益（residual income），亦称剩余利润，是指投资中心的经营净利润扣减其经营资产按规定的最低投资报酬率计算经营资产收益额之后的余额。通常我们根据资本成本来规定最低投资报酬率，它一般等于或大于资本成本。剩余收益的计算公式为：

剩余收益 = 经营净利润 - （经营资产 × 规定的最低投资报酬率）

公式中的“规定的最低投资报酬率”，通常可能采用整个企业总体的最低期望投资报酬率，也可以是企业为该投资中心单独所规定的最低投资报酬率。

如前所述，单纯采用投资利润率作为业绩评价指标，投资中心的管理者可能放弃一些投资利润率高于企业资本成本而低于目前投资中心投资利润率的项目，从而造成投资中心的局部目标与企业整体目标相背离。而剩余收益指标弥补了这一缺陷，它促使投资中心既考虑到中心的利益，同时也兼顾企业的整体利益。

当然，剩余收益指标自身也存在着缺陷：

（1）剩余收益是一个绝对指标，从而使其难以在不同投资规模的投资中心之间进行业绩比较。

（2）“规定的最低报酬率”的选择往往会引发一些企业内部的矛盾。任何投资中心的管理者都希望自己中心的“规定的最低报酬率”分配较低以提高剩余利润，这样企业管理当局在讨论设定“规定的最低报酬率”时容易引发“影响成本”（influence cost）。所谓影响成本，是指一种为了影响组织内部利益分配的活动成本。

（3）与投资报酬率相同，剩余利润同样是依据权责发生制而计算的财务指标，它必然会或多或少地受到某种程度的会计操纵。

（4）剩余利润同样是一个当期财务指标，仅反映当期业绩。单纯使用剩余利润指标，会导致投资中心管理者的短视行为，损害到企业整体的长远利益。

（三）经济附加值

1. 经济附加值的概念

经济附加值（econonmic value added，EVA），是指调整后税后净营业利润与资本（包括股权资本与债务资本）成本的差额，其计算公式为：

EVA＝调整后税后净利润－（经营资产×加权平均资本成本）

对比剩余收益的计算公式。

剩余收益＝经营净利润－（经营资产×规定的最低投资报酬率）

通过比较，我们可发现经济附加值的计算公式与剩余收益的计算公式非常相似，但是两者存在很多不同之处。经济附加值中的“调整后税后净利润”是对公认会计准则的会计利润进行调整后所得到的数值。同样，在对会计准则的调整过程中，许多调整项都会涉及经营资产的项目，比如研发费用的调整。所以经济附加值中的经营资产亦是调整后的经营资产，它与剩余收益中的经营资产在数值上是不同的。最后，“加权平均资本成本”的确定也与“规定的最低投资报酬率”的确定不同，前者是由权益资本成本和债务资本加权平均所得到的数值。

从本质上看，经济附加值扩展了传统的剩余收益评价方法，其核心理念是资本效率，即资本回报与资本成本的差额。这一理念强调对资本成本包括股权成本的扣除，是以股东价值为核心且符合经济现实的理念。这里的资本成本是经济学家们所谈的机会成本，因此 EVA 也是一个经济利润或经济租金概念。计算经济附加值时，我们需要以传统的会计方法作为基础，在此基础上对一些项目进行调整。这些调整有的是为了避免把经营决策和融资决策混同起来，有的是为了避免把存量和流量相混，有的则是将公认会计准则的权责发生制项目转换为以收付实现制为基础的项目。其中，常见的调整项目包括重组费用、研究与开发支出、商誉、存货估值、坏账识别、无形资产、税收以及销售费用等，由于篇幅有限，这里只介绍研发费用和商誉的调整。

（1）研究与开发支出的调整。世界各国会计准则对于研发支出的会计处理，要么将当期的研发支出全部作为费用计入当期损益，要么将符合一定条件的研发支出资本化，而不合条件的部分费用化，计入当期损益。比如：《美国财务会计准则公告（第2

号)》中规定，当期发生的研究与开发费用全部作费用处理，计入当期损益，研究开发活动结束后不论成功与否，均不确认为无形资产；英国在《标准会计惯例公告（第13号)》中规定，研究费用应在其发生的当期确认为费用，开发费用如满足特定的标准，即表明这些费用很可能产生未来经济利益，应确认为资产，即资本化。

在计算经济附加值时，对研发支出的调整如下：将那些在公认会计准则下费用化的研发支出，加回当期会计利润，对会计利润进行调整；同时，将这些费用化的研发支出调整到经营资产中去，将其资本化，并在一定的期限内摊销，摊销期限一般为5年。

若采用传统会计准则规定下的研发支出的会计处理方法，同时采用利润指标或剩余收益指标评价投资中心的管理者，会导致管理者不愿意在研究与开发方面投入过多，因为研发支出作为当期费用，会影响到中心管理者的经营业绩，但研发支出的投入过少势必会影响企业未来的发展。我们在计算经济附加值时，对研发支出的处理做了以上调整，这样便可以缓解中心管理者的这种资金使用倾向。

（2）商誉的调整。资产负债表中的商誉是指在企业并购过程中，收购企业的购买价格超过被收购企业的净资产公允价值的部分。按照公认会计准则的要求，公司应当在规定的年限（例如10年）内将商誉摊销完。若采用利润指标或剩余收益指标评价投资中心的管理者，则会导致中心管理者不愿意实施收购行为，因为这种会计处理方法影响到中心管理者的经营业绩，而其中一些有价值的收购行为对企业未来发展也会产生深远的影响。

在计算经济附加值时，对商誉的调整如下：将当期摊销的商誉调整到当期会计利润，同时，将累计摊销的商誉调整至经营资产当中。很明显，这种调整会缓解中心管理者不愿意实施有价值收购行为的倾向。

2. 经济附加值的优缺点

经济附加值作为新兴的业绩评价指标，具有以下优点：

（1）经济附加值能将公司整体利益与分部业绩紧密联系在一起，从而避免决策次优化。采用经济附加值，由于考虑了权益资本，可以避免高估部分利润，真实反映出公司财富的增加。同时，由于经济附加值是一个绝对值，可以避免采用相对指标所带来的决策次优化问题。

（2）经济附加值能够减少传统会计指标对经济效益的扭曲。经济附加值与传统的业绩指标的最大区别在于它将权益资本成本（机会成本）也计入资本成本，从而能够更准确地评价企业或部门的经营业绩，反映企业或部门的资产运作效率。

当然，经济附加值也存在自身的缺陷：

（1）作为一种绝对数指标，不易于反映规模差异。经济附加值不能充分反映企业整体或部门之间的规模差异。相比较而言，规模较大的企业或部门易于创造更高的经济附加值。由于资产基数不同，形成的规模差异会造成不同企业或部门经济附加值的差距，因此，该指标不能有效地控制不同企业或部门之间的规模差异因素。

（2）经济附加值也会在不同程度上受到操纵。经济附加值的数额依赖于收入实现和费用确认的会计处理方法。为了提高该指标的数额，部门管理者可能通过设计精巧的决策顺序进行操纵。如部门管理者可以选择满足或延迟客户的订单，操纵本期的营业收入。在本期内，提前履行收入相对较高的订单，而推迟履行获利较少的订单，这样做的结果虽提高了本期的经济附加值，却降低了客户的满意度和忠诚度。

四、条件可控性原则

我们在前面讨论不同类型责任中心的业绩评价时，一直都在体现着可控性原则。可控性原则是指责任中心的管理者仅对自己有权所作决策的后果负责，如成本中心管理者对责任成本负责。责任中心的管理者认为在对他们进行业绩评价时，若融入了一些自己不可控的因素是不公平的。在责任会计体系下，似乎建立了责任中心后，可控原则就成为水到渠成的事情。

然而在企业责任会计制度的实践中，在对责任中心管理者进行业绩评价时并不是绝对实行可控原则。国外学者研究发现，当对利润中心人为收取企业所得税后，或者说将某一利润中心应缴纳的所得税也作为评价其业绩的一个指标时，企业整体的平均税率由48%下降至40.5%。这说明虽然企业所得税是利润中心管理者不可控的因素，但是若在业绩评价时考虑这种不可控的因素，利润中心管理者会通过各种手段降低所得税费用。

这一具体实践体现了条件可控原则的概念，如果 $P(v \mid \alpha)$ 与管理者的行为 α 相关，我们就认为变量 v 对于管理者而言是条件可控的。在上述例子中，v 代表利润中心缴纳的所得税，α 代表利润中心管理者所采取的一系列节税行为。

第四节　责任中心的业绩报告

责任中心的业绩评价和考核应通过编制业绩报告来完成。业绩报告亦称责任报告、绩效报告，它是反映责任预算的实际执行情况，揭示责任预算与实际结果之间差异的内部会计报告。它着重于对责任中心管理者的业绩评价，其本质是要得到一个结论：与预期的某种标准相比较，责任中心管理者干得怎么样。

业绩报告的主要目的在于将责任中心的实际业绩与其在特定环境下本应取得的业绩进行比较，因此实际业绩与预期业绩之差异的原因应予澄清，并且应尽可能地予以数量化。这样，业绩报告中应当传递出三种信息：①关于实际业绩的信息；②关于预期业绩的信息；③关于实际业绩与预期业绩之差异的信息。这也意味着合格业绩报告的三个主要特征：报告应当与个人责任相联系，实际业绩应当与最佳标准相比较，重要信息应当予以突出显示。

一、成本中心的业绩报告

由于成本中心的职能是决定生产要素的投入组合，不会产生收入和利润，它的业绩考核指标为可控成本之和，即责任成本。因此，对于成本中心而言，它的业绩报告中应当包含大量的关于可控成本的数据。成本中心业绩报告的常用格式如表10－4所示。

表 10－4 成本中心业绩报告（2000 年度） 单位：元

项 目	实 际	预 算	差 异
X 分公司第一车间可控成本			
变动成本			
直接材料	2 100	2 000	100
直接人工	800	860	(60)
变动制造费用	300	280	20
小计	3 200	3 140	60
固定成本			
固定制造费用	400	450	(50)
小计	400	450	(50)
X 分公司第一车间可控成本合计	3 600	3 590	10
X 分公司制造部可控成本			
第一车间			
变动成本	3 200	3 140	60
固定成本	400	450	(50)
小计	3 600	3 590	10
第二车间			
变动成本	2 200	2 150	50
固定成本	300	360	(60)
小计	2 500	2 150	(10)
制造部其他费用	400	360	40
X 分公司制造部可控成本合计	6 500	6 460	40
X 分公司可控成本			
制造部	6 500	6 460	40
行政部	1 120	1 200	(80)
销售部	1 560	1 600	(40)
总计	9 180	9 260	(80)

注：（ ）表示负值。

二、利润中心的业绩报告

利润中心不但有成本发生，而且还有收入发生，因此，利润中心不但要对成本、收入负责，而且也要对利润负责，即对收入与成本的差额负责。利润中心最为核心的评价指标是利润，具体可以划分为以下四个利润指标：边际贡献、可控贡献、中心毛利和税前利润。因此，对于利润中心而言，它的业绩报告通常包括以上四个利润指标。

利润中心业绩报告的通常格式如表 10－5 所示。

表 10-5 利润中心业绩报告（2000 年度） 单位：元

项　目	实　际	预　算	差　异
X 分公司销售收入			
地区 1	4 800	5 000	(200)
地区 2	5 200	5 500	(300)
地区 3	6 400	6 200	200
小计	16 400	16 700	(300)
X 分公司变动成本			
第一车间	3 200	3 140	60
第二车间	2 200	2 150	50
小计	5 400	5 290	110
X 分公司边际贡献	11 000	11 410	(410)
X 分公司固定成本			
制造部			
第一车间	400	450	(50)
第二车间	300	360	(60)
制造部其他费用	400	360	40
小计	1 100	1 170	(70)
行政部	1 120	1 200	(80)
销售部	1 560	1 600	(40)
小计	2 680	2 800	(120)
X 公司利润	7 220	7 440	(220)
总公司利润			
X 分公司利润	7 220	7 440	(220)
Y 分公司利润	6 400	6 000	400
合计	13 620	13 440	180

注：（　）表示负值。

三、投资中心的业绩报告

投资中心不仅需要对成本、收入和利润负责，而且还要对所占用的全部资产（包括固定资产和营运资金）承担责任。投资中心的业绩评价指标除了成本、收入和利润指标外，主要还有投资利润率、剩余收益和经济附加值等指标。因此，对于投资中心而言，它的业绩报告通常包含上述评价指标。

投资中心业绩报告的常用格式如表 10-6 所示。

表 10－6　投资中心业绩报告（2000 年度）

项　目	实　际	预　算	差　异
Y 分公司销售收入	17 800	18 000	(200)
Y 分公司变动成本			
第一车间	3 600	3 800	(200)
第二车间	4 400	4 800	(400)
小计	8 000	8 600	(600)
Y 分公司边际贡献	9 800	9 400	400
Y 分公司固定成本			
制造部			
第一车间	430	450	(20)
第二车间	370	400	(30)
行政部	1 400	1 450	(50)
销售部	1 200	1 100	100
小计	3 400	3 400	0
经营净利润	6 400	6 000	400
经营资产平均占用额	62 000	62 000	0
经营资产周转率	28. 71%	29. 03%	－0. 32%
销售利润率	35. 96%	33. 33%	2. 62%
投资利润率	10. 32%	9. 68%	0. 65%
剩余收益（规定最低投资报酬率为 10%）	200	(200)	400

注：（　）表示负值。

业绩报告是对各个责任中心执行责任预算情况的系统概括和总结，通过定期编制业绩报告，可以评价企业内部各责任中心的经营业绩；根据业绩报告，可以对差异形成的原因和责任进行具体分析，从而发挥信息的反馈功能，有助于企业最高管理层对企业的经营活动进行细致有效的控制和调节。

为了编制各个责任中心的责任报告，必须进行责任会计核算，即以责任中心作为会计主体组织会计核算工作，具体做法有两种：一是由各责任中心设置专人专岗把日常发生的成本、收入以及各责任中心的结算和转账业务记入单独设置的责任会计编号账户内，然后根据管理需要，定期计算盈亏；二是在传统的财务会计的各明细账户内，为各责任中心分别设立账户进行登记、核算。前者被称为“双轨制”，后者被称为“单轨制”。

第五节　内部转移价格的制定

企业内部各个责任单位在生产经营活动中既相互联系，又相互独立地开展各自的活动，各责任中心之间经常相互提供中间产品或劳务。为了正确客观地评价各个责任中心的经营业绩，明确经营责任，使各个责任中心的业绩评价与考核建立在客观可比的基础上，调动各责任中心的积极性，企业应当为各个责任中心之间交换的中间产品或劳务制定具有经济依据的内部转移价格。

一、内部转移价格的含义

所谓内部转移价格，是指企业内部各责任中心之间相互转让中间产品或劳务时，进行结算的计价标准或结算价格。

为什么要制定内部转移价格？企业的一些高层管理者认为，从企业整体的角度来看，内部转移价格的制定并不是一个重要的问题，因为内部转移价格制定的高低只是企业整体利润在企业内部不同责任中心的重新划分，它只是会影响不同责任中心的利润，而不会影响企业整体的利润。其实不然，内部转移价格制定的高低、内部转移价格制定方法的选择不仅会影响各责任中心的利润，同样也会对企业的总体利润、整体价值产生很大的影响。原因有三点：一是内部价格本身就是一种价格信息，各责任中心的管理者会使用该价格信息进行生产经营决策，若内部转移价不能反映中间产品或劳务的真实价值，制定的经营决策也就不会产生良好的经济效果，从而导致企业价值下降。二是从代理理论的角度来看，不正确的内部转移价格会导致对责任中心管理者不恰当的激励补偿，产生代理问题，从而导致企业价值下降。比如，若中间产品的内部转移价格制定得过高，对于卖方而言不用花费太多的努力就会实现其责任预算，而买方的积极性会受到较大影响，从而降低了企业价值。三是内部转移价格会影响公司整体的所得税税赋，跨国公司尤其如此。通常情况下，跨国公司会制定合适的转移价格，将收入尽可能多地转移到低税率国家，而将成本尽可能地转移到高税率国家。

二、内部转移价格的类型及其利弊

理论上，内部转移价格的制定应当满足以下激励标准：一是能够为经营业绩的评价提供合理的标准；二是能够充分调动各个责任中心的积极性；三是能够实现责任中心的目标与企业整体目标的一致性。

内部转移价格应当以转移中间产品或劳务的机会成本为基础，同时参考上述三个激励标准进行制定。原因有两点：一是转移中间产品或劳务的机会成本能够体现其真实的价值，据此各个责任中心可以制定较为合理的经营决策；二是如果绝对依据转移中间产品的机会成本作为内部转移价格，则有可能伤害上述三个激励标准。

（一）以市场价格为基础的转移价格

几乎所有的管理会计教科书都提到，当中间产品或劳务存在竞争的外部市场时，以其市场价格作为内部转移价格是比较合理的选择。理由很简单，如果以市场价格作为转移价格，而中间产品或劳务的“卖方”不能够长期获利的话，那么该公司就应停止中间产品或劳务的内部生产，改为从外部市场直接购入中间产品或劳务；同样，如果以市场价格作为转移价格，而中间产品或劳务的“买方”不能够长期获利的话，那么该公司就应当停止中间产品或劳务的深加工，而将其全部在外部市场中销售。

以市场价格作为产品或劳务的内部转移价格比较公正和客观，它可以避免主观随意性。当“卖方”的成本水平高于其他竞争对手时，可以促使“卖方”加强成本管理，促使企业降低成本。当存在竞争的外部市场时，中间产品或劳务的市场价格可以代表它的机会成本，但是以这种机会成本为基础的内部转移价格也有自身的弊端：第一，根据科斯的企业理论，当交易在企业内部发生时，比发生于市场上的相同交易能够节省很多交易成本，如获取市场信息的成本、签订合同的成本和监督合同执行的成本等；第二，当中间产品或劳务在企业内部生产时，与从外购入相比较，企业内部各责任中心之间协作性较强，而且更易于中间产品或劳务的质量控制，节约供货时间、运输费、包装费，更易于保护企业的商业秘密。基于以上两点原因，使用市场价格作为内部转移价格时，对于“卖方”比较有利，节约的交易成本和一些费用全部体现为“卖方”的经营业绩，而“买方”却得不到任何好处，容易引起他们的不满。总之，在这里，这种纯粹以机会成本为基础的内部转移价格有可能损害上述三个激励标准。

（二）以变动成本为基础的转移价格

当中间产品或劳务不存在竞争的外部市场，或者企业内部生产较强的协作性致使市场价格不能作为内部转移价格时，我们可以考虑采用中间产品或劳务的变动成本作为其内部转移价格。

这种转移价格有利于“买方”迅速而准确地确定本中心有关产品的全部变动成本，会使“买方”尽可能地从企业内部购买中间产品或劳务，避免企业生产能力闲置。而且，当中间产品或劳务不存在外部竞争市场，且“卖方”存在剩余生产能力时，变动成本可以比较真实地代表其机会成本。

这种内部转移价格存在以下缺陷：

（1）这种转移价格对于中间产品或劳务的“买方”过于有利，而“卖方”得不到任何利益。如果以这种转移价格计算利润中心的利润指标，或计算投资中心的投资利润率、剩余收益和经济附加值，就会使得这些责任中心得到糟糕的业绩评价，因为以变动成本作为内部转移价，他们不可能收回固定成本。对此，可以采用变动成本加成的办法解决问题。但是，加成的比例如何确定？这又容易产生代理问题，引发影响成本。

（2）中间产品或劳务的变动成本并不是固定不变的。假设企业内部存在若干“买方”，某一时期中间产品的需求量增加，需要生产工人加班完成产量，此时中间产品的变动成本会增加。那么是将增加后的变动成本作为转移价格，还是将增加后的变动成本作为转移价格分配给导致变动成本增加的“买方”，而其他“买方”保持原有变动成本为转移价格呢？此时也会引发影响成本。

（3）有时变动成本和固定成本的划分比较困难，如混合成本，由于信息不对称，“卖方”的管理者有意将一些固定成本划为变动成本，容易引发“卖方”和“买方”之间的矛盾冲突，而产生负面影响。

（4）“卖方”的管理者有意将“一元的固定成本转化为大于一元的变动成本”。比如，若中间产品需要某种零部件，“卖方”的管理者倾向于从外部市场购入该零部件而不是自己生产这种零部件，尽管外购零部件可能会比自制更加昂贵。

总之，以变动成本为依据的转移价格也会损害上述激励标准，从而导致代理问题，并产生一些代理成本。

（三）以完全成本为基础的转移价格

上述两种内部转移价均存在一些信息和激励问题。国外学者研究发现，在建立责任会计制度的企业中，采用完全成本作为转移价格的企业所占比例较大。这一事实说明了这种转移价格制定方法的优势：第一，获取完全成本信息的成本极低，可以直接从企业的会计记录中获取；第二，完全成本具有简单、客观、不易改变的特性，可以在很大程度上缓解影响成本。

但是这种内部转移价也存在一些自身的缺陷：

（1）这种转移价格对于中间产品或劳务的“买方”过于有利，而“卖方”得不到任何利润。不过，我们依然可以采用完全成本加成的办法解决这个问题。但是加成的比例如何确定？这又容易产生代理问题，引发影响成本。

（2）在这种方法下，“卖方”的成本全部转嫁给“买方”，同时也转嫁了“卖方”的低效率，这样对“卖方”缺乏降低成本的激励作用，也会打击“买方”降低成本的积极性。

（四）以协商价格为基础的转移价格

当中间产品或劳务不存在完全竞争的外部市场，或者采用以成本为基础的内部转移价格存在较大的弊端时，我们可以使用以协商价格为基础的转移价格。协商价格是指企业内部各责任中心以正常的市场价格为基础，通过定期共同协商所确定的为双方所接受的价格。协商价格的上限是市价，下限是单位变动成本，具体价格应由各相关责任中心在这一范围内协商议定。采用这种方法确定内部转移价格时，应当同时赋予双方就中间产品的转移价格和转移数量进行谈判的权利。如果双方统一协商确定转移价格，该价格不能保证“卖方”提供的中间产品的数量产生最大化的企业整体利润，这是因为“卖方”会根据自身的成本函数以及依据转移价格确定的收入函数来最终决定中间产品的供应量，此供应量可能会使“卖方”利润最大化，但是企业整体利润不一定同时最大化。这种转移价格不仅要为“卖方”和“买方”同时接受，而且要对企业总体有利，如果双方通过协商不能够达成一致意见时，企业高一级的管理层就要进行必要干预，这种干预应以有限、得体为原则，不能使整个谈判变成由上层领导决定一切。

以协商价格为基础的转移价格同样也存在自身的缺陷：

（1）协商定价的过程耗时耗力，浪费双方责任中心管理者的大量精力和时间。

（2）协商定价的双方往往会相持不下，此时需企业高层领导裁定，这样便弱化了分权管理的作用。

（3）协商过程中容易造成双方责任中心的矛盾和摩擦。

（五）双重内部转移价格

当中间产品或劳务存在外部市场，“卖方”有剩余生产能力，且单位变动成本低于市价时，或者当采用单一转移价格不能够激励各责任中心有效经营且保证责任中心与整个企业利益一致时，可以采用双重内部转移价格。

所谓双重内部转移价格，是指中间产品或劳务的“卖方”和“买方”分别采用不同的转移价格。比如，对中间产品或劳务的“买方”，可按协商的市场价格计价，对“卖方”按中间产品或劳务的单位变动成本计价，其差额最终由会计负责调整。再如，当中间产品或劳务出现不同价格时，“卖方”以最高价计价，而“买方”则以最低价格计价，其差额也最终由会计负责调整。

双重内部转移价格的优点如下：

（1）可以较好地满足“卖方”和“买方”不同的需求。它既能使“卖方”获利，又能够使“买方”承担一定的成本。从而“买方”就不会放弃从内部购入中间产品或劳务，造成“卖方”生产能力无法充分利用。

（2）能够激励双方在经营上发挥其各自的主动性和积极性，较好地满足了上述三种激励标准。

当然，双重内部转移价格也存在自身的缺陷。由于对于同一笔业务，不同的责任中心分别采取不同的计价方法，其差额最终由会计负责调整，从而加大了实施这种方法的成本。

三、责任中心重组

在责任中心间设定内部转移价格，能够较为客观、合理地评价各个责任中心的经营业绩。与此同时，转移价格的设定也会给企业带来许多负面的影响。比如，在设定内部转移价格时，会造成责任中心管理者之间的矛盾和冲突，进而产生不同形式的代理问题，产生代理成本。

因此，当设定内部转移价格时，我们应当分析由此带来的“收益”和“成本”（损失），如果所有内部转移价格的设定方案都给企业造成了大量的“成本”（损失）时，那么可以考虑责任中心重组。比如，当两个利润中心的内部转移价格的设定出现问题时，可以将两个经常发生产品购销业务的利润中心合并为一个利润中心，或者将其中一个利润中心重设为成本中心，使用成本中心的评价指标进行业绩评价，或者将两个利润中心重设为成本中心。

本章小结

责任会计是现代分权管理模式的产物，它是以企业内部划分的各个责任单位为主体，以各责任单位应承担的责任为考核对象的一种会计管理活动。责任会计的基本内容包括建立责任中心、编制责任预算、建立跟踪系统及进行反馈控制等。

传统的集中管理模式已无法满足迅速变化的企业组织结构形式，现代分权管理思想已为越来越多的企业所接受。为了发挥分权管理的优点，避免其缺点，就必须加强企业内部控制，有效解决代理问题。责任会计正是顺应这种管理要求而不断发展和完善起来的一种有效的控制制度。

责任会计系统中，根据为下属单位所分配决策权力的不同，可以划分三种不同的责任中心，即成本中心、利润中心和投资中心。每一种责任中心，均对应分配了不同的决策权力，同时对应着不同业绩评价指标。成本中心的业绩考核指标通常为该成本中心的所有可控成本，即责任成本；利润是利润中心使用最广泛的业绩评价指标，但是利润的合理计量，需要解决共同收入与共同成本在各个责任中心之间的分配问题，而且应当为责任中心间转移的产品制定内部转移价格；投资中心的业绩评价指标主要有投资利润率、剩余收益和经济附加值。

内部转移价格是指企业内部各责任中心之间相互转让中间产品或劳务时，进行结算的计价标准或结算价格。内部转移价格不仅会影响各责任中心的利润，同样也会影响企业的总体利润。内部转移价格的制定应当以转移中间产品或劳务的机会成本为基础，同时也应当考虑激励因素。内部转移价格的类型主要包括：市场价格、协商价格、双重内部转移价格、成本价格等。

练习题

一、单项选择题

1. 下列各项中，属于建立责任会计目标的是（　　）。
   A. 实现责、权、利的协调统一　　B. 划分责任中心
   C. 编制责任预算　　D. 提交责任报告
2. 下列各项中，属于责任会计主体的项目是（　　）。
   A. 责任中心　　B. 产品成本　　C. 生产部门　　D. 管理部门
3. 下列各项中，应作为成本中心控制和考核内容的是（　　）。
   A. 责任成本　　B. 产品成本　　C. 直接成本　　D. 目标成本
4. 在下列项目中，不属于利润中心负责范围的是（　　）
   A. 成本　　B. 收入　　C. 利润　　D. 投资效果
5. 如果企业内部的供需双方分别按照不同的内部转移价格对同一笔内部交易进行结算，则可以断定它们采用的是（　　）。
   A. 成本转移价格　　B. 市场价格　　C. 协商价格　　D. 双重价格
6. 在成本转移价格作为内部转移价格时，如果交易产品涉及利润中心或投资中心，则此时的价格应当是（　　）。
   A. 实际成本　　B. 标准成本　　C. 标准成本加成　　D. 变动成本
7. 如果某利润中心的产品只能在企业内部各责任中心之间销售，且按照“内部转移价格”取得收入，则可以断定该中心是（　　）。
   A. 完整利润中心　　B. 局部利润中心
   C. 自然利润中心　　D. 人为利润中心
8. 在责任会计中，将企业办理内部交易结算和内部责任结转所使用的价格称为（　　）。
   A. 变动成本　　B. 单项责任成本
   C. 内部转移价格　　D. 重置价格

9. 管理会计将在责任预算的基础上，把实际数与计划数进行比较，用来反映与考核各责任中心工作业绩的书面文件称为（　　）。

A. 差异分析表　　B. 责任报告

C. 预算执行情况表　　D. 实际执行与预算比较表

10. 对于任何一个成本中心来说，其责任成本应该与其相等的项目是（　　）。

A. 产品成本　　B. 固定成本之和

C. 可控成本之和　　D. 不可控成本之和

11. 计算投资利润率时，其经营资产计价采用的是（　　）。

A. 原始价值　　B. 评估价值　　C. 账面价值　　D. 市场价值

12. 投资中心的利润与其投资额的比率称为（　　）。

A. 税前净利　　B. 剩余收益　　C. 投资利润率　　D. 内部报酬率

13. 对于那些只发生费用支出的部门来说，它们所建立的责任中心只能是(　　)。

A. 技术性成本中心　　B. 投资中心

C. 利润中心　　D. 酌量性成本中心

14. 下列各项中，不属于利润中心应当拥有的权利是（　　）。

A. 投资决策权　　B. 销售决策权　　C. 价格决策权　　D. 生产决策权

15. 某投资中心第一年经营资产平均余额100 000元，经营利润20 000元，第二年该中心新增投资20 000元，预计经营利润3 000元，接受新投资后，该部门的投资利润率为（　　）。

A. 19%　　B. 17.5%　　C. 20%　　D. 15.5%

二、多项选择题

1. 下列各项中，能成为责任会计形成和发展理论基础的有（　　）。

A. 行为科学理论　B. 成本性态分析　C. 价值工程理论

D. 管理科学理论　E. 代理理论

2. 下列各项中，属于建立责任会计制度必须遵循的原则有（　　）。

A. 责任主体原则　B. 可控性原则　C. 目标一致原则

D. 激励原则　E. 反馈原则

3. 下列各项中，属于责任会计制度内容的有（　　）。

A. 设置责任中心　B. 编制责任预算　C. 提交责任制造

D. 评价经营业绩　E. 反映财务状况

4. 下列各项指标中，属于考核投资中心投资效果的有（　　）。

A. 营业收入　B. 投资利润率　C. 责任成本

D. 边际贡献　E. 剩余收益

5. 在下列各项中，能够揭示责任中心特点的项目有（　　）。

A. 责、权、利相结合　　B. 责任与权利都是可控的

C. 具有承担经济责任的条件　　D. 能进行责任核算、业绩考核与评价

E. 有相对独立的经营业务和财务收支活动

6. 下列各项中，属于制定内部转移价格应遵循的原则有（　　）。
A. 全局性原则　B. 自主性原则　C. 例外性原则　D. 公平性原则
E. 重要性原则
7. 下列各项中，可以作为内部转移价格的有（　　）。
A. 标准变动成本　B. 标准成本加成
C. 协商价格　D. 双重价格
E. 标准成本
8. 下列各项中，属于可控成本必须满足的条件有（　　）。
A. 可以落实责任　B. 可以计量　C. 可以施加影响
D. 可以预计　E. 可以得到补偿
9. 下列各项中，能够揭示责任成本与产品成本主要区别的表述有（　　）。
A. 成本的特性不同　B. 归依和分配的对象不同
C. 分配的原则不同　D. 核算的基础条件不同
E. 核算主要目的不同
10. 在下列各项指标中，属于成本中心考核范畴的有（　　）。
A. 责任成本总额　B. 责任成本变动额
C. 责任成本变动率　D. 变动成本变动额
E. 变动成本变动率

三、判断题

1. 导致责任会计产生的主要原因是由于企业规模的扩大。（　　）
2. 责任会计制度的最大优点是可以精确计算产品成本。（　　）
3. 剩余收益指标的优点是可以使投资中心的业绩评价与企业目标协调一致。（　　）
4. 编制责任预算需要在责任报告上进行，责任报告是考核评价经营业绩的载体。（　　）
5. 以实际成本作为内部转移价格可以避免责任转嫁现象。（　　）
6. 当供应方提供的产品或劳务没有现成的市场价格时，可采用协商价格作为内部转移价格。（　　）
7. 因利润中心实际发生的利润数大于预算数而形成的差异是不利差异。（　　）
8. 对于上级分配来的固定成本，由于利润中心无法控制其数额，所以，对这部分固定的影响在考核时应将其剔除。（　　）
9. 一般来讲，成本中心之间相互提供产品或劳务，最好以“实际成本”作为内部转移价格。（　　）
10. 各成本中心的可控成本之和等于企业的总成本之和。（　　）

四、计算分析题

1. 已知：某投资中心投资额为100 000元，年净利润额为18 000元，企业为该投资中心投资利润率为15%。
要求：计算该投资中心的投资利润率和剩余收益。

2. 已知：A公司2004年的销售收入为40 000元，营业资产为16 000元；B公司2004年的销售收入为100 000元，营业资产为20 000元。如果两家公司均期望其2004年的投资利润率达到15%。

要求：分别计算A、B公司在2004年的销售利润率。

3. 已知：D公司某投资中心A原投资利润率为18%，营业资产为500 000元，营业利润为100 000元。现有一项业务，需要借入资金200 000元，可获利68 000元。

要求：

（1）若以投资利润率作为评价和考核投资中心A的依据，作出A投资中心是否愿意投资于这项新的业务的决策。

（2）若以剩余收益作为评价和考核投资中心A工作成果的依据，新项目要求的最低收益率为15%，作出A投资中心是否愿意投资于这个新项目的决策。

4. 已知：E企业A分厂为成本中心，其可控成本及厂部的可控费用见表10－7。

表10－7 E企业A分厂成本预算完成情况表 单位：元

成本项目	A分厂		厂部	
	预算	实际	预算	实际
直接材料	550 000	520 000		
直接人工	60 000	65 000		
制造费用	40 000	46 000		
厂部可控费用：				
管理人员薪金			9 000	17 000
折旧费用			6 000	6 000
其他费用			7 000	9 000

要求：根据上述资料编制A分厂的成本业绩制造。

5. 已知：F企业B利润中心的预算资料和实际结果见表10－8。

表10－8 资料 单位：元

项目	预算	实际
销售收入	600 000	575 000
变动成本：		
变动生产成本	300 000	295 000
变动销售及管理费用	50 000	55 000
边际贡献		
固定成本：		
固定制造费用	100 000	100 000
固定销售及管理费用	20 000	17 000
营业利润		
所得税（25%）		
营业净利润		

要求：编制该中心的利润报告。

五、案例分析

北方公司有两个投资中心，有关资料见表 10－9。

表 10－9　资料

单位：元

投资中心	营业收入	营业资产	营业利润
甲投资中心	140 000	170 000	40 000
乙投资中心	260 000	330 000	60 000
公　司	400 000	500 000	100 000

公司经理召集公司的管理人员、财务主管、各责任中心的负责人一起研究如何提高该公司的投资报酬率。

财务主管提出了以下建议：

（1）公司可通过提高营业收入方式，提高公司的投资报酬率。根据市场预测，如果公司的营业收入提高10%，营业利润将提高15%，仅此一项措施就可使公司的投资报酬率提高3%。

（2）公司也可通过降低成本的方式，提高公司的投资报酬率。根据历史资料分析，公司的变动成本可降低1%，固定成本可压缩6 000 元，即使公司的营业收入不变，仍可使投资报酬率提高2%。

（3）如果公司的营业资产削减到47 620 元，即使公司的营业收入和成本不发生任何变化，也可以使公司的投资报酬率提高1%。

（4）如果上述各项因素同时变动，将会使公司的投资报酬率提高6.3%。

（5）如果公司以各因素未变动前的投资报酬率为最低期望报酬率，现有一投资项目比较适合甲投资中心，该项目需要投资90 000 元，可获得营业利润增加19 000 元。但是，甲投资中心的经理不愿意接受该项目。

要求：

（1）对财务主管的建议分别进行分析，说明财务主管提出数字的依据。

（2）分析甲投资中心的经理不愿意接受该项目的原因，如何说服该投资中心经理接受该项目。

第十一章

作业成本法

【学习目标】

理解和掌握作业成本法的概念和计算方法；掌握作业成本法与传统计算方法的异同；掌握和运用作业成本法计算产品（或服务）成本。

引导案例

作为一家生产厂商的总经理，张启明像往常一样阅读着财务部门提供的财务报表，他一边阅读一边皱起眉头，几个月来企业的经营状况持续下滑。为了不让这种事态继续扩大下去，张启明决定在今天的早会上，同各个部门的主管讨论其产生的原因及相应的对策。

张启明首先向销售部门提出质疑，销售部门经理李明拿着手中的统计资料阐述了自己所看到的问题：企业不同的产品定价策略产生的问题。企业主要的销售收入来自新近开发的一系列产品，相对于原有的产品，这些产品生产工艺更复杂，功能更多，由于这些产品的价格比同行业其他厂家的定价低了很多，抢占了大比例的市场；企业原有的复杂程度低、功能简单的产品，由于售价较高且缺乏竞争力，在多次竞价投标中都处于劣势，其所拥有的市场份额在不断缩减。至于价格制定问题，成本的高低决定了价格的制定。李明指出，本企业主要使用的是成本加成方法完成的，新产品的成本相对于同行企业厂商低了很多，自然可以制定出很好的价格；而老产品的成本居高不下，现在的价格几乎达到了生产成本的底线了，没有降低的余地了。李明建议，是否应该考虑将老产品停产。

张启明将产品成本的问题转给了生产部门经理王守义。这个平时话语不多的经理，一股脑倒出了心中的委屈。王守义给大家展示了他手中的资料，并做了如下的阐述：在新产品开发之前，原有的老产品成本其实是很低的，并且在同行业中具有很好的成本竞争力。在新产品生产投入后，由于新老产品都是在一个生产线上完成的，生产中投入的成本大大增加，分摊到老产品的成本自然也相应增加。为此，王守义带领相关的技术人员，从生产工艺和人员调配方面入手，尽力降低老产品的成本，但是并没有带来显著的变化。值得庆幸的是，新产品的成本却显著地下降了。因此，王守义建议研发部门和市场部门考虑重新设计和定位市场问题。

研发部门和市场部门都认为自己的工作是到位的，他们认为导致企业目前状况的根本原因是销售部门制定的政策不对，其他的同行业企业制定较低的价格是为了抢占市场展开蚀本的价格战。因此，公司应趁着新产品具有价格优势，进一步降价以抢占更多的市场份额，同时在老产品上展开更加残酷的价格战以保住原有的市场份额。这两个部门的主管将矛头重新指向了销售部门，很快新一轮指责又展开了。

整整一个早会，没有取得任何进展。在相互指责中乱哄哄地过去了，本来很和谐的部门关系也出现了小小的裂痕。

散会后，一直没有发言的财务部门经理于志强敲开了总经理办公室的门，面对无可奈何的张启明，于志强阐述了自己的观点。于志强认为，这几个部门都没有错，形成企业现在状况的根本原因是，成本核算方法过于落后。他建议张启明组织各个部门的相关人员，一起完成从传统简单的成本核算方法向作业成本法的转变。当于志强介绍了作业成本法的利弊之后，张启明对其产生了浓厚的兴趣，他要求于志强提供相关的作业成本法的资料，并以最快的速度制订一套有效的实施方案。

在当今的生产经营环境中，张启明面对的问题普遍存在于各个企业中。当外部竞争环境日益严峻，产品和服务越发多样化和复杂化时，企业生产经营的成败，受内部成本信息精确程度的影响越来越大。对于那些使用传统分配方法的成本核算系统的企业，面临的挑战尤其更大。

（1）外部竞争日益剧烈，产品或服务的定价决定了企业生死，而定价又来源于成本信息。

（2）产品或服务种类多样化、生产工艺或提供过程复杂化，使共同成本比例越来越大。

（3）信息化、流水线、弹性生产等先进的技术和生产工艺的广泛使用，使间接成本的比例越来越大。

（4）产生成本的原因越来越复杂，分配基础也变得更加复杂，传统简单的分配基础面临挑战。

为了应对这些挑战，企业需要寻找一种新的成本核算方法，更有效地完成成本核算的任务，于是作业成本法应运而生。

第一节　作业成本法的概念

企业日常经营过程中采用的几种传统的成本核算分配方法，其主要特征在于，通过简单的分配基础将复杂的间接成本分配到在产品或产品中。这些分配方法的主要优点在于分配基础单一，分配方法简单，在成本分配过程中，尤其是间接成本的分配过程中，为企业节省了因成本分配而发生的成本。然而，这种分配的简单性，也带来了传统成本核算方法的致命缺陷。由于分配基础过于简单，导致成本分配过程中使用的分配基础与实际要分配的成本之间的关系很不科学，甚至不存在什么关系。采用这样的分配基础，一方面会由于分配基础的不科学，导致分配之后的成本信息存在严重的歪曲；另一方面由于这些分配基础都只是考虑到简单的分配基础的消耗而没考虑到不同产品生产或服务提供之间复杂程度的不同，从而造成大批量复杂程度低的产品或服务分摊的成本较高，而小批量复杂程度高的产品或服务分摊的成本较低，使产品或服务定价存在严重的问题：大批量复杂程度低的产品或服务定价过高，丧失了市场竞争力；而小批量复杂程度高的产品或服务定价过低，甚至低于实际成本，导致企业销售越多亏损越多。为解决上述这些由于传统成本分配方法带来的成本信息的扭曲和失真，企业需采用作业成本法来提供更加准确的产品和服务的成本信息。

作业成本法（activity-based costing），就是以细分企业经营过程中与成本相关的作业为基础，进行成本归集和分配的一种成本核算方法。企业的生产经营过程中，存在着大量的间接成本，这些间接成本是由于企业提供多种产品和服务造成的，而这些产品和服务的复杂程度又不同，造成了间接成本分配的困难。同时，很多企业使用的资源并没有直接形成企业产品或服务的实体，而是为各种辅助作业活动提供支持，以便能够为顾客提供多样化的产品和服务。这些为提供辅助作业而消耗的成本很难直接分配到最终的产品和服务中去。于是，这些间接成本和辅助资源成本就成为成本归集和分配的难题。作业成本法相对于其他成本核算方法，其最突出的特点就是对于间接成本和辅助资源（行政部门和服务部门提供的资源）成本的分配。由于作业成本法的这个突出特点，很多企业把作业成本法作为一个辅助成本法，嫁接在其原有的、有利于其经营特点的成本核算系统上，如适合于成本控制和业绩评价的标准成本法，甚至很多企业已经直接使用作业成本核算系统替代其原有的成本核算系统。随着企业管理信息系统的不断推广和发展，作业成本法已经成为当今成本核算系统的主流方法。

作业成本法首先要根据企业生产经营的具体特征和流程，确定消耗企业间接成本和辅助资源的各种作业，然后将企业发生的间接成本和辅助资源成本的消耗追溯到相应的作业池中。完成上述过程后，就进入了作业成本法的第二个步骤，即通过使用每个作业的消耗计算出不同作业池中作业分配率，以及产品和服务所消耗的作业数量，然后计算分配到不同产品和服务的间接成本和辅助资源成本。

为了更好地理解作业成本法的概念和分配过程，这里先给出作业成本法中主要用到的概念。这些概念包括作业、作业池、驱动、作业计量和作业率等。

一、作业

作业（activity）是指在一个组织内为了某一目的（产品生产和提供服务）而进行的耗费资源的活动，如创业构想、筹划、产品设计、设备安装及材料搬运等。它是连接资源与成本对象的桥梁，是作业成本管理的核心要素。每种作业都同特定成本的产生直接相关，只要有作业发生，相关的成本也随之产生。譬如，机器每次启动都要消耗一定的成本，而这种成本与机器启动这个事件相关，每发生一次机器启动事件，就会消耗启动时的成本，因此，机器启动这个事件就是一个作业。

（一）作业的基本特征

作业具有以下几方面的特征：

（1）作业是以人为主体的。尽管现代制造业机械化、自动化程度越来越高，但仍然不乏人的参与，掌握并且操纵各种机器设备的人仍然是现代制造业中各项具体生产工作的主体，也就是作业的主体。

（2）作业会消耗一定的资源。作业以人为主体，需要消耗一定的人力资源；作业是人力作用于物的工作，因而也要消耗一定的物质资源。

（3）作业的动因是区分不同作业的标志。在一个完备的制造业中，其现代化程度越高，生产程序的设计和人员分工越合理，企业经营过程的可区分性也就越强。这样，我们可以把企业制造过程按照每一部分工作的特定目的区分为若干作业，每个作业负责该作业职权范围内的每一项工作，这些作业互补并且互斥，构成了完整的经营过程。作业目的不同于某一具体工作的目的，如采购作业，负责适时为生产提供材料，但从该作业内部看，仍然包括若干项具体工作：有人负责与供应商建立固定联系、有人处理款项结算与材料交接、有人负责材料运输等。把这些工作确定为一项作业的原因，就是它们有同样的作业动因，这些具体工作都围绕该作业动因而发生。

（4）对于一个生产程序不尽合理的制造业，作业可以区分为增值作业和非增值作业。一般而言，对最终产出有意义的资源耗费称为有效资源耗费，能增加转移给顾客价值的作业称为增值作业，否则，称为无效资源耗费或非增值作业。非增值作业虽然也消耗资源，但并不是合理消耗，对于制造产品的目的本身并不直接作出贡献，如企业内部产品的搬运作业，以搬运距离作为其动因消耗资源，但作业成本计算法认为，这种搬运作业可以采用缩短搬运距离即紧凑经营过程的方式予以逐步消除。

（5）作业的范围可以被限定。从管理角度看，设定作业往往基于某一特定企业的生产状况，既可以作粗略的划分，又可以把作业区分得很细。就作业成本计算而言，虽然试图提供精细的成本管理信息，精细到何种程度并无特定的标准，但由于作业区分的依据是作业动因，而作业动因对于特定企业是客观的，因此，作业范围相应得以限定。

依据作业贡献于产品的方式和原因即作业动因，可以把作业分为三大类：

（1）不增值作业。把那些企业希望消除且能够消除的作业认定为不增值作业。

（2）专属作业。把为某种特定产品提供专门服务的作业认定为专属作业。专属作业成本直接结转计入该特定产品的生产成本。

（3）共同消耗作业。共同消耗作业是为多种产品生产提供服务的作业。

（二）作业的分类

企业日常生产经营过程中，会涉及五种不同等级的作业：单位级作业、批次级作业、产品级作业、顾客级作业和设备级作业。这五个级别的作业之间的关系和等级如图11－1所示。

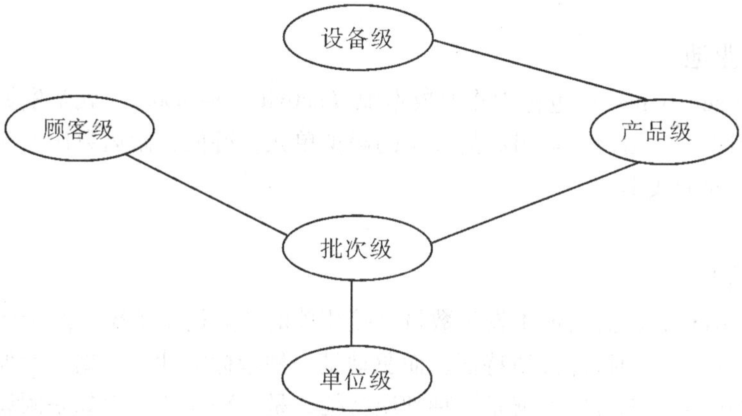

图 11－1　作业的种类和级别

单位级作业（unit-level activity）是指衡量同生产的产品或提供的服务的单位数量相关的作业。也就是说，由单位级作业产生的成本同生产产品或提供服务的数量成正比例变动。譬如，加工机器的动力消耗同其加工的产品的数量直接相关，则加工机器动力就是单位级作业。单位级作业，不仅仅限于传统概念中的产品或服务的数量，而且包括与产品或服务成正比例变动的其他指标，如与直接人工时间、机器加工时间、直接材料消耗等引起的成正比例变化的相关作业。

批次级作业（batch-level activity）是指衡量与产品生产或服务提供的批次直接相关的作业，而不考虑批次中具体涉及的产品或服务的数量。譬如，每个批次加工之前的机器调试，其产生的成本只与加工的批次的数量有关，而与每个批次中产品的数量无关，因此是批次级作业。

产品级作业（product-level activity）是指衡量与产品或服务种类直接相关的作业，而不考虑产品生产或服务提供的批次数量，以及该种产品生产或服务提供的数量。譬如，某种产品的研发，消耗了企业大量的资源和成本，而这些成本与企业产品生产或服务提供的批次数以及生产产品或提供服务无关，因此是产品级作业。

顾客级作业（customer-level activity）是指衡量同顾客支持相关的作业。由这类作业引发的成本，只是针对于顾客而不考虑特定的产品或服务，而不考虑产品生产或服务提供的具体安排，进而不考虑具体的产品或服务的数量。顾客级作业主要是为了获取客户，维护客户，以及其他客户管理而发生的作业。譬如，顾客服务中心的产品回馈电话产生的成本，只与需要得到回馈的客户的数量有关，而与具体的产品没有多少直接关系，因此属于顾客级作业。

设备级作业（facility-level activity）也称为组织存续级作业（organization sustaining-level activity），是指衡量同企业或组织存续、发展相关的作业。这类作业，不考虑企业有哪些顾客，生产什么产品或提供什么服务，也不考虑产品生产和服务提供的具体批次和数量。譬如，由企业行政管理部门的资产产生的折旧费用，同企业具体的生产产品或提供服务的种类和相关的批次数、产品生产或服务提供的具体数量和针对的顾客都无关，因此，其属于设备级作业。

二、作业池

作业池（acivity pool）也称为作业成本池（activity cost pool），就是根据不同的作业而设定的，用以归集由该作业引起的成本的虚拟单元。譬如，搬运数作业池，就是归集由搬运次数引起的成本。

三、驱动

驱动（driver），就是与成本发生数量直接相关的作业衡量依据。这个概念容易与作业相混淆。作业是一种指标性质特征，而驱动是一种指标的计量依据。譬如，停工会引起企业成本的增加，那么停工就是一种性质特征，是一种作业，而如果假设这些成本的产生与发生停工的次数有关，那么停工次数就是计量依据，是相应的驱动。

常见的驱动可以分为经济业务驱动和期间驱动。

四、作业计量

作业计量（activity measure）就是归集成本期间衡量作业发生数量的标准，也就是作业发生数量的单位。其与作业驱动的主要区别是：作业驱动是指衡量作业的计量依据；而作业计量则是衡量这个计量依据实际发生数量的标准。譬如，某种间接成本与直接人工小时相关，那么直接人工就是作业，直接人工小时就是作业驱动，归集期内发生的直接人工小时数则是作业计量。

五、作业率

作业率（activity rate），就是成本归集期内，单位作业量对应的作业池中归集的总成本的相关成本数量，即作业池中归集的总成本除以相应的作业量计算获得。其计算公式为：

$$\text{某种作业的作业率}=\frac{\text{归集期内作业池归集的总成本}}{\text{归集期内相应的作业量}}$$

在明确这些作业成本法涉及的基本概念后，接下来我们将进一步讨论作业成本法实施的相关内容。

第二节　作业成本法的计算

从上节讲述的内容中，我们可以知道企业运用作业成本法将间接成本进行归集和分配，需要经过两个核心的步骤：①将成本根据不同的作业归集到相应的作业池中；②将不同作业池中归集成本分配到相应的成本对象上。而直接成本直接归集到相应的成本对象上则无须经过这两个步骤。上述关于直接成本归集和间接成本归集分配涉及的两个步骤之间的联系如图 11－2 所示。

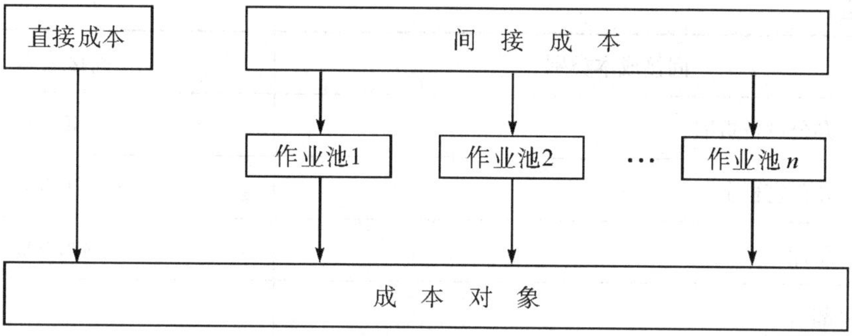

图 11－2　作业成本法中成本归集分配步骤

为了与实际作业成本法的实施过程相一致，我们将这两个步骤又进一步细分成几个不同的子步骤。

由于直接成本的产生与成本对象直接相关，也就是相关的成本动因很简单，所以无论使用哪一种成本核算方法，都比较容易处理。与其他的成本方法一样，在作业成本法下，直接成本根据相关的动因首先被直接归集分配到成本对象上。而间接成本的归集、分配方法和步骤，就成了不同成本方法的主要区别。因此，这里主要研究作业成本法对于间接成本归集和分配的具体步骤。为了更好地说明作业成本法的实施步骤，这里我们举一个简单的例子。

例 11－1　天润公司是一个室内家饰公司，主要生产家庭使用的小装饰用品。在创立之初，由于规模小，天润公司使用的是粗放式成本核算方法，即传统的成本核算方法。随着规模越来越大，公司引入了先进的生产和管理系统，大量的自动化制造系统引入到生产中，并在产品销售、售后服务方面加大了投资，由于规模的增大，行政管理方面的支出也增加很快。与此同时，随着竞争者的进入，外部竞争压力的不断加大，天润公司面临巨大的价格压力。为了更好地确定公司的获利能力，天润公司决定引入作业成本法，来核算其成本的精确性。表 11－1 给出了天润公司所发生的全部间接成本。

表 11－1　天润公司间接成本一览表　　单位：元

间接成本类别	间接成本
生产部门	
间接人工工资	600 000
机器设备折旧	200 000
厂房租金	100 000
总计	90 000
管理部门	
管理人员的工资	300 000

（续上表）

间接成本类别	间接成本
办公设备折旧	40 000
办公室租金	30 000
总计	370 000
销售部门	
销售人员工资	200 000
销售费用	50 000
运输费用	40 000
总计	290 000
全部间接成本	1 560 000

有了上述的数据，我们要将其分配到合适的成本对象上。

一、确定作业和作业池

作业成本法最基本和最核心的一步，就是要根据企业实际经营的特点，区分和确定必要的作业。这一步看来很简单，然而实际操作起来会遇到很多的难题。一个相对行之有效的基本作业确认过程就是：同生产经营第一线的工人和相应的技术人员交谈和分析，询问各种间接成本是怎么产生的，为什么产生。这也带来了一个很棘手的结果：会得到数量众多的作业。

对于作业数量的确定，我们要从两方面考虑：一方面，作业分得越多越精细，对于未来通过作业成本法获得的成本信息就越精确；另一方面，随着作业数量的增加，企业为了实施作业成本法而花费的成本也不断增加。所以，综合上面两个方面的讨论，在获得有效的第一手确定的作业列表之后，应该根据作业引发成本的数量程度、作业之间的相似程度，将作业进行合并。这样既满足了作业成本法对作业的需要，又降低了企业实施作业成本法的成本。譬如，企业同顾客签订销售合同过程中，电话费与通话时间相关，合同的打印费用与销售项目涉及的纸张数量相关，谈判过程中消耗的场地费与谈判时间相关，这些在实际作业确定过程中都一一被识别确定下来，但是企业与同一类顾客签订销售合同时耗费的成本通常相关不大，所以可以将其合并为一个作业，叫做顾客订货。

随着核算技术的发展，由作业细分带来的成本核算系统实施成本大大降低之后，也会适当地增加作业数目。决定作业数目的另外一个重要因素是不同行业和不同企业实际生产经营的复杂程度。生产经营越复杂，作业数目也就相应有所增加；反之，生产经营越简单，作业数目也就相应进行减少。

根据对天润公司的生产经营进行分析，确定其主要的作业，并对应每个作业建立作业池归集相应作业的成本，同时也确认了相应的成本驱动和作业计量。表 11 - 2 给出了最后确认的 5 个作业的作业池和作业计量。

表 11 - 2　天润公司作业池表

作业池	作业计量
顾客订货	顾客订货的次数（单位：次）
产品设计	产品设计的次数（单位：次）
产品数量	机器加工小时（单位：小时）
顾客关系	保持关系的顾客数量（单位：个）
其他*	不需要或没必要分配

*这部分一般为设备级作业，其成本由公司整体承担。

二、分配成本到作业池

在确定了作业、作业池之后，就面临将间接成本分配归集到相应的作业池中，这是作业成本法的一个核心步骤。正如我们所知，企业为了节约核算成本，其成本信息一般都是通过财务会计工作完成的。随着企业管理信息系统的发展，某些特殊的作业计量可以通过财务会计核算体系或自动化体系完成。

在科学测算和实地计量的基础上，天润公司各个作业池分配相关间接成本的比例如表 11 - 3 所示。

表 11 - 3　天润公司作业池分配比率表　　单位:%

间接成本类别		作业池					
		顾客订货	产品设计	产品数量	顾客关系	其他	合计
生产部门	间接人员工资	15	25	40	10	10	100
	机器设备折旧	5	15	60	5	15	100
	厂房租金	0	0	10	0	90	100
管理部门	管理人员工资	20	10	5	15	50	100
	办公设备折旧	30	10	0	20	40	100
	办公室租金	0	0	0	0	100	100
销售部门	销售人员工资	25	0	20	45	10	100
	销售费用	20	0	0	60	20	100
	运输费用	80	0	10	10	0	100

我们利用表11－1提供的天润公司的间接成本数量和表11－3提供的各作业池分摊比例，将天润公司的间接成本分配并归集到各个作业池中。表11－4给出了间接成本分配的结果。

表11－4　天润公司间接成本分配到作业池表

间接成本类别		作业池					
		顾客订货	产品设计	产品数量	顾客关系	其他	合计
生产部门	间接人员工资	90 000	150 000	240 000	60 000	60 000	600 000
	机器设备折旧	10 000	30 000	120 000	10 000	30 000	200 000
	厂房租金	0	0	10 000	0	90 000	100 000
管理部门	管理人员工资	60 000	30 000	15 000	45 000	150 000	300 000
	办公设备折旧	12 000	4 000	0	8 000	16 000	40 000
	办公室租金	0	0	0	0	30 000	30 000
销售部门	销售人员工资	50 000	0	40 000	90 000	20 000	200 000
	销售费用	10 000	0	0	30 000	10 000	50 000
	运输费用	32 000	0	4 000	4 000	0	40 000
	合计	264 000	214 000	429 000	247 000	406 000	1 560 000

至此，我们将天润公司的间接成本分摊到相应的作业池中，完成了作业成本法关于间接成本分配的第一个核心步骤。

三、根据作业计量计算作业率

在完成了上面的步骤之后，作业成本法的实施就需要根据在归集间接成本过程中获得的作业计量的具体数值来计算相应的作业率，以便把各个作业池中归集的成本分配到不同的成本对象中。表11－5给出了各个作业池的不同的作业率，其中各作业计量单位如表11－2所示。

表11－5　天润公司各作业池的作业率表

	归集的间接成本	作业计量表	作业率
顾客订货	264 000元	1 000次	264元/次
产品设计	214 000元	200次	1 070元/次
产品数量	429 000元	15 000小时	28.6元/次
顾客关系	247 000元	100个	2 470元/个
其他	406 000元	不分配	

这个步骤相对来说比较简单，其计算的精确度取决于前面间接成本分配到作业池中的数量和作业计量数的精确程度。如果这两个数值的精确度比较差，那么这个步骤所计算出的作业率也会存在一定的偏差。

四、将间接成本分配到成本对象

接下来，我们就要进行作业成本法第二个核心步骤：将间接成本分配到特定的成本对象中。为了更好地说明这个问题，我们选择天润公司三种不同的产品 A、B、C 来展开讨论。每种产品具体消耗的作业数、分配的间接成本可以通过表 11 -6 计算得出。

表 11 -6 特定产品分配得到的间接成本表

		作业率	消耗的作业数	分配得到的间接成本
产品A	顾客订货	264 元/次	20 次	5 280 元
	产品设计	1 070 元/次	3 次	3 210 元
	产品数量	28.6 元/小时	1 000 小时	28 600 元
	顾客关系	2 470 元/个	5 个	12 350 元
	合计	49 440 元		
产品B	顾客订货	264 元/次	50 次	13 200 元
	产品设计	1 070 元/次	5 次	5 350 元
	产品数量	28.6 元/小时	2 000 小时	57 200 元
	顾客关系	2 470 元/个	7 个	17 290 元
	合计	93 040 元		
产品C	顾客订货	264 元/次	100 次	26 400 元
	产品设计	1 070 元/次	10 次	10 700 元
	产品数量	28.6 元/小时	1 500 小时	42 900 元
	顾客关系	2 470 元/个	15 个	37 050 元
	合计	117 050 元		

从表 11 -6 可以看出，当天润公司以产品种类作为成本归集成本对象时，我们就将间接成本分配到各个产品种类中。如果天润公司选取其他的成本对象，如某个特定的客户，那么间接成本分配也会有所不同。表 11 -7 给出了将某个特定客户作为成本核算对象的间接成本分配的结果。

表 11－7　某特定产品分配得到的间接成本表

	作业率	消耗的作业数	分配得到的间接成本
顾客订货	264 元/次	200 次	52 800 元
产品设计	1 070 元/次	30 次	32 100 元
产品数量	28.6 元/小时	4 000 小时	114 400 元
顾客关系	2 470 元/个	1 个	2 470 元
合计	201 770 元		

在表 11－6 和表 11－7 的基础上，我们把相应的直接成本加入其中，就可以得出特定的成本对象所分配的全部成本。

五、准备管理报告

在完成把间接成本分配到特定的成本对象后，企业还需要准备相应的管理报告，以便于衡量不同的成本对象对企业经营业绩产生的影响。从前面章节可知，我们将使用变动成本法下的利润表形式来计算各个成本对象的单位成本、边际贡献、获利能力等指标。这里不再重复前面章节的内容，仅仅在表 11－6 中给出产品数据，计算每个产品的单位成本，如表 11－8 所示。

表 11－8　某特定产品的单位成本表

	总的间接成本（元）	生产数量（个）	单位间接成本（元/个）	单位直接成本（元/个）	单位成本（元/个）
产品 A	49 440	100	494.40	150	644.40
产品 B	93 040	160	581.50	240	821.50
产品 C	117 050	50	2 341.00	280	2 621.00

运用作业成本法的计算，我们可以获得更为准确的成本信息，可以把传统成本法认为固定部分的成本继续加以细分，成为变动部分。这样，也使得对间接成本的分配更加精确和有效。

通过上述五个基本步骤，企业完成了作业成本法的分析、实施、计算等相关内容。在以后的部分中，我们将会继续讨论这些步骤在实施中会遇到的其他问题和注意事项。

六、作业成本计算的例解

一个企业成本动因的数量多少与企业生产经营过程的复杂程度密切相关。企业生产经营过程越复杂，其成本动因就越多。在高新技术蓬勃发展的今天，成本动因的数量也日趋增加。但是，并非所有的成本对象都耗用同样数量的作业量，而且它们的成本动因也各不相同。在计算成本对象的成本时，如果忽视这一点，简单地以直接人工成本等作为制造费用分配标准，将会导致成本信息的扭曲。

作业成本计算克服了单纯以直接人工成本等标准分配制造费用的局限性，缩小了制造费用的分配范围（由整个企业统一分配改为由若干个“成本库”分别进行分配），增加了制造费用分配标准（由单一标准改为多元标准），即按引起制造费用发生的各种成本动因进行分配。由于所选择的成本动因最能代表各成本库的作业活动，因此可以避免成本对象的成本扭曲。

由于生产成本中的直接材料成本和直接人工成本属于直接成本，因此作业成本计算对直接材料成本和直接人工成本的核算方法与传统的成本计算方法并无不同。其特点主要体现在制造费用的分配上。

为了说明问题，下面以产品成本计算为例，说明作业成本计算与传统成本计算方法的计算原理并分析其差异。

例 11－2　某企业同时生产 A、B 和 C 三种产品。其中，A 产品是老产品，已经有多年的生产历史，比较稳定。每批大量生产 10 000 件以备顾客订货的需要，年产 A 产品 120 000 件；B 产品是应顾客要求改进的产品，每批生产 100 件，年产 B 产品 60 000 件；C 产品是一种新的复杂产品。每批生产 10 件，年产 C 产品 12 000 件。

有关三种产品生产成本资料如表 11－9 所示。

表 11－9　某企业产品生产成本表　　单位：元

成本项目	A 产品	B 产品	C 产品	合　计
直接材料	600 000	360 000	96 000	1 056 000
直接人工	240 000	120 000	36 000	396 000
制造费用	1 200 000	600 000	180 000	1 980 000
合　计	2 040 000	1 080 000	312 000	3 432 000

根据表 11－9，按传统成本计算方法，某企业 A、B 和 C 三种产品的单位成本计算结果如表 11－10 所示。

表 11－10　某企业产品生产单位成本表　　单位：元

成本项目	A 产品（120 000 件）	B 产品（60 000 件）	C 产品（12 000 件）
直接材料	5.00	6.00	8.00
直接人工	2.00	2.00	3.00
制造费用	10.00	10.00	15.00
合　计	17.00	18.00	26.00

在传统成本计算法下，制造费用以直接人工成本为基础，它是直接人工成本的 500%。根据作业成本计算，依据不同的成本库，归集制造费用如表 11－11 所示。

表 11－11　依据成本库归集的制造费用表　　单位：元

制造费用项目	数　额
间接人工：	
整备工作	320 000
材料处理	280 000
检验人员	200 000
采购人员	210 000
产品分类人员	100 000
工厂管理人员	160 000
小计	1 270 000
其他制造费用：	
热和照明	80 000
房屋占用	190 000
材料处理、设备折旧	80 000
机器能量	140 000
供应商（检验）	70 000
供应商（购买）	60 000
供应商（产品分类）	40 000
供应商（全面管理）	50 000
小计	710 000
合　计	1 980 000

进一步假设有的成本动因资料如下：

（1）A、B、C 产品的单位机器小时比例分别为 1∶1.5∶3.5。

（2）每批次需要一次标准的整理准备工作。

（3）每批标准检验单位为：A 产品每批 50 件；B 产品每批 5 件；C 产品每批 2 件。

（4）A、B、C 产品每批材料移动次数分别为 25、50 和 100。

（5）A、B、C 产品每件购货订单数分别为 200、400 和 1 400。

（6）A、B、C 产品每件产品分类次数分别为 50、75 和 200。

根据上述资料，按照单位作业、批作业、产品作业和能量作业四个作业层次分配制造费用如下：

1. 单位作业层次

（1）直接材料成本与直接人工成本的计算与传统成本计算法相同。

（2）机器能量成本按一定比率分配到产品生产线。其计算过程如表 11－12 所示。

表 11－12 机器能量成本分配表

产品名称	数量（件）	使用比例	合 计	分配率	分配额（元）
产品 A	120 000	1	120 000	0.56	66 700
产品 B	60 000	1.5	90 000	0.56	50 000
产品 C	12 000	3.5	42 000	0.56	23 300
合 计	—	—	252 000	0.56	140 000

注：本表的分配率根据四舍五入取小数点后两位列示，分配额根据四舍五入取整列示。

2. 批作业层次

（1）检验成本按检验次数分配。其计算过程如表 11－13 所示。

表 11－13 检验成本分配表

产品名称	批 量	每批检验数	合 计	分配率	分配额（元）
产品 A	12	50	600	45.00	27 000
产品 B	600	5	3 000	45.00	135 000
产品 C	1 200	2	2 400	45.00	108 000
合 计	—	—	6 000	45.00	270 000*

注：检验成本：检验人员工资 200 000 元＋供应商（检验）70 000 元。

（2）材料处理成本以材料移动次数为基础分配。其计算过程如表 11－14 所示。

表 11－14 材料处理成本分配表

产品名称	批 量	每批移动次数	合 计	分配率	分配额（元）
产品 A	12	25	600	2.40	720
产品 B	600	50	3 000	2.40	71 856
产品 C	1 200	100	2 400	2.40	287 424
合 计	—	—	6 000	2.40	360 000

* 本表的分配率根据四舍五入取小数点后两位列示，分配额根据四舍五入取整列示。

（3）整备成本以每批整备次数为基础分配。其计算过程如表 11－15 所示。

表 11－15 整备成本分配表

产品名称	每批整备次数	分配率	分配额（元）
产品 A	12	176.60	2 120
产品 B	600	176.60	105 960
产品 C	1 200	176.60	211 920
合 计	1 812	176.60	320 000

注：本表的分配率根据四舍五入取小数点后两位列示，分配额根据四舍五入取整列示。

3. 产品作业层次

（1）购买成本以购货订单为基础分配。其计算过程如表 11－16 所示。

表 11－16　购买成本分配表

产品名称	购货订单数量	分配率	分配额（元）
产品 A	200	135.00	27 000
产品 B	400	135.00	54 000
产品 C	1 400	135.00	189 000
合　计	2 000	135.00	270 000*

* 购买成本：购买人员工资 210 000 元＋供应商（购买）60 000 元。

（2）产品分类成本以分类次数为基础分配。其计算过程如表 11－17 所示

表 11－17　分类成本分配表

产品名称	购货订单数量	分配率	分配额（元）
产品 A	50	430.77	21 540
产品 B	75	430.77	32 310
产品 C	200	430.77	86 150
合　计	325	430.77	140 000*

* 分类成本：分类人员工资 100 000 元＋供应商（产品分类）40 000 元。

注：本表的分配率根据四舍五入取小数点后两位列示，分配额根据四舍五入取整列示。

4. 能量作业层次

能量作业层次以主要成本（直接材料成本＋直接人工成本）为基础分配。其计算过程如表 11－18 所示。

表 11－18　主要成本分配表

产品名称	单位主要成本	产品数量	主要成本	分配率	分配额（元）
产品 A	7.00	120 000	840 000	0.33	277 686
产品 B	8.00	60 000	480 000	0.33	158 678
产品 C	11.00	120 000	132 000	0.33	43 636
合　计	—	—	1 452 000	0.33	480 000*

* 能量成本：

工厂管理人员工资	160 000 元
照明和热动力费用	80 000 元
房屋占用费	190 000 元
供应商（全面管理）	50 000 元
合　计	480 000 元

注：本表的分配率根据四舍五入取小数点后两位列示，分配额根据四舍五入取整列示。

综合上述计算结果，根据作业成本计算，各种产品的总成本和单位成本汇总如表11－19所示。

表11－19　某企业产品生产成本表　　单位：元

项　目	产　品					
	A		B		C	
	单位成本	总成本	单位成本	总成本	单位成本	总成本
1. 单位作业层次						
直接材料	5.00	600 000	6.00	360 000	8.00	96 000
直接人工	2.00	240 000	2.00	120 000	3.00	36 000
机器能量	0.56	66 700	0.83	50 000	1.94	23 300
小计	7.56	906 700	8.83	530 000	12.94	155 300
2. 批作业层次						
检验	0.23	27 000	2.25	135 000	9.00	108 000
材料处理	0.01	720	1.20	71 856	24.00	287 424
整备	0.02	2 120	1.77	105 960	17.66	211 920
小计	0.26	29 840	5.22	312 816	50.66	607 344
3. 产品作业层次						
购买	0.23	27 000	0.90	54 000	15.75	189 000
产品分类	0.18	21 540	0.54	32 310	7.18	86 150
小计	0.41	48 540	1.44	86 310	22.93	275 150
4. 能量作业层次						
全面管理	2.31	277 686	2.64	158 678	3.63	43 636
合　计	10.54	1 262 766	18.13	1 087 804	90.16	1 081 430

表11－9与表11－19的计算结果显示了传统成本计算法与作业成本计算的区别。作业成本计算除了提供更为详细的成本信息外，其所确定的成本数额也与传统成本计算法大不相同。在本例中，A产品和C产品的差别尤其明显。A产品是一种稳定大批量生产的产品，其单位成本几乎是传统成本计算法的一半（10.54元与17.00元）；而C产品是种技术较高、小批量生产的产品，其单位成本大约是传统成本计算法的3.5倍(90.16元与26.00元)。事实上，以直接人工成本为基础的传统成本计算法导致A产品补贴了C产品（即成本转移）。导致这种结果的主要原因在于，传统成本计算法采用单一分配标准进行制造费用的分配，忽视了各种产品生产的复杂性和技术含量不同以及与此相联系的作业量不同。相比之下，传统成本计算相关性较弱，而作业成本计算考虑了引起制造费用发生的具有代表性的各种成本动因，并以此为基础分配制造费用，因此，它能较合理地反映高新技术环境下各种产品的成本。

第三节　作业成本计算与传统成本计算法的比较

作业成本计算与传统成本计算的区别主要体现在制造费用分配上。

传统成本计算法通过两个层次分配间接费用。企业发生的间接费用（主要是制造费用）首先归集到费用（主要是制造费用）账户，然后再根据一定标准分配到产品。这其中隐含着“产品消耗资源”的假设。资源消耗量直接分配到产品，形成产品成本。从表面上看，这合乎逻辑，无懈可击。其实，仔细地观察，我们不难发现它掩盖了作业在资源转化为产品过程中的作用这个实质问题。实际上，作业是资源转换为产品必不可少的关键环节。然而，在传统成本计算方法下，这却是一个“黑箱”。尽管作业成本计算也采用两个层次分配间接费用（除了制造费用之外，还包括其他间接费用），但它以成本动因为媒介，从而打开了传统成本计算法的“黑箱”，不再是一步将资源越过作业分配到产品。因此，传统成本计算法忽视了各种产品生产的复杂性和技术含量的不同以及与此相联系的作业量不同。而作业成本的计算考虑了引起间接费用发生的各种成本动因，并以此为基础分配间接费用，因此它能提供较为相关的成本信息。可见，对比传统成本计算法，作业成本计算提高了成本信息的相关性。

然而，作业成本计算的意义远不止于此。传统成本计算只是为了存货估价而将已发生的费用分配到成本计算对象，而作业成本的计算则是为了管理决策，改进企业经营过程而将已发生的费用分配到成本对象。这点可以从作业成本计算的“二维”观念得到进一步说明。

作业成本计算是一个“二维”的观念：成本分配观（cost assignment view）和流程分析观（process view）。具体如图 11－3 所示。

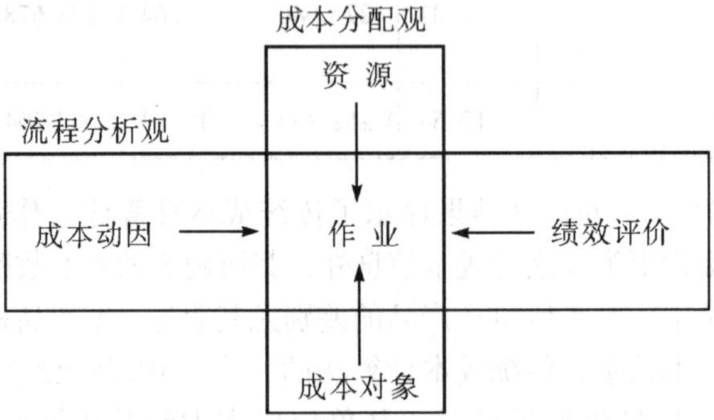

图 11－3　作业计算的“二维”观念

图 11－3 的垂直部分，反映了成本分配观。它说明成本对象引起作业需求，而作业需求又引起资源的需求，这是成本分配的“资源流动”。成本分配观的“成本流动”却恰好相反，它从资源到作业，而后从作业到成本对象。成本分配观从“成本流动”与“资源流动”两个侧面全面地提供有关资源、作业和成本对象的信息。图 11－3 的水平部分，反映了流程分析观。它为企业提供有关何种原因引起作业（成本动因）以及作

业完成得如何（绩效评价）的信息。作业成本计算从纵横两个侧面为企业改进作业链、减少作业耗费、提高作业效益提供了信息。

综上所述，作业成本计算使企业从以“产品”为中心转移到以“作业”为中心上来，不仅能克服传统成本计算的许多固有缺陷，提供较为合理的成本信息，而且更重要的是，作业成本计算不只对最终成本对象的成本进行控制，“就成本论成本”，而是把着眼点与着重点放在成本发生的前因和后果上，以作业为核心，以资源流动为线索，以成本动因为媒介，通过对所有作业活动进行跟踪动态反映，对最终成本对象形成过程中所发生的作业成本进行有效控制。如此，作业成本计算就具有管理意义。它进一步展示产品或服务本身的获利能力。这样，作业成本计算可以更好地发挥决策、计划和控制作用，使企业处于不断改进的环境之中。因此，与其说作业成本计算是一种先进的成本计算方法，不如说是一种实现成本前馈控制与反馈控制相结合、成本计算与成本管理相结合的“全面成本管理系统”。作业成本计算的产生为成本管理提供一种新思维：作业成本管理（activity-based cost management，ABCM）。同时，它也对整个会计信息系统产生了一定的影响，展示了成本计算方法由“数量基础”到“作业基础”的最新进展。作业成本计算的产生可以视为成本会计发展的一次革命。作业成本计算体现了战略思维。我国企业应根据生产经营环境的变化和企业本身的具体条件，适时地推广和运用作业成本计算，提高成本信息的决策有用性。

本章小结

本章主要讲述了一种先进的成本核算方法——作业成本法。作业成本法与传统的成本核算方法的最根本不同就是，使用多种分配基础分配归集间接成本。具体说来，相对于传统的成本核算方法，作业成本法通过对企业生产经营流程进行细致的作业区分，针对不同作业的成本动因，设计成本分配基础，完成间接成本分析的工作。

作业成本法涉及一些重要的概念，如作业、作业池、驱动、作业计量和作业率等。在掌握这些基本概念后，企业就可以通过两个关键步骤完成作业成本法的设计和实施：①将成本根据不同的作业归集到相应的作业池中；②将不同作业池中归集的成本分配到相应的成本对象上。为了更好地设计和实施作业成本法，企业还要将步骤细化；①确定作业和作业池；②分配成本到作业池；③根据作业计量计算作业率；④将间接成本分配到成本对象；⑤准备管理报告。

相对于传统的简单分配标准的成本核算系统，作业成本法提供了更为精确的成本信息，这不仅满足了企业生产经营管理对成本信息质量的要求，还为企业制定有效的经营决策提供了必要保证。与此同时，不仅要考虑作业成本法的优点，还要考虑其主要的缺点，作业成本法最大的缺点就是设计实施成本过高。除设计实施成本之外，作业成本法还面临着许多需要解决的问题：①作业成本法设计期间的主要问题，包括高层管理者的鼎力支持、多种专业人士和基层工作者共同参与、必须注意实施过程中的协调和激励等问题；②如何确定作业的数量；③不同级别作业的使用方法。并且，作业成本法还涉及作业管理、服务部门成本分配和在服务行业应用的内容，这些也是作业成本法的重要内容。

在当今制造环境下，传统的成本管理方法受到猛烈冲击。作业成本计算法的运用克服了传统成本计算法的缺陷。它以成本信息的决策相关性作为理论基点，其原理是"作业消耗资源，产品消耗作业"。

作业成本计算法可提供更详细的信息。作业成本计算法以作业为中心，而作业的划分是从产品设计开始到物料供应，从生产工艺流程（各车间）的各个环节、质量检验、组装到发运、销售的全过程。

作业成本计算法下的成本计算程序为：首先确认作业中心，将资源耗费价值归集到各作业中心；其次，确认作业，将作业中心汇集的各资源耗费价值予以分解并分配到各作业成本库中；最后，将各作业成本库价值分配计入最终产品成本计算单，计算完工产品或劳务成本。

练习题

一、单项选择题

1. 企业生产经营过程中各项独立并相互联系的活动是指（　　）。
   A. 作业链　　B. 价值链　　C. 作业　　D. 作业管理
2. 在下列各项中，属于作业成本法中成本性态的是（　　）。
   A. 成本动因与成本之间的依存关系　　B. 成本与业务量之间的关系
   C. 成本与生产之间的关系　　D. 成本与作业之间的关系
3, 下列各项中，属于满足客户需求所必需的作业是（　　）。
   A. 非增值作业　　B. 增值作业　　C. 作业链　　D. 资源动因
4. 单位层作业的作业成本的高低与产品产量（　　）。
   A. 成反比例变动　　B. 成正比例变动
   C. 没有关系　　D. 时而成正比例变动，时而无关
5. 要想降低批量层作业成本，只能设法减少（　　）。
   A. 作业的批数　　B. 变动成本　　C. 单位成本　　D. 总成本
6. 能够为企业整体服务，与企业整体管理水平有关的作业是指（　　）。
   A. 单位层作业　　B. 批量层作业　　C. 公司层作业　　D. 产品层作业
7. 下列各项中，属于机器调整作业动因的是（　　）。
   A. 产品设计　　B. 生产批次　　C. 批量层作业　　D. 产品层作业
8. 所谓生产能力层作业就是指（　　）。
   A. 单位层作业　　B. 产品层作业　　C. 公司层作业　　D. 批量层作业
9. 下列各项中，属于传统成本控制的对象是（　　）。
   A. 作业链　　B. 成本项目　　C. 价值链　　D. 资源动因
10. 下列各项中，能够反映作业量与资源耗费之间因果关系的是（　　）。
   A. 资源动因　　B. 产品动因　　C. 作业动因　　D. 成本动因

二、多项选择题

1. 在作业管理下，进行成本性态分析可依据成本动因将全部成本划分为（　　）。
   A. 短期变动成本　　B. 短期固定成本
   C. 长期变动成本　　D. 混合成本
   E. 长期固定成本
2. 成本动因按其在作业成本中体现的分配性质不同，可以分为（　　）。
   A. 资源动因　　B. 作业动因　　C. 产品动因
   D. 需求动因　　E. 价格动因
3. 下列各项中，可以揭示作业管理与传统成本控制区别的表述有（　　）。
   A. 成本控制的对象不同　　B. 成本控制的性质不同
   C. 研究范围不同　　D. 成本改进的侧重点不同
   E. 分析内容不同
4. 在理想状态下，企业生产经营过程中的增值作业为（　　）。
   A. 产品设计　　B. 存货中的存储　　C. 产品加工
   D. 产品交付　　E. 机器维修停工
5. 下列各项中，属于公司层作业的有（　　）。
   A. 产品设计　　B. 产品介绍　　C. 人事管理
   D. 一般管理　　E. 机器调整
6. 下列各项中，属于作业成本计算与传统成本计算明显区别的有（　　）。
   A. 以作业中心来归集资源费用　　B. 采用多元化的制造费用分配标准
   C. 不计算产品成本　　D. 计算作业消耗
   E. 进行作业管理
7. 下列各项中，属于作业价值分析具体内容的包括（　　）。
   A. 资源动因价值分析　　B. 作业动因价值分析
   C. 作业链的连接价值分析　　D. 增值作业的确认
   E. 非增值作业的消除
8. 作业按其等级不同可能分为（　　）。
   A. 单位层作业　　B. 批量层作业
   C. 产品层作业　　D. 公司层作业
   E. 上层作业
9. 下列各项中，属于批量层作业的有（　　）。
   A. 机器调整　　B. 产品设计　　C. 机器小时
   D. 产品检验　　E. 订单处理
10. 下列各项中，可以作为直接人工作业动因的是（　　）。
   A. 生产批次　　B. 机器小时　　C. 检验次数
   D. 订单份数　　E. 人工小时

三、判断题

1. 作业管理是指以产品需要为出发点，以产品分析为核心的一种先进的成本管理方式。（　）
2. 本期发生的生产调度成本，其成本动因是生产批次。（　）
3. 资源动因能够反映产品产量与作业成本之间的因果关系。（　）
4. 作业中心是指将各种资源耗费项目按同一作业动因归集起来的成本类别。（　）
5. 作业成本法对间接成本不是按各种产品的工时分配，而是按各产品所消耗的作业量比例分配到产品成本中。（　）
6. 作业成本计算法认为，产品直接消耗资源。（　）
7. 实施作业管理必须首先分析客户的需求，分析作业链的构成。（　）
8. 如果某项作业对客户来说是不必要的，那么必须千方百计地将其消除。（　）
9. 产品层作业与正在生产的产品产量相关。（　）
10. 作业成本计算法下的产品成本是完全成本。（　）

四、计算分析题

1. 某电器生产企业生产 A、B 两种产品，有关资料如下：

A、B 两种产品的基本资料见表 11－20。

表 11－20　A、B 两种产品的基本资料

产品名称	月产量（件）	单位产品机器小时（机器小时/件）	直接材料单位成本（元/件）	直接人工单位成本（元/件）
A	100	2	10	20
B	400	2	25	10

企业每年制造费用总额为 10 000 元，A、B 两种产品复杂程度不同，耗用的作业量也不一样。有五个与制造费用相关的作业，有关资料见表 11－21。

表 11－21　制造费用作业成本资料

作业名称	成本动因	作业成本（元）	作业动因		
			A 产品	B 产品	合计
原料进货	进货次数（次）	2 000			
订单处理	生产订单份数（份）	1 000			
机器调整准备	机器调整准备次数（次）	800			
机器运行	机器小时数（小时）	5 000			
质量检验	检验次数（次）	1 200			
合　计		10 000			

要求：分别用作业成本计算法与传统成本计算法计算上述两种产品的单位成本。

2. 某小型企业为客户订制产品（部分零件购买，部分零件按客户需要加工），企业现有员工20人，按加工和装配两个中心组织生产，加工中心月生产能力800小时，装配中心月生产能力1 000小时。

企业本月生产规划作业资料见表11－22、表11－23、表11－24、表11－25。

表11－22　本月生产作业规划

名　称	数量（件）	单位材料定额	需用工时定额		完成状况
			加工	装配	
产品A	100	46	2.5	40	完工
产品B	10	336	50	50	完工

表11－23　本月资源耗费计算表

资源项目	材　料	工　资	动　力	折　旧	办　公	合　计
金额（元）	8 000	10 000	500	3 000	2 000	23 500

表11－24　主要参数及韧性费用表

参数或费用＼作业	订　单	计　划	采　购	加　工	装　配	搬　运	厂　部	合　计
人员编制（人）	1	1	2	5	7	1	3	20
耗电度数（度）	20	60	20	500	200	100	100	1 000
折旧费（元）	200	200	300	1 000	500	500	300	3 000
办公费（元）	200	200	300	200	200	100	800	2 000

表11－25　作业衡量参数表

作业名称	作业动因	衡量参数	产品消耗		
			产品A	产品B	其　他
订　单	订单份数（份）	10	1	1	8
计　划	计划次数（次）	4	1	1	2
采　购	采购次数（次）	10	9	1	0
加　工	加工小时（小时）	750	250	500	0
搬　运	搬运次数（次）	25	20	5	0
装　配	装配小时（小时）	900	400	500	0
厂　部	价　值				

要求：用作业成本计算产品A和产品B的总成本和单位成本。

五、案例分析

厦门三德兴公司作业成本法的实施

（一）企业背景及问题的提出

厦门三德兴公司为生产硅橡胶按键的企业，主要给遥控器、普通电话、移动电话、计算器和电脑等电器设备提供按键。1985 年 11 月开始由新加坡厂商在厦门设厂生产，1999 年为美国 ITT 工业集团控股。厦门三德兴公司年总生产品种约 6 000 种，月总生产型号 300 多种，每月总生产数量多达 2 000 万件，月产值为人民币 1 500 万元，员工约 1 700人。企业的生产特点为品种多、数量大、成本不易精确核算。

厦门三德公司在成本核算和成本管理方面大致经过两个阶段：

第一阶段（1980—1994 年）：无控制阶段。1994 年以前，国内外硅橡胶按键生产行业的竞争很少，基本上属于一个卖方市场，产品的质量和价格完全控制在生产商手里，厦门三德兴公司作为国内主要的硅橡胶按键的生产商之一，在生产管理上最主要的工作是如何尽可能地增加产量，基本上没有太多地考虑成本核算与成本管理的问题。

第二阶段（1994—2000 年底）：传统成本核算阶段。从 1994 年开始，一方面，硅橡胶按键行业的竞争者增多，例如台湾大洋、旭利等企业的加入；另一方面，由于通信电子设备的价格下降，硅橡胶按键产品的价格也不断下降，1994 年硅橡胶按键价格跌了近 20% 。硅橡胶按键行业逐渐变为买方市场。成本核算问题突出表现出来，此时公司才开始意识到成本核算问题的重要性。在这个阶段，公司主要采用传统成本法进行核算，即首先将直接人工和直接原材料等打入产品的生产成本里，再将各项间接资源的耗费归集到制造费用账户，然后再以直接人工作为分配基础对整个制造过程进行成本分配，分配率的计算公式为：

分配率 = 单种产品当月所消耗的直接人工 ÷ 当月公司消耗的总直接人工

由此分配率可得到各产品当月被分配到的制造成本，再除以当月生产的产品数量，从中可以得到产品的单位制造成本，将单位制造成本与直接原材料和直接人工相加即得到产品的单位生产总成本。企业简单地将产品的单位总成本与产品单价进行比较，从中计算出产品的盈亏水平。

1997 年下半年的亚洲金融风暴造成整个硅橡胶按键市场需求量的大幅下降，硅橡胶按键生产商之间的竞争变得异常激烈，产品价格一跌再跌，产品价格已经处在产品成本的边缘，稍不注意就会亏本，因此，对订单的选择也开始成为一项必要的决策。厦门三德兴公司的成本核算及管理变得非常重要和敏感。此时，硅橡胶按键已经从单纯的生产过程转向生产和经营过程，一方面，生产过程复杂化了，厦门三德兴公司每月生产的产品型号多达数百种，且经常变化，每月不同，其中消耗物料达上千种，工时或机器台时在各生产车间很难精确界定，已经无法按照传统成本法对每个产品分别进行合理、准确的成本核算，也无法为企业生产决策提供准确的成本数据；另一方面，企业中的行政管理、技术研究、后勤保障、采购供应、营销推广和公关宣传等非生产性活动大大增加，为此类活动而发生的成本在总成本中所占的比重不断提高，而此类成本在传统成本法下又同样难以进行合理分配。如此一来，以直接人工为基础来分配间接制造费用和非生产成本的传统成本法变得不适用，公司必须寻找其他更为合理的成本核算和成本管理方法。

（二）作业成本法在企业的实际运用

厦门三德兴公司实施作业成本法主要包括以下三个步骤。

1. 确认主要作业，明确作业中心

作业是企业内与产品相关或对产品有影响的活动。企业的作业可能多达数百种，通常只能对企业的重点作业进行分析。根据厦门三德兴公司产品的生产特点，从公司作业中划分出备料、油压、印刷、加硫和检查等五种主要作业。其中，备料作业的制造费用主要是包装物，油压作业的制造费用主要是电力的消耗和机器的占用，印刷作业的成本大多为与印刷相关的成本与费用，加硫作业的制造费用则主要为电力消耗，而检查作业的成本主要是人工费用。各项制造费用先后被归集到上述五项作业中。

2. 选择成本动因，设立成本库

成本库按作业中心设置，每个成本库代表它所在的作业中心由作业引发的成本。成本库按照某一成本动因解释其成本变动。这当中成本动因的选择非常重要，成本动因是一项作业产出的定量计算。通常成本动因的选择可以从两个方面来考虑，一是作业的层次，二是驱动的特点。所谓层次指作业概念中的单位作业、批作业和产品作业等构成；所谓驱动指产品消耗作业的性质。驱动一般包括经济业务驱动、期间驱动、密度或直接收费驱动等。其中经济作业驱动指依作业发生的频率来计量的驱动；期间驱动指用完成每一项作业所花费的时间来计量的驱动；密度或直接收费驱动则指根据每次完成一项作业所实际消耗的资源来计量的驱动。

在厦门三德兴公司备料、油压、印刷、加硫和检查等五项主要作业里，确认的成本动因如下：

（1）备料作业。该作业很多工作标准或时间的设定都是以重量为依据。因此，该作业的制造成本与该作业产出半成品的重量直接相关，也就是说，产品消耗该作业的量与产品的重量直接相关。所以以产品的重量作为该作业的成本动因。

（2）油压作业。该作业的制造成本主要表现为电力的消耗和机器的占用，这主要与产品在该作业的生产时间有关，即与产品消耗该作业的时间有关。因此，以油压小时作为该作业的成本动因。

（3）印刷作业。从工艺特点来看，该作业主要与印刷的道数有关，因此，以印刷道数作为该作业的成本动因。

（4）加硫作业。该作业有两个特点，一方面，该作业的制造成本主要为电力消耗，而这与时间直接相关；另一方面，该作业产品的加工形式为成批的形式，因此，以批产品的加硫小时作业为该作业的成本动因。

（5）检查作业。该作业以人工为主，而厦门三德兴公司的工资以绩效时间为基础，因此，以检查小时作为该作业的成本动因。

此外，厦门三德兴公司还有工程部、品管部以及电脑中心等基础作业，根据公司产品的特点，产品直接原材料的消耗往往与上述基础作业所发生的管理费用没有直接相关性，所以基础作业的分配中没有选择直接原材料，而是以直接人工为基础予以分配。

3. 计算最终产品成本

根据所选择的成本动因，对各作业的动因量进行统计，再根据该作业的制造费用求出各作业的动因分配率，将制造成本分配到相应的各产品中去。然后根据各产品消耗的动因量算出各产品的总作业消耗及单位作业消耗。最后将所算出的单位作业消耗与直接原材料和直接人工相加得出各个产品的实际成本。

（三）传统成本法与作业成本法的计算结果比较

依据上述计算步骤，以2000年9月的生产数据为基础，对378种型号的产品分别核算其产品成本。表11－26和表11－27分别列出两组主要有代表性的计算结果。其中，表11－26为根据传统成本法计算亏本，而经作业成本法重新计算并没有亏本的产品型号；表11－27为在传统成本法下没有亏本，而按作业成本法再计算却显示为亏本的产品型号。

表11－26　产品成本计算比较表　　价值单位：美元

产品型号	单价	生产数量	传统成本法		作业成本法	
			单位成本	单位利润	单位成本	单位利润
3DS06070ACAA	0.12	385 233	0.1207	－0.0007	0.11	0.01
3DS06070AEAA	0.12	434	0.1207	－0.0007	0.11	0.01
7505832X01	0.34	424 376	0.36	－0.02	0.31	0.03

表11－27　产品成本计算比较表　　价值单位：美元

产品型号	单价	生产数量	传统成本法		作业成本法	
			单位成本	单位利润	单位成本	单位利润
EUR51CT785H	0.05	25	0.03	0.02	0.07	－0.02
3DS07260ACAA	0.19	3 015	0.02	0.17	0.47	－0.38
UR51CT984E	0.06	103	0.04	0.02	0.24	－0.18
ST－3000	0.04	1 519	0.038	0.002	0.043	－0.003
3104－207－73731	0.11	456	0.07	0.04	0.20	－0.09
3104－207－68052	0.16	1 533	0.12	0.04	0.18	－0.02
3139－227－64762	0.09	210	0.06	0.03	0.22	－0.13
3135－013－0211	0.09	68	0.07	0.02	1.99	－1.90
20578940	0.41	12	0.14	0.27	0.64	－0.23
BHG420008A	0.11	401	0.06	0.05	0.112	－0.002

通过作业成本法的核算不难看出：

（1）传统成本法对成本的核算与作业成本法对成本的核算有相当大的差异。作业成本法是根据成本动因将作业成本分配到产品中去，而传统成本法则是用数量动因将成本分配到产品里。

（2）在传统成本法下完全无法得到的各作业单位和各产品消耗作业的信息却可以在作业成本法中得到充分的反映。公司从而可以分析在那些亏本的产品型号中，究竟哪些作业的使用偏多，进而探讨减少使用这些作业的可能。

（3）对于在传统成本法中核算为亏本而在作业成本法下不亏本的产品型号，可以通过作业成本法来了解成本分配的信息。

（4）通过作业成本法的计算，可以了解在公司总的生产过程中，哪一类作业的消耗最多，哪一类作业的成本最高，从而知道从哪个途径来降低成本，提高生产效率。根据各作业中心成本分配数字表明，该公司油压作业的单位动因成本最高，其作业的总成本也最大，印刷作业的成本动因量及作业总成本次之。这样，公司在今后应对这两个作业从不同的角度予以改善，比如通过增加保温，减少每小时电力消耗的方法来降低油压作业每小时作业的成本；通过合并工序来减少印刷作业的动因量。如此，通过加强成本核算与成本管理把企业的管理水平提高到作业管理层次上来。

（四）厦门三德兴公司实施作业成本法的体会

（1）动因的选择不必求全，但应该找到最重要的、与主要成本花费相关的关键因子。该公司实施作业成本法的最初，试图找出与所有成本耗用均相关的成本动因，但经多方面尝试后证明该做法是不可能的，在一个独立的作业中不可能所有的耗费都与同一个成本动因成正比。之后，该公司转而试图将作业做进一步的细分，但随即发现如此一来将会有非常多的作业，在实际生产中要统计这些作业也是困难重重。经反复探讨并仔细研究作业成本法的原理后，最终采用以下方法：先选择出相对独立的、对产品的形成影响较大的主要作业，然后再确定作业中与主要的成本消耗相关性较大的成本动因。这一做法虽然会在一定程度上降低成本核算的准确度，但正如卡普兰教授和阿特金森教授所指出的，一个合理的作业成本制度的目标不是拥有最准确的成本计量方法，如果把一个产品实际的成本消耗看作是靶的中心，一个相对简单的制度只要能始终如一地击中靶的中环和外环就可以算得上准确。而传统的成本制度实际上从来没有击到过靶，甚至连放靶的墙也没有击到。

（2）成本动因的选择可采取多元化的方式，注意与传统成本核算系统相结合。事实上，作业成本法与传统成本法并不是相互排斥的，它是在解决传统成本法存在问题的基础上对传统成本法的发展。例如该公司在选择备料成本动因时，就选取了“备料重量”这一通常在传统成本法里使用的分配因子，这有助于提高成本核算的准确性和合理性。

（3）实施作业成本法必须要以完善的计算机系统为基础。厦门三德兴公司原材料消耗的种类以及生产的产品品种都较多，如果没有计算机系统的支持，实施作业成本法几乎是完全不可能的。该公司的计算机已实现网络连接，并建立配方库、标准库等基础数据系统，已按管理信息系统建立了独立的核算系统，具有数据处理中心及形成相应的信息。

（4）在当今日益激烈的竞争环境里，企业能否生存及获得发展的关键之一就在于能否以较小的投入获得较高的收益。在给定投资决策的前提下，成本核算与成本管理成为企业能否获利的一项重要决定因素。谁成本控制得好，谁就能以相对较低的价格获得竞争优势。而成本控制的前提之一在于获得正确的成本信息，只有正确地掌握产品各类成本的构成及来源，才能有效地控制成本。但在传统成本法下，企业各项间接性的成本大都以直接人工或机器小时等为标准分配到各产品中去，对于像厦门三德兴公司这类原材料和产品品种数量繁多、差异又大的企业而言，传统的成本分配方法非常不准确。它提供了产品成本的错误信息，使企业的成本控制无的放矢，难以真正达到控制成本的目的。与此相反，作业成本法把企业的生产活动看成是由一系列的作业所组成的，它通过一定的成本动因将产品与实际所使用的作业联系在一起，而作业又再与所消耗的资源相联系，每完成一项作业都要消耗掉一定的资源。这样核算出来的成本就比较能反映出企业真实的成本状况，从而为管理者提供较为真实的成本信息，有利于企业的成本核算和成本管理。

根据以上资料，请回答下列问题：

（1）你认为作业成本法实施以前三德兴公司在成本核算方面存在的最主要的问题是什么？

（2）为什么说作业成本法较传统成本核算及成本控制先进？

（3）实施作业管理一定要首先实现作业成本计算吗？

（4）如何设置作业中心？

普通高等教育高级应用型人才培养规划教材

第十二章 企业绩效评价与激励机制

【学习目标】

理解管理激励的目标和内容；理解管理激励的主要形式；掌握平衡计分卡的含义与实施程序。

引导案例

张超是一家高科技企业的经理，该企业主要从事软件开发与设计。企业成立刚刚2年，已经开始有一定的客户群，并形成了自己的开发团队。但是此时，张超与企业的投资人开始出现意见分歧。按照投资人的观念，张超的薪酬应该与企业的业绩相挂钩，并且由于投资人平时并不在企业中，常常担心张超会做出一些不利于投资人的行为，如增加公司的日常开销、挪用公司资金等。但是张超则认为企业过分看重当期业绩不利于自己在当前更好地开展业务。公司当前最主要的任务应该是培养好自己的研发队伍，并建立稳定的客户关系，争取形成一定的声誉，从而今后能有机会争取到一些大公司的稳定订单。张超对业绩考核方法的不满加重了投资人的忧虑。投资人当期所面临的主要问题是：如何有效地建立一种激励与约束机制，以减少这种经理人与股东之间的代理问题。

企业绩效评价与激励机制是同一个问题的两个方面。没有绩效评价，激励机制就失去了基础；而没有激励机制，绩效评价又形同虚设。只有企业绩效评价与激励机制的结合才能有效实现企业发展战略目标。鉴于此，本章以企业经营环境的变化为背景，剖析企业财务绩效评价系统的局限性，并以此为基础进一步阐述平衡计分卡与激励机制这两个相关联的重要问题。

第一节 企业价值创造模式与绩效评价模式

管理大师彼得·F. 德鲁克（Peter F. Drucker）曾经说过：“如果你不能评价，你就无法管理。”企业绩效评价是企业管理的基础前提。然而，如何评价企业的绩效呢？要完整地回答这个问题并不容易。

一、企业面临的经营环境变化

从宏观上说，当前世界经济的基本特征是国际化、金融化和知识化；从微观上说，人类社会从工业时代转入信息社会，企业的经营环境发生了巨大变化。今天有三种力量独立或综合地驱使企业越来越深地陷入令人惊恐不安的陌生境地。这三种力量分别是顾客（customers）、竞争（competition）和变化（change）。

（一）顾客化导向

20世纪初期，由于劳动生产力相对低下，企业所能提供的供给严重不足，整个市场整体上呈现出卖方市场的典型特征。在这种市场环境下，企业只要注重内部管理，通过大批量生产，提高劳动生产率，降低成本，生产出更多的产品就能获得迅速发展。此时，顾客的需求处于被忽视的境地，企业生产出来的产品不愁没有销路。

到了20世纪70年代，由于科学技术的蓬勃发展并广泛应用于生产领域，企业生产效率得到极大的提高，市场上商品丰富，企业的供给量的增长超过了需求量的增长，市场逐渐趋于饱和状态。同时，由于科学技术的发展，产品质量不断提高，产品种类日益繁多，顾客的选择范围不断扩大。顾客不仅注重需求“量”的满足，而且开始注重需求“质”的满足。顾客更加关注产品的质量和性能，较低的价格已经不是吸引顾客的主要因素。市场的主导权开始由生产者向顾客转移，市场逐步演化为买方市场。企业面对顾客需求层次不断提高和竞争日益激烈的环境，开始着手改变它们固有的生产经营方式，力图通过提高产品质量，不断提供新优产品来吸引顾客，取得竞争优势。但是，企业对产品质量与品种的迷恋，并不表明企业将充分满足顾客需求放在经营的重要位置。

进入20世纪80年代和90年代以后，顾客需求向多样化、个性化发展，产品更新换代更加迅速，企业之间的竞争更加激烈，市场环境更加难以把握。由此，企业经营思想发生了巨大变化，以满足顾客需求为导向求得自身生存发展的经营理念成为企业一切经营战略的核心思想。“顾客至上”、“顾客是朋友”的理念全面渗透到企业经营管理实践之中。

在这种环境下，企业不能一味地停留在满足顾客需求的层面上，而必须转变观念，树立“顾客是朋友”的理念，在满足顾客需求的同时引导顾客的消费倾向，使得顾客的消费倾向与企业核心能力一致。唯有如此，企业才能拥有永久的顾客。例如，日本索尼公司（Sony）在满足顾客需求的同时，一直倡导“微型化”是21世纪的消费时尚。如果消费者确实接受了这种消费观念，就会倾向于购买“微型化”产品，而“微型化”正是索尼公司的核心能力所在。

（二）竞争化导向

在市场经济环境下，竞争是不可避免的经济现象，并且随着经济的发展、新技术革命的推动以及市场从卖方市场向买方市场的转变，企业之间的竞争更加激烈。以前凭借物美价廉就能在竞争中获胜的简单模式，已经被多层面的竞争所取代，企业竞相投入大量资金更新技术、更新设备、更新产品、引进人才以及改变经营方式和改革内部组织结构。竞争的加剧，使企业经营的不稳定性因素越来越多，风险越来越大。只有优秀的企业才能主导竞争的潮流。同时，企业经营的国际化趋势不断发展，世界范围内的经济一体化已成为必然趋势，更重要的是竞争已经超越了国家和民族的界限，从国内市场的竞争转向国际市场的竞争。企业面临着更严峻的挑战，“没有创新就等于死亡”。竞争的压力迫使企业必须对其内部组织结构、生产经营方式与业务流程进行创新再造，对顾客化导向的现代市场经济环境的变化作出迅速、灵活的反应，从而在激烈的竞争中获得优势。

顾客化与竞争化，使得企业产品生命同期大大缩短，过去那种所谓“新三年，旧三年，缝缝补补再三年”的情景已经一去不复返。由此，企业的研究与开发能力至关重要。

（三）变化

顾客和竞争在变化，更重要的是变化本身的性质也在变化。变化不仅无所不在，而且持续不断，变化已经成为常态。在变化的环境中，永恒的事物只有一件，那就是变化本身。现代企业环境充满了倍速变化的威力。以新技术开发同期为例，一种比较精密的产品从技术原理发明、设计构思到产品投放市场的周期在 18 世纪需要 100 年，如蒸汽机；在 19 世纪需要 50 多年，如发电机；在 20 世纪 40 年代需要 30 多年，如内燃机；在 60 年代需要 20 多年，如喷气机；在 70 年代需要 10 多年，如核电站，最快要 5 年；在 80 年代以后，则只需要 2 ~3 年的时间，如个人电子计算机。在如此快速剧变的环境中，企业要生存与发展，就必须不断求变且要变得快、变得巧妙。只有这样，企业才能在变化的环境中取得竞争优势。

也许，人们讨厌变化，但唯一的事实是变化带来了社会和企业的进步，因此，在这种变化的环境下，持中国传统的“以不变应万变”观念的企业将会成为抗拒变化的落伍者而最终被市场淘汰；持有“以变化应对变化”观念的企业也只不过是被动地应对变化的追随者。只有能够“以变化带动变化”的企业才是主动应对变化的市场领导者，才具有持久的竞争优势。不管人们对变化持有什么态度，一个不争的事实却是变化正改变甚至摧毁“未来是历史的必然延伸”的逻辑基础。更重要的是，无论人们是否情愿，也不管人们是否支持变化，当今企业经营环境的巨大变化已经横扫所有人的观念与思维，这其中自然也包括企业绩效评价的观念与思维。

二、企业价值创造模式的转变

在新经营环境下，企业绩效评价面临的新问题源于企业价值创造模式（value creation model）的变化。今天的管理咨询公司十分引人注目。管理咨询公司就是一个靠无形资产而不是有形资产创造价值的很好例证。管理咨询人员并不非常依靠有形资产；相反，他们组织公司内部所有与咨询项目有关的专家并利用来自以前顾客的经验知识为顾客提供富有创造性的问题解决方案，从而为顾客创造价值。目前蓬勃发展的高新技术企业更是如此。在这些以人力资本为主导的企业里，观念或思想是资本，其他的东西不过是货币而已。

在以有形资产为基础的工业经济向几乎完全依赖知识资产的知识经济转轨的过程中，人为资本创造价值的情形不断地发生于世界范围内的各种企业组织中。对于身处当今商业环境的每个人，这种转变有目共睹。布鲁金斯研究所（Brookings Institute）的研究结果同样证实了这一点。图 12－1 描绘了从有形资产到无形资产的价值变化。根据该研究成果，变化的步伐持续加快。布鲁金斯研究所的马格丽特·布莱尔（Margaret Blair）认为有形资产的价值已经持续大幅度下降："如果你只看各家公司的各种有形资产，你看到的只是可以用各种一般会计方法衡量其价值的东西。现在，这些东西的价值还不到公司价值的 25%。公司价值的另外 75% 来源于那些公司账簿上没有衡量或报告的东西。""即使是可口可乐公司和迪斯尼公司，其绝大部分价值的实际创造也来自资产负债表上没有反映的那些资产。"

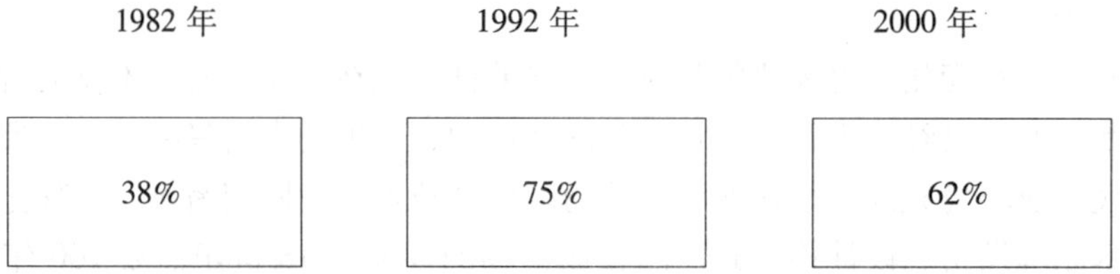

图 12－1　各种企业组织中的无形资产价值在不断增加

企业的价值创造模式从依靠有形资产到依靠无形资产的转变对绩效评价具有重要而深远的影响。以资产负债表和收益表这种表格化方法为特征的财务绩效评价与有形资产占主导地位的环境完全匹配。因为影响财产、厂房和设备的各种交易都可以记录和反映在企业组织的账簿上。然而，特别关注无形价值创造机制的新经营环境更需要新的绩效评价思维。价值不只源于有形资产，来自无形资产的价值越来越多。企业绩效评价系统应该同时跟踪这两种价值驱动因素。因此，新的绩效评价系统必须具备辨认、描述、监控和反馈那些驱动企业组织成功的各种无形资产的能力。

三、财务绩效评价的内在局限

财务绩效评价以财务报表为基础，而财务报表是传统财务会计模式的产物。从总体上看，传统财务会计模式是以权责发生制为确认基础、以历史成本为计量基础、以复式簿记为记账方式的"三足鼎立"的会计模式。这种"三足鼎立"的会计模式必然导致财务会计以财务报表为主体并主要采用表内提示的方式提供货币性财务信息。目前财务会计对所谓"表内业务"和"表外业务"的区分只不过局限于传统意义上的"表"的概念，由此而将一些企业经营活动视为"表外业务"。这些被视为"表外业务"的经营活动对企业未来可持续发展的影响往往更为重大。因此，在这种会计模式下，企业的财务报表用会计特有语言总结了企业经营活动的财务后果。企业财务报表难以全面反映企业的经营活动。

基于历史成本原则，财务会计及其财务报表以会计特有语言描述企业经营活动及其结果充其量只能说明企业过去做得怎么样。财务会计及其财务报表并没有向人们保证或者承诺企业明天风采依旧或者明天会更好，因此，财务会计及其财务报表只是讲述企业过去的故事。这就决定了其故事的逻辑起点是结果导向。单独的结果无法向人们展示之所以产生如此结果的前因后果。人们只知其然，而不知其所以然。比如，某企业年度创造利润 1 000 万元，人们能清楚这个利润在什么环境下，基于何种战略取得的吗？以中国上市公司为例，为什么一些上市公司在上市之前财务绩效优秀，上市不久就陷入困境，甚至沦为 ST 族或 PT 族呢？难道这只是财务报表问题？即使企业上市之前的财务业绩完全真实可靠，上市之后，企业照样可能陷入困境。这又是何故？因为财务会计及其财务报表只是讲述企业过去的故事。即使没有做假账，企业上市之后，可能战略定位发生问题，原先良好的财务绩效一去不复返。在这个世界上，不乏著名企业因为抱残守缺，坚持曾经辉煌但在变化环境中不再适用的战略而衰落的例证。也有可能上市之后，企业内部组织结构发生变化而修改原先创造良好财务绩效的前提条件，从而致使财务绩效不佳。也有可能上市之前，企业生产的产品正处于成熟期，自然能够给企业带来良好的财务绩效，而上市之后，产品刚好进入衰退期，企业财务绩效当然不佳。诸如此类的原因都可能导致企业上市前后财务绩效的变化。我们怎么能如此简单地将企业上市前后的财务绩效进行对比呢？财务会计及其财务报表无法体现这些绩效动因（performance driver）。只有立足于“环境—战略—过程—行为—结果”一体化的逻辑基础，我们才能真正理解和体会结果。这对于讲述企业经营活动过去故事的财务会计及其财务报表可就有点勉为其难了。

也许有人会问，500 多年来不都如此吗？是的，500 多年来都是如此！但是请别忘了，今天企业面临的环境已经发生巨大变化。在变化的环境下，必须用变化的态度应对之。过去，人们认为未来是历史的必然延伸，在这种环境下，财务会计及其财务报表也许还管用。今天，未来未必是历史的必然延伸，在这种环境下，我们还能刻舟求剑、抱残守缺吗？

基于货币计量、财务会计及其财务报表只能讲述企业有形资产的故事，今天企业的资产软性化，无形资产成为企业创造价值的重要源泉。无形资产可以使企业发展顾客关系，建立顾客忠诚度，发展新的顾客与市场，开发创新的产品与服务，以低成本在短时间内提供个性化、高质量的产品或服务，增强企业员工技术能力，提高生产能力和质量，缩短对顾客需求的反映时间。新信息技术的出现和全球市场的开放改变了现代企业经营活动的基本假设。仅靠有形资产，企业已经难以保持持续的竞争优势。信息时代呼唤着新的竞争驱动力。一个企业对无形资产的开发与利用能力已经成为创造持续竞争优势的主要决定因素。然而，财务会计及其财务报表并没有充分地讲述无形资产的故事。我们不妨做一个极端的假设：如果两家企业的财务指标完全相同，这两家企业一样吗？不一样！因为这两家企业的持续竞争优势可能不同，比如说，人力资源的素质、员工的凝聚力与士气、研究与开发能力等方面可能不同。

综合上述，财务会计及其财务报表讲述企业经营活动有形资产过去的故事，而我们的决策总是面向未来，如此，财务会计及其财务报表的局限性不言而喻。以存在“内伤”的企业财务报表为主体进行企业绩效评价自然也就存在许多局限性。

具体来说，由于企业价值创造模式的转变，企业财务绩效评价主要存在如下局限：

（1）与当今的经营环境不适应。当今企业价值创造并不仅限于企业有形资产、固定资产；相反，价值根植于企业组织内人们的理念、顾客和供应商的关系、关键信息的数据库、创新和质量的文化等因素。传统的财务指标是基于对内部绩效标准的与前各项比较而设计的。这种标准对于提供顾客、质量或员工问题与机会的早期预警没有什么帮助。价值固然重要，但驱动价值实现的动因更重要。这些动因是一切追求价值最大化的企业组织可持续发展的基础。

（2）看着后视镜开车。企业财务绩效评价作为一种基于对过去经营数据的评价，只能获取滞后指标（lagging indicators），不能及时具体地捕捉到最近乃至更远的一个会计期间企业经理人的行为给企业创造了多少价值或者对企业价值增值有什么破坏性影响。即使对于过去的行动，财务绩效评价也只是评价企业经营活动的一部分而不是全部。对于今天和明天为创造未来财务绩效而采取的行动，财务绩效评价不能提供充分的指导。

（3）倾向于强调职能部门。财务报表通常是按照职能部门编制的。各部门单独编制报表，然后汇总，最终编成企业组织的总表。这种方法与当今职能交叉的企业组织形式不相符。现在，我们看到由各种不同的职能部门组织成团队，它们以前所未有的方式一起解决问题并创造价值。传统的财务绩效评价不能计算这种新型关系的真正价值或成本。

（4）缺乏长远的战略思维。很多计划的改变是以大幅度降低成本这个措施为特征的，这可能对企业组织的短期财务报表存在正面的影响。但这种削减成本的措施经常是针对企业长期价值创造行为（如研究与开发、设计和顾客关系管理等）而来的。这种以牺牲长期价值创造为代价的短期收入可能导致企业组织资源的局部优化。由于财务指标存在人为操纵的空间，企业财务绩效评价可能造成企业经理人过分重视取得和维持短期的财务成果，使企业经理人急功近利，在短期绩效方面投资过多，而在长期价值创造方面（特别是使未来增长得以实现的无形的知识资产方面）的投资过少。

（5）财务指标与企业组织的各个层次不相关。就其特征而言，财务报表（尤其是合并报表）是抽象的。站在另一个层次来看，抽象会掩饰很多特点。我们在编制整个企业组织的财务报表时就是这样一种情况：我们不断地一个层次又一个层次地往上堆积信息，直到它们对于大多数管理者和员工作决策都毫无用处。企业组织内各个层次的员工都要有一些可以据此进行工作的绩效数据。这些数据必须与他们的日常工作紧密相关。

（6）许多对企业经营管理有着重要影响的非财务因素，难以进入财务报表并进行可靠的财务绩效评价。这就像医学上的“X 光片”可以据以诊断病人，但还有一些并非“X 光片”所能体现的东西，如脉搏对于诊断病人也很重要。企业的财务报表犹如“X 光片”可以据以诊断和评价经营绩效，但不全面。还有一些难以进入财务报表的非财务因素对企业的诊断和评价更为重要。这正是单纯财务绩效评价的重要缺陷。

当然，我们不能完全否定财务会计及其财务报表的功效。它能流传 500 多年本身就证明其生命力和功效。也许财务绩效评价更适合作为企业经管责任（stewardship）的报告方式，而不适合于描绘企业组织未来的走向。任何东西都只能在有限的范围内发挥作用，我们不要夸大其作用。不过，只有意识到财务绩效评价的内在缺陷，才能更好地利用财务绩效评价为企业综合绩效评价服务。

第二节　平衡计分卡

新经营环境的出现，使得企业经理人与投资者更加意识到仅仅使用财务指标进行决策的局限性。于是，1991 年《哈佛商业评论》发表了题为《绩效评价宣言》（The Performance Measurement Manifesto）的文章。该文描述了一场已经发生的革命，号召建立一套更广泛的评价体系，并提出最重要的绩效评价指标是什么、这些评价指标之间的关系如何和什么样的评价指标能够真实地预测企业的长期财务成效三个问题。这场革命的结果就是将财务指标由原来作为评价指标的基础转变为一个评价指标体系的一种。一年之后，罗伯特·卡普兰（Robert S. Kaplan）和大卫·诺顿（David P. Norton）在《哈佛商业评论》著文提出“平衡计分卡”的概念。

一、平衡记分卡的基本架构

在保留了主要财务指标的同时，平衡计分卡引入未来财务绩效的动因：顾客、内部业务流程、学习与成长。因此，平衡计分卡将企业绩效评价井然有序地分为财务（financial perspective）、顾客（customer perspective）、企业内部业务流程（internal process perspective）以及企业学习与成长（learning and growth perspective）等四个维度，而所有的评价方法都旨在实现企业的一体化战略。

（一）财务维度

财务维度是平衡计分卡的一个重要组成部分，尤其是对营利性企业组织。这个维度的指标告诉我们在其他维度已经通过指标设计细化的战略实施是否导致最终结果的改善。我们可以竭尽全力改善顾客满意度、质量、及时交货等事情，但是，如果缺乏提示影响企业组织财务绩效的指标，这些指标的价值就很有限。财务维度指标通常是一些传统的滞后指标。

由于企业其他各个维度的改善只是实现财务维度目标的手段，而不是目标本身，企业所有的改善都应当通向财务目标，因此，平衡计分卡财务目标作为其他目标评价的焦点。如果说每项评价方法是平衡计分卡这条纽带的一部分，那么，这条纽带的因果关系的最终结果还是归于提高财务绩效。在不同的经营战略阶段，企业财务绩效评价的侧重点不同。处于成长阶段的企业，其财务目标侧重于销售收入增长率以及目标市场、顾客群体和地区销售额增长等；处于维持阶段的企业大多采用与获利能力有关的财务目标，如经营收入、毛利、投资报酬率和经济附加值（economic-added value，EVA）等；处于收获阶段的企业更注重现金流动，以使现金流量达到最大化。

更重要的是企业的财务维度评价必须考虑竞争对手。例如，企业销售收入的增长是一件好事，但必须深入分析销售收入为何增长。它可能来自市场份额的扩大，果真如此，企业还应该进一步分析市场份额的扩大是来自企业竞争力的增强，还是来自市场份额总体规模的扩大。同样，企业销售收入增长，但在市场上所占份额却遭受损失，这可能表明企业的战略或其产品和服务的吸引力存在问题。图 12－2 充分显示了这一点。

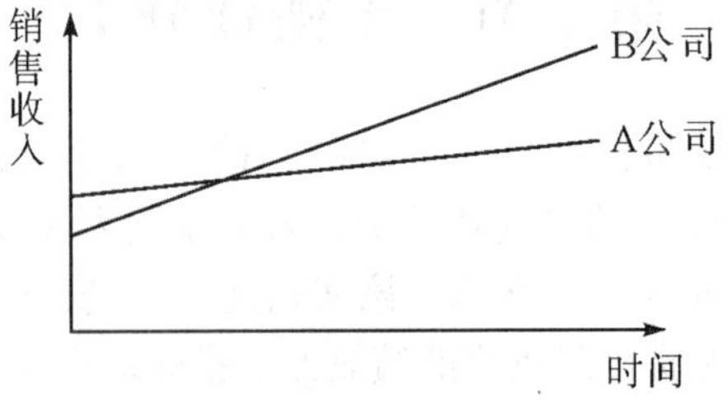

图 12－2　相对销售收入的增长速度

如果单独考察 A 公司的销售收入，我们会发现其销售收入逐年增长，令人振奋。但是，如果我们进一步联系其竞争对手 B 公司的销售收入增长情况，便会发现 A 公司的增长速度不如 B 公司，说明 A 公司的竞争地位面临重大挑战。因此，如果没有联系竞争者的状况，单独对企业绩效进行评价，很容易陷入孤芳自赏的自我封闭状态，从而对企业绩效作出错误的评价。

（二）顾客维度

企业靠什么持续地实现财务目标？答案只有一个，那就是顾客。因此，任何企业与其财务目标相联系，想要获取长远的出色的财务绩效，就必须创造出受顾客青睐的产品或服务。

平衡计分卡为解决顾客方面的问题，选择了两套评价方法：一套是企业在顾客维度所期望达到绩效而采用的绩效评价指标。由于它几乎适用于所有企业，所以又称为核心评价组指标，主要包括市场份额、顾客留住率、顾客获得率、顾客满意程度、顾客给企业带来的利润率等。其含义如表 12－1 所示。

表 12－1　核心评价组指标及其含义

指　标	含　　义
市场份额	反映业务部门在销售市场上的业务比率
顾客留住率	从绝对或相对意义上，反映业务部门保留或维持同顾客现有关系的比率
顾客获得率	从绝对或相对意义上，评估业务部门吸引或赢得新顾客或业务的比率
顾客满意程度	根据具体绩效标准来评价顾客对产品或服务的满意程度
顾客给企业带来的利润率	在扣除支持某一顾客所需的独特支出后，评估一个顾客或一个部门的净利润

这些核心评价级指标构成一个因果关系链，如图 12－3 所示。

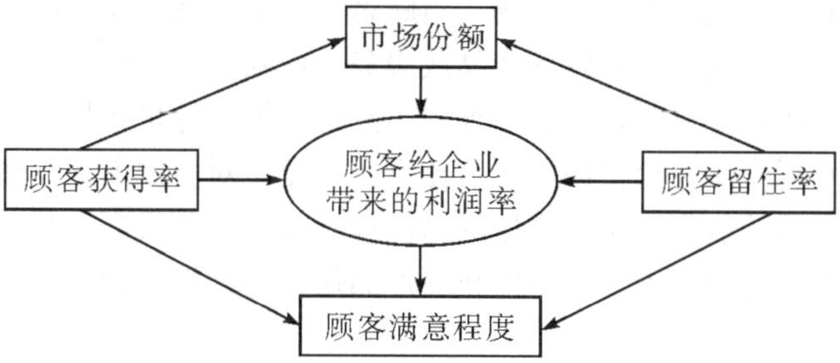

图 12－3　核心评价组指标因果关系链

在图 12－3 中，顾客给企业带来的利润率这个指标至关重要。因为市场份额只是实现财务目标的基础，而不是财务目标本身。庞大的市场份额未必能给企业创造价值，只有能够给企业带来利润率的顾客所构造的市场份额才能为企业创造价值或带来利润，否则，市场份额越大，企业可能亏损越多。片面地追求市场份额可能毁灭企业的价值。"顾客给企业带来的利润率"这个指标是检验市场份额有效性的重要指标，同时，也是连接平衡计分卡财务维度与顾客维度的桥梁。另一套评价方法则是针对第一套评价方法中的各项指标，分析达到各项指标应采取的措施及影响因素，然后加以测评。而对于各分项指标，又制定细分评估手段。例如，企业与顾客关系即可用经营诚实及公开度、灵活度、合同执行情况、团队协作精神等指标加以评价。如此逐层细分，制定出评分表，每月除统计顾客满意程度等各部分得分外，还可了解各部门的业务表现，而总的累计得分又可反映企业在哪些方面未能满足顾客要求及其原因等。

使顾客满意的关键在于企业产品或服务的质量好。质量是制造出来的而不是检验出来的。质量形成于产品或服务的设计和生产过程。那么，企业如何持续提供顾客满意的产品或服务呢？答案就是企业内部业务流程。

（三）企业内部业务流程维度

平衡计分卡的第三个维度是为企业内部业务流程制定目标和评估手段，这是平衡计分卡与传统的绩效评价系统最显著的区别之一。传统的绩效评价系统集中于控制和改善现存职能中心和部门的作用，有些企业即便加入了产品质量合格率、生产能力和生产周期等评价指标，也大都停留于改善单个部门绩效上。仅靠改善这些指标，只能有助于企业生存，而不能形成企业独特的、可持续发展的竞争优势。平衡计分卡从满足投资者与顾客需要的经营战略出发，制定了井然有序、自上而下的经营目标评估手段。从价值链通用模式出发（如图 12－4 所示），针对研究与开发过程、经营过程和售后服务过程设置不同的评估指标。

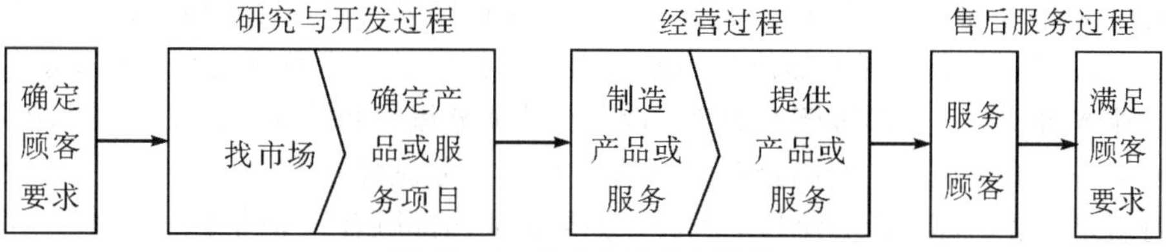

图 12－4　企业内部业务流程

对于企业创造价值而言，研究与开发过程是一个漫长的过程。在这个过程中，企业首先以顾客为导向，发现和培育新市场、新顾客，并兼顾现有顾客的目前需要和潜在需要。在此基础上，着手设计和开发新产品或服务，使新产品或服务打入新市场，满足顾客需要。因此，企业应注重开发能力的评估。其主要绩效评价指标是：新产品在销售额中所占的比重、专利产品在销售额中所占比重、在竞争对手之前推出产品的能力、比原计划提前推出新产品的能力、生产程序的适应性、开发下一代新产品的时间等。新产品是企业长期价值创造的驱动力，一个停止新产品研究与开发的企业必将被不断变化的市场所淘汰。

相比之下，经营过程是企业创造价值的一个短暂过程。在这个过程中，企业向顾客出售产品或提供服务。这个过程强调对顾客及时、有效、连续地提供产品或服务。时间、质量和成本是经营过程的绩效评价指标，因此，在经营过程中，传统财务手段如标准成本、预算控制和差异分析等可作为监控手段，但远远不够，还应再附加如企业经营灵活性、生产周期、对顾客需求的反应时间、对顾客提供产品的多样性、废品率、返工率等指标。

值得指出的是：在关注流程的时间和质量时，人们通常会忽视这些内部业务流程的成本。传统的以产品为核心的成本会计系统不能提供每个流程层次的成本，因此，企业实施平衡计分卡必须与作业成本计算相结合。

企业的售后服务旨在使顾客更快、更好、更充分地使用产品或服务的功能，而不是保护落后，因此，在企业售后服务中，可采用有关时间、质量、成本等方面的绩效评价指标，如服务反应周期、人力成本、物力成本、售后服务的一次成功率等。

接下来的问题就是：企业内部业务流程如何满足顾客日新月异的需求变化？答案是企业的学习与成长。

（四）企业的学习与成长维度

平衡计分卡的第四个维度是企业的学习与成长，它是为前三个维度取得绩效突破而提供的持续推动力量。实施平衡计分卡的目的之一是避免企业的短期行为，推动企业沿着可持续发展的道路前进，因此，它必然强调未来投资的重要性，而不局限于传统的投资领域，如购买设备、产品开发与研究等，还对其基础设施如员工系统及业务流程进行投资，以达到提高员工能力、拓展信息系统功能、激发员工积极性等目的。

企业只有不断学习，才能不断创新，从而不断成长，而企业学习的主体是企业的员工。如何造就和营造企业员工自觉学习的氛围呢？

企业学习与成长维度采用的绩效评价指标主要包括员工满意程度（或员工保持率、员工意见采纳百分比）、员工工作能力（或员工的劳动生产率）、员工的培训与提升（或员工素质）、企业内部内部信息沟通能力等。其中员工满意程度至关重要。如前所述，企业本身就是一个顾客链。如今，改善企业业务流程和绩效的建议与想法越来越多地来自第一线的员工。他们离企业内部的顾客（业务流程）和企业外部顾客最近。员工本身就是企业内部各业务流程的顾客。如果企业内部顾客（企业员工）本身不满意，怎能持续改善企业内部业务流程呢？同时，要使企业外部顾客满意首先必须使企业内部顾客满意。如果企业内部顾客（企业的员工）在对外部顾客（消费者）提供服务时，充分感受其所从事工作的愉悦，就会自然而然地将其内心的愉悦传递给外部顾客，从而感染外部顾客。这样，外部顾客怎能不满意呢？企业又何愁不能获得新顾客、留住老顾客呢？如果一个企业既不能持续改善内部业务流程，又不能使外部顾客满意，又如何持续实现其财务目标呢？

企业可以买到一个人的时间，可以雇一个人到指定的工作岗位，也可以买到按时或按日计算的技术操作，但是，企业难以买到一个人的热情、创造性和全身心的投入。而这种热情、创造性和全身心的投入对企业的创新与成长至关重要。因此，企业员工只有乐业才能爱岗、敬业。

当然，知识员工的大量出现，给企业绩效评价带来了新的挑战。过去对员工的管理只注重对结果进行绩效评价。例如，用产量评价生产人员的绩效，用市场份额评价营销人员的绩效等等，管理人员注重的是这些数字，而忽视了达到这些结果的工作过程。与此相适应，员工也只关心管理人员对他们的绩效评价。而知识员工不同，他们大多具有较高素质，较高的专业水平，因而，需要一个比较宽松的工作环境。他们的工作不遵循固定的模式，对自己的工作享有高度的自主权和决定权，具有高度的参与感，努力追求自我价值的实现。根据马斯洛（Maslow）的需求层次理论，知识员工处于尊重和自我实现的需求层次上，他们希望参与企业组织的管理和决策活动，关心的是参与过程而不仅仅是结果，注重工作是否有挑战性，在工作进程中的乐趣。

当然，要使企业员工充分发挥作用，必须使他们获得足够的信息，让其了解企业的顾客、内部业务流程以及决策的后果等方面的信息，即知情权。因此，企业内部信息沟通能力指标也很重要。

人们常说"创新是人类进步的灵魂"、"没有创新就等于死亡"。企业只有不断学习与成长才能不断创新。应该说，企业能否实现其雄心勃勃的财务、顾客和内部业务流程等维度的目标将取决于企业的学习与成本维度。

由此可见，财务、顾客、企业内部业务流程、企业学习与成长等紧密联系的四个维度确立了平衡计分卡的基本架构。但平衡计分卡既不是上述四个维度的简单组合，也不是一些财务指标与非财务指标的简单拼凑，它是与企业战略及一系列评价指标相联系的有机整体。在上述四个维度中，财务维度是最终目标，顾客维度是关键，企业内部业务流程维度是基础，企业学习与成长维度是核心。而所有这一切都必须围绕企业的发展战略这个中心。企业在其发展战略的指引下，只有不断学习与成长，才能持续改善企业内部业务流程，更好地为企业的顾客服务，从而持续实现企业最终的财务目标。如果我们把可持续发展的企业看成一棵果树，那么，树根就是平衡计分卡的学习与成长维度，树干就是平衡计分卡的内部业务流程维度，树枝就是平衡计分卡的顾客维度，果实就是平衡计分卡的财务维度。可谓根深叶茂，繁花似锦，硕果累累。果真如此，企业何愁不能可持续发展！

二、平衡记分卡：化战略为行动的有效工具

面对21世纪企业经营环境的变化，在企业的发展过程中，人们已经充分意识到：

比利润更重要的是市场份额，比市场份额更具有根本意义的是竞争优势，比竞争优势更具有深远影响的是企业发展的核心能力。在这样的经营环境下，企业应该争取唯一而不是第一。缺乏唯一性的第一难以持久。企业只有具备核心能力，才能在激烈的市场竞争中保持唯一。只有这样，企业才能可持续发展。所有这一切都仰仗于企业的战略定位，因此，许多企业组织都在寻找制胜的战略良方。

每个企业组织也许都制定了伟大战略，但是设计精巧、构思美妙的伟大战略不会自然实现。没有实施的战略只能是一种美丽的幻想，对企业组织不会产生任何效益。1999年《财富》（Fortune）杂志的一篇文章认为70%的首席执行官不是因为糟糕的战略而是因为糟糕的战略实施而失败。如何解决战略与战略的有效实施是企业发展过程中面临的关键问题。战略的有效实施更为重要（the execution of strategy is everything）。

如前所述，平衡计分卡既不是上述四个维度的简单组合，也不是一些财务指标与非财务指标的简单拼凑，它体现了企业的战略导向。平衡计分卡可以化战略为行动，把企业组织的战略转变为现实，因此，战略是平衡计分卡的逻辑起点与核心。

平衡计分卡不是以对企业组织长期决策没有多少指导意义的各种财务控制手段为核心，而是将绩效评价指标作为一种全新的语言来描述实现战略的各项要素。这就要求企业组织在实施平衡计分卡时，必须根据战略制定目标从而使战略具体化，将目标转换成关键成功因素和关键绩效指标，用关键成功因素和关键绩效指标引导战略的有效实施并对战略实施效果进行评价。图12－5描绘了这种关系。

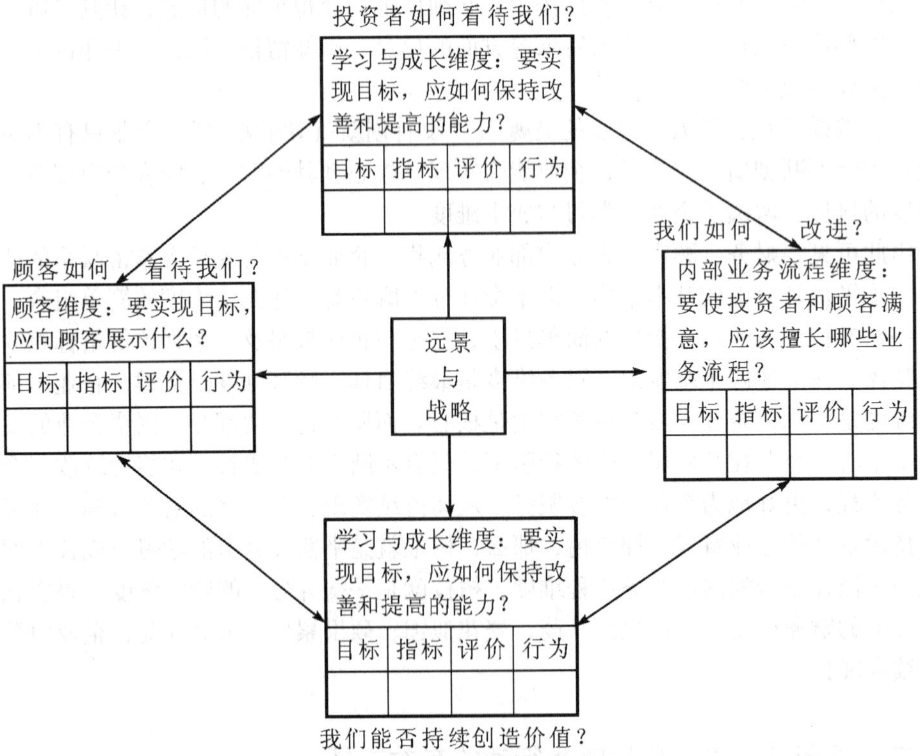

图12－5　平衡计分卡与战略的关系

根据图 12－5，以财务维度为例，根据企业组织的发展战略，确定企业组织财务维度的目标（也就是将战略具体化）。企业组织的财务维度目标可以是利润最大化、现金流量最大化或价值最大化。如果企业组织确定了财务维度目标是价值最大化，那么，接下来的问题就是确定采用什么绩效评价指标来评价（也就是将具体目标转换成关键成功因素和关键绩效指标）。也许，经济附加值是最合适的绩效评价指标。如果企业组织采用经济附加值作为财务维度的绩效评价指标，那么，就应通过经济附加值指标评价企业组织是否实现财务维度的价值最大化目标。同时，观察由此而引起的企业组织管理行为反应以及这种管理行为反应是否有利或偏离企业组织的发展战略，并对战略实施进行绩效评价，通过绩效评价将企业组织的管理行为引导到实现企业组织发展战略的轨道上来，反馈于战略的制定或修正（也就是用关键绩效指标引导发展战略的有效实施并对战略实施效果进行评价）。其他维度的道理也如此。

由此可见，战略是平衡计分卡的逻辑起点和核心。在实施平衡计分卡时，企业组织首先必须解决两个重要问题：第一，企业组织高层管理人员是否已经详细地描绘出企业的战略；第二，企业组织高层管理人员是否已经识别出可以评价战略成功与否的关键绩效评价指标。也就是说，在所设计或选择的绩效评价指标与企业组织战略之间必须存在一个明确的因果关系。实施平衡计分卡的整个过程的逻辑起点是先描绘出企业组织的战略。如果企业组织高层管理人员不能清晰地制定并描绘企业的战略，那么，确定关键绩效评价指标的行为在相当大的程度上也就失去了意义。“评价什么，就得到什么”（you get what you measured）。企业组织想得到什么，就应该评价什么。绩效评价指标应该围绕企业组织战略而设计。绩效评价指标应该成为传达并具体化企业组织战略，引导战略实施，从而化战略为行动，并与企业组织的中层管理人员和员工沟通的工具。当然，企业组织所设计或选择的绩效评价指标还应该是评价企业组织战略是否得以成功实施的工具。事实上，过去许多企业组织已经采用了财务指标与非财务指标相结合的方法来评价企业组织的绩效，平衡计分卡与它们的区别在于注重因果关系的观念。一个设计精良的平衡计分卡可以通过四个维度及一系列相互联系的绩效评价指标体现企业组织的战略。这种体现企业组织的战略基于财务指标与非财务指标的相互影响、相互联系。

企业组织有了明确的战略，才能使所有的行动与战略这个核心协调一致，最终获得持续的、突破性的经营绩效。平衡计分卡应当成为企业组织战略执行过程中时刻提醒企业组织不要偏离既定方向和速度的“仪表盘”，而不是企业组织的最终目的。企业组织绩效评价系统及其指标的设计本身就代表着企业组织的战略与激励方向。

因此，从企业组织层面看，平衡计分卡化战略为行动的基本逻辑是“企业组织面临的经营环境——企业组织发展战略——激励方向——绩效评价指标——企业组织管理行为——企业组织发展战略，即企业组织面临的经营环境制约着企业组织的发展战略，企业组织的发展战略就是企业组织的激励方向，企业组织的激励方向具体化为企业组织的绩效评价指标。通过企业组织的绩效评价指标引导企业组织管理行为，反馈于企业组织发展战略的制定及其实现。

也许，有些企业组织担心将战略转化为行动会使“战略外露”。对此，成功实施平衡计分卡的美孚公司（Mobil）的布瑞恩·贝克（Brian Baker）认为：“除非他们能够实施我们的战略，否则，他们知道我们的战略也没有什么用。然而，除非我们的员工理解我们的战略，否则，我们没有机会实施我们的战略。这是我们必须抓住的一个机会”。这个回答非常精彩！战略导源于使命（mission）、根植于价值观（values），企业组织自己制定的战略，自己都未必能够有效实施，又怎能实施其他企业组织的战略呢？其实，这涉及企业组织是否具备核心能力的问题。企业组织的战略必须围绕企业组织的核心能力的培植而制定。如此，战略就不是那么容易模仿了。

三、平衡计分卡“平衡”什么

大约2500年前，希腊诗人欧里庇德斯（Euripides）就已经意识到平衡对生活的重要性。他说：“最重要和最安全的事就是保持生活的平衡，并认识到在我们周围和我们身上的伟大力量。如果你能够做到这点并以这种方式生活，那你确实是一名智者。”这同样适用于企业组织。企业组织是一个矛盾的统一体，同样需要平衡。那么英文“balanced scorecard”（平衡计分卡）当中的balanced（平衡）意味着什么呢？

（一）平衡计分卡四个维度就足够了吗

如前所述，平衡计分卡由财务、顾客、企业内部业务流程、企业学习与成长等四个具有因果关系的维度构成。上述四个维度，任何一个维度出现问题，都会殃及其他维度，企业都难以实现其可持续发展目标。因此，平衡计分卡首先需要平衡的便是上述四个维度之间的关系。

如此，人们自然会提出一个问题：平衡计分卡四个维度就足够了吗？或者为什么就是四个维度，而不是三个或五个乃至更多维度呢？对此，包括平衡计分卡的创始人卡普兰和诺顿在内的许多人都难以给予明确的回答。因为平衡计分卡的产生源于20世纪90年代以来卡普兰和诺顿的案例/实地研究（case/field study）的经验总结，从而也就难以通过严格的数理证明回答为什么平衡计分卡四个维度就足够了；相反，我们需要思考的问题是：增加或减少一个或几个维度是否合适？如果在企业的具体实践过程中，我们不能回答这个问题，那只能承认或默认平衡计分卡四个维度就足够了。一些学者（如我国台湾会计学者吴安妮教授等）认为应该增加风险维度。我们认为其理由和证据不够充分。因为平衡计分卡的四个维度无不体现了风险因素。既然如此，风险因素尚不能构成一个独立的维度。

那么，整个平衡计分卡应该包括多少指标才合适呢？平衡计分卡包含的指标是否越多越好呢？应该说，平衡计分卡应该包括多少指标取决于企业具体战略和管理情景（management context），我们难以一概而论。但是，平衡计分卡包含的指标绝不是越多越好。如果平衡计分卡包含的指标过多，不仅可能导致信息过载，不符合信息的成本——效益原则，更重要的是可能导致指标之间主次不分，因果关系模糊。

（二）平衡计分卡“平衡”什么

平衡计分卡除了要平衡财务、顾客、企业内部业务流程、企业学习与成长等四个维度之间的关系之外，还要平衡以下几个关系：

（1）财务指标与非财务指标之间的平衡。财务指标固然重要，但是，它们是经营活动的结果，在指导和评价企业通过无形资产创造的未来价值方面并不充分，而平衡计分卡解释了隐藏在传统的收益表和资产负债表之后的关键的价值创造过程，而且加入未来绩效动因克服了依赖财务指标的局限。在某些情况下，非财务指标能够比财务指标更直接、更迅速、更有效地评价企业管理人员的表现。

（2）前置指标（leading indicators）与滞后指标之间的平衡。滞后指标一般代表过去已经取得的绩效，而前置指标是产生滞后指标结果的绩效动因。没有前置指标，滞后指标无法反映目标是如何实现的；相反，没有滞后指标，前置指标反映了短期改进但不能说明这对企业是有益的。平衡计分卡提醒我们不能忘记财务指标是滞后指标。财务指标是在事后告诉我们企业的绩效如何。如果企业想保持财务目标的持续增长，就应该了解反映价值创造的前置指标。这些前置指标在价值创造或毁灭行为体现于财务指标之前就已经发出了相应的预警信号。平衡计分卡兼容前置指标与滞后指标实际上就是构建以因果关系为纽带，战略、过程、行为与结果一体化的战略绩效评价系统。

（3）企业组织内外不同群体利益的平衡。企业是一系列契约的联结点。契约的背后隐藏着利益冲突。股东和顾客是外部群体，而员工和内部业务流程是内部群体。这些不同的群体对企业绩效的认识有各自不同的视角，存在不同的绩效预期，既有财务方面的绩效预期，也有非财务方面的绩效预期；既有短期的绩效预期，又有长期的绩效预期。平衡计分卡充分意识到在有效实施战略的过程中这些不同群体之间时而发生的矛盾并加以平衡。

实际上，上述“平衡”体现了“战略与战术、当前与未来、内部条件与外部环境、经营目标与业绩评价、财务衡量与非财务衡量”相结合，无论从理论认识还是从实际应用上看，都实现了新的突破，它完全超越了传统意义上的会计的局限，而成为新的历史条件下创建新的综合性管理系统的一个里程碑。这是后现代管理会计阶段所取得的一项重要的综合性创新成果。

（三）平衡计分卡如何“平衡”各维度之间的关系

接下来的问题便是平衡计分卡如何“平衡”四个维度以及各项指标之间的关系。我们的回答是平衡计分卡通过四个维度以及各项指标的权重（weight）来平衡四个维度以及各项指标之间的关系。四个维度以及各项指标的设置只是体现了战略目标和激励方向，而权重则体现了四个维度以及各项指标的重要性程度。

尽管我们可以总结企业组织成功实施平衡计分卡的实践经验，但是，在理论上，我们不仅无法告知平衡计分卡该包括哪些指标，而且也无法告知四个维度以及各项指标的权重如何。我们既不能确定统一的绩效评价指标体系，也不存在统一的权重。一切因企业组织而异，没有固定的模式可以套用。因为具体的企业组织面临各种不同的管理情景。卓越的绩效评价系统对每个企业组织都是独特的，必须按每个企业组织的需要和特点“量体裁衣”。企业组织平衡计分卡的设计具有鲜明的企业化和行为化特征。对特定企业组织而言，平衡计分卡四个维度究竟应该包括哪些具体指标，不同行业、不同企业组织有所不同，即使是同一个企业组织，处于不同发展阶段也可能有所不同。这就需要企业组织或学者通过具体的“案例/实地研究”才能对特定企业组织设置具体的绩效评价指标并赋予不同的权重。更重要的是，我们还要进一步观察所设计的平衡计分卡在企业组织实践过程中所引起的管理行为反应及其与企业组织发展战略的偏离情况，不断修正平衡计分卡的指标设置与权重分配，使平衡计分卡与企业组织发展战略和具体管理情景相匹配。

最后，需要指出的是：上述讨论的平衡计分卡观念只是为企业构建绩效评价系统提供了基本框架和思路。

第三节 企业管理激励的业绩评价

管理激励是企业管理的重要职能，它可以分为高级管理者激励、中层管理者激励和员工激励三个层次，不同层次的激励问题有着不同的特点，我们这里所讲的管理激励指的是高层管理者的激励问题。

一、管理激励的目标和内容

（一）管理激励的目标

现代企业制度的基本特征就是所有权与经营权两权分离。在两权分离的条件下，股东作为投资人，由于时间、精力和成本等因素往往无法直接参与企业的经营管理，监督企业的日常运行。企业的经营权通常掌握在代理人即管理者手中。按照经济学的基本假设，人是为实现自身利益的最大化行事的。管理者、股东也都为自身效用最大化行事，而两者的利益是存在冲突的，两者的利益冲突产生了股东与管理者之间的委托代理问题。

现代企业内部存在的这种委托代理关系，实际上体现在企业管理的各个层次，包括股东与董事会间的委托代理关系，董事会与经理之间、上层经理与中层经理及基层经理之间的委托代理关系。当委托人（如股东）与代理人（如经理）的利益出现冲突时，出于自身利益的考虑，代理人往往会作出有利于自身而不利于委托人的决策，从而损害委托人的利益，形成代理成本。管理激励的目标就是激励管理者按照委托人的利益进行决策，尽量降低委托代理关系中的代理成本。按照代理理论，管理者的代理成本是由于所有权与经营权的分离，管理者掌握了更多不利于委托人的信息，出于自身利益会作出不利于委托人的行为，从而引起公司价值的损失，由此产生代理成本。

代理问题产生的根源在于经理人员与股东之间住处的不对称。经理人员对企业经营的相关信息掌握得很充分，而股东由于无法对企业的日常经营过程进行经常地监控，这种信息不对称会导致经理人的道德风险，如通过更多的在职消费、占用更豪华的办公设备、乘坐更高档的轿车等，来增加自身利益而损害投资者的价值。股东可以通过对管理者的监督和设置合理的激励补偿计划来降低这种代理成本。管理者激励的主要目标就在于使管理者的目标与股东尽量一致，同时激励管理者作出最优的决策。具体来说，管理层激励的目标在于通过对管理层的激励约束机制，使管理层的利益与股东的利益趋向一致，促使管理者能够按照股东的利益，充分发挥自身的能力与创造性，充分提高企业价值。总之，管理层激励方案是企业管理制度的重要组成部分，它能够促使管理层追求公司和股东利益的最大化。因此，一个科学合理的管理层激励方案对提升公司的竞争能力具有重要的促进作用。

（二）管理激励的主要类型

高级管理人员的激励补偿方案通常可以分为以下三种类型。

1. 短期激励和长期激励

激励方案如果是以当期业绩为基础的报酬形式，这种激励补偿就属于短期激励方式。短期激励主要注重企业的短期绩效，将管理层的报酬与公司的短期业绩（如利润额、经济增加值等）相联系。如果公司的激励方式是以长期业绩表现为基础，就属于长期激励，如以公司股票的长期市场表现或者公司在5年后的利润额为基础进行评价。长期激励可以促使管理层从长远发展的角度考虑公司的各项经营决策，避免决策的短视化。

2. 现金激励与权益激励

按照补偿方案的支付形式，管理激励可以分为现金激励与权益激励。现金激励即向管理人员支付现金作为报酬。权益激励包括向管理人员支付股份、购股权、虚拟股份等形式。权益激励通过给予管理层一定的股权使管理层的报酬与股票的价格相衔接，这样可以有效地将股东与管理者的利益趋向一致，因此权益激励常常与长期激励相联系。实行权益激励方案的对象通常只包括董事长和董事会成员以及高级经理人员，但是也有少数企业会将权益激励方案适用到全体员工。

3. 货币性和非货币性激励

管理人员的补偿方式可以是货币性的，包括现金和权益形式；也可以是非货币性的，例如各种特权和社会地位。作为高级管理人员才拥有的一些特权，有些情况下比货币收益更加重要，例如更高档的办公条件、更多的休闲度假机会、使用公司的小汽车、更高的社会待遇等。另外，高级管理人员还会获得更高的社会地位，更能受到人们的尊敬。这些非货币性的收益虽然很难定量刻划，但在企业的激励方案中起着重要的作用。

（三）管理激励的内容

高级管理人员的激励约束体系是由相互联系的三个方面组成的，包括市场竞争机制（产品市场的竞争、经理人市场的竞争、企业控制权市场的竞争等）、业绩考核方法、薪酬激励体系。

首先，管理激励制度受到外部市场环境的影响，包括产品市场、经理人市场、企业控制权市场竞争程度的影响。其中经理人市场的竞争程度对管理激励的作用最为直接，一个完善的、充分竞争的经理人市场可以促使管理者更加关注委托人的利益，提高其增加股东价值的动力和压力。另外，控制权市场的竞争程度也会对管理者激励产生重要影响，在一个控制权市场发达的市场中，如果管理者不努力工作，公司价值被低估，就会面临被并购的危险，一旦公司被并购，往往要对公司原有的管理层进行更换，这种压力会促使管理者更加努力地工作。因此，良好的控制权市场对提高管理层的激励效果也具有重要作用。

其次，业绩考核方法也是管理激励的重要内容，通常管理层业绩的考核可以根据财务指标，也可以根据市场指标，或者一个指标体系来进行评价。这些业绩评价方法我们将在第三节第五点中详细介绍。

薪酬激励体系是管理层激励的核心内容，薪酬激励体系包括激励的主体、激励的对象和激励的形式三个方面。从激励的主体来看，企业高层管理人员的激励制度主要是由企业的权利机构如股东大会、董事会决定的。按照市场经济的一般规律，应该是由投资人决定管理者的薪酬支付。但是，由于我国的国有企业中存在的投资主体缺位、内部人控制现象较严重，企业中存在自己给自己加薪的情况。美国公司的通常做法是设立独立的薪酬委员会，薪酬委员会主要由独立董事组成，可以独立、公正地对管理者的业绩进行评价和考核，决定管理者的薪酬。激励的对象主要包括企业高层管理者。激励的形式是多样化的，通常是通过一个薪酬组合来给予管理者各种形式的报酬。这个薪酬组合一方面结合企业的战略需要，另一方面结合企业的短期业绩进行支付。

企业的薪酬组合通常由各种报酬形式组成，主要包括年薪收益、股权收益、职位消费收益和保障收益等方面。年薪收益是以年度为单位视经营业绩决定管理报酬的风险激励形式。股权收益激励是长期激励的重要方式，为了使管理者的利益与股东保持一致，企业通常会向管理人员支付一定的股权作为奖励。股权激励有许多表现形式，如常见的股票期权制度以及虚拟股票制度等。职位消费收益是对管理者的一种特殊津贴，它是指在一个组织内担任管理职务的人员凭借制度规定或者职务支配能力，自身享有并由机构负担的消费特权和额外福利。这种职位消费包括管理者的办公费用（如舒适的办公设施）、招待费用、交通和通讯费用、培训费用以及带薪度假和以公司名义进行的各种消费活动。通常管理职位越高，其职位消费的金额也就越大，这种职位消费也应该看作是管理者激励的重要组成部分之一。保障收益激励是指管理者通过公司的各种福利计划得到的利益激励，包括养老金、保险金，以及特殊的补偿金等。这部分报酬形式一般不会在薪酬组合中占重要比例，但是由于它对管理者来说具有一定的保险保障作用，因此管理者通常也很重视这部分收益。企业在考虑设计合理的薪酬组合时，要兼顾长期激励与短期激励、现金激励与非现金激励、货币激励与非货币激励，结合企业的实际情况和未来的发展要求，通过合理的激励组合使管理者能够更好地为企业的投资人服务。

科学的补偿激励方案，可以为公司高级管理者提供重要的导向和激励。良好高级管理人员的激励补偿方案应该具有以下性质：

（1）一个合理的管理层激励方案应该将管理层的薪酬水平与公司的经营状况联系在一起，将管理层的利益与公司和股东的利益联系在一起。

（2）激励方案应该充分考虑管理人员的价值，给予其具有足够吸引的奖励，以吸引并留住高素质的管理人才。

（3）通过奖励方案，能够在公司内部营造一种重视业绩的氛围，促使企业的管理层重视业绩、注重实效。

二、国外企业管理激励的发展趋势

从国外发达国家近年来管理激励的发展趋势来看，主要呈现以下特点。

1. 高管人员薪酬与普通员工薪酬水平差距逐步加大

从国外发达国家的管理人员薪酬水平来看，近几十年来，高层管理人员与一般员工的薪酬水平差距逐渐加大。据调查，在 20 世纪 70 年代左右，美国大公司的 CEO 平均收入水平大约为普通员工的 35 倍，到了 20 世纪 90 年代，由于经理层持股以及股票期权计划的普及，美国大公司 CEO 的平均收入已经达到普通员工的 190 倍。

2. 长期激励形式成为主要的激励方式

在激励的薪酬结构方面，随着近几十年来国外发达国家对股票期权制度的广泛采用，经理人的收入结构中有很大的一部分来自股票、期权等长期激励形式。据统计，美国高管基本薪酬占其薪酬总额的 32%，短期激励（红利）占 17%，长期激励（期权）占总额的 51%。全球最受赞誉的通用电气公司总裁杰克·韦尔奇 1998 年的总收入高达 2.7 亿美元以上，其中股票期权所获得的收益占 96% 以上。同时长期激励方式在形式上也在不断创新，例如股票期权、虚拟股票、股票增值权、业绩股票等。这种激励结构的变化一方面使高管人员与股东的利益趋向一致，另一方面，也增加了高管人员收入的风险，促使其更加努力地经营。

3. 薪酬决定逐步走向专业化

传统的薪酬制度往往由企业的老板或者人力资源部门进行考核，形式简单，主观性较强。随着薪酬决策的日益复杂，企业高层人员的薪酬决策越来越需要更多的专业知识。大多数的大型公司开始设立薪酬委员会，甚至聘请专业的外部咨询机构帮助其建立科学合理的激励机制。

4. 高管人员的薪酬信息公开化

随着企业高管人员薪酬水平的大幅度提高，高管人员薪酬成为社会公众所关心的问题，要求高管收入公开化的呼声也越来越高。特别是一些企业高管丑闻频发，更是加快了高管人员收入透明化的步伐。一些国家纷纷立法或出台有关规定，要求公司高管人员的薪酬收入要公开化，企业每年要出一个关于公司高管人员薪酬的年终报告，详尽说明与每个公司高管人员薪酬项目有关的问题。企业高管人员薪酬信息的公开化，在一定程度上强化了政府和社会公众对企业高层人员薪酬水平的监管，有利于公司激励机制的良性运作。

三、管理激励的业绩评价方法

管理人员的业绩评价方法通常可以分为财务评价模式、价值评价模式和平衡评价模式。

1. 财务评价模式

财务评价模式是根据财务信息来评价管理者业绩的方法，常见的财务评价指标包括投资报酬率、剩余收益、净资产收益率等。在责任会计中，我们曾介绍的各类责任中心的业绩议价指标所采用的就是财务评价方法。作为一种传统的评价方法，财务业绩一方面可以反映公司综合的经营成果，同时也容易从会计系统中获得相应数据，操作简便，易于理解，因此被广泛采用。但是，财务业绩评价也有其不足之处。首先，财务业绩体现的是企业当期的财务成果，反映的是短期业绩，无法反映管理者在企业的长期业绩改善方面所作的努力。其次，财务业绩是一种结果导向，即只注重最终的财务结果，而对于为达成该结果的改善过程则不予考虑。再次，财务业绩通过会计程序产生的会计数据进行考核，而会计数据是根据公认会计原则产生的，受到谨慎性原则有偏估计的影响，因此可能无法公允地反映管理层的真正业绩。

2. 价值评价模式

价值评价模式以股东财富最大化为导向，采用能够体现股东财富的市场指标、经过调整的财务指标或者根据未来现金流量得到的贴现类指标。公司的财务业绩好，未必会直接提高股东财富。因此，对于上市公司而言，通常也将市场评价指标作为管理者业绩评价的重要标准。市场评价指标是根据企业在股票市场上的表现来评价管理者的业绩。常用的指标包括股票价格、股票的托宾 Q 或者股票的收益率等。现代公司的理财目标应该是股东财富最大化，股东财富的直接表现就是股票价格和收益率，以公司的股票市场表现作为业绩评价依据，可以促使管理者的目标与股东的利益相一致，适当降低代理成本。但是市场评价指标也有一定的局限性，例如股价容易被管理者的虚假信息所操纵，而且股价除了受公司本身的影响以外，还会受到宏观经济、政治环境的影响，这些因素都是管理者所无法控制的。因此，将股价变动的责任完全归咎于管理者往往会夸大管理者的责任。价值评价模式的另外一个重要应用就是经济增加值（Ecomomic Value Added，简称 EVA）以及相应的市场增加值（Market Value Added，简称 MVA）指标。市场增加值等于市场价值与总投入资本的差额，反映了股东投资的增值程度，理论上是一个较好的指标，但是它仅适于从外部评价公司的整体业绩，而无法对公司内各部门的业绩进行评价。相对而言，近年来更加受到广泛关注的财务评价指标是经济增加值（EVA）指标。我们曾在责任会计一章中对 EVA 指标作过介绍。在 1993 年 9 月 27 日，《FORTUNE》杂志上的一篇文章称 EVA 为“创造价值的金钥匙”，此后，关于 EVA 管理的文章便经常出现在各类媒体上，成为人们所熟知的指标。EVA 本身并不是新颖的概念，其原理与剩余收益（residual income）是一致的，只是增加了对公认会计准则所得到的会计信息的调整事项。EVA 指标计量了在考虑到企业投入资本的资本成本以后，企业为股东所创造的价值增加额。EVA 指标计算过程中对相关事项的调整，有效避免了会计指标短期化和过分稳健的影响，更加准确地说明了经理人员所创造的真实业绩。斯腾·斯图尔特公司建立并推动了 EVA 评价指标的运用，而且通过大量事实证明了

EVA 是与 MVA 相关程度量高的内部业绩指标，即 EVA 作为业绩评价指标优于会计利润指标。尽管如此，价值评价模式仍然忽略了引起公司价值变动的非财务方面的业绩改善。

3. 平衡评价模式

平衡评价模式是指从多方面包括财务和非财务角度、短期与长期、领先与滞后指标等方面进行综合业绩考核的一种评价方法。平衡模式以战略目标为导向，通过指标间的各种平衡关系以及战略指标或关键指标的选取来体现出企业不同利益相关者的期望，从而实现企业价值最大化的目标。随着竞争日益加剧，人们越来越认识到，各种非财务因素如技术水平的提高、顾客的满意度、组织或雇员的认同、员工素质的提高等对公司未来价值具有非常重要的作用。一些公司开始通过建立一个由财务指标、市场指标以及非财务指标共同构成的指标评价体系来综合评价管理层的业绩，平衡计分卡就是一种典型的综合业绩评价方法。平衡计分卡从财务、顾客、内部业务流程、学习与成本四个方面将管理者业绩与企业的战略目标相连接，从各个方面对管理者的业绩进行综合评价。

四、管理激励的主要形式

常见的管理激励包括以下五种形式。

1. 股票期权

股票期权制度萌芽于 20 世纪 70 年代的美国，在 90 年代西文发达国家得到广泛的推行和发展。据统计，全球 500 强的大型企业中，至少 85% 的企业实行了股票期权制度。根据这一制度，公司董事会给予公司经理人员和技术骨干在未来一段期限内以一种事先约定的价格购买公司普通股的选择权。持有这种选择权的人员可在规定时间期满后自行决定何时以行权价购买股票，以获得行权日股票市场价格与行权价格之间的差额收益。如果在行权期股票价格高于行权价，则管理者会得差额收益；如果股票价格低于行权价，则管理者必然不会行使期权，从而没有任何收益。股票期权是一种长期激励性报酬，其根本目的是将公司经理人员和技术骨干的报酬与公司的经营业绩和股票价格挂钩，有效地把关系公司前途命运的高级人才与广大股东的长远利益结合起来，形成利益共同体推动企业的共同发展。

2. 虚拟股票

虚拟股票模式是指公司授予激励对象的一种“虚拟”股票，激励对象可以据此享受一定数量的分红权和股价升值收益，此时的收入即未来股价与当前股价的差价，但没有所有权，没有表决权，不能转让和出售，在离开企业时自动失效。虚拟股票的发放不会影响公司的总资本和所有权结构，公司会因此发生现金支出。虚拟股票的激励效果受资本市场有效性程度的影响，资本市场的有效程度越高，其实施的效果越好。虚拟股票期权的行权需要一定的等待期，一般应为 3 ~ 10 年，这样才可以确保其长期激励作用，避免管理人员的短期行为。

3. 延期支付

延期支付是指公司将管理层的部分薪酬，特别是年度奖金、股权激励收入等按当日公司股票市场价格折算成股票数量，存入公司为管理层人员单独设立的延期支付账户。在既定的期限后或在该高级管理人员退休以后，再以公司的股票形式或根据期满时的股票市场价格以现金方式支付给激励对象。为了使既得的股权激励收入进一步增值，激励对象会努力使公司股价上升。由于延期支付收益与公司的业绩紧密相连，因而可以促使管理层更加关注公司的股市价值。只有股价上升，激励对象才能保证自己的利益不受损害。另一方面，延期支付方式可以激励管理层考虑公司长远利益的决策，以免经营者行为短期化。

4. 年薪制

年薪制是以年度作为企业管理者的考核周期，把管理者的薪酬收入与其经营业绩挂钩的一种薪酬分配方法。年薪收入通常包括基本收入和效益收入两部分。其中效益收入取决于管理者当年经营业绩的高低，属于风险收益。这是一种国际上较为通用的支付企业经营者薪金的方式。在我国，还没有统一的年薪制规定，有的地方制定了具体的实施方法。例如，有些地方规定经营者年薪原则上由基础年薪、效益年薪组成，经营者年薪原则上不得超过本企业职工平均工资的八倍。还规定，企业经营者实行年薪制，必须承担经营风险责任，须缴纳风险抵押金、年薪预留金，实行年薪制应先向企业职代会报告，并需要报企业主管部门审批。

5. 持股计划

持股计划是指让激励对象持有一定数量的本公司股票，这些股票是公司无偿赠予激励对象的，或者是公司补贴激励对象购买的，或者是激励对象自行出资购买的。激励对象在股票升值时可以受益。在股票贬值时激励对象受到损失，如果是激励对象自行出资购买股票，则损失表现为自有资金损失；如果是公司无偿赠予或补贴购买股票，则损失表现为既得利益下降。持股计划的激励效果也受资本市场有效性的影响。

本章小结

管理层激励的目标在于通过对管理层的激励约束机制，使管理层利益与股东利益趋向一致，促使管理者能够按照股东利益，充分发挥自身的能力与创造性，充分提高企业价值。

高级管理人员的激励补偿方案通常可以分为以下类型：长期激励与即期激励、现金激励与权益激励、货币性与非货币性激励。

高级管理人员的激励约束体系是由相互联系的三个方面所组成的，包括市场竞争机制、业绩考核方法、薪酬激励体系。

管理人员的业绩评价方法通常可以分为财务评价模式、价值评价模式和平衡评价模式。

管理激励的主要形式包括股票期权、虚拟股票、延期支付、年薪制和持股计划等。

平衡计分卡就是一种为满足企业的综合业绩评价行为所提出的一种管理工具。它将业绩评价基础分为相互联系的四个方面：财务、顾客、内部业务流程、学习与成长。

平衡计分卡中的平衡，是指短期与长期目标之间、财务与非财务度量之间、滞后与领先指标之间以及外部与内部绩效之间各个层面的平衡。平衡计分卡不仅仅是一个评价系统，而且也是一种用来改进企业经营的战略管理工具。

平衡计分卡的绩效衡量实施程序包括未来战略方向的规划、具体战略目标的拟定、选取评价指标、具体战略的执行、评估执行结果和改善战略的反馈。公司平衡计分卡的实施过程，是在阐明远景、沟通与联系、业务规划、反馈与学习四个方面往复循环的过程。

练习题

一、选择题

1. 关于货币激励与非货币性激励，下列说法正确的是（　　）。
   A. 薪酬支付属于货币性激励
   B. 声望、特权属于非货币性激励形式
   C. 非货币性激励在企业中并不起重要作用
   D. 货币性激励包括支付给管理人员的各种现金、股票或者其他薪酬形式
2. 管理激励的主要形式包括（　　）。
   A. 股票期权　　B. 虚拟股票　　C. 延期支付　　D. 持股计划
3. 下列选项中不属于平衡计分卡基本框架的是（　　）。
   A. 财务方面　　B. 顾客方面
   C. 内部控制方面　　D. 学习与成长方面
4. 企业设计的薪酬组合通常包括（　　）。
   A. 年薪收益　　B. 股权收益
   C. 职位消费收益　　D. 保障收益
5. 平衡计分卡作为一种战略管理工具，其实施过程包括（　　）。
   A. 阐明远景、明确战略
   B. 利用平衡计分卡进行战略沟通和业绩评价
   C. 利用平衡计分卡进行业务规划
   D. 加强战略反馈和学习

二、思考题

1. 企业的经营环境发生了哪些变化？
2. 面对企业经营环境和价值创造模式的变动，企业财务绩效评价存在哪些局限？
3. 简述平衡计分卡的基本架构及其主要绩效评价指标。
4. 平衡计分卡“平衡”什么？
5. 管理激励有哪些形式？

三、案例分析

我们以宏河公司为例，说明平衡计分卡的数据处理方法。

宏河公司是一家经营汽车配件的制造商，根据企业对未来战略目标的分析，建立平衡计分卡的评价指标体系，如表12－2所示。

表12－2　宏河公司的战略目标分解与评价指标

第一层指标	具体战略目标	第二层指标
财务	利润增长	投资报酬率
		经济增加值
		销售增长率
		销售利润率
顾客	提高顾客满意度	市场份额
		新客户的比例
		客户的满意度
内部业务流程	降低库存成本 提高营运效率	平均库存成本
		作业改善率
		经营周期
学习与成长	提高员工的满意度 和生产率	员工满意度
		员工保持率
		人均销售收入
		培训费用

根据建立的评价指标体系，首先需要对各项评价指标设定相应的权重。权重的设定通常要根据本层指标内的每项指标相对于其他方面指标的重要程度进行设定。这种相对的重要程度需要通过专家打分的方法来确定。专家的组成可以由企业内部的管理者以及技术专家组成，也可以找外部了解企业实际情况的行业专家或行业协会的成员。权重的选择必须结合企业的实际情况进行，例如处于成熟期的企业，往往更看重企业的财务业绩，财务方面的权重就应该设高一些。处于成长期的高科技企业，则更重视企业的技术创新能力，对学习与成长方面的权重则会设得更高一些。

收集定量数据，进行无量纲处理。各个定量指标之间由于量纲不同，无法直接进行比较，因此需要对这些指标进行无量纲处理，将定量指标原值转化为在指定变化范围内可以进行一致比较的评价值。

收集定性指标的数据，通常采用问卷调查法。例如客户的满意度和员工的满意度，要根据企业需要设计相应的调查问卷，通常采用五级评分法。对调查问卷的结果取平均值，并经过必要的无量纲处理后就得到了相应的评价值。

根据各项指标的评价值，按照层数从低到高的顺序逐级进行加权汇总。计算过程如表12－3所示。

表 12－3 平衡计分卡的数据计算过程

<table>
<tr><th>(1)
第一层
指标</th><th>(2)
第一层
权重</th><th>(3)
第二层指标</th><th>(4)
第二层
指标值</th><th>(5)
第二层
权重</th><th>(6)
第一层指标值
(4) × (5)</th><th>(7)
单项指标分
(2) × (6)</th><th>(8)
平衡计分卡值</th></tr>
<tr><td rowspan="4">财务</td><td rowspan="4">25%</td><td>投资报酬率</td><td>3.4</td><td>6%</td><td rowspan="4">0.832</td><td rowspan="4">0.208</td><td rowspan="14">0.807 6</td></tr>
<tr><td>经济增加值</td><td>4</td><td>7%</td></tr>
<tr><td>销售增长率</td><td>2.6</td><td>6%</td></tr>
<tr><td>销售利润率</td><td>3.2</td><td>6%</td></tr>
<tr><td rowspan="3">顾客</td><td rowspan="3">30%</td><td>市场份额</td><td>2.6</td><td>12%</td><td rowspan="3">0.972</td><td rowspan="3">0.291 6</td></tr>
<tr><td>新客户的比例</td><td>3.5</td><td>8%</td></tr>
<tr><td>客户的满意度</td><td>3.8</td><td>10%</td></tr>
<tr><td rowspan="3">内部
业务
流程</td><td rowspan="3">20%</td><td>平均库存成本</td><td>2.5</td><td>10%</td><td rowspan="3">0.645</td><td rowspan="3">0.129</td></tr>
<tr><td>作业改善率</td><td>4</td><td>5%</td></tr>
<tr><td>经营周期</td><td>3.9</td><td>5%</td></tr>
<tr><td rowspan="4">学习与
成长</td><td rowspan="4">25%</td><td>员工满意度</td><td>2</td><td>6%</td><td rowspan="4">0.716</td><td rowspan="4">0.179</td></tr>
<tr><td>员工保持率</td><td>4.2</td><td>6%</td></tr>
<tr><td>人均销售收入</td><td>3.8</td><td>7%</td></tr>
<tr><td>培训费用</td><td>1.3</td><td>6%</td></tr>
<tr><td>合计</td><td>100%</td><td></td><td></td><td>100%</td><td></td><td></td><td>0.807 6</td></tr>
</table>

根据表 12－3 的计算结果，宏河公司当月的平衡计分卡值为 0.807 6，结合预先制定的预算值可以进行管理者综合业绩的考核。在进行业绩分析时，除了根据总分值进行分析考核以外，还可以对各层次的评价值进行单独分析，以了解各方面的变化趋势。例如我们可以单独分析客户方面的得分，结合历史数据，可以分析出企业在客户满意度方面所作出的成绩变化曲线，以此了解顾客方面的工作绩效。也可以针对一些重要的关键业绩指标，单独分析这些关键因素的变化趋势。

普通高等教育高级应用型
人才培养规划教材

参考书目

1. 吕长江．管理会计．上海：复旦大学出版社，2006
2. 刘继伟，于树彬．管理会计．北京：高等教育出版社，2006
3. 杨义群等．管理会计．北京：经济管理出版社，2005
4. 余绪缨．管理会计学．2 版．北京：中国人民大学出版社，2005
5. 陈艳，姜振丽．管理会计．北京：机械工业出版社，2006
6. 王启刚．管理会计实务入门．北京：中信出版社，2001
7. 李相志．管理会计习题与案例．北京：对外经济贸易大学出版社，2005
8. 张朝宓，熊焰韧．当代管理会计研究．北京：北京大学出版社，2006
9. 吴大军．管理会计习题与案例．大连：东北财经大学出版社，2006
10. 李天民．现代管理会计．上海：立信会计出版社，1996
11. 黄正健，龚凯颂．管理会计学．2 版．广州：广东人民出版社，2002
12. 朱清贞，颜晓燕，肖小玮．财务管理案例教程．北京：清华大学出版社，2006
13. 李天民．管理会计学．北京：中央广播电视大学出版社，1984
14. 孙茂竹，文光伟．管理会计学．北京：中国人民大学出版社，2002
15. ［美］唐·R，汉森·M，玛丽安莫文．管理会计．王光远等译．北京：北京大学出版社，2000
16. 王忠，周剑杰，胡静波．管理会计学教学案例．北京：中国审计出版社，2001
17. 石人瑾，林宝瓌．管理会计．上海：上海人民出版社，1989